TOKYO ALIENS | 1 | NAOE

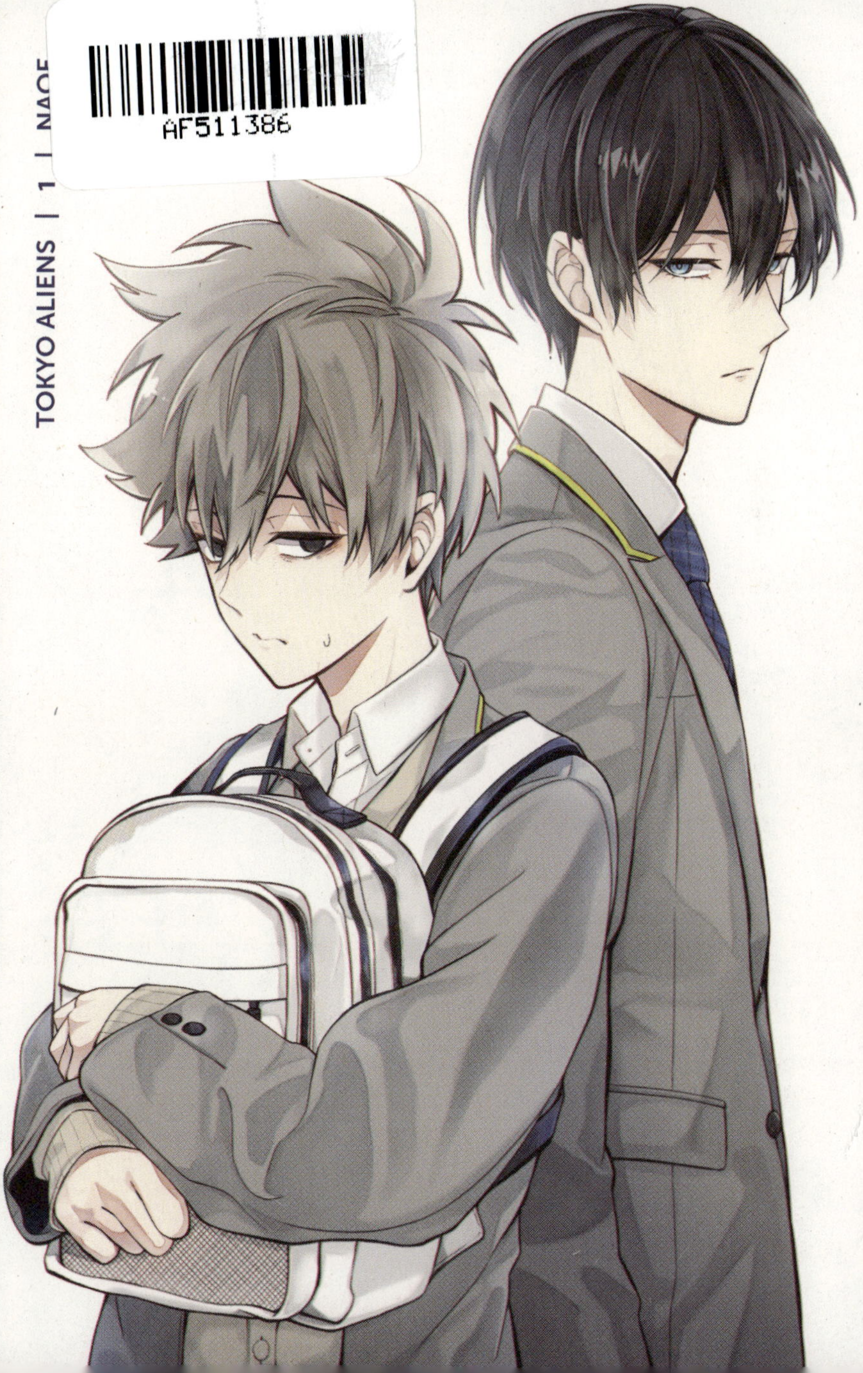

Inhalt

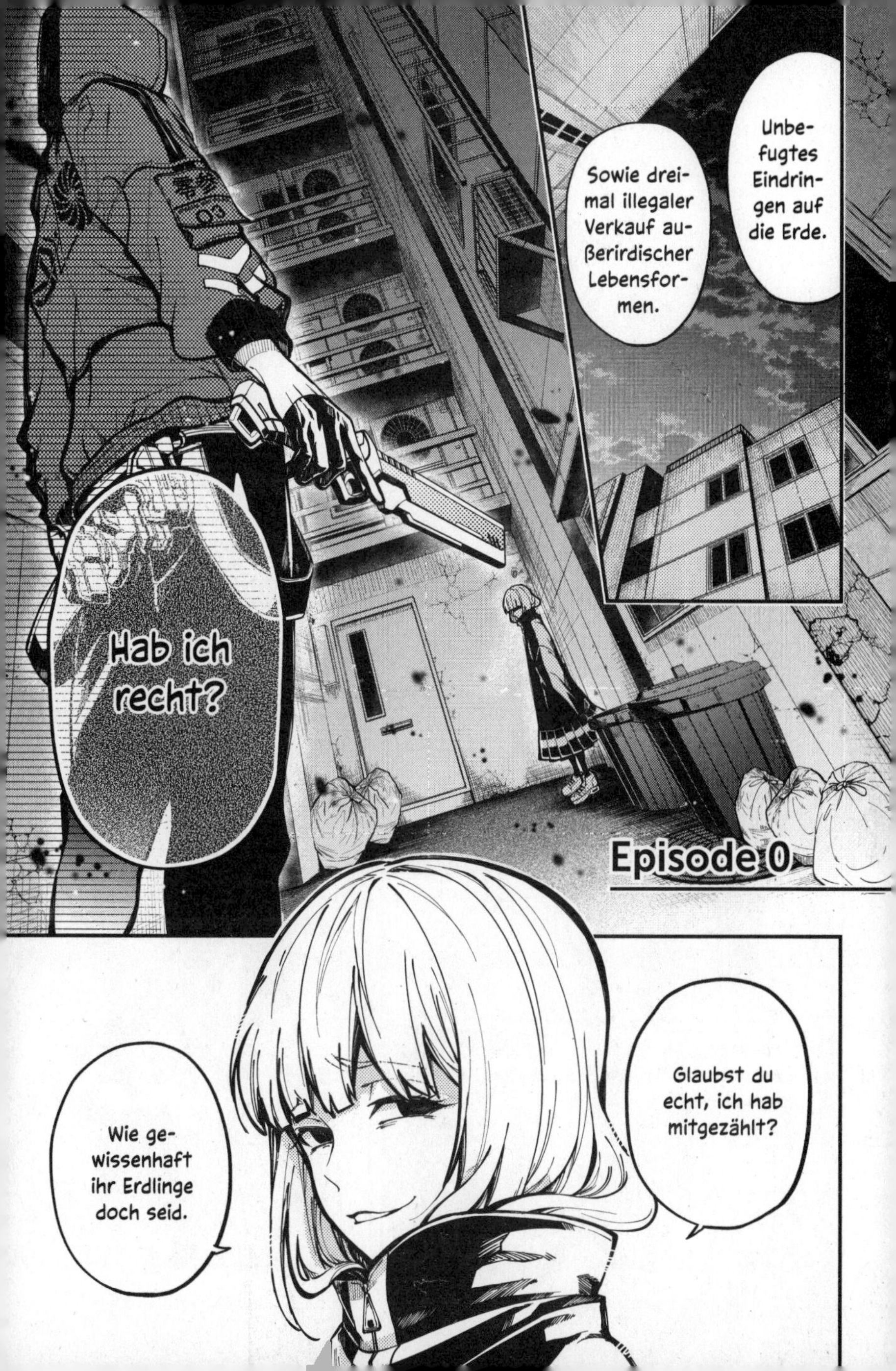
Unbefugtes Eindringen auf die Erde.
Sowie dreimal illegaler Verkauf außerirdischer Lebensformen.
Hab ich recht?
Episode 0
Glaubst du echt, ich hab mitgezählt?
Wie gewissenhaft ihr Erdlinge doch seid.

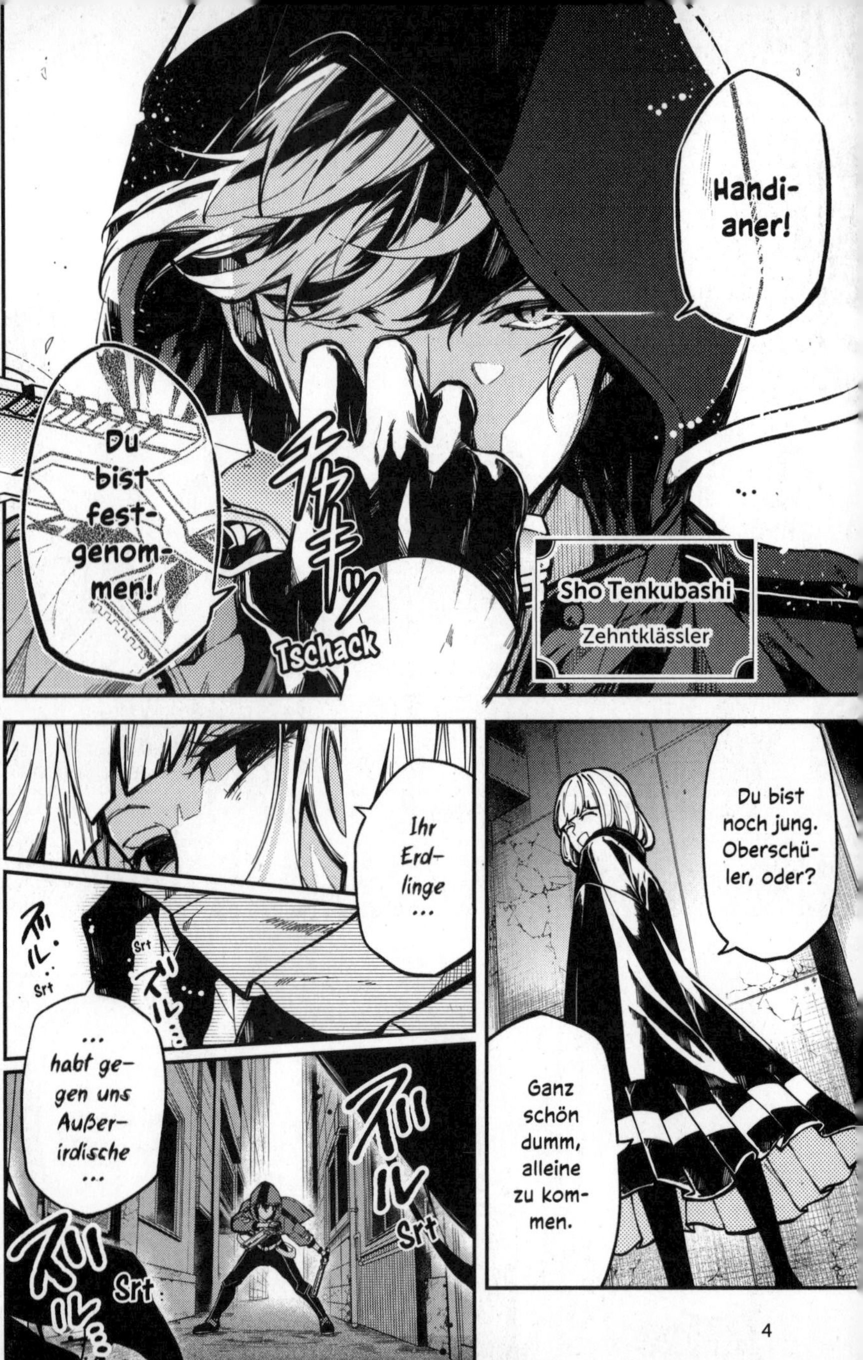
Handi-
aner!
Du bist fest-genom-men!
Tschack
...
Sho Tenkubashi
Zehntklässler
Du bist noch jung. Oberschü-ler, oder?
Ganz schön dumm, alleine zu kom-men.
Ihr Erd-linge ...
Srt
Srt
... habt ge-gen uns Außer-irdische ...
Srt
Srt

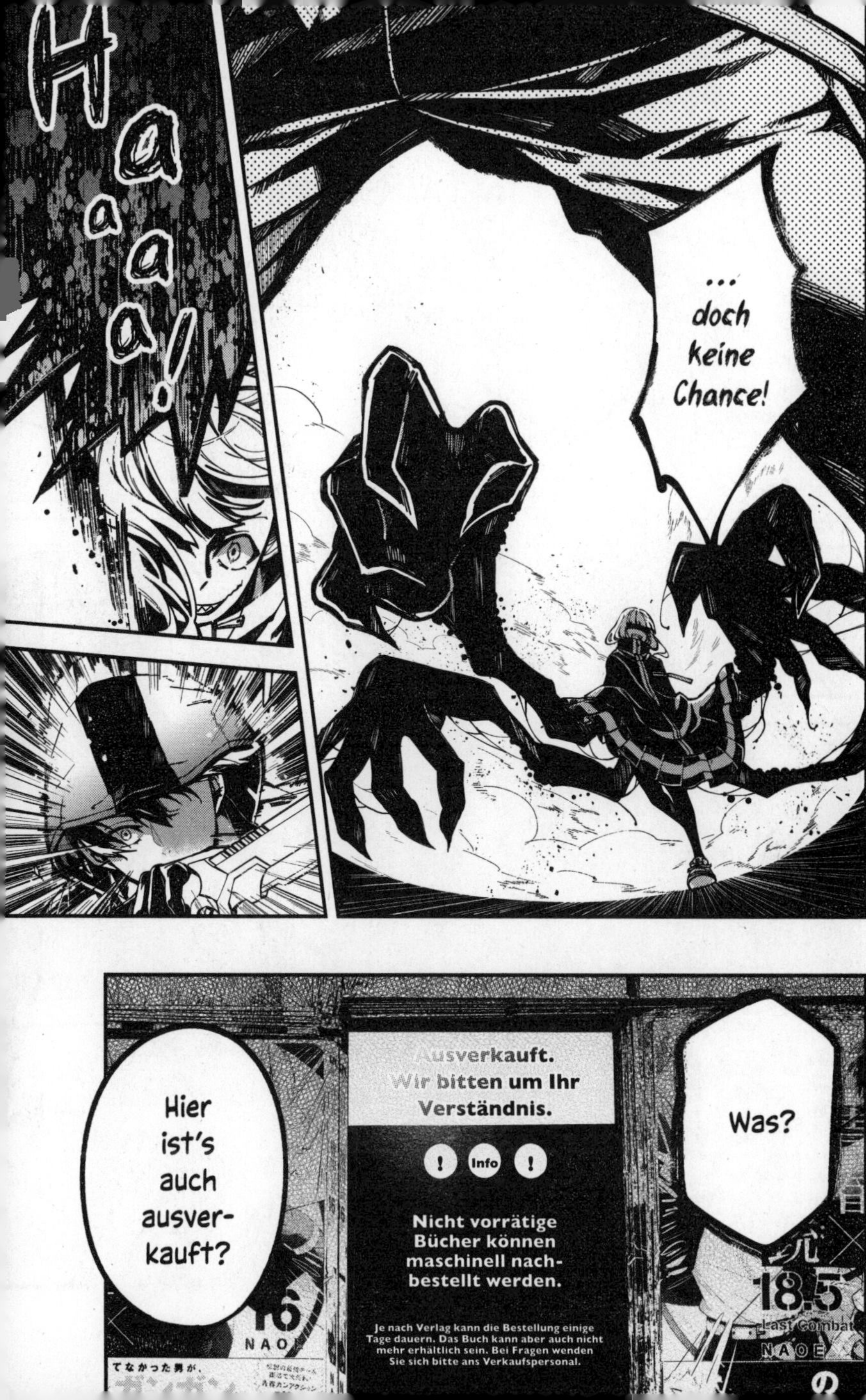
... doch keine Chance!
Haaaa!
Was?
Ausverkauft. Wir bitten um Ihr Verständnis.
Info
Nicht vorrätige Bücher können maschinell nachbestellt werden.
Je nach Verlag kann die Bestellung einige Tage dauern. Das Buch kann aber auch nicht mehr erhältlich sein. Bei Fragen wenden Sie sich bitte ans Verkaufspersonal.
18.5
Last Combat
NAOE
Hier ist's auch ausverkauft?

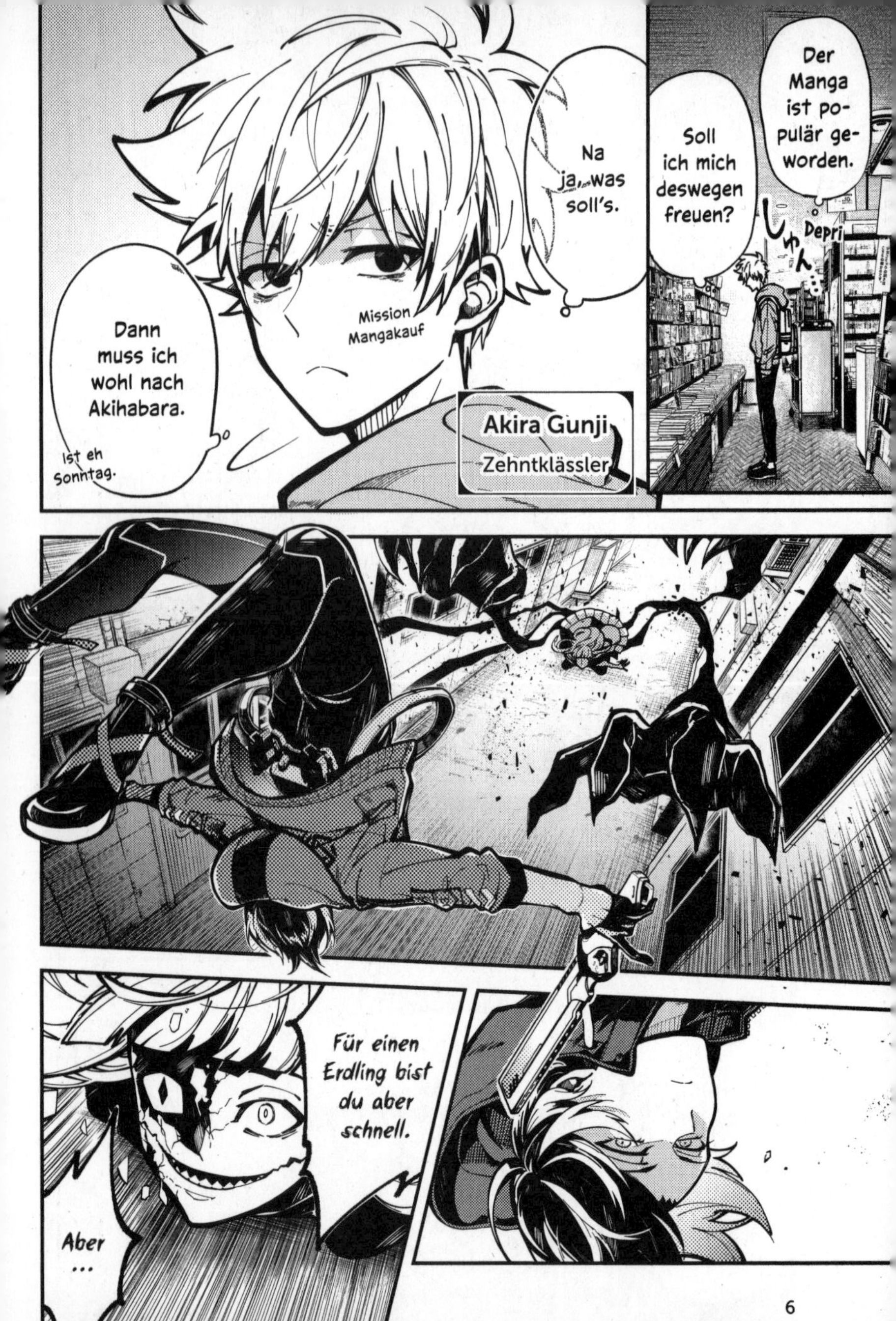
Der Manga ist populär geworden.
Soll ich mich deswegen freuen?
Depri
Na ja, was soll's.
Mission Mangakauf
Dann muss ich wohl nach Akihabara.
Ist eh Sonntag.
Akira Gunji
Zehntklässler
Für einen Erdling bist du aber schnell.
Aber …

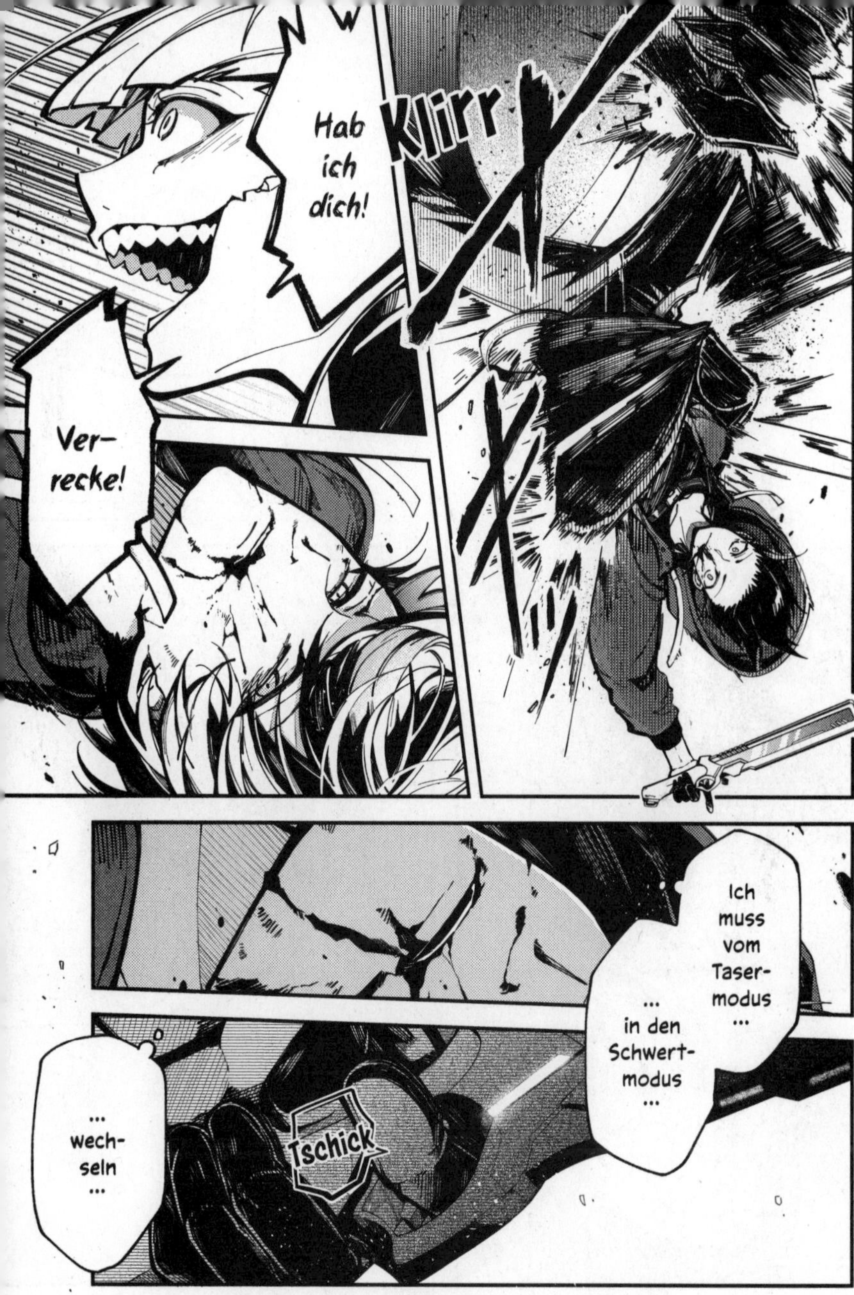
Klirr
Hab ich dich!
Ver-recke!
Ich muss vom Taser-modus ...
... in den Schwert-modus ...
... wech-seln ...
Tschick

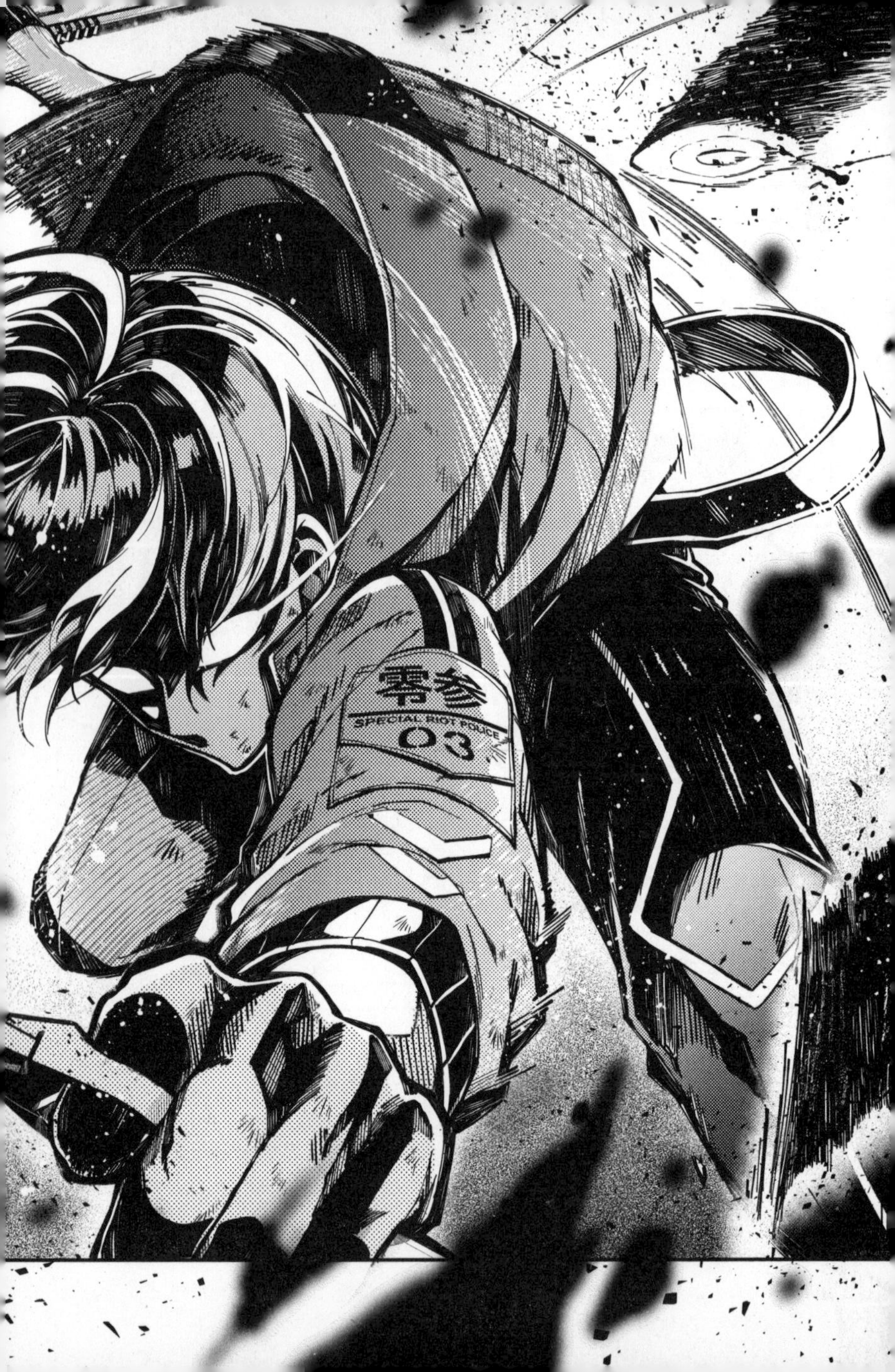
零参
SPECIAL RIOT POLICE
03

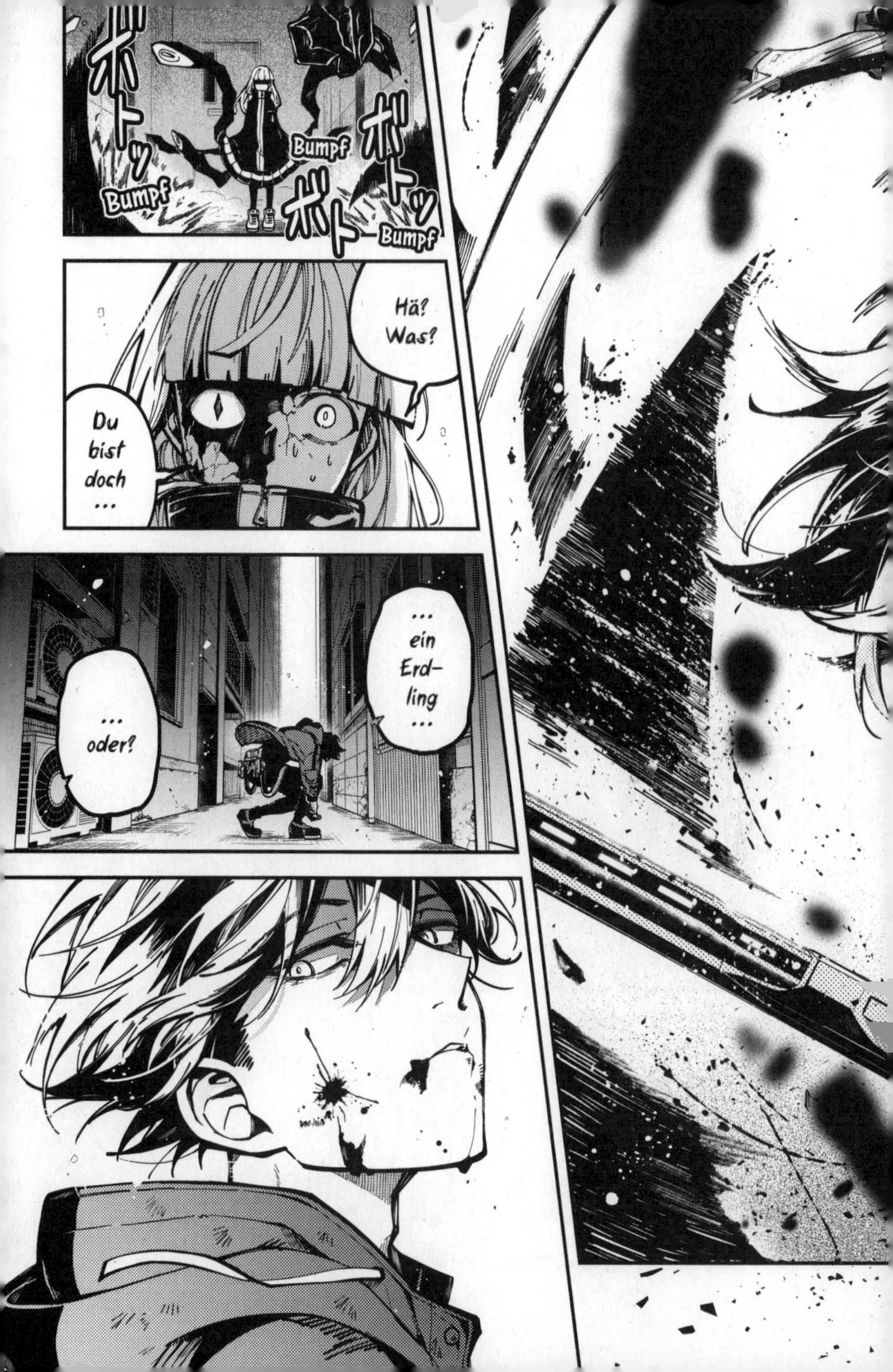
Bumpf
Bumpf
Bumpf
Bumpf
Hä? Was?
Du bist doch ...
... ein Erd-ling ...
... oder?

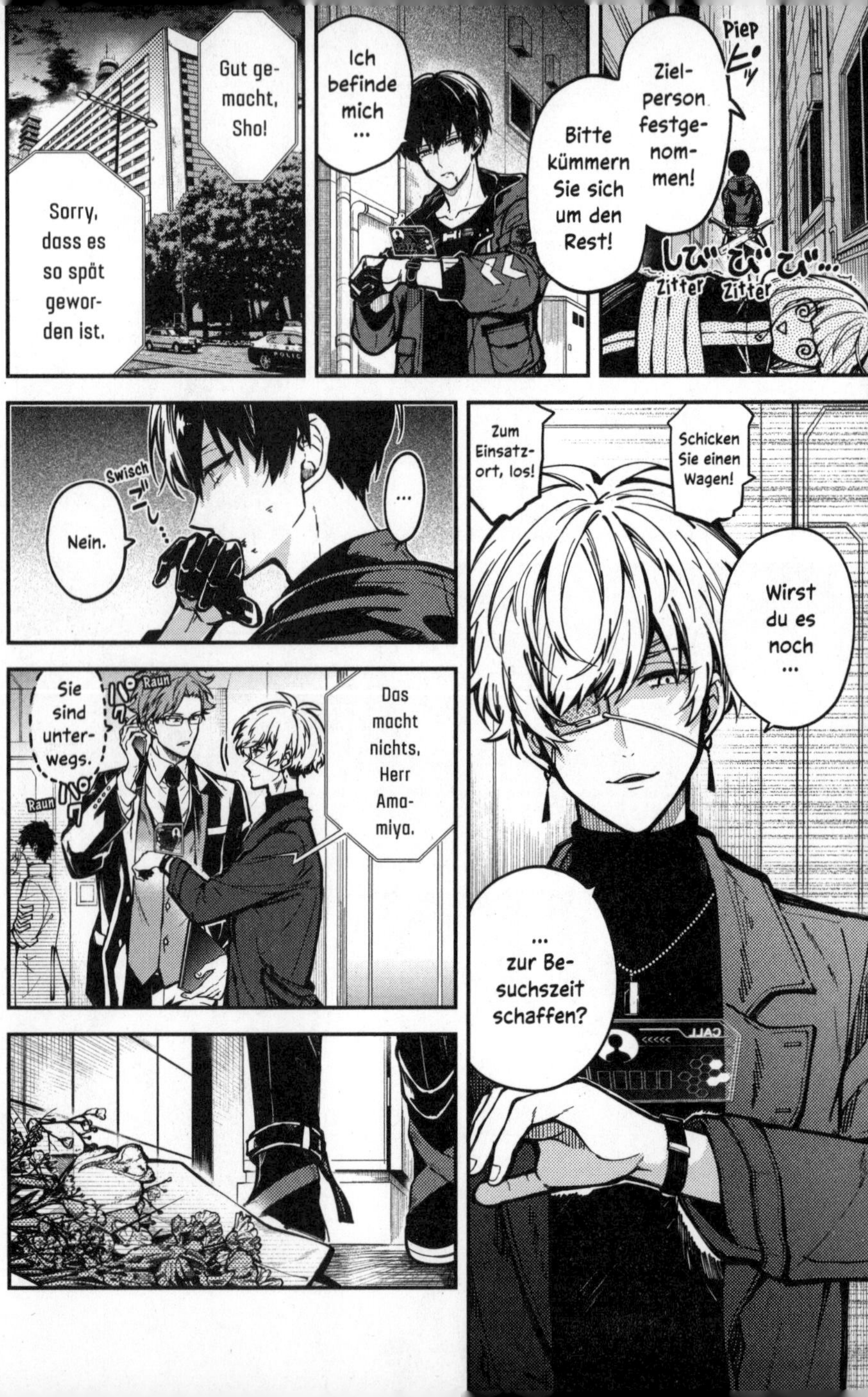
Piep
Zielperson festgenommen!
Bitte kümmern Sie sich um den Rest!
Zitter Zitter
Ich befinde mich ...
Gut gemacht, Sho!
Sorry, dass es so spät geworden ist.
Schicken Sie einen Wagen!
Zum Einsatzort, los!
Wirst du es noch ...
...
Swisch
Nein.
Das macht nichts, Herr Amamiya.
Raun
Sie sind unterwegs.
Raun
... zur Besuchszeit schaffen?

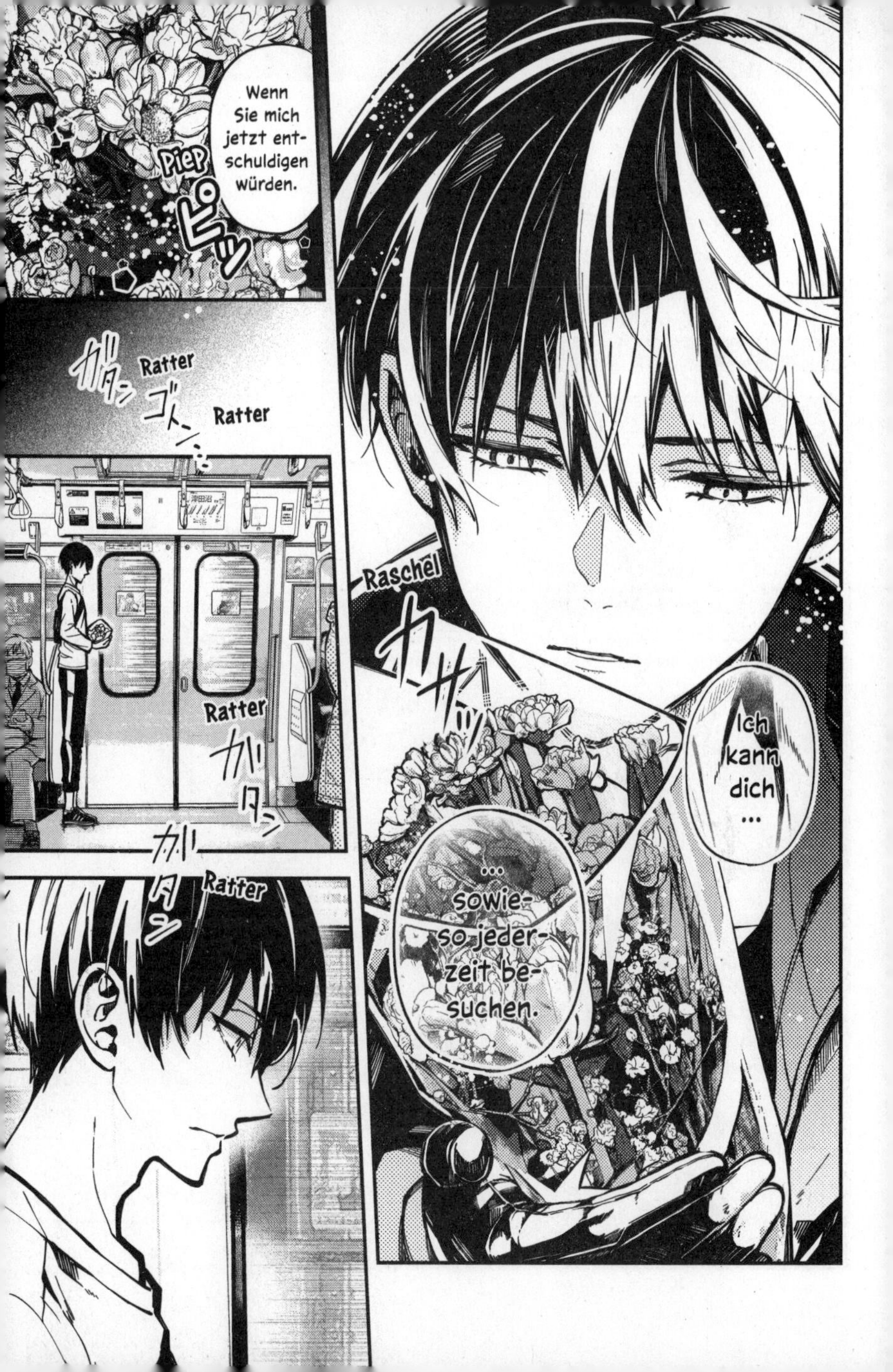
Raschel
Ich kann dich ...
... sowieso jederzeit besuchen.
Wenn Sie mich jetzt entschuldigen würden.
Piep
Ratter
Ratter
Ratter
Ratter

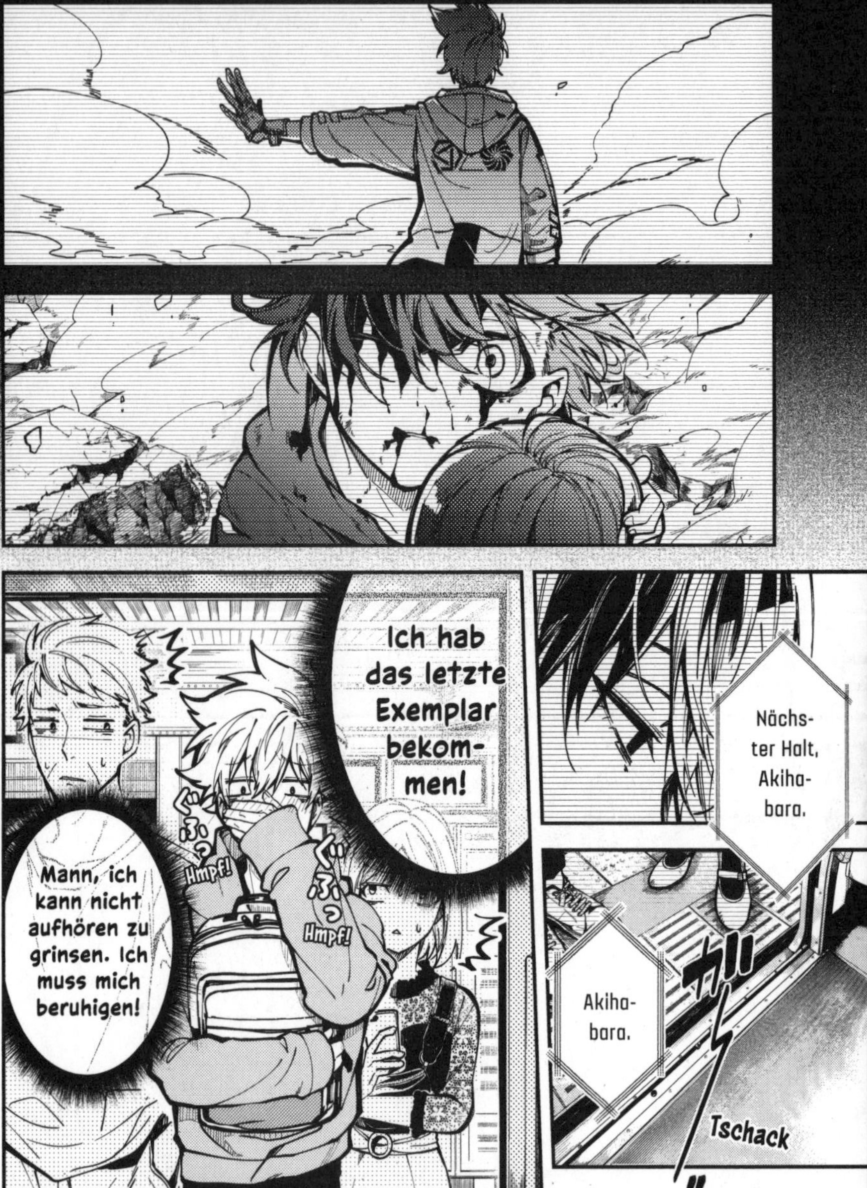

Nächster Halt, Akihabara.
Akihabara.
Tschack
Ich hab das letzte Exemplar bekommen!
Hmpf!
Hmpf!
Mann, ich kann nicht aufhören zu grinsen. Ich muss mich beruhigen!

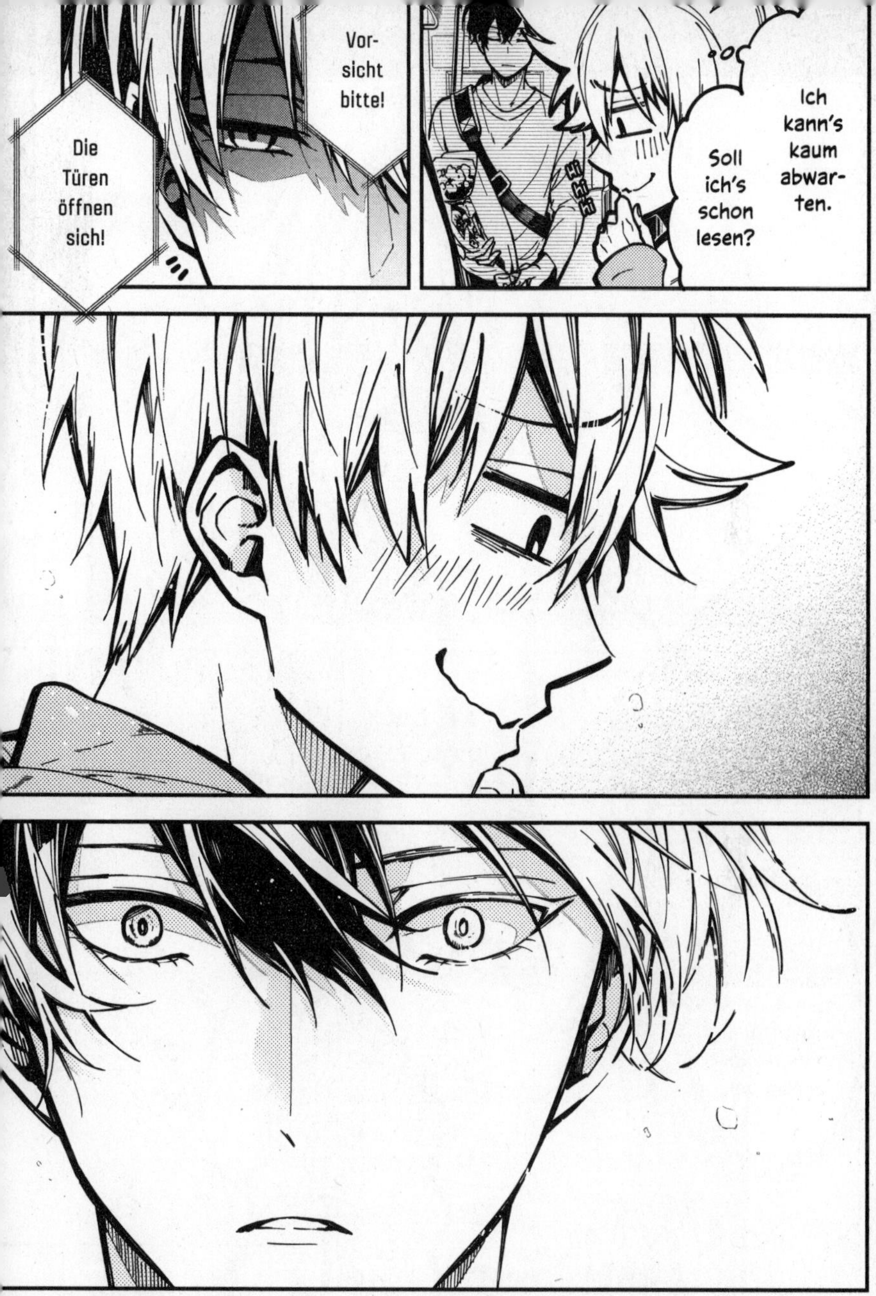
Ich kann's kaum abwarten.
Soll ich's schon lesen?
Vorsicht bitte!
Die Türen öffnen sich!

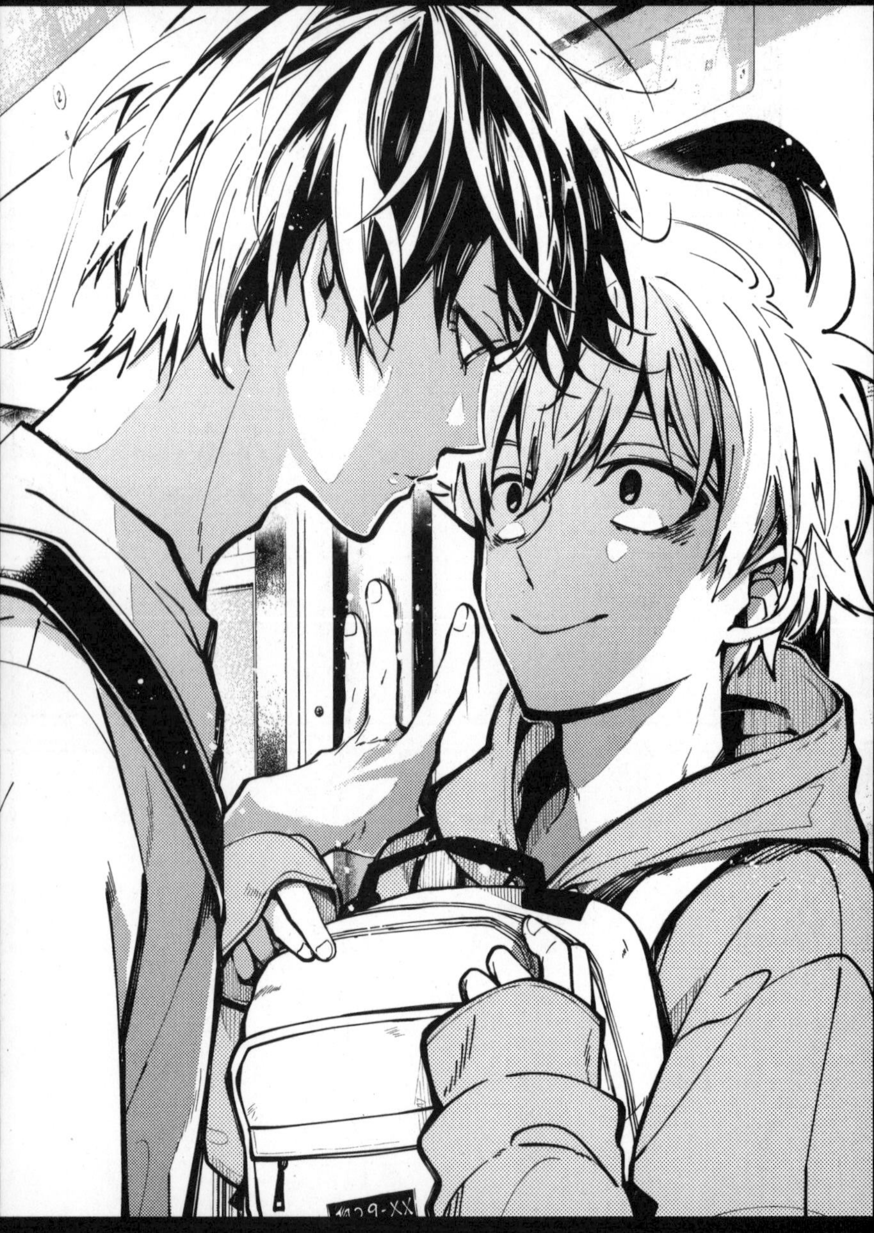

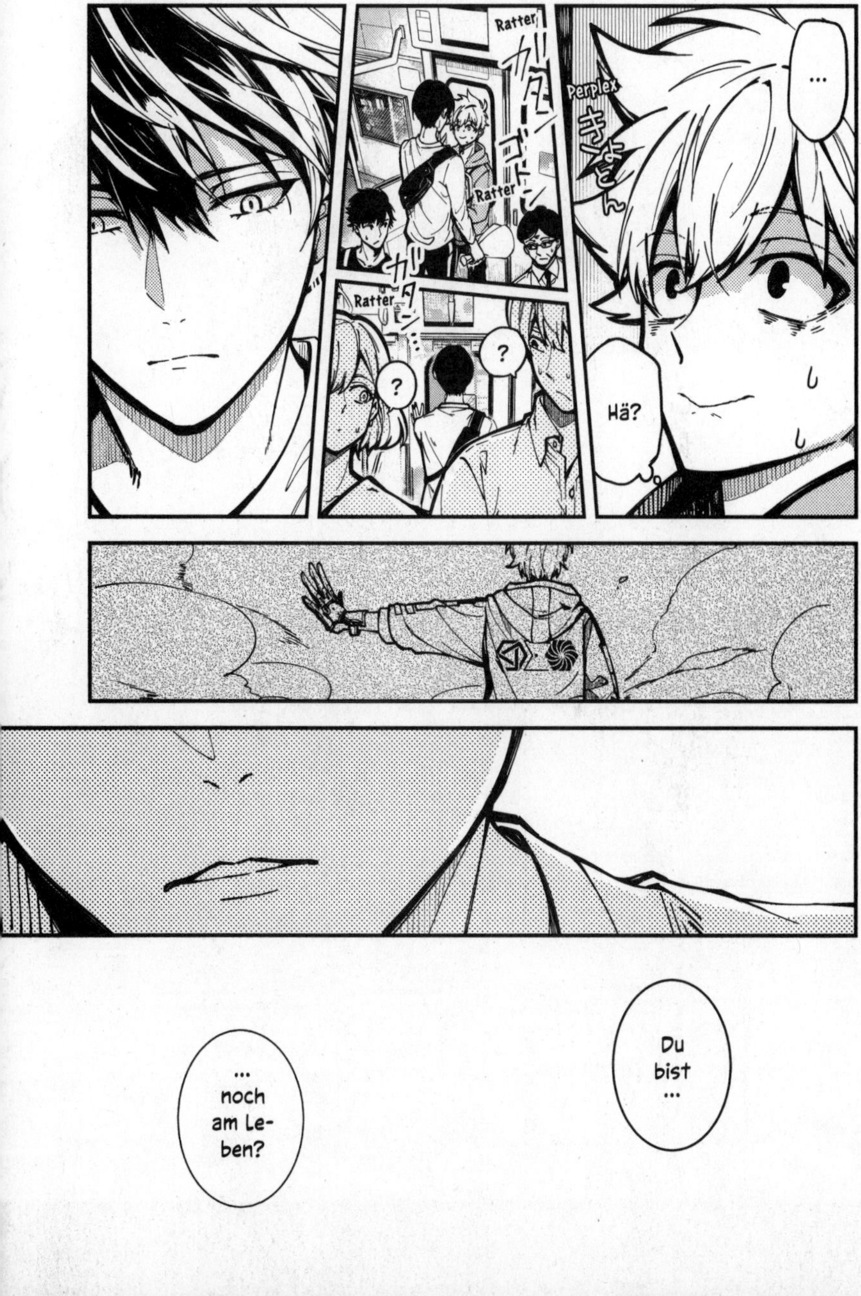
...
Perplex
Hä?
Ratter
Ratter
Ratter
?
?
Du bist ...
... noch am Le- ben?

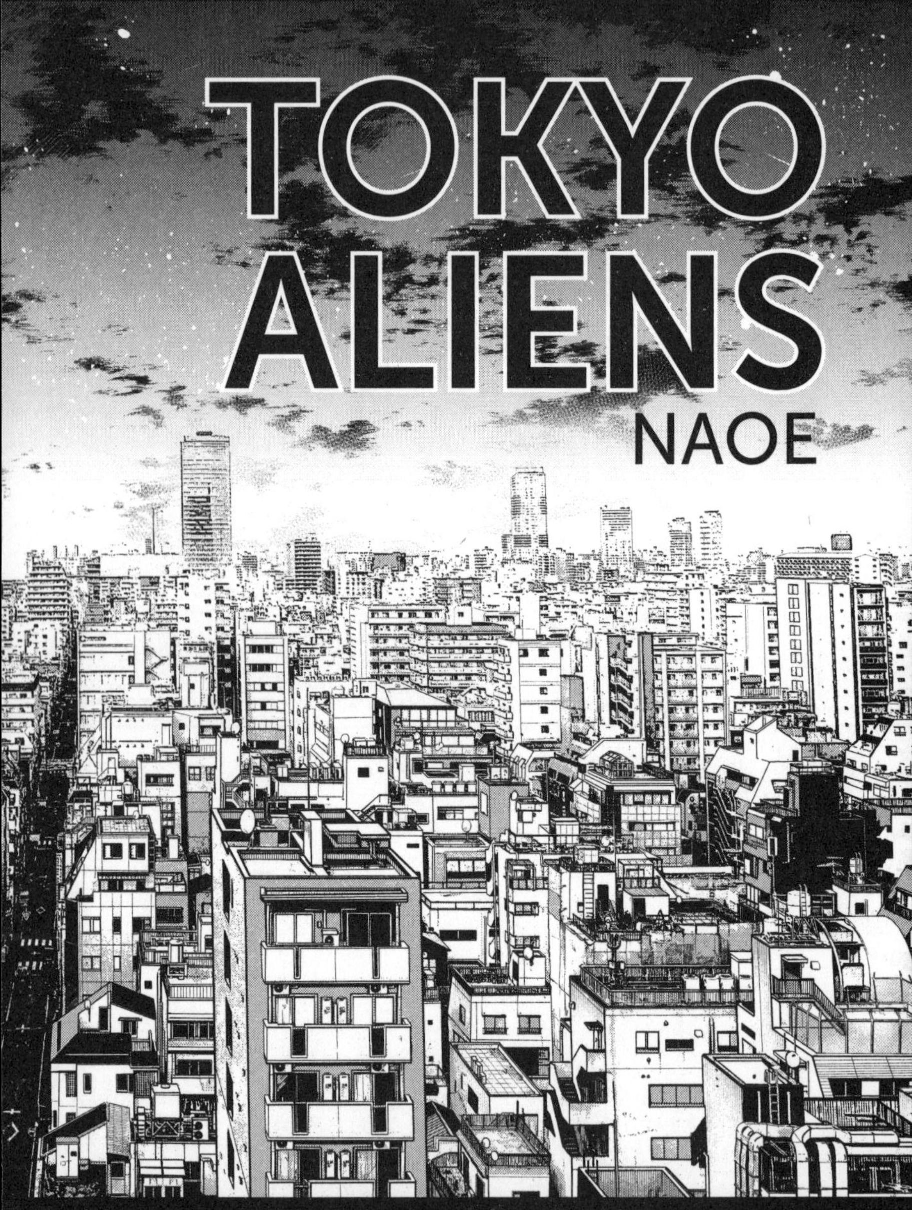
TOKYO
ALIENS
NAOE

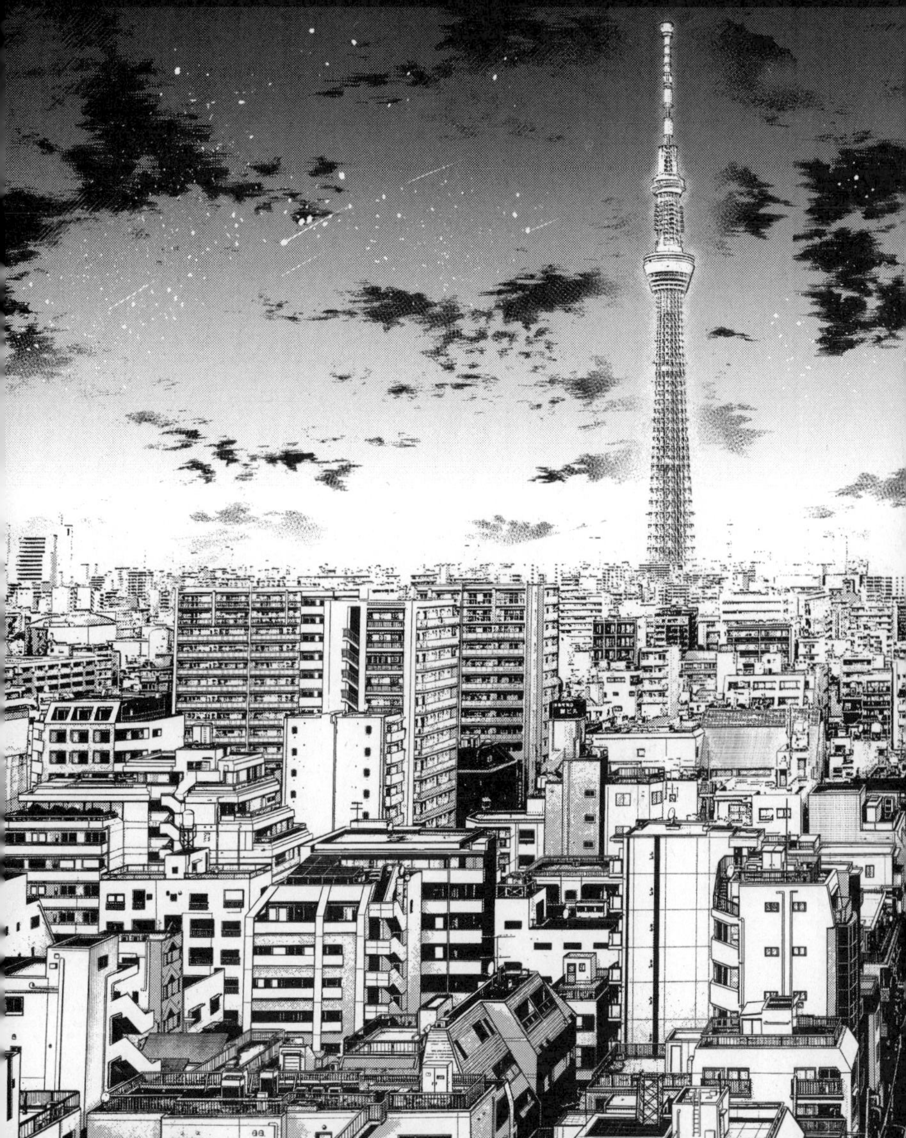

TOKYO ALIENS

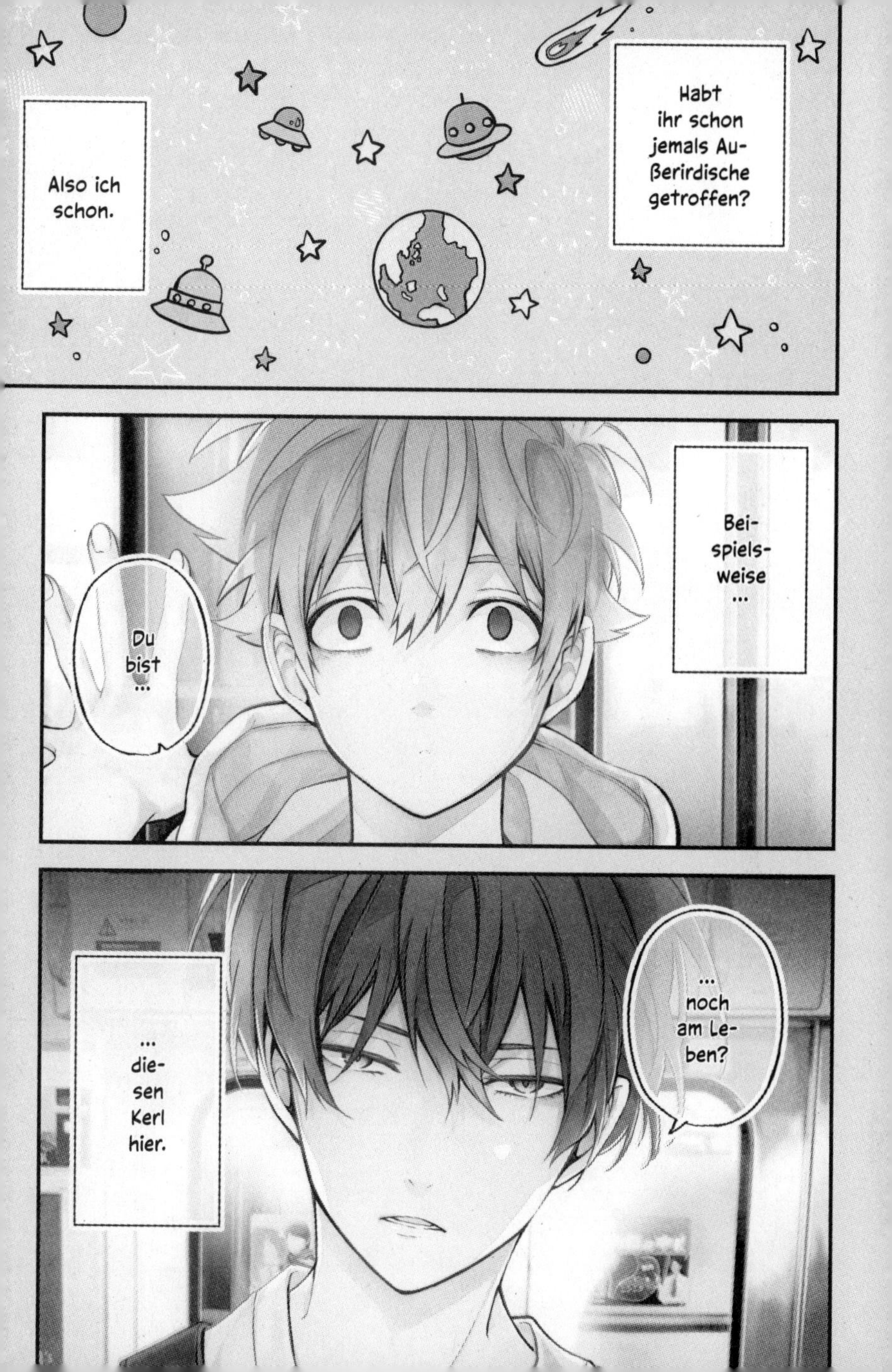
Habt ihr schon jemals Außerirdische getroffen?
Also ich schon.
Beispielsweise ...
Du bist ...
... noch am Leben?
... diesen Kerl hier.

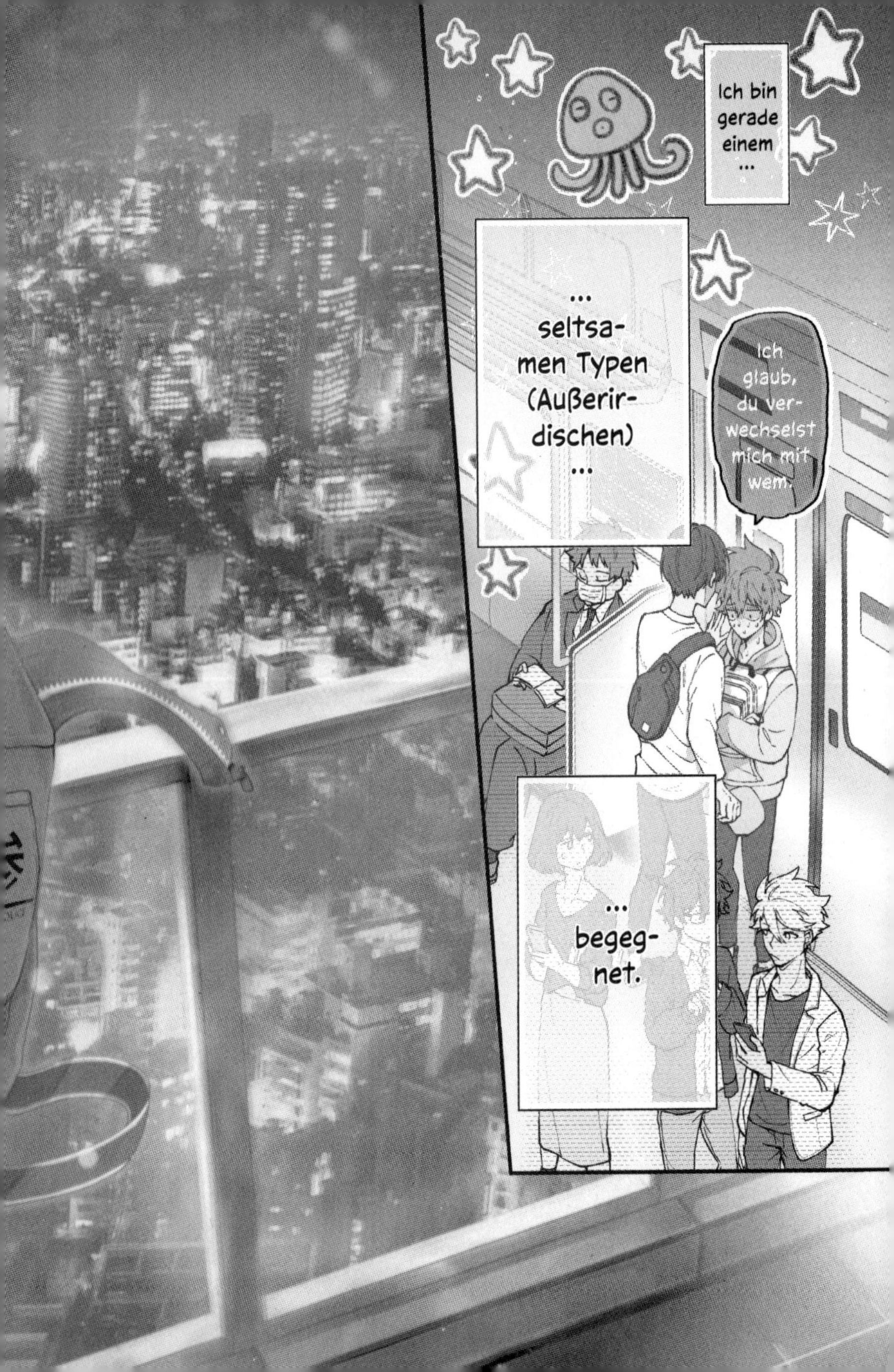
Ich bin gerade einem ...
... seltsamen Typen (Außerirdischen) ...
Ich glaub, du verwechselst mich mit wem.
... begegnet.

Kapitel 1: Begegnung mit einem Außerirdischen

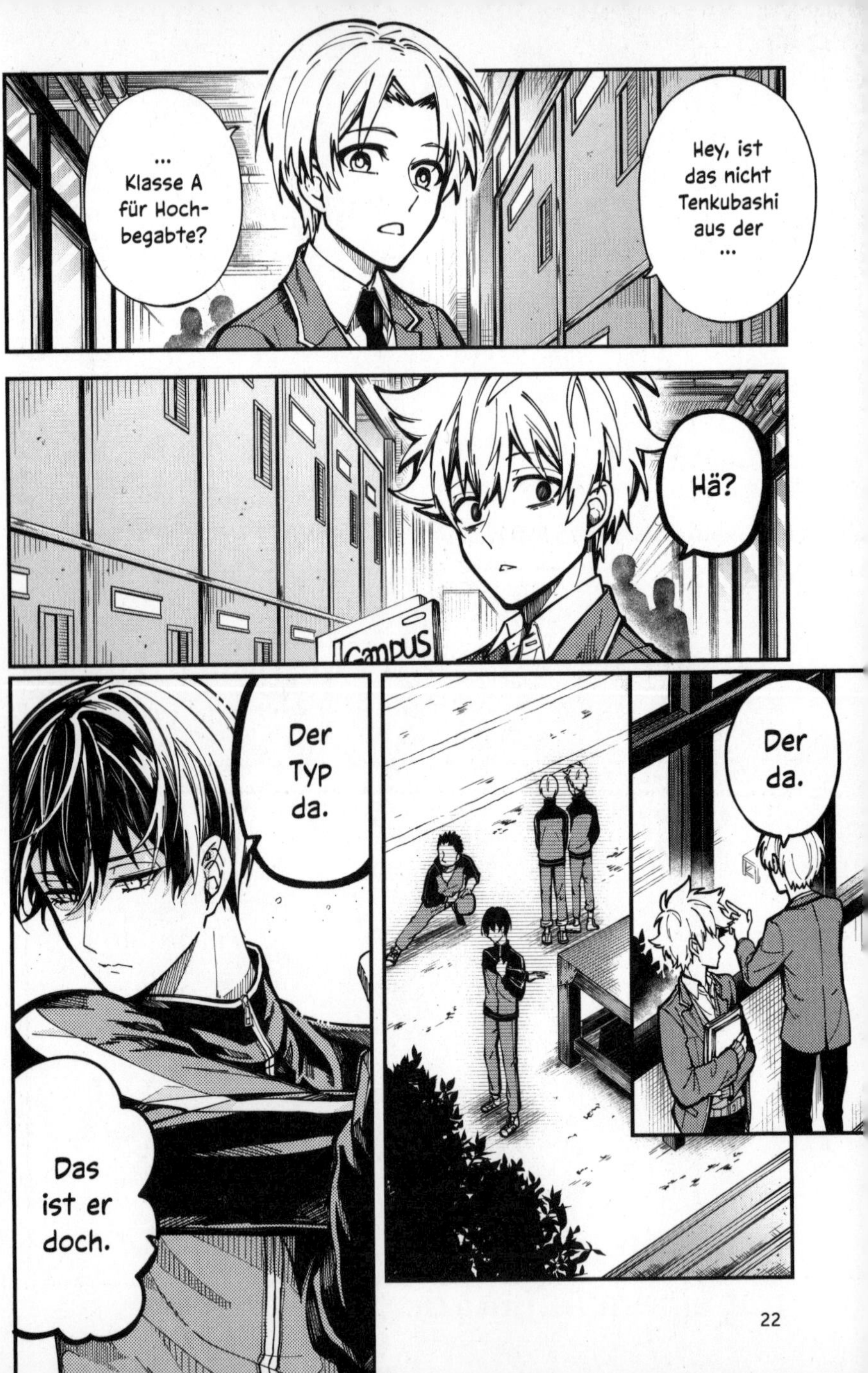
Hey, ist das nicht Tenkubashi aus der ...
... Klasse A für Hochbegabte?
Hä?
Der da.
Der Typ da.
Das ist er doch.
CAMPUS

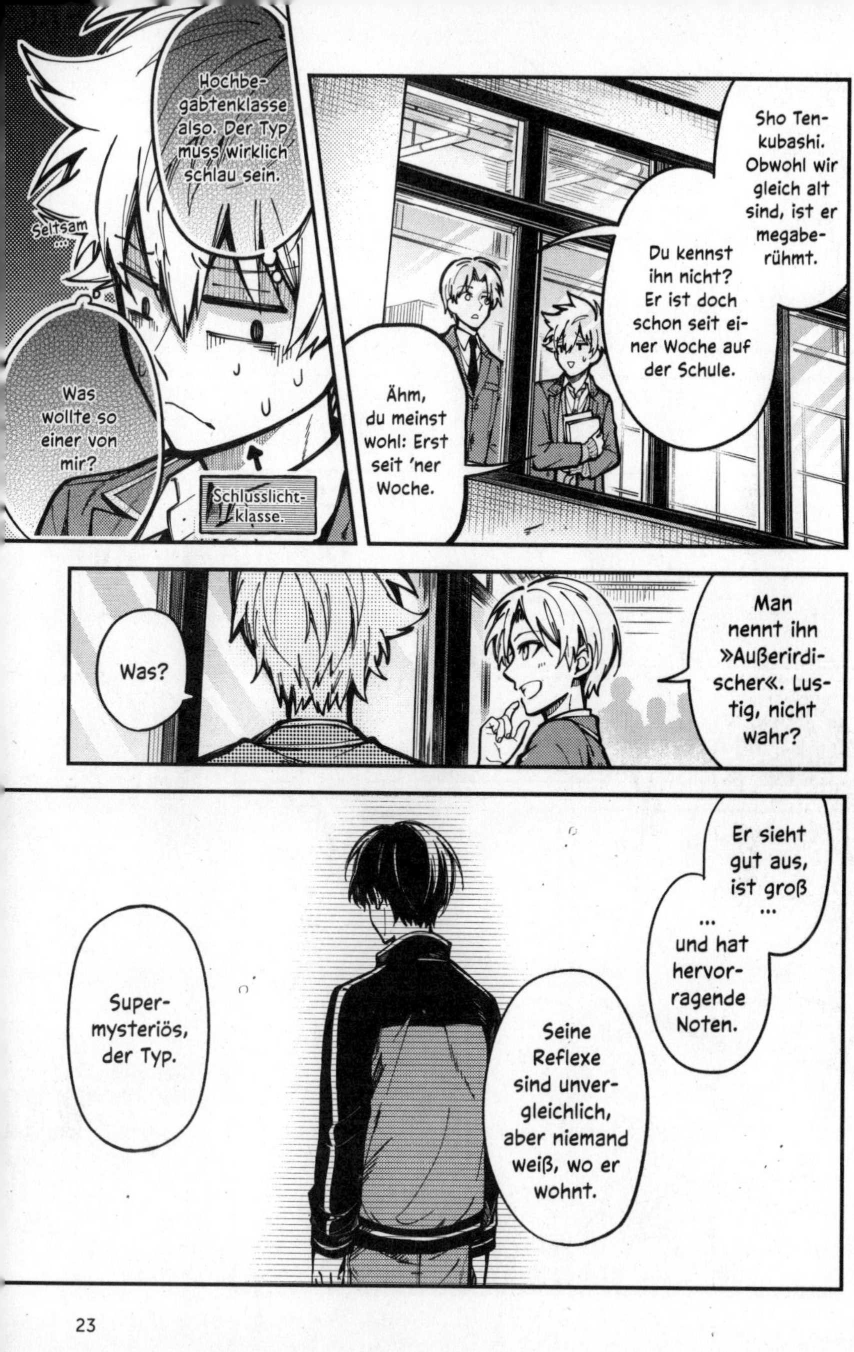

Sho Tenkubashi. Obwohl wir gleich alt sind, ist er megaberühmt.
Du kennst ihn nicht? Er ist doch schon seit einer Woche auf der Schule.
Ähm, du meinst wohl: Erst seit 'ner Woche.
Hochbegabtenklasse also. Der Typ muss wirklich schlau sein.
Seltsam ...
Was wollte so einer von mir?
Schlusslichtklasse.
Man nennt ihn »Außerirdischer«. Lustig, nicht wahr?
Was?
Er sieht gut aus, ist groß ... und hat hervorragende Noten.
Seine Reflexe sind unvergleichlich, aber niemand weiß, wo er wohnt.
Supermysteriös, der Typ.

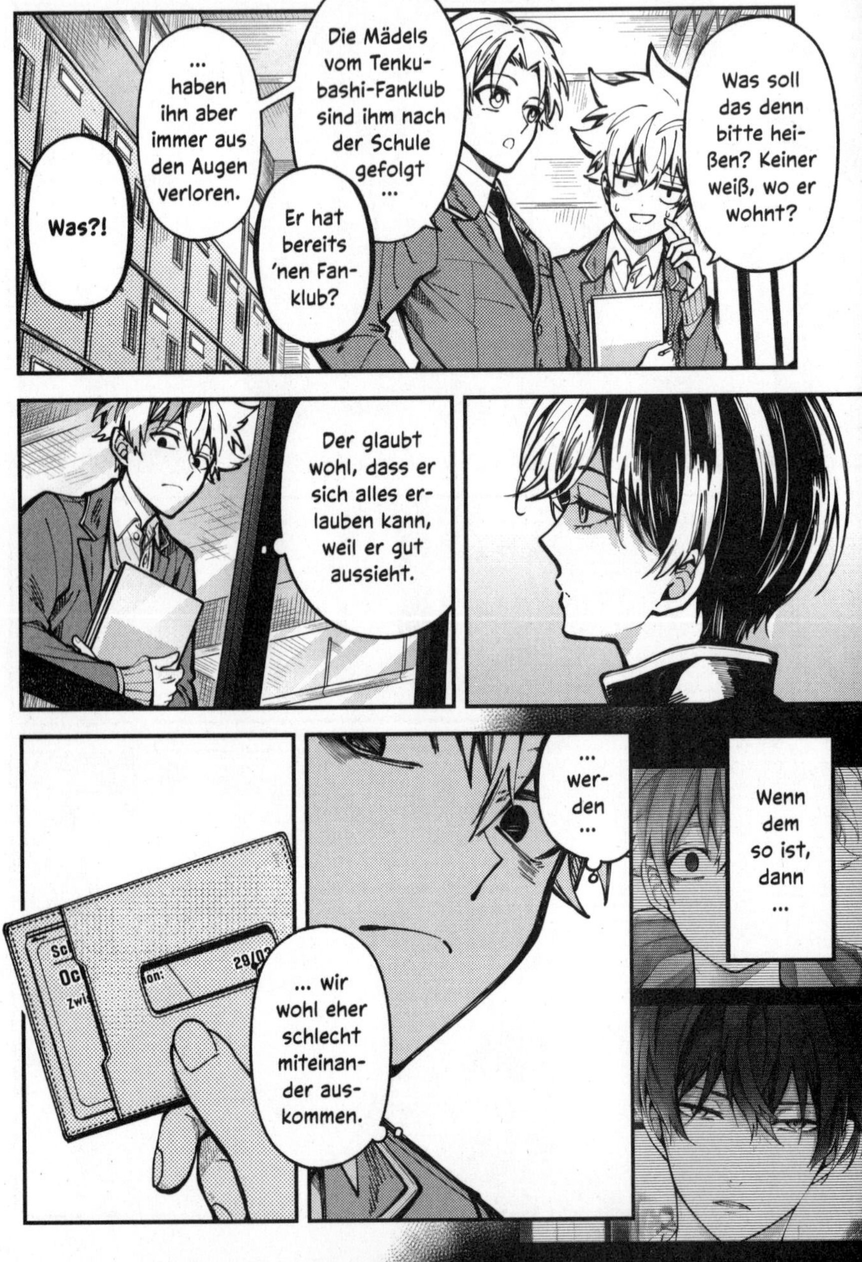
Was soll das denn bitte heißen? Keiner weiß, wo er wohnt?
Die Mädels vom Tenkubashi-Fanklub sind ihm nach der Schule gefolgt ...
... haben ihn aber immer aus den Augen verloren.
Er hat bereits 'nen Fanklub?
Was?!
Der glaubt wohl, dass er sich alles erlauben kann, weil er gut aussieht.
Wenn dem so ist, dann ...
... werden ...
... wir wohl eher schlecht miteinander auskommen.

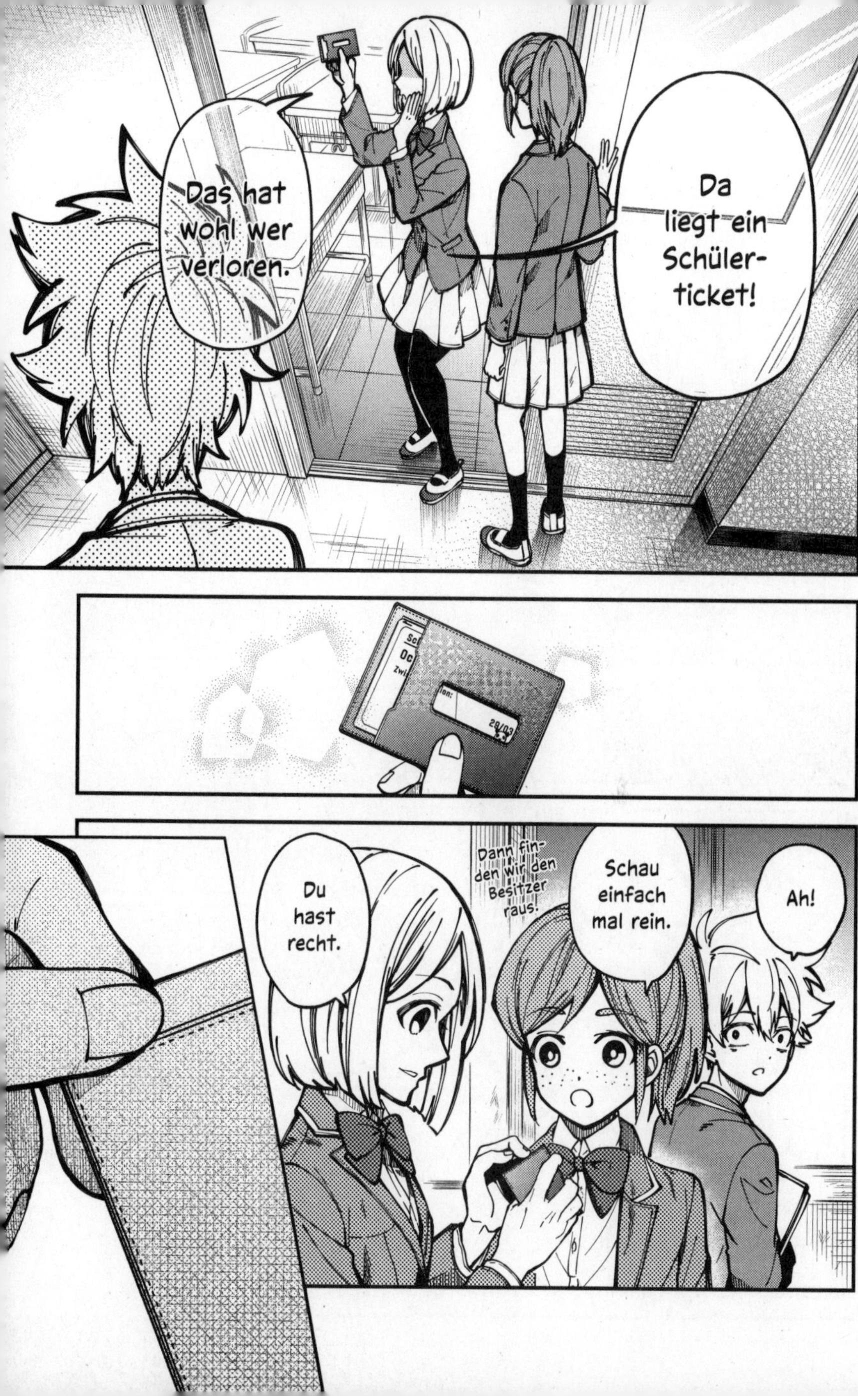
Da liegt ein Schüler-ticket!
Das hat wohl wer verloren.
Ah!
Schau einfach mal rein.
Dann fin-den wir den Besitzer raus.
Du hast recht.

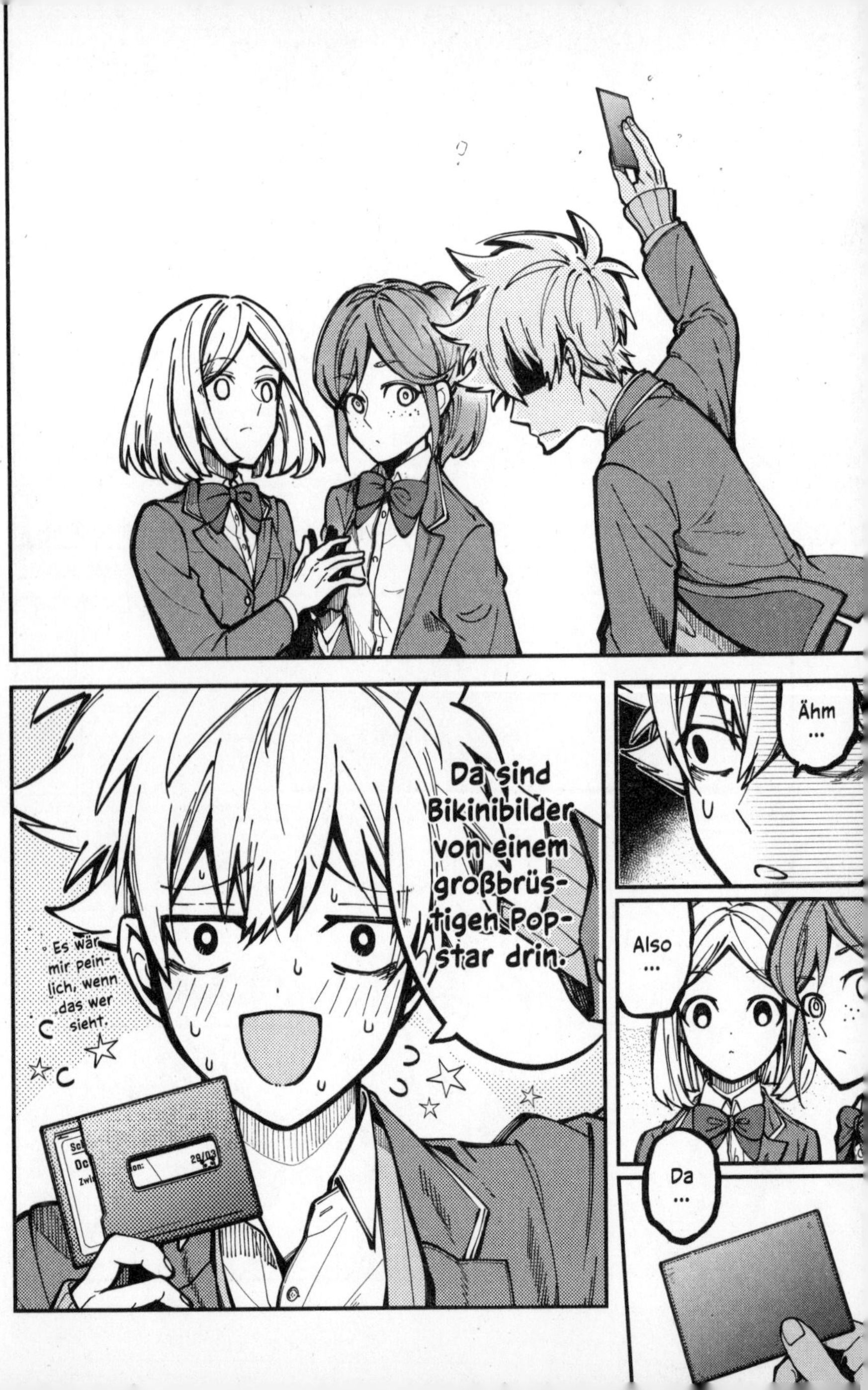
Ähm ...
Also ...
Da ...
Da sind Bikinibilder von einem großbrüstigen Popstar drin.
Es wär mir peinlich, wenn das wer sieht.

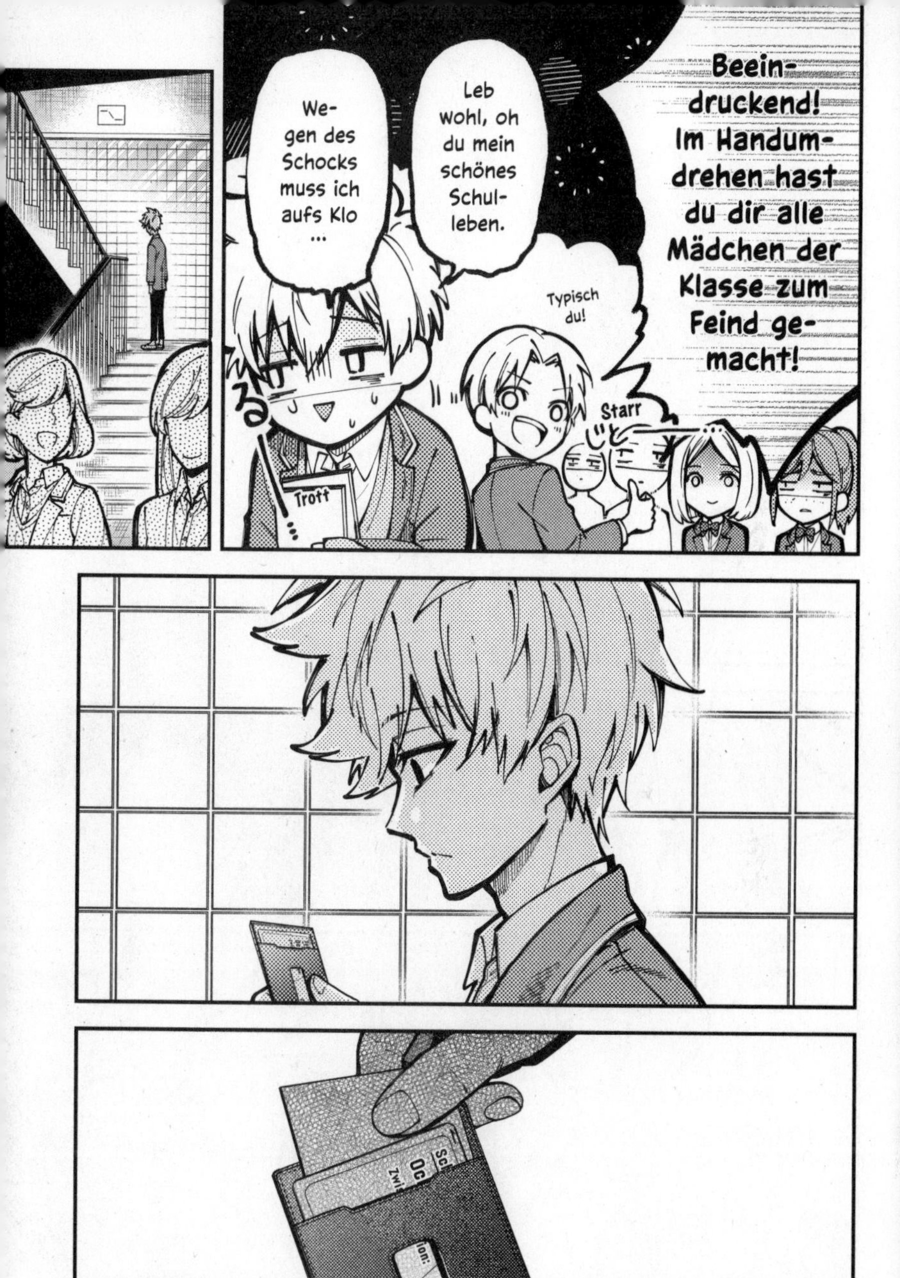
Beein-
druckend!
Im Handum-
drehen hast
du dir alle
Mädchen der
Klasse zum
Feind ge-
macht!
Starr
Typisch
du!
Leb
wohl, oh
du mein
schönes
Schul-
leben.
We-
gen des
Schocks
muss ich
aufs Klo
...
Trott

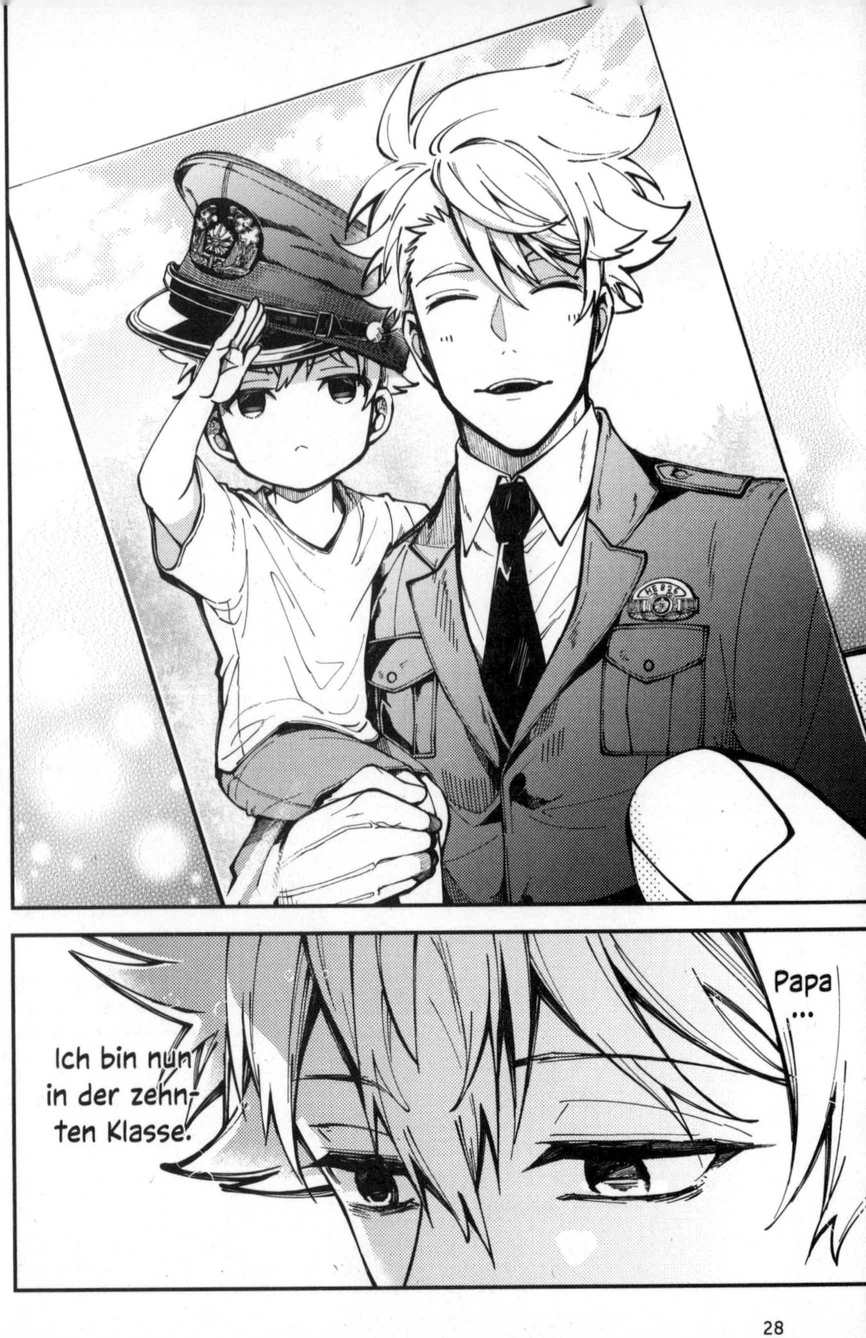
Papa …
Ich bin nun in der zehnten Klasse.

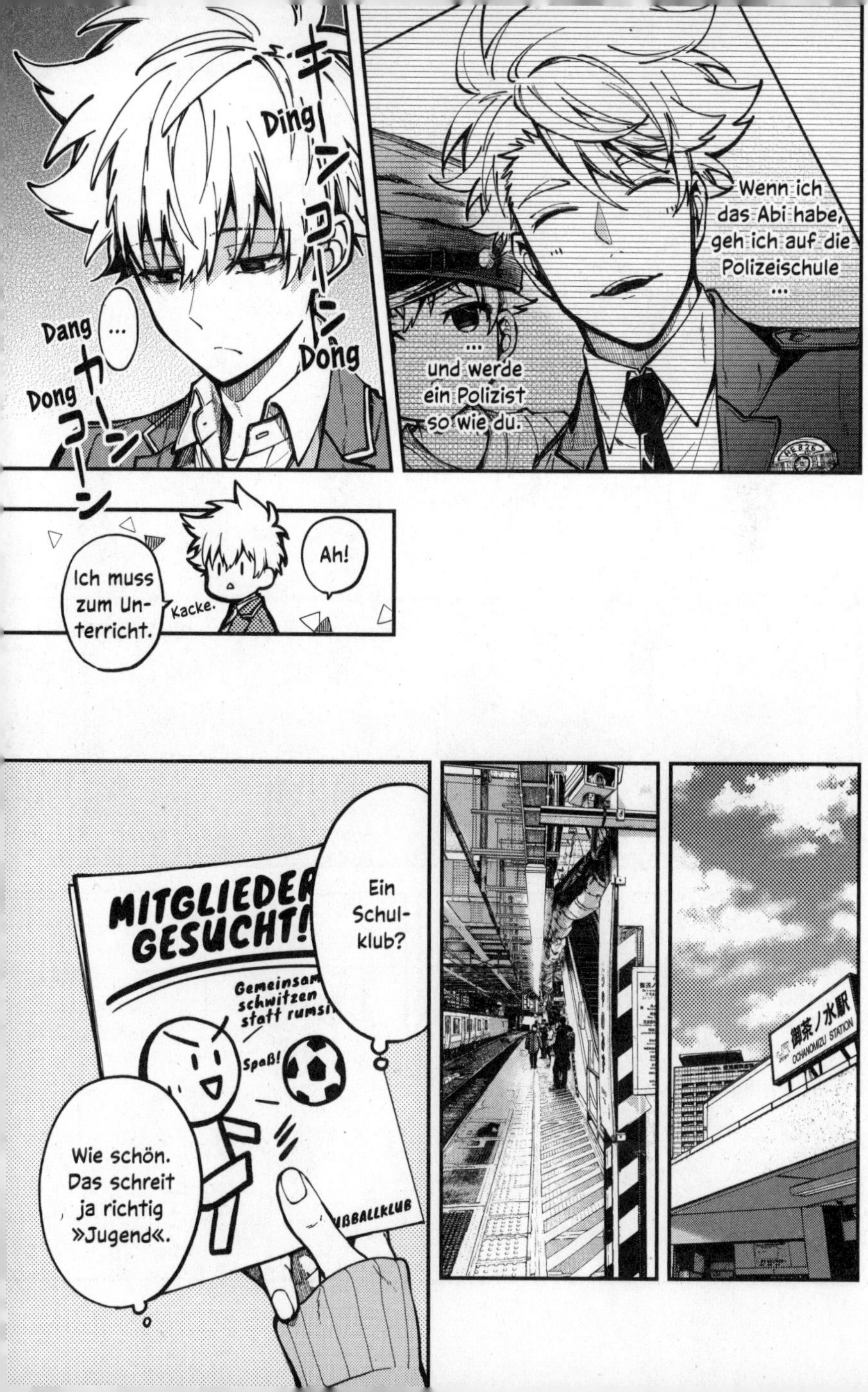
Wenn ich das Abi habe, geh ich auf die Polizeischule ...
... und werde ein Polizist so wie du.
Ding Dong
Dang Dong
...
Ah!
Kacke.
Ich muss zum Unterricht.
御茶ノ水駅
OCHANOMIZU STATION
Ein Schulklub?
MITGLIEDER GESUCHT!
Gemeinsam schwitzen statt rumsi
Spaß!
UBBALLKLUB
Wie schön. Das schreit ja richtig »Jugend«.

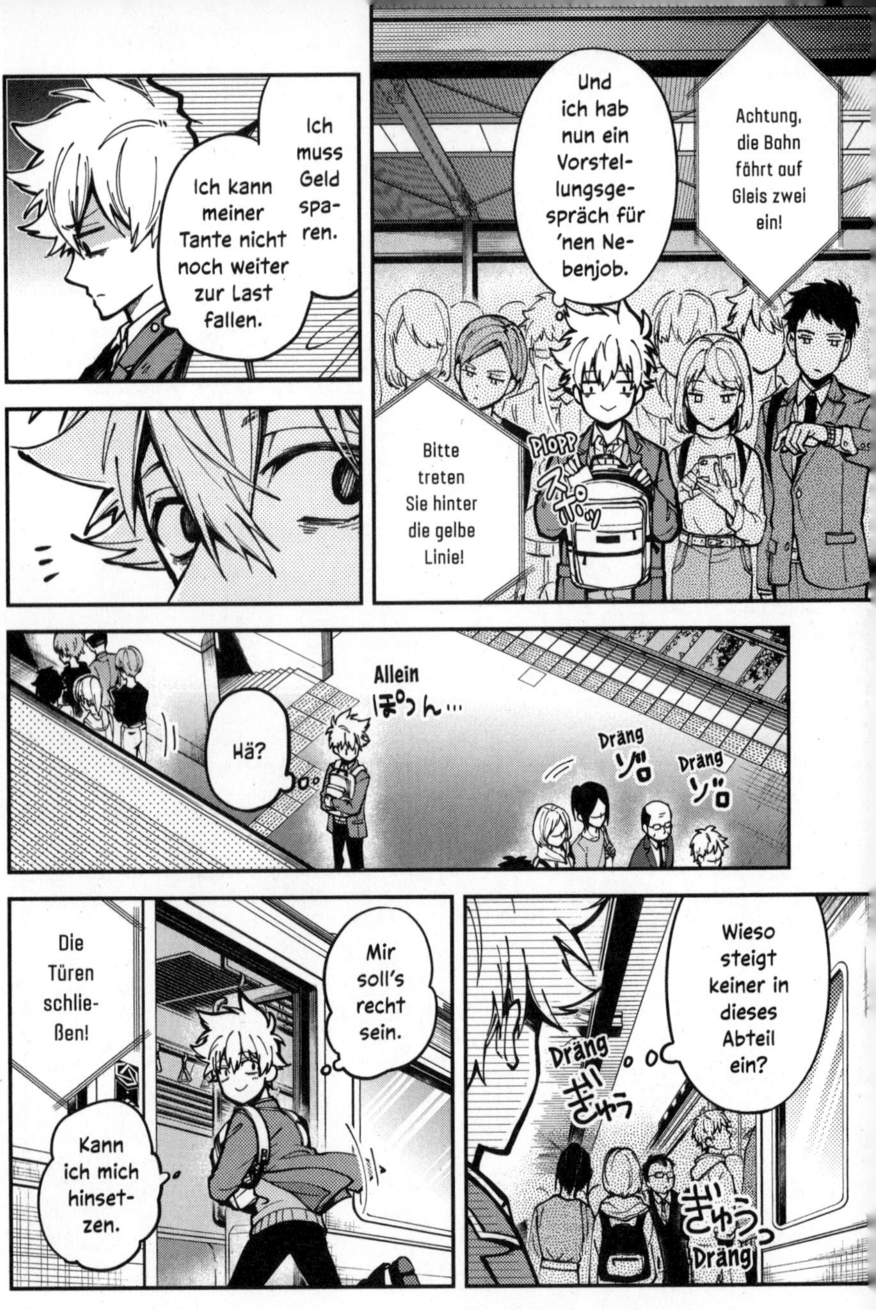
Achtung, die Bahn fährt auf Gleis zwei ein!
Und ich hab nun ein Vorstellungsgespräch für 'nen Nebenjob.
Bitte treten Sie hinter die gelbe Linie!
Plopp
Ich muss Geld sparen.
Ich kann meiner Tante nicht noch weiter zur Last fallen.
Allein
Hä?
Dräng
Dräng
Wieso steigt keiner in dieses Abteil ein?
Dräng
Dräng
Mir soll's recht sein.
Die Türen schließen!
Kann ich mich hinsetzen.

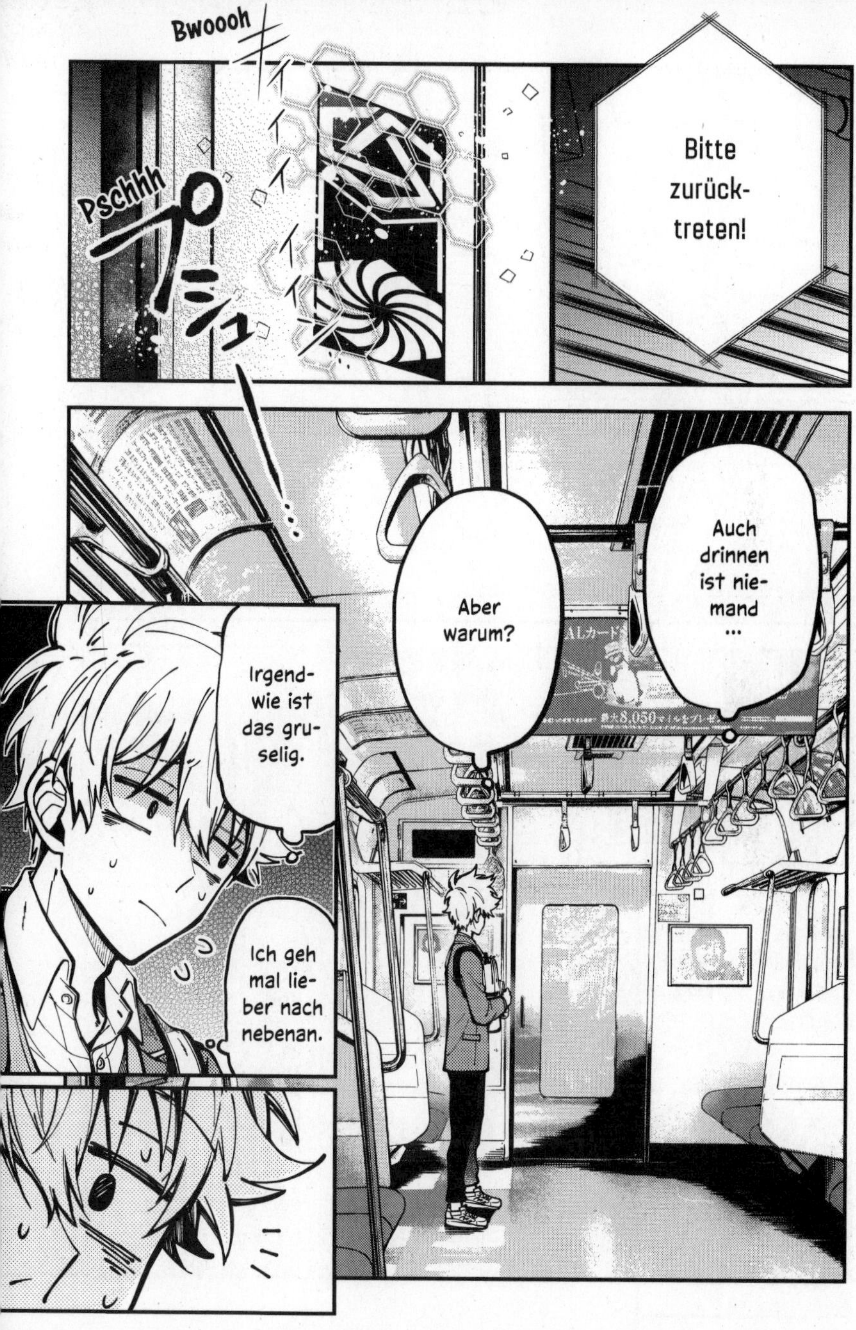
Bitte zurück-treten!
Bwoooh
Pschhh
Auch drinnen ist nie-mand ...
Aber warum?
Irgend-wie ist das gru-selig.
Ich geh mal lie-ber nach nebenan.

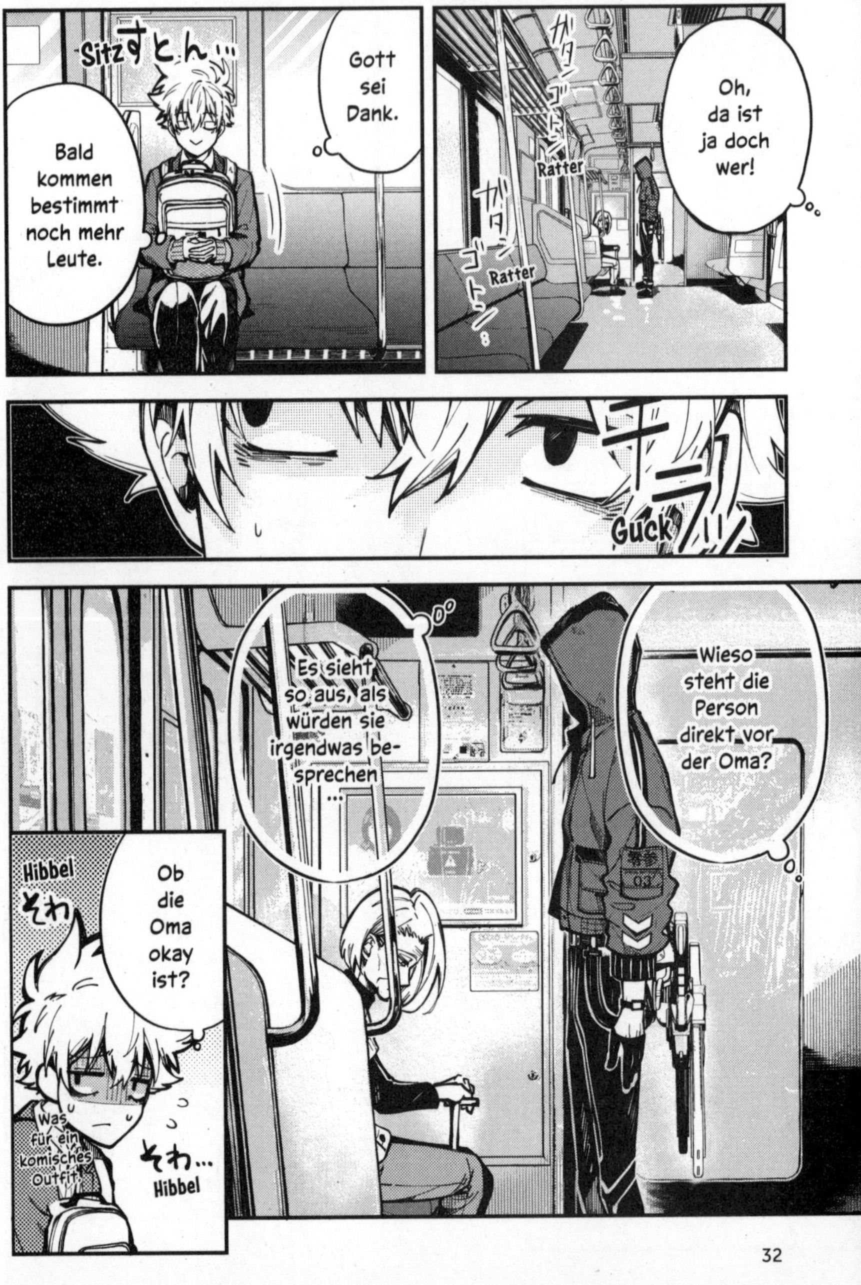
Oh, da ist ja doch wer!
Ratter
Ratter
Sitzすとん…
Gott sei Dank.
Bald kommen bestimmt noch mehr Leute.
Guck
Wieso steht die Person direkt vor der Oma?
Es sieht so aus, als würden sie irgendwas besprechen …
Ob die Oma okay ist?
Hibbel
そわ
Was für ein komisches Outfit.
そわ…
Hibbel

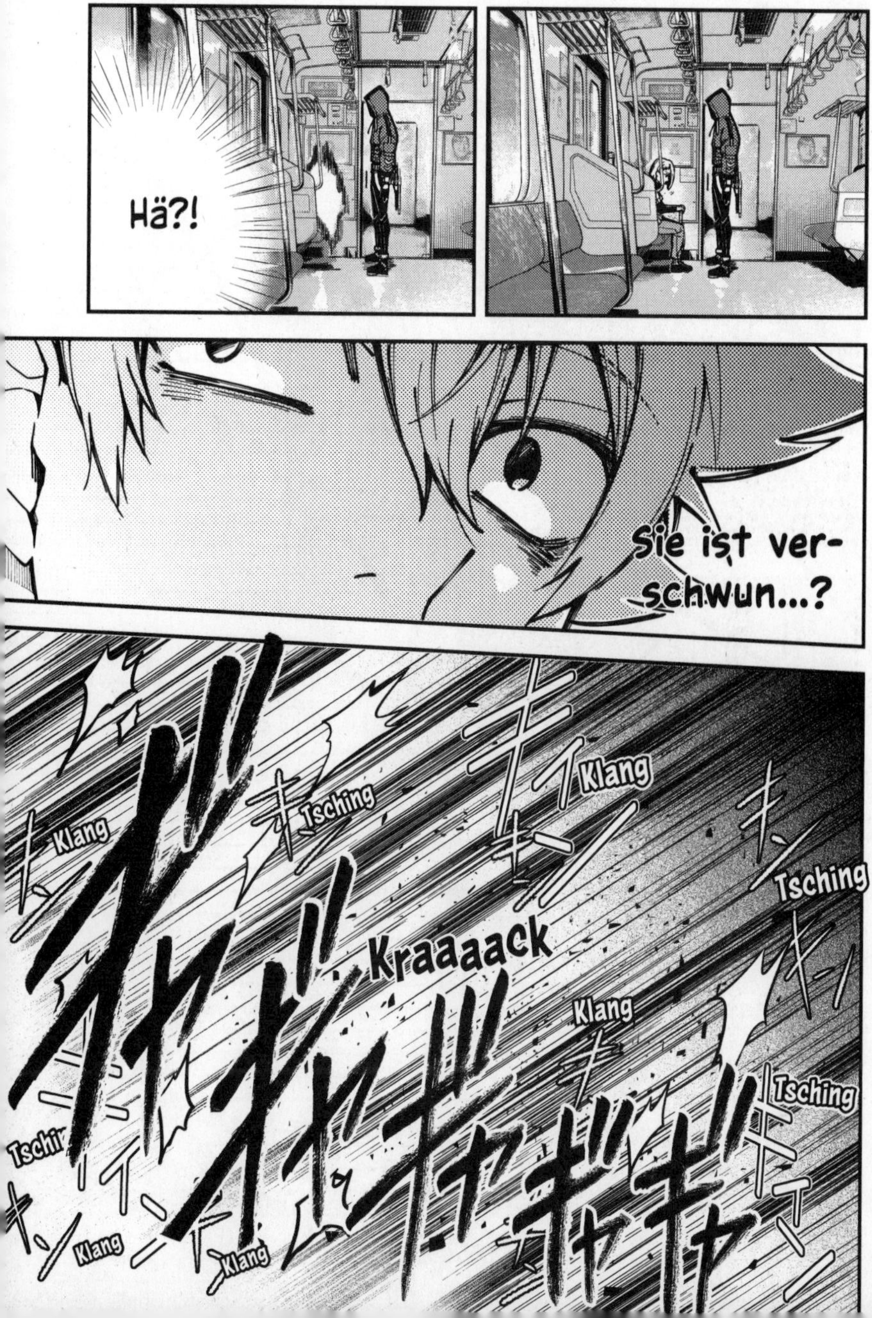
Hä?!
Sie ist ver-
schwun...?
Tsching
Tsching
Klang
Klang
Tsching
Kraaaack
Klang
Klang
Klang

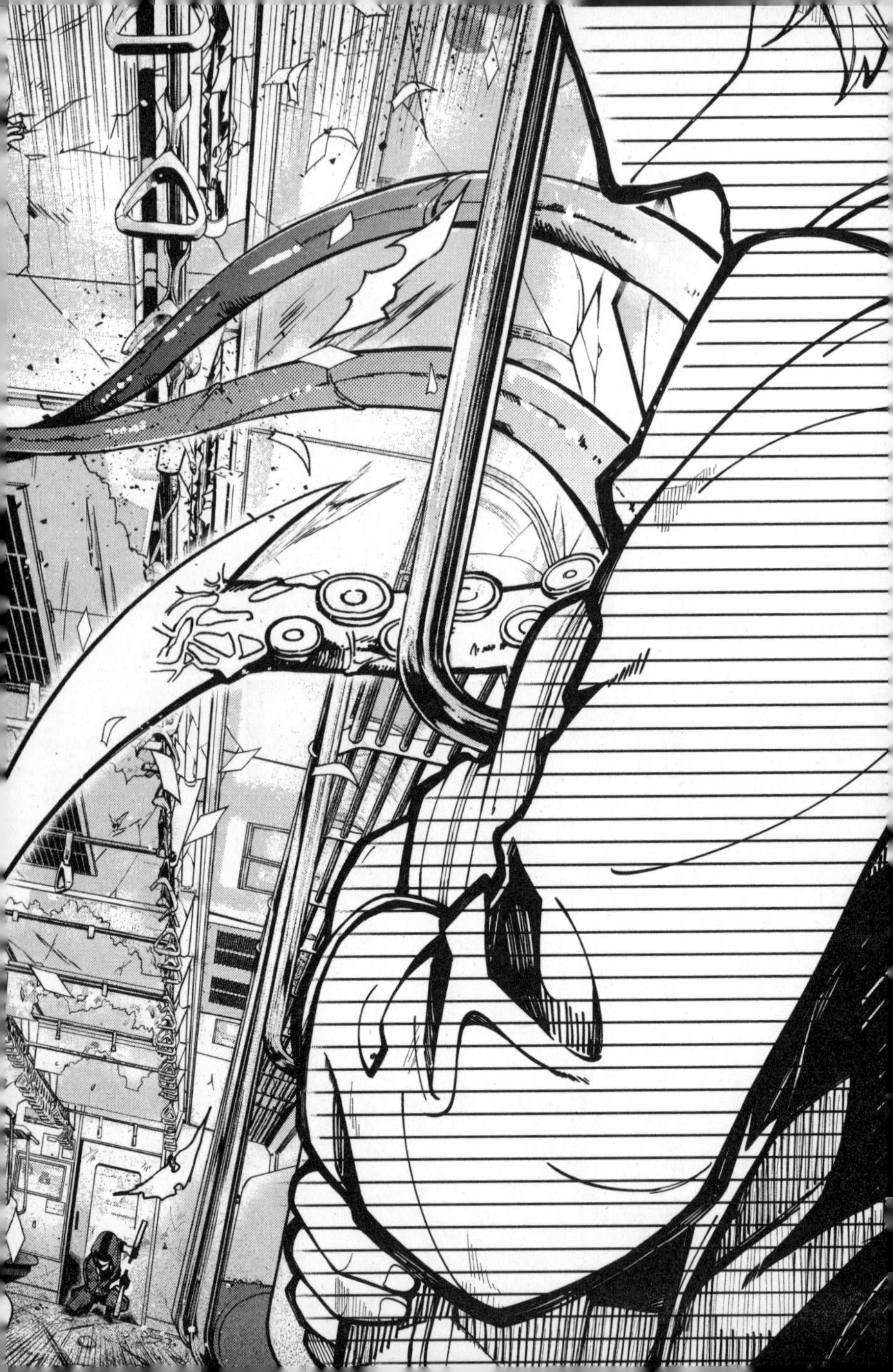

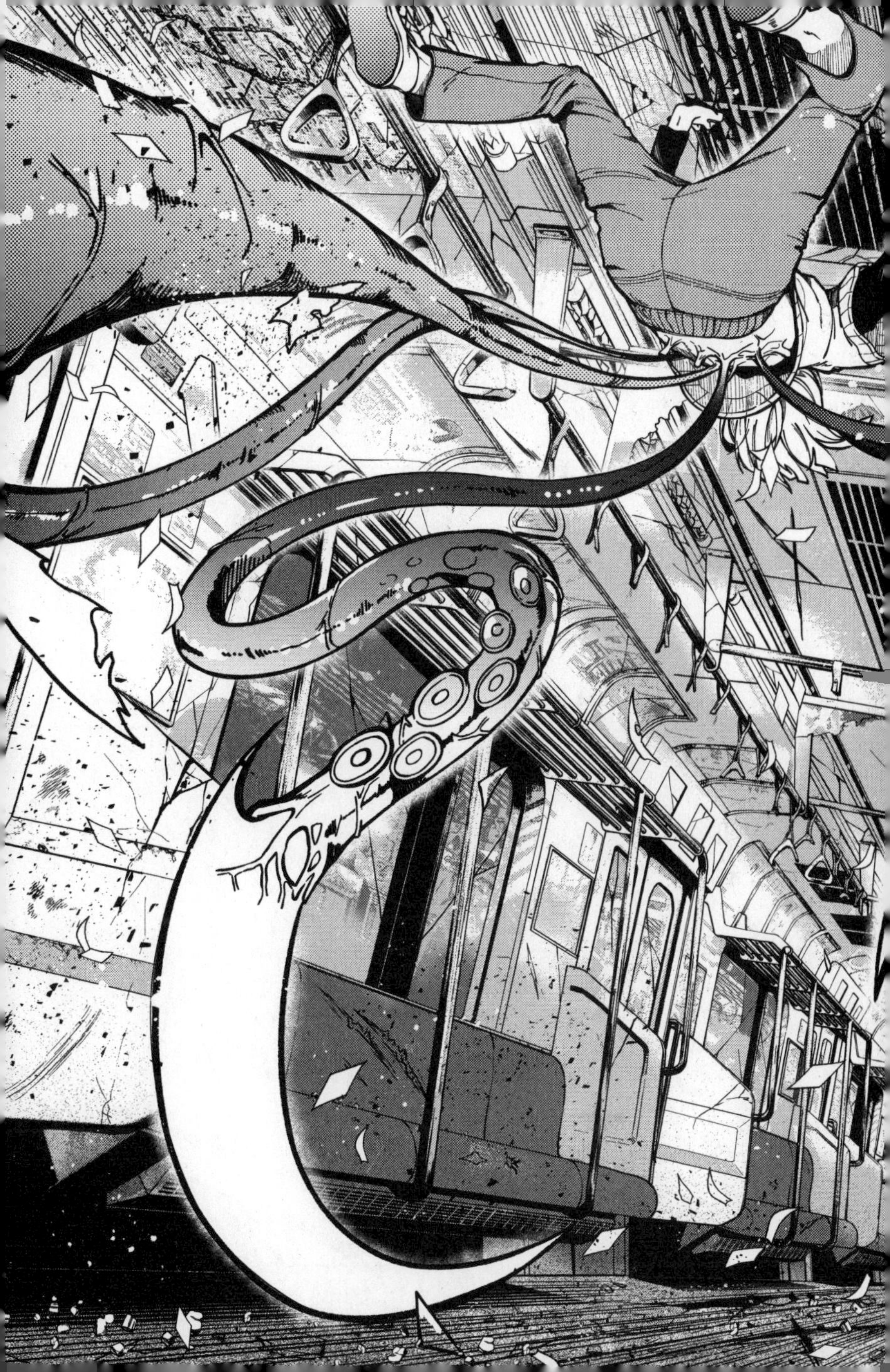

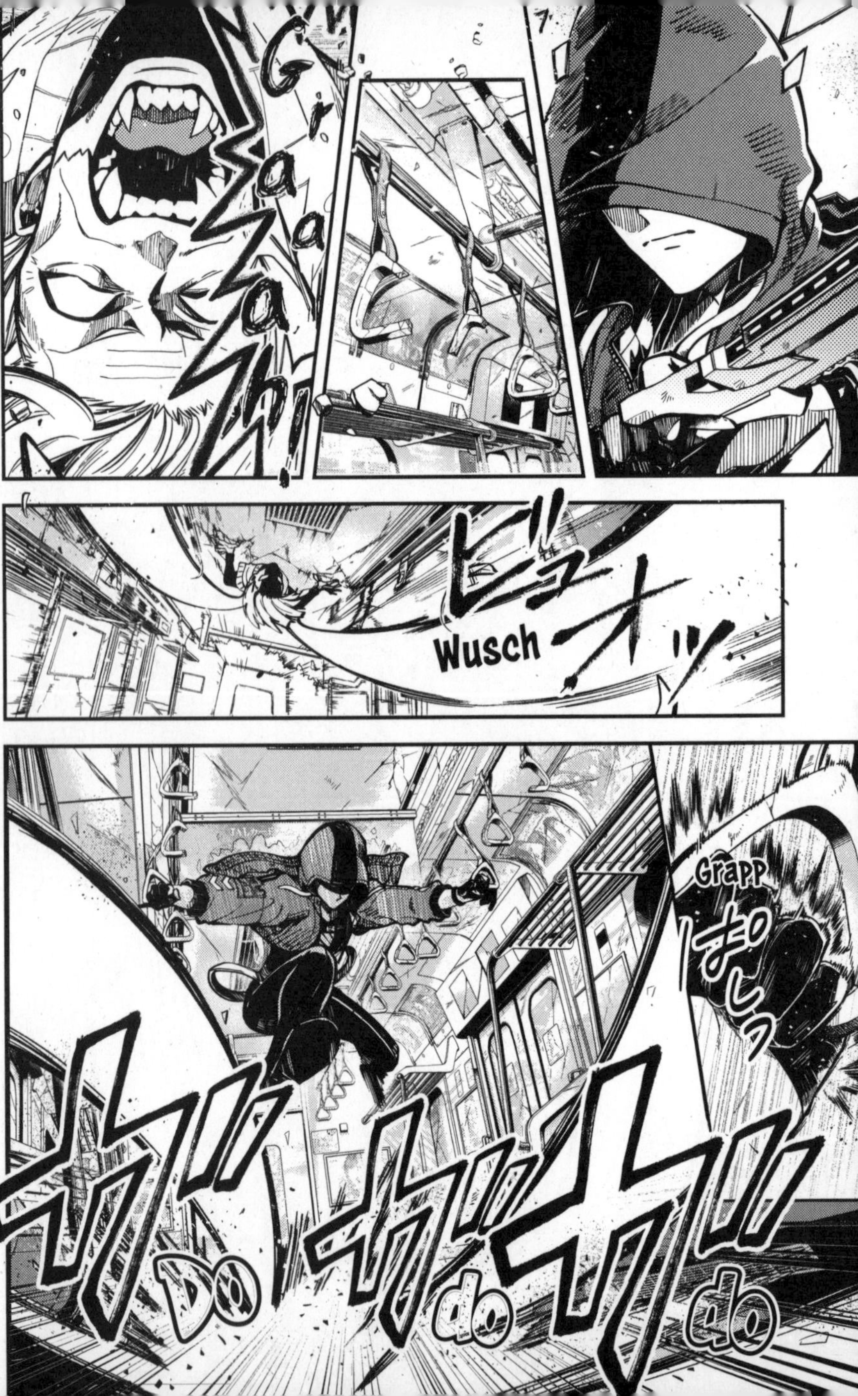

Gr Zaash!
Wusch
ビューオッ
Grapp
ぎしっ
Do do do

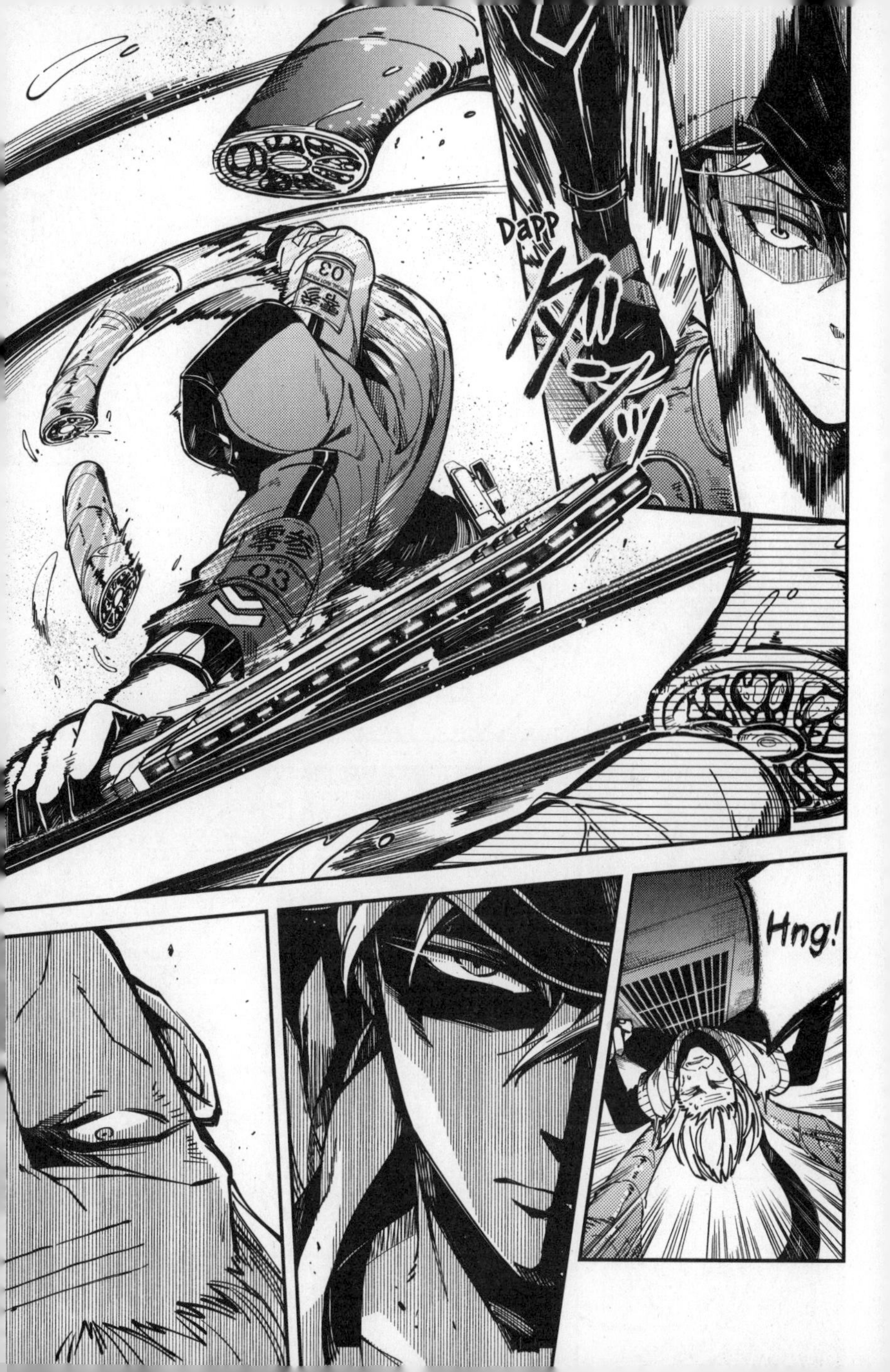
Dapp
Hng!

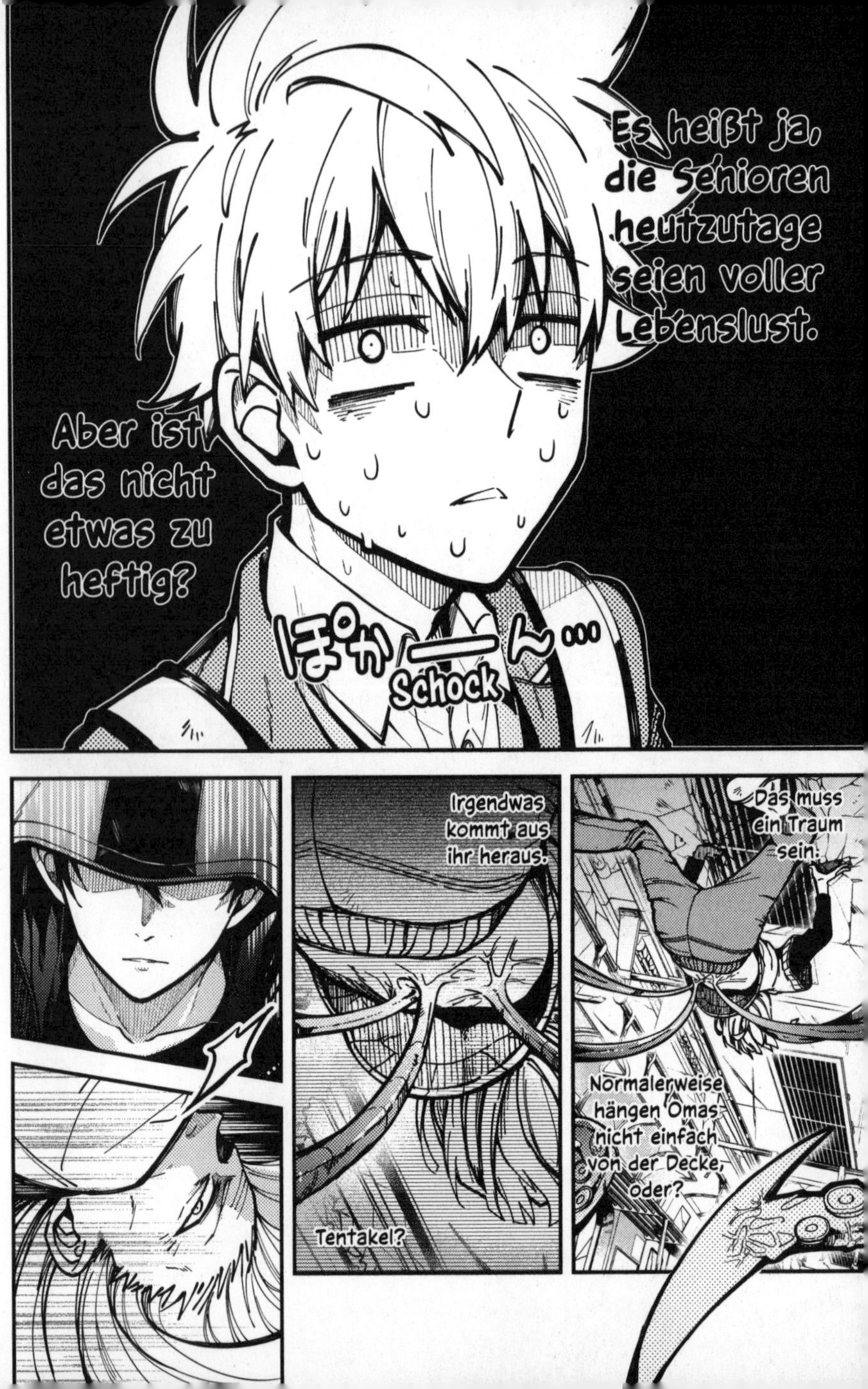
Es heißt ja, die Senioren heutzutage seien voller Lebenslust.
Aber ist das nicht etwas zu heftig?
ぽかーーん…
Schock
Das muss ein Traum sein.
Normalerweise hängen Omas nicht einfach von der Decke, oder?
Irgendwas kommt aus ihr heraus.
Tentakel?

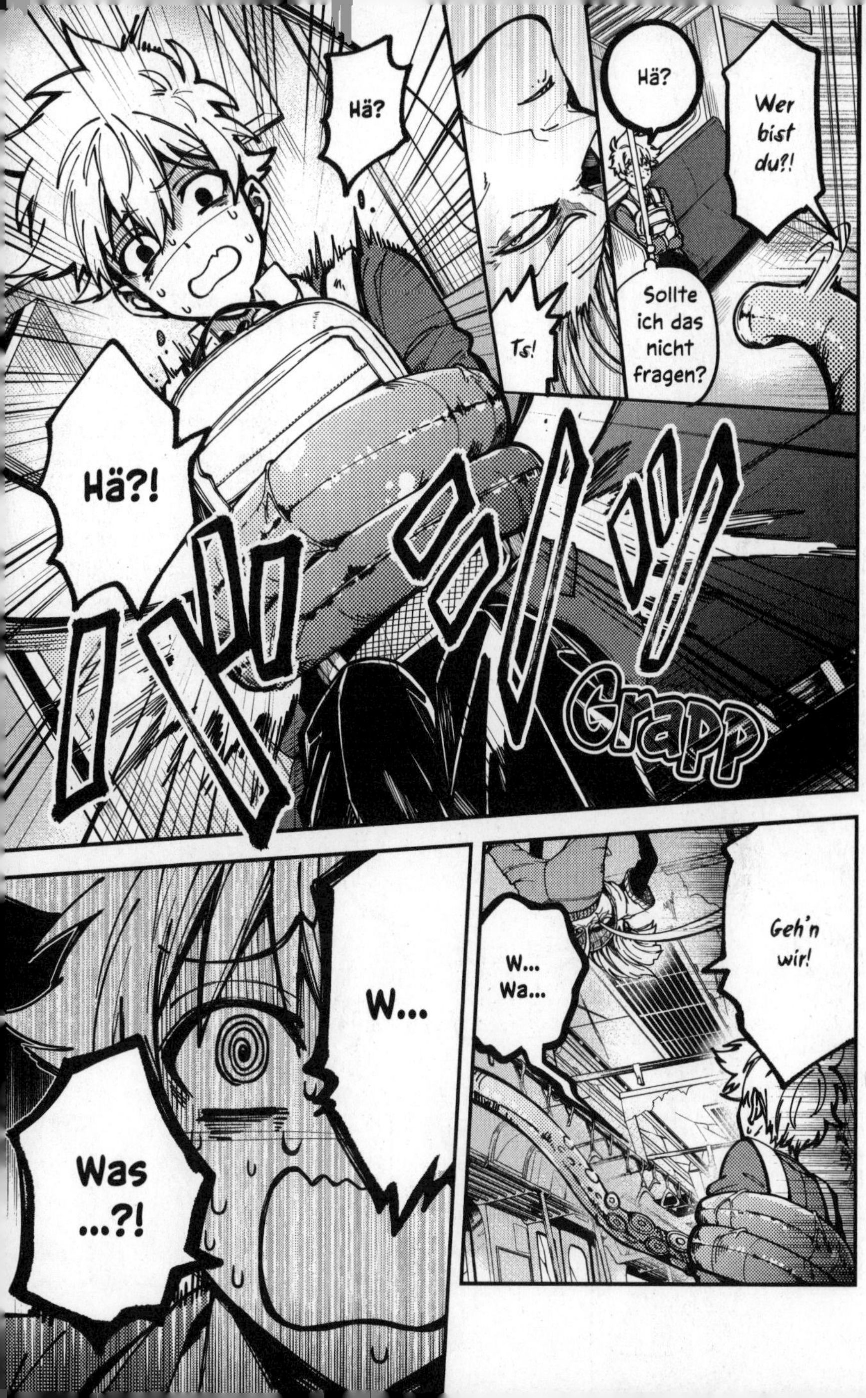
Wer bist du?!
Hä?
Sollte ich das nicht fragen?
Ts!
Hä?
Hä?!
Grapp
Geh'n wir!
W... Wa...
W...
Was ...?!

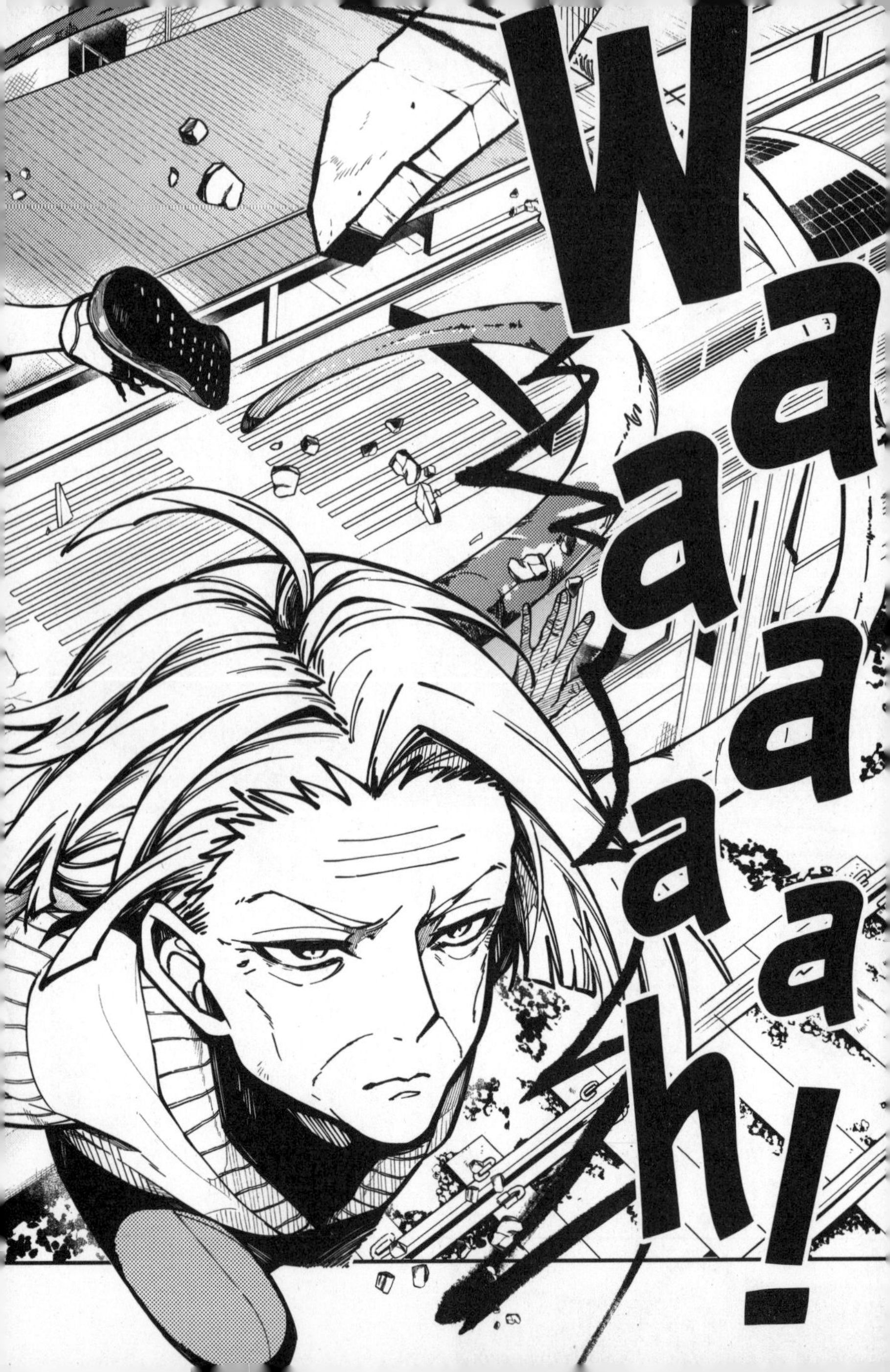
Waaaaaaah!

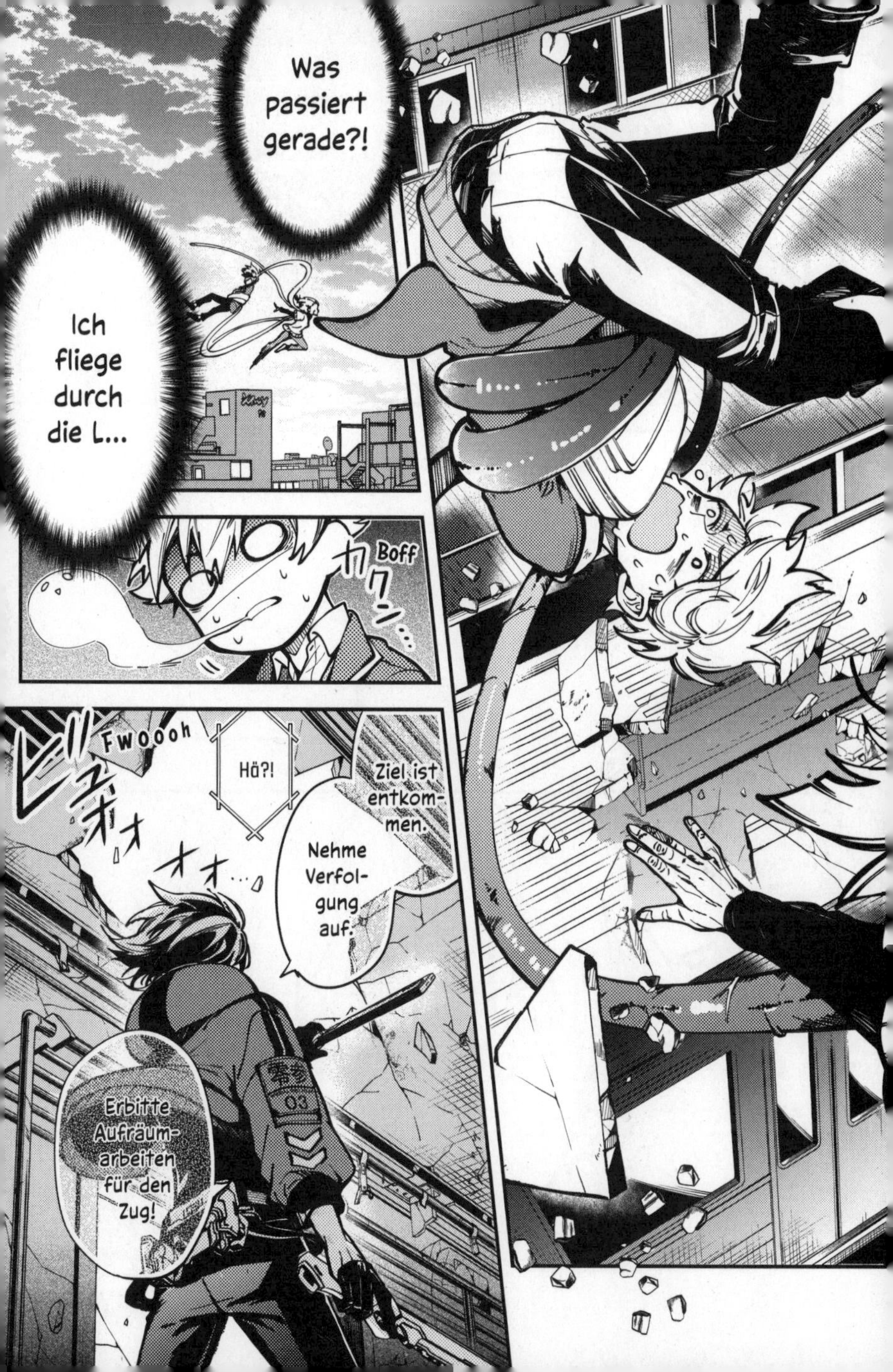
Was passiert gerade?!
Ich fliege durch die L...
Boff
カクン…
Fwoooh
ビュオオオオ…
Hä?!
Ziel ist entkommen.
Nehme Verfolgung auf.
Erbitte Aufräumarbeiten für den Zug!

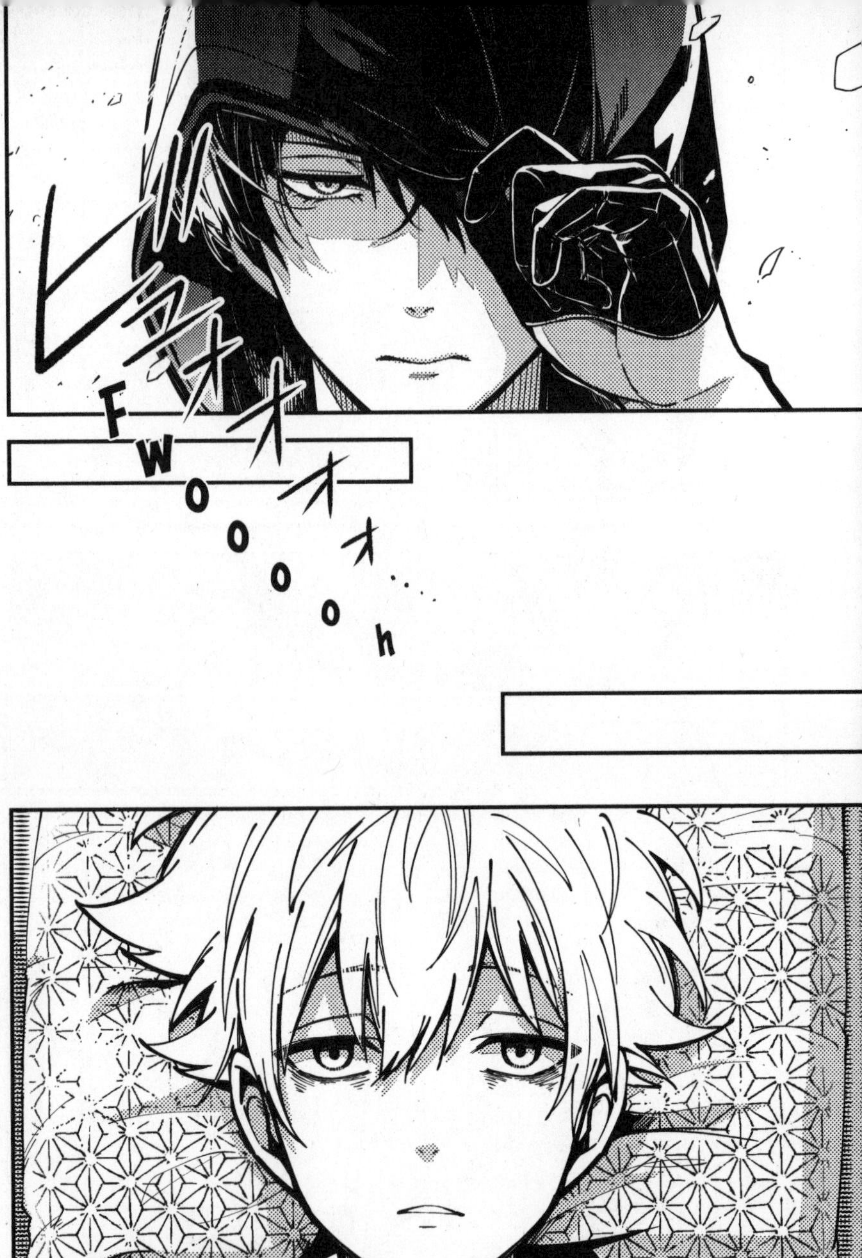
Fwooooh

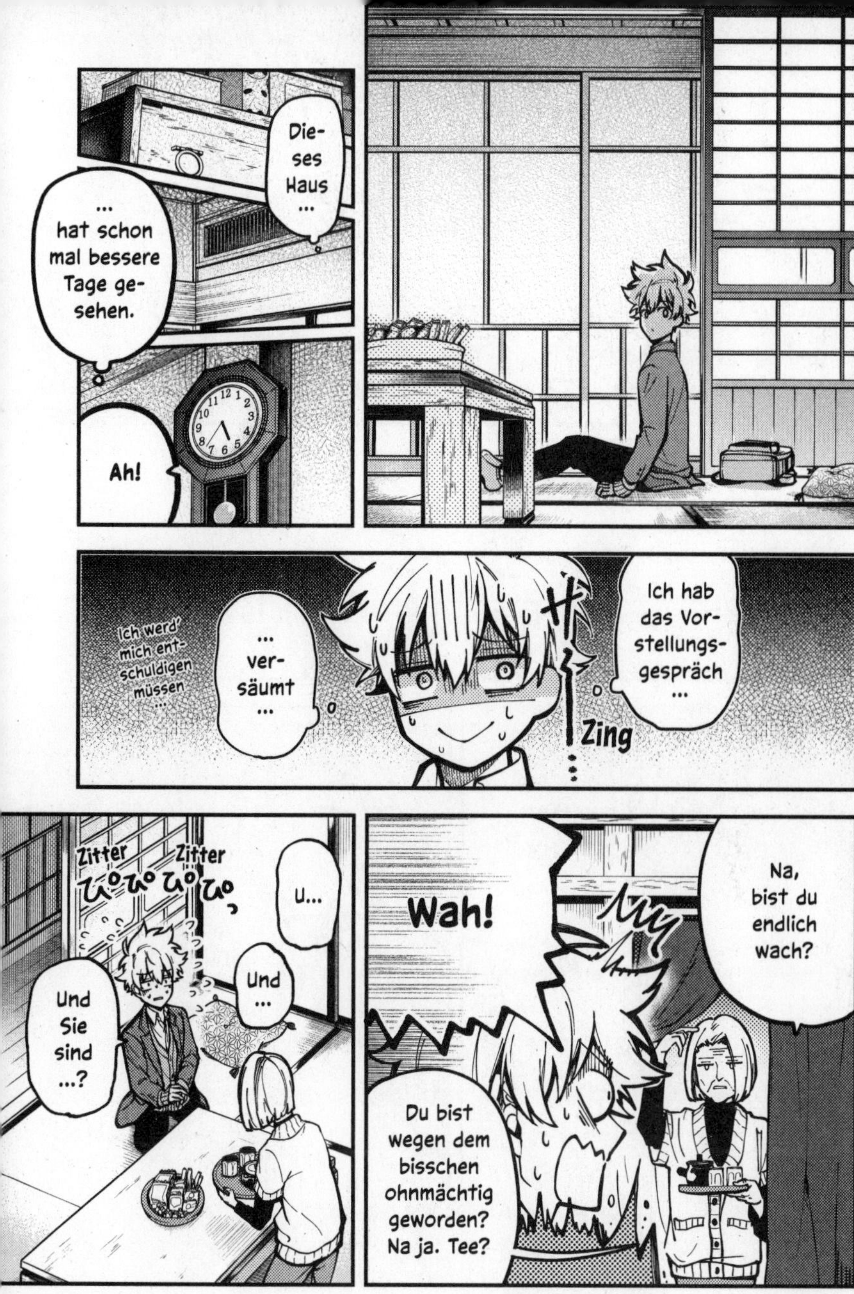
Dieses Haus ...
... hat schon mal bessere Tage gesehen.
Ah!
Ich hab das Vorstellungsgespräch ...
Zing
... versäumt ...
Ich werd' mich entschuldigen müssen ...
Na, bist du endlich wach?
Wah!
Du bist wegen dem bisschen ohnmächtig geworden? Na ja. Tee?
U...
Und ...
Zitter Zitter
Und Sie sind ...?

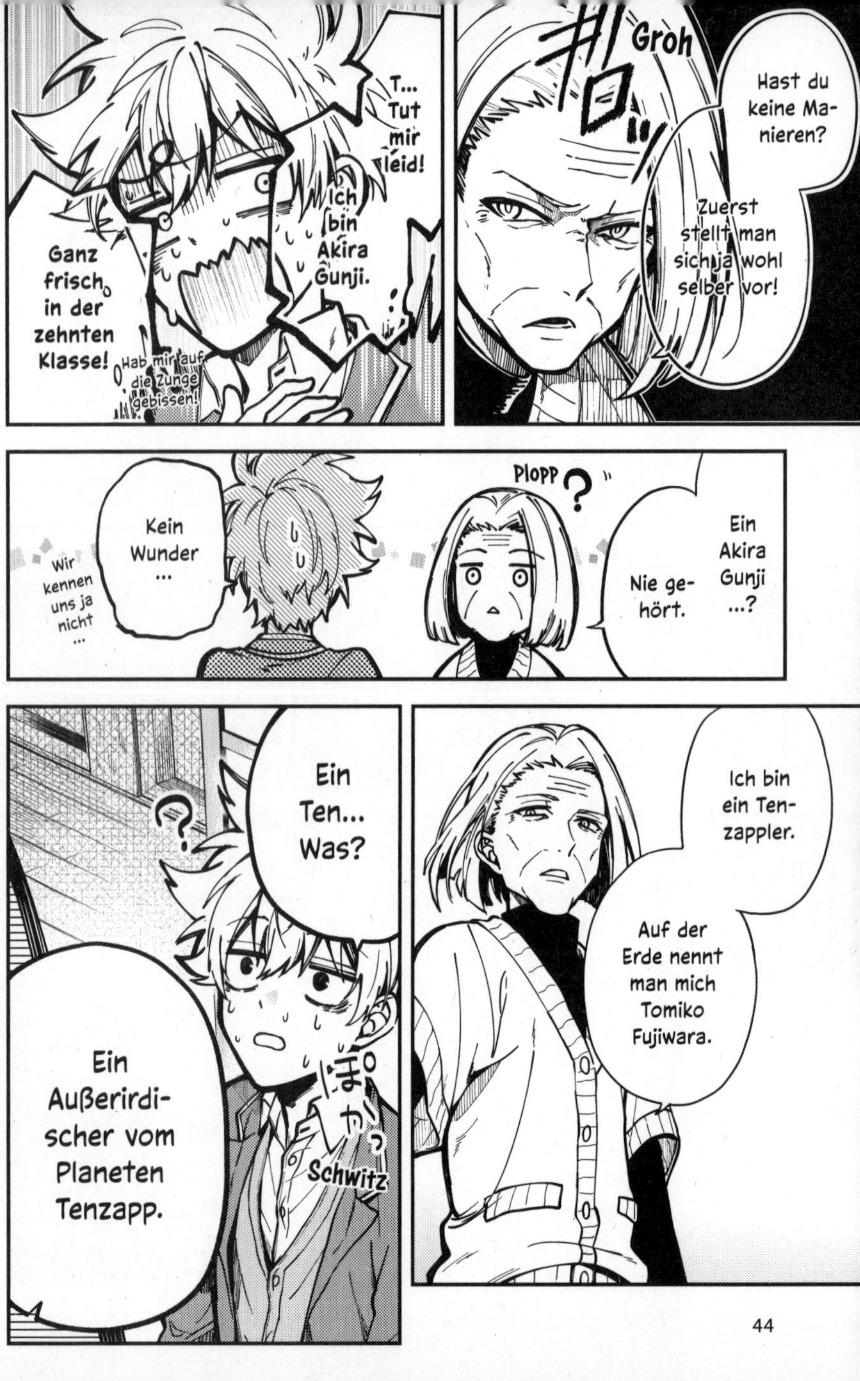
Groh
Hast du keine Manieren?
Zuerst stellt man sich ja wohl selber vor!
T... Tut mir leid!
Ich bin Akira Gunji.
Ganz frisch in der zehnten Klasse!
Hab mir auf die Zunge gebissen!
Ein Akira Gunji ...?
Nie gehört.
Plopp
Kein Wunder ...
Wir kennen uns ja nicht ...
Ich bin ein Tenzappler.
Auf der Erde nennt man mich Tomiko Fujiwara.
Ein Ten... Was?
Ein Außerirdischer vom Planeten Tenzapp.
Schwitz

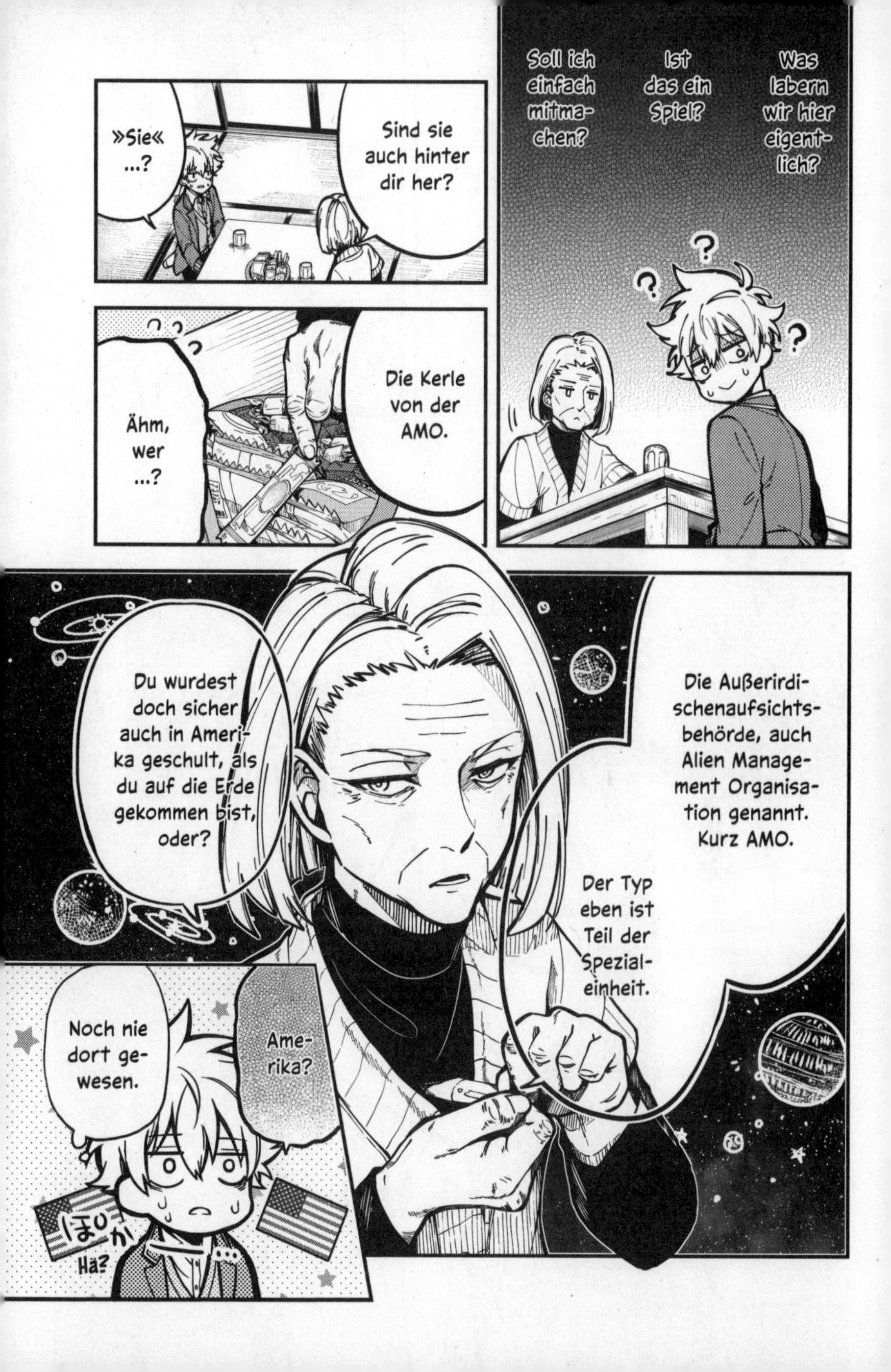
Was labern wir hier eigentlich?
Ist das ein Spiel?
Soll ich einfach mitmachen?
Sind sie auch hinter dir her?
»Sie« ...?
Die Kerle von der AMO.
Ähm, wer ...?
Die Außerirdischenaufsichtsbehörde, auch Alien Management Organisation genannt. Kurz AMO.
Der Typ eben ist Teil der Spezialeinheit.
Du wurdest doch sicher auch in Amerika geschult, als du auf die Erde gekommen bist, oder?
Amerika?
Noch nie dort gewesen.
Hä?

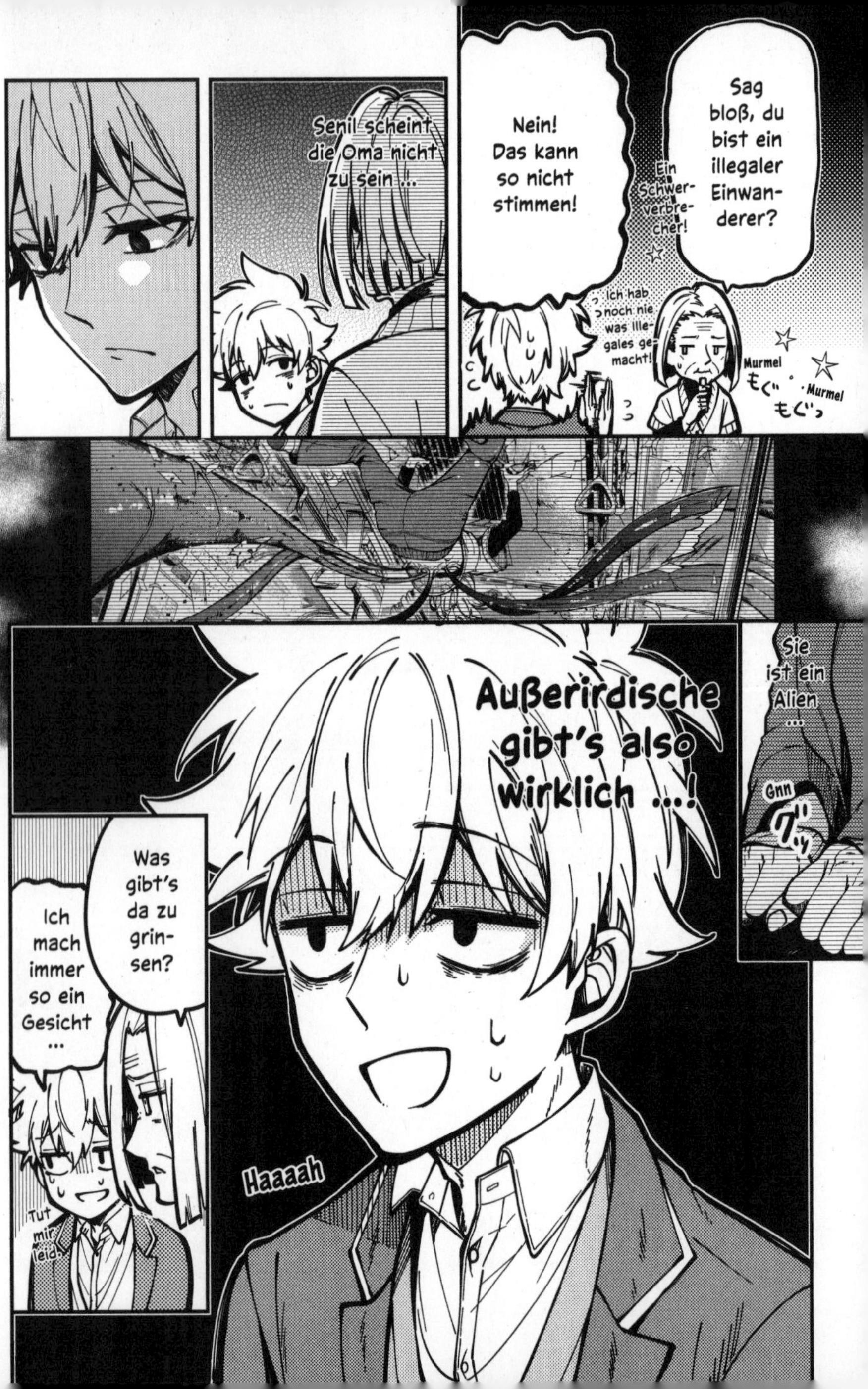

Sag bloß, du bist ein illegaler Einwanderer?
Ein Schwerverbrecher!
Ich hab noch nie was Illegales gemacht!
Murmel
もぐ
Murmel
もぐっ
Nein! Das kann so nicht stimmen!
Senil scheint die Oma nicht zu sein ...
Sie ist ein Alien ...
Gnn
グッ
Außerirdische gibt's also wirklich ...!
Haaaah
Was gibt's da zu grinsen?
Ich mach immer so ein Gesicht ...
Tut mir leid.

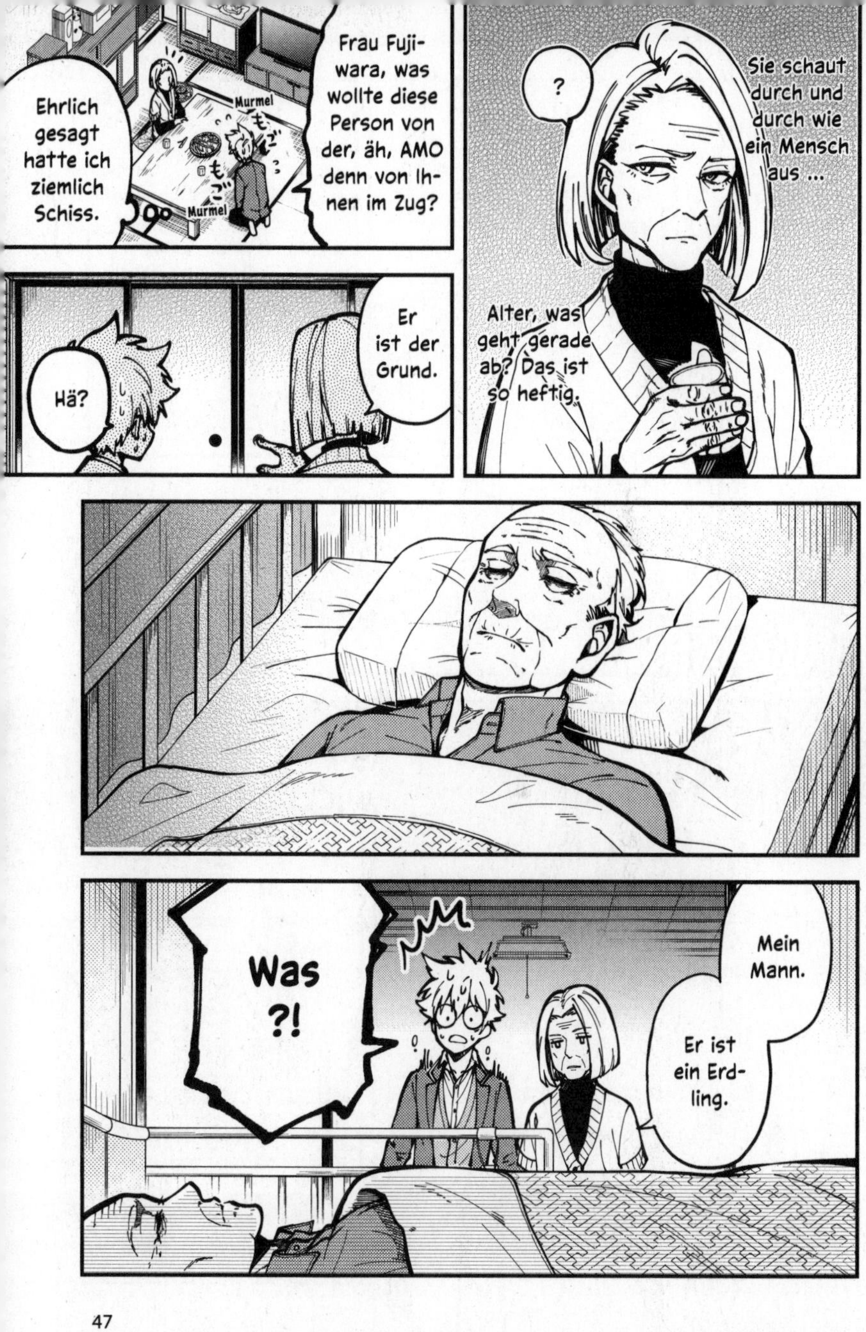

?
Sie schaut durch und durch wie ein Mensch aus ...
Alter, was geht gerade ab? Das ist so heftig.
Frau Fujiwara, was wollte diese Person von der, äh, AMO denn von Ihnen im Zug?
Ehrlich gesagt hatte ich ziemlich Schiss.
Murmel
Murmel
Er ist der Grund.
Hä?
Mein Mann.
Er ist ein Erdling.
Was ?!

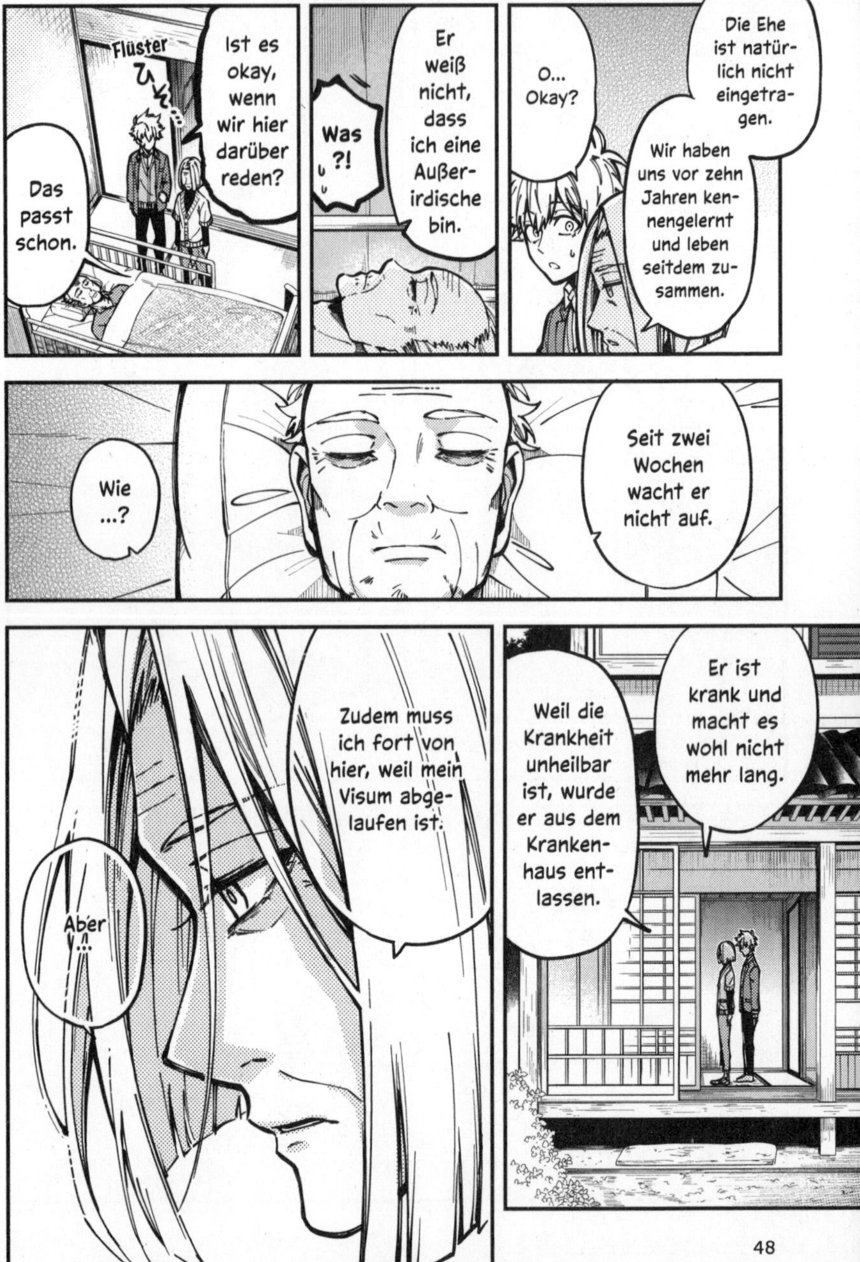

Die Ehe ist natürlich nicht eingetragen.
Wir haben uns vor zehn Jahren kennengelernt und leben seitdem zusammen.
O... Okay?
Er weiß nicht, dass ich eine Außerirdische bin.
Was ?!
Flüster
Ist es okay, wenn wir hier darüber reden?
Das passt schon.
Seit zwei Wochen wacht er nicht auf.
Wie ...?
Er ist krank und macht es wohl nicht mehr lang.
Weil die Krankheit unheilbar ist, wurde er aus dem Krankenhaus entlassen.
Zudem muss ich fort von hier, weil mein Visum abgelaufen ist.
Aber ...

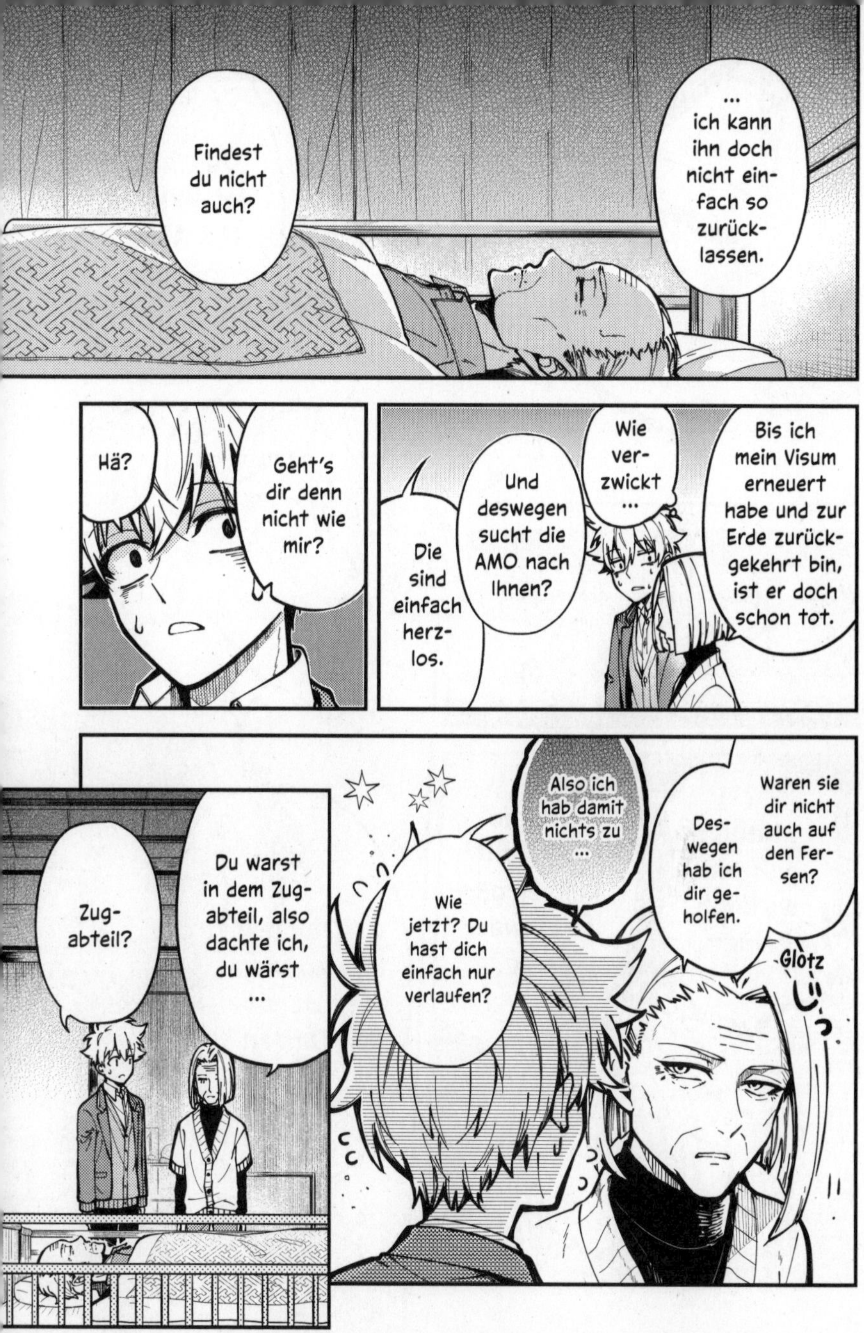
... ich kann ihn doch nicht einfach so zurücklassen.
Findest du nicht auch?
Bis ich mein Visum erneuert habe und zur Erde zurückgekehrt bin, ist er doch schon tot.
Wie verzwickt ...
Und deswegen sucht die AMO nach Ihnen?
Die sind einfach herzlos.
Geht's dir denn nicht wie mir?
Hä?
Waren sie dir nicht auch auf den Fersen?
Deswegen hab ich dir geholfen.
Also ich hab damit nichts zu ...
Glotz
Wie jetzt? Du hast dich einfach nur verlaufen?
Du warst in dem Zugabteil, also dachte ich, du wärst ...
Zugabteil?

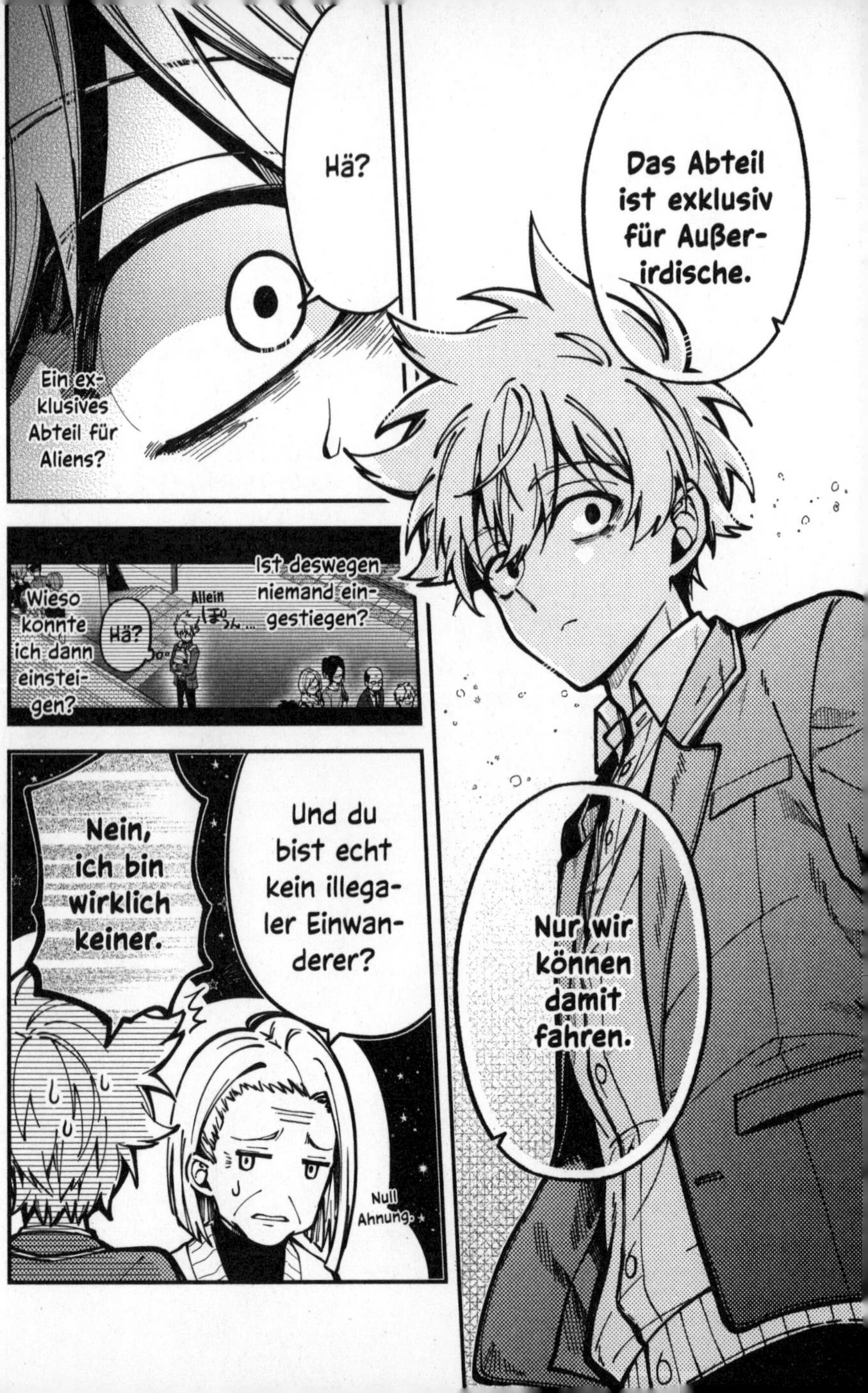
Das Abteil ist exklusiv für Außer-irdische.
Hä?
Ein exklusives Abteil für Aliens?
Ist deswegen niemand eingestiegen?
Allein ぽつん…
Hä?
Wieso konnte ich dann einstei-gen?
Nur wir können damit fahren.
Und du bist echt kein illega-ler Einwan-derer?
Nein, ich bin wirklich keiner.
Null Ahnung.

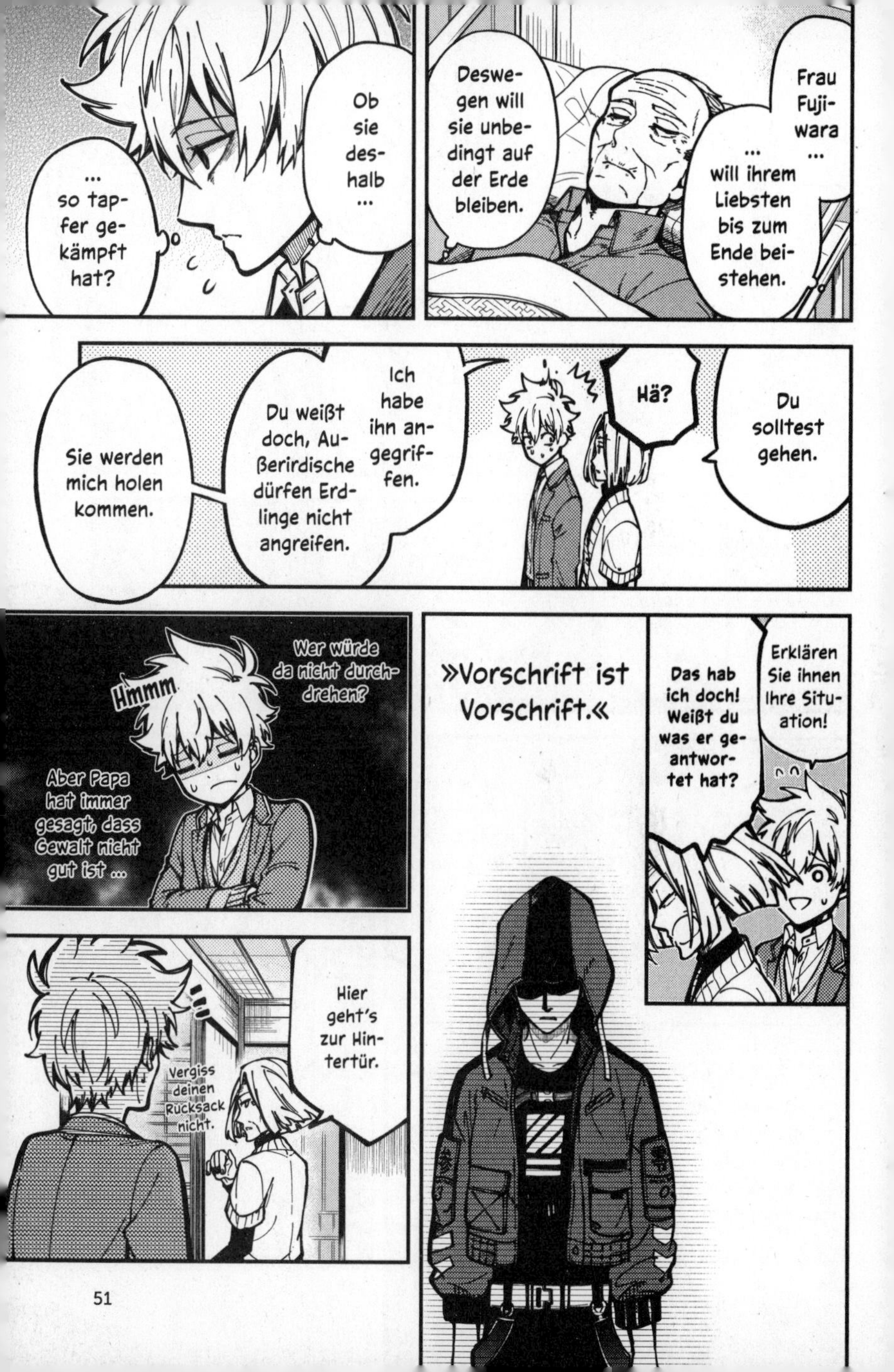
Frau Fujiwara ... will ihrem Liebsten bis zum Ende beistehen.
Deswegen will sie unbedingt auf der Erde bleiben.
Ob sie deshalb ...
... so tapfer gekämpft hat?
Du solltest gehen.
Hä?
Ich habe ihn angegriffen.
Du weißt doch, Außerirdische dürfen Erdlinge nicht angreifen.
Sie werden mich holen kommen.
Erklären Sie ihnen Ihre Situation!
Das hab ich doch! Weißt du was er geantwortet hat?
»Vorschrift ist Vorschrift.«
Wer würde da nicht durchdrehen?
Hmmm
Aber Papa hat immer gesagt, dass Gewalt nicht gut ist ...
Hier geht's zur Hintertür.
Vergiss deinen Rucksack nicht.

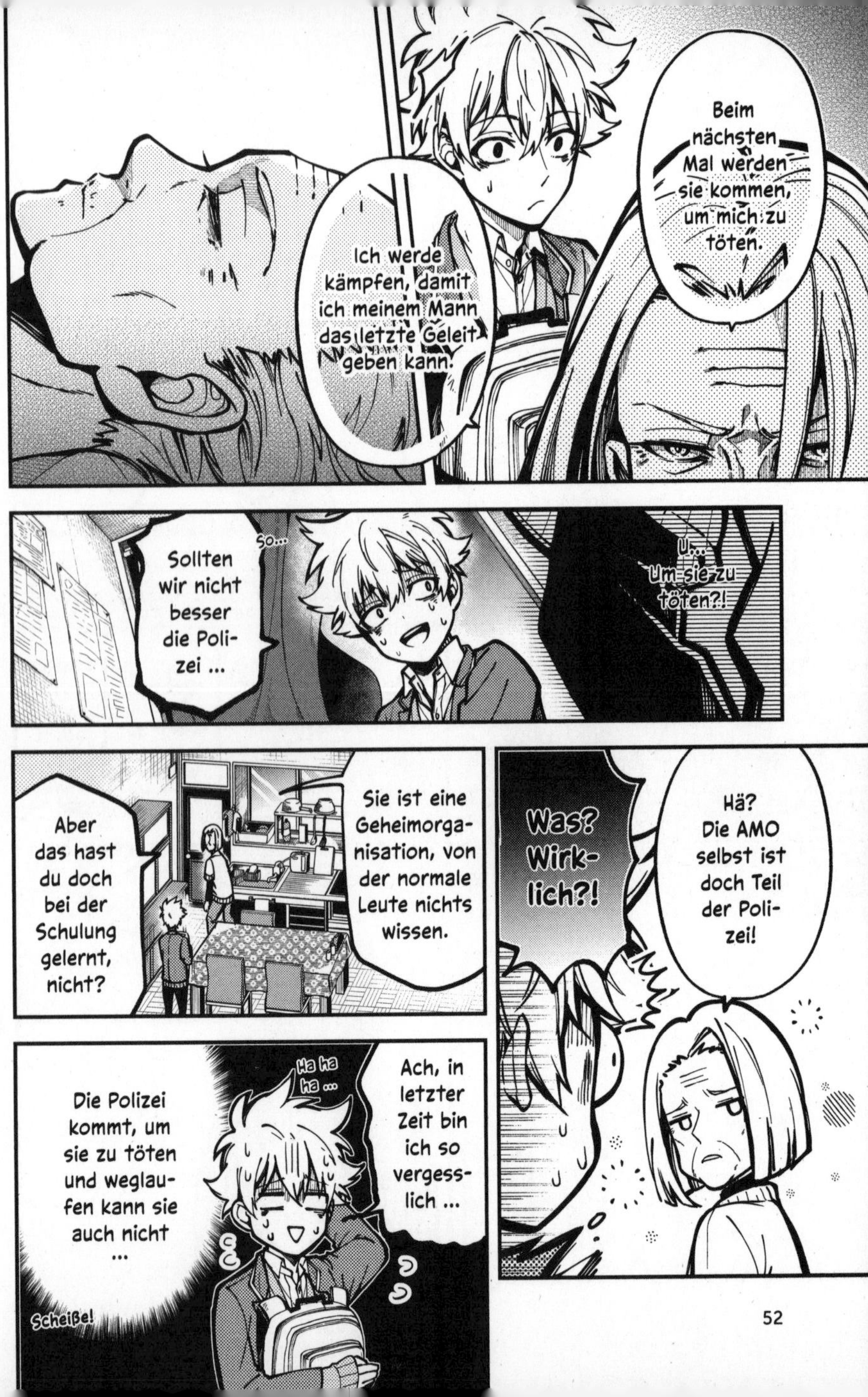
Beim nächsten Mal werden sie kommen, um mich zu töten.
Ich werde kämpfen, damit ich meinem Mann das letzte Geleit geben kann.
U... Um sie zu töten?!
So...
Sollten wir nicht besser die Polizei ...
Hä? Die AMO selbst ist doch Teil der Polizei!
Was? Wirklich?!
Sie ist eine Geheimorganisation, von der normale Leute nichts wissen.
Aber das hast du doch bei der Schulung gelernt, nicht?
Ach, in letzter Zeit bin ich so vergesslich ...
Ha ha ha ...
Die Polizei kommt, um sie zu töten und weglaufen kann sie auch nicht ...
Scheiße!

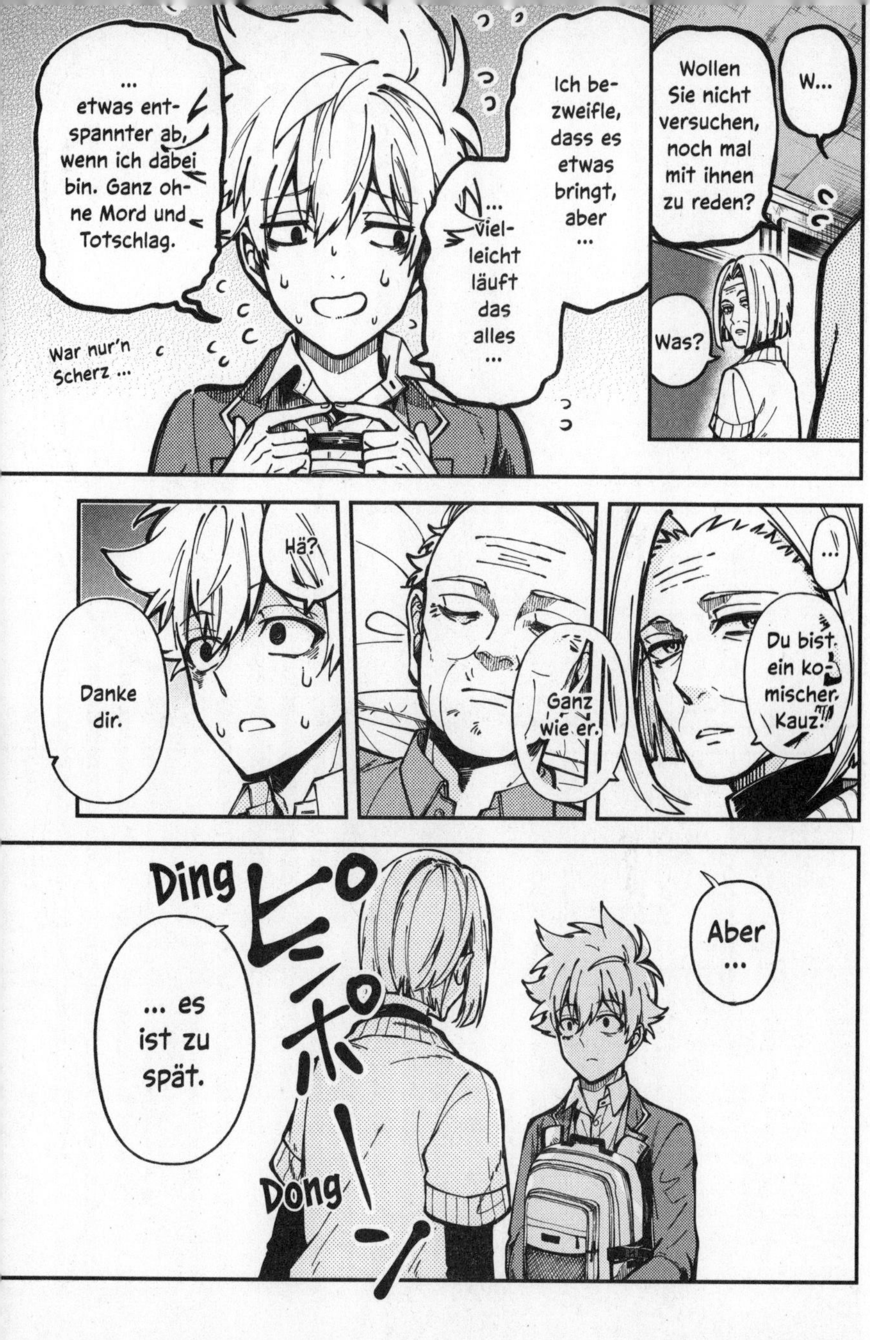
W...
Wollen Sie nicht versuchen, noch mal mit ihnen zu reden?
Was?
Ich bezweifle, dass es etwas bringt, aber ...
... vielleicht läuft das alles ...
... etwas entspannter ab, wenn ich dabei bin. Ganz ohne Mord und Totschlag.
War nur'n Scherz ...
...
Du bist ein komischer Kauz.
Ganz wie er.
Hä?
Danke dir.
Aber ...
Ding
Dong
... es ist zu spät.

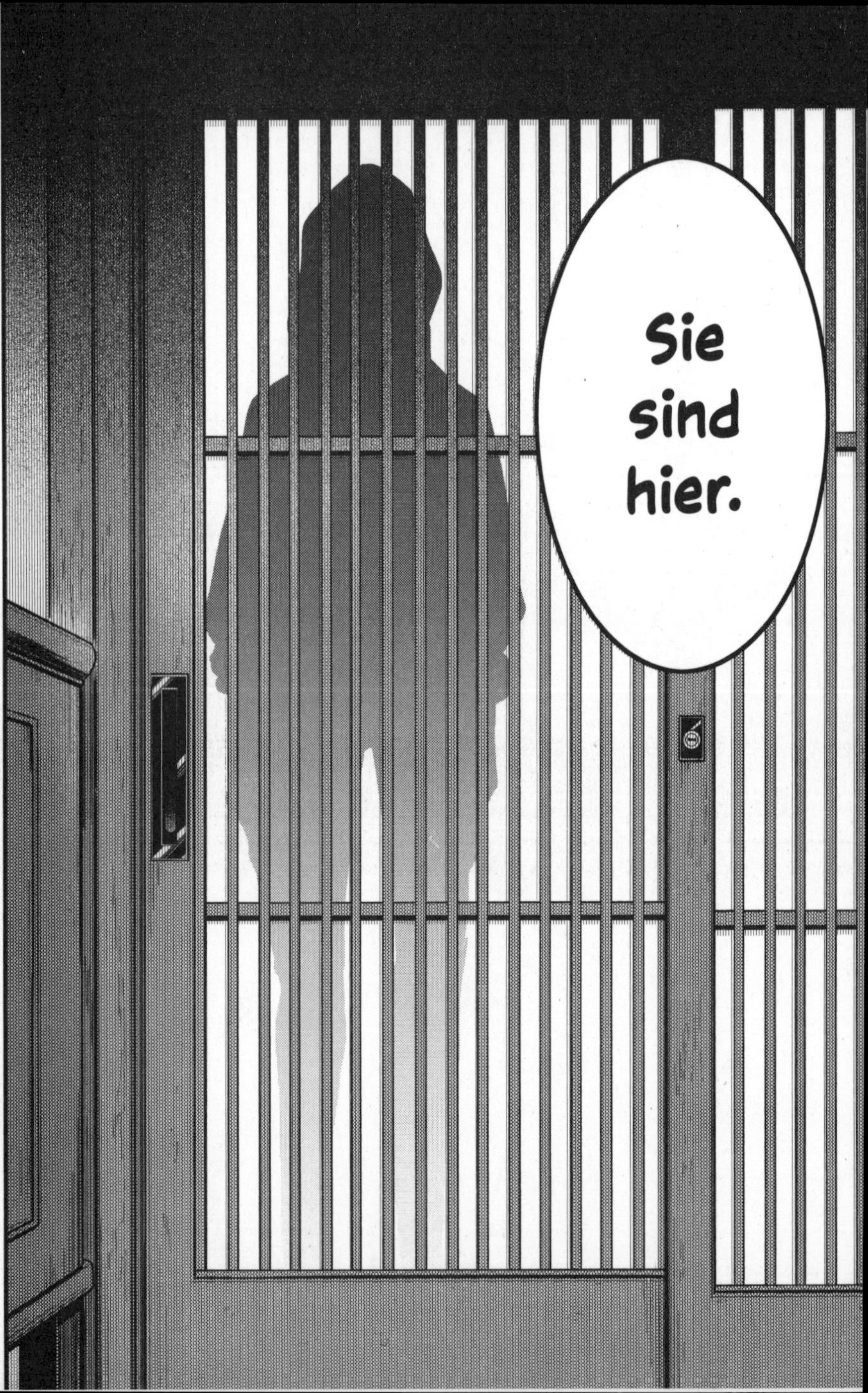
Sie sind hier.

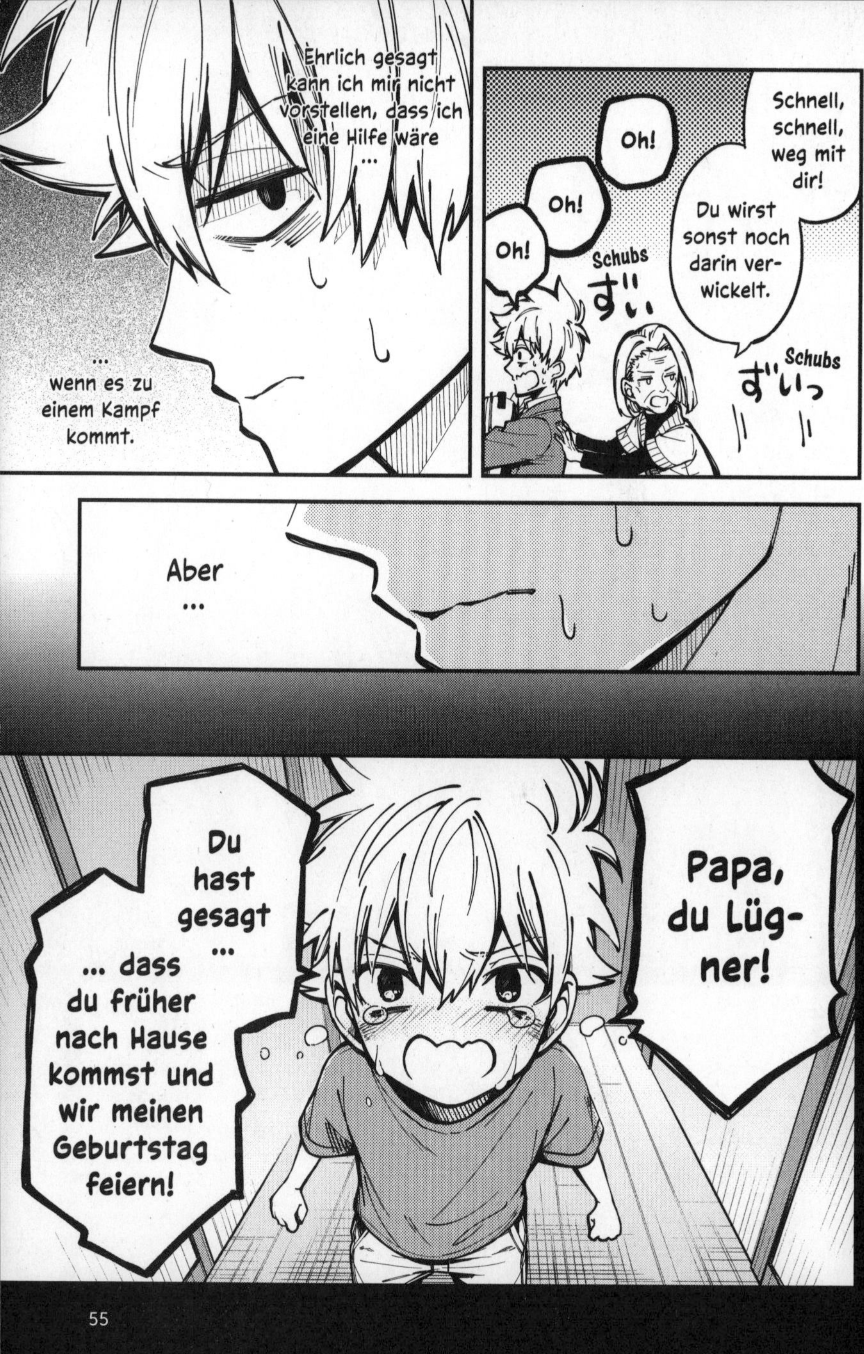
Schnell, schnell, weg mit dir!
Du wirst sonst noch darin verwickelt.
Oh!
Oh!
Oh!
Schubs
ずいっ
Schubs
ずいっ
Ehrlich gesagt kann ich mir nicht vorstellen, dass ich eine Hilfe wäre ...
... wenn es zu einem Kampf kommt.
Aber ...
Papa, du Lügner!
Du hast gesagt ...
... dass du früher nach Hause kommst und wir meinen Geburtstag feiern!

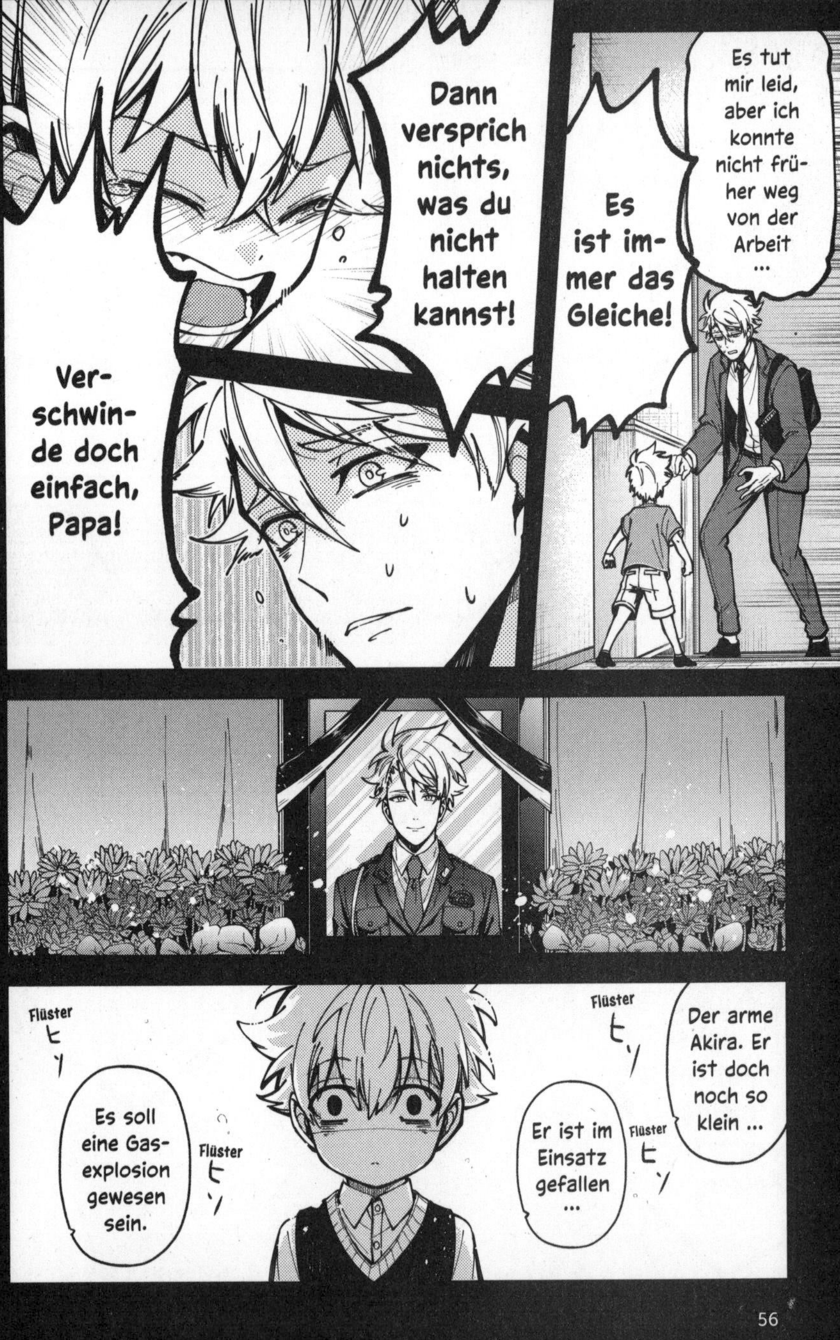

Es tut mir leid, aber ich konnte nicht früher weg von der Arbeit ...
Es ist immer das Gleiche!
Dann versprich nichts, was du nicht halten kannst!
Verschwinde doch einfach, Papa!
Flüster ヒ
Der arme Akira. Er ist doch noch so klein ...
Flüster ヒ
Er ist im Einsatz gefallen ...
Flüster ヒ
Es soll eine Gasexplosion gewesen sein.
Flüster ヒ

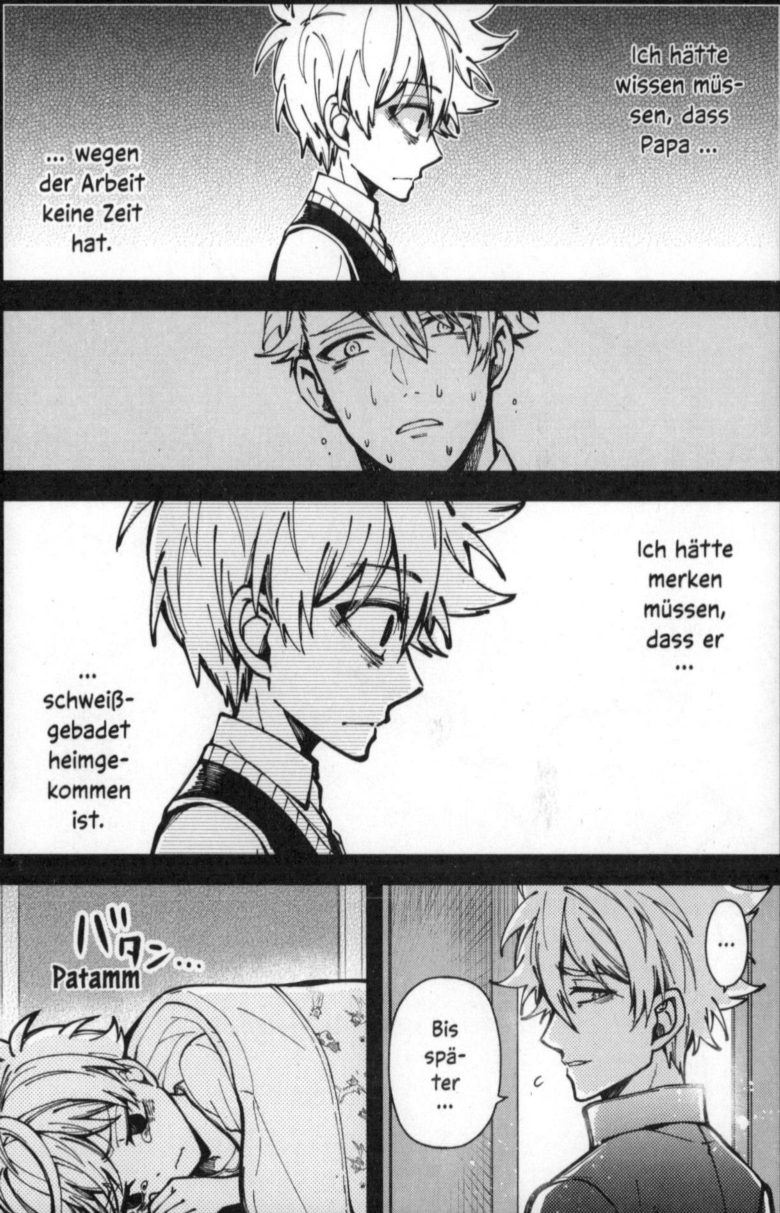
Ich hätte wissen müs-sen, dass Papa ...
... wegen der Arbeit keine Zeit hat.
Ich hätte merken müssen, dass er ...
... schweiß-gebadet heimge-kommen ist.
...
Bis spä-ter ...
バタン...
Patamm

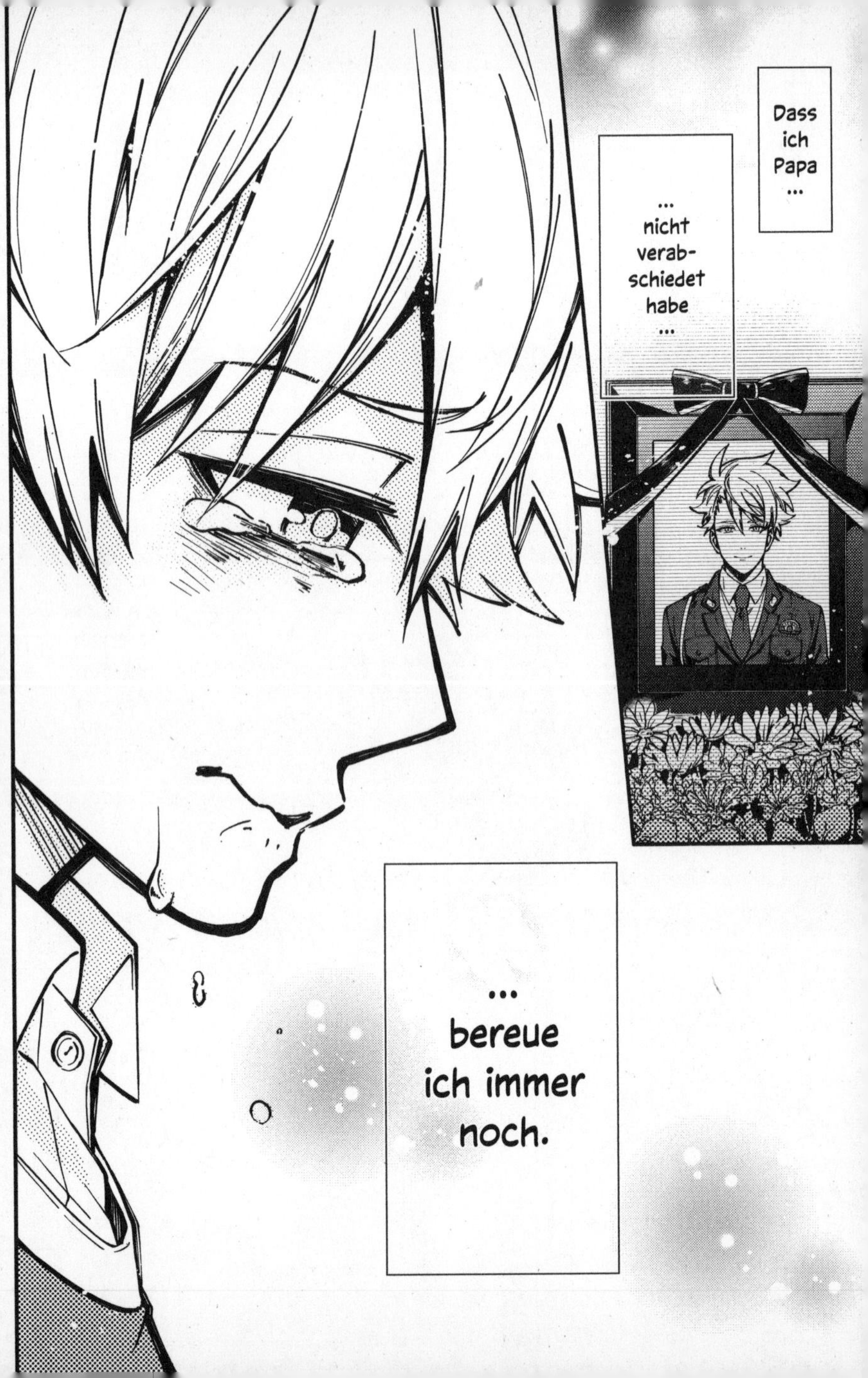
Dass ich Papa ...
... nicht verab-schiedet habe ...
... bereue ich immer noch.

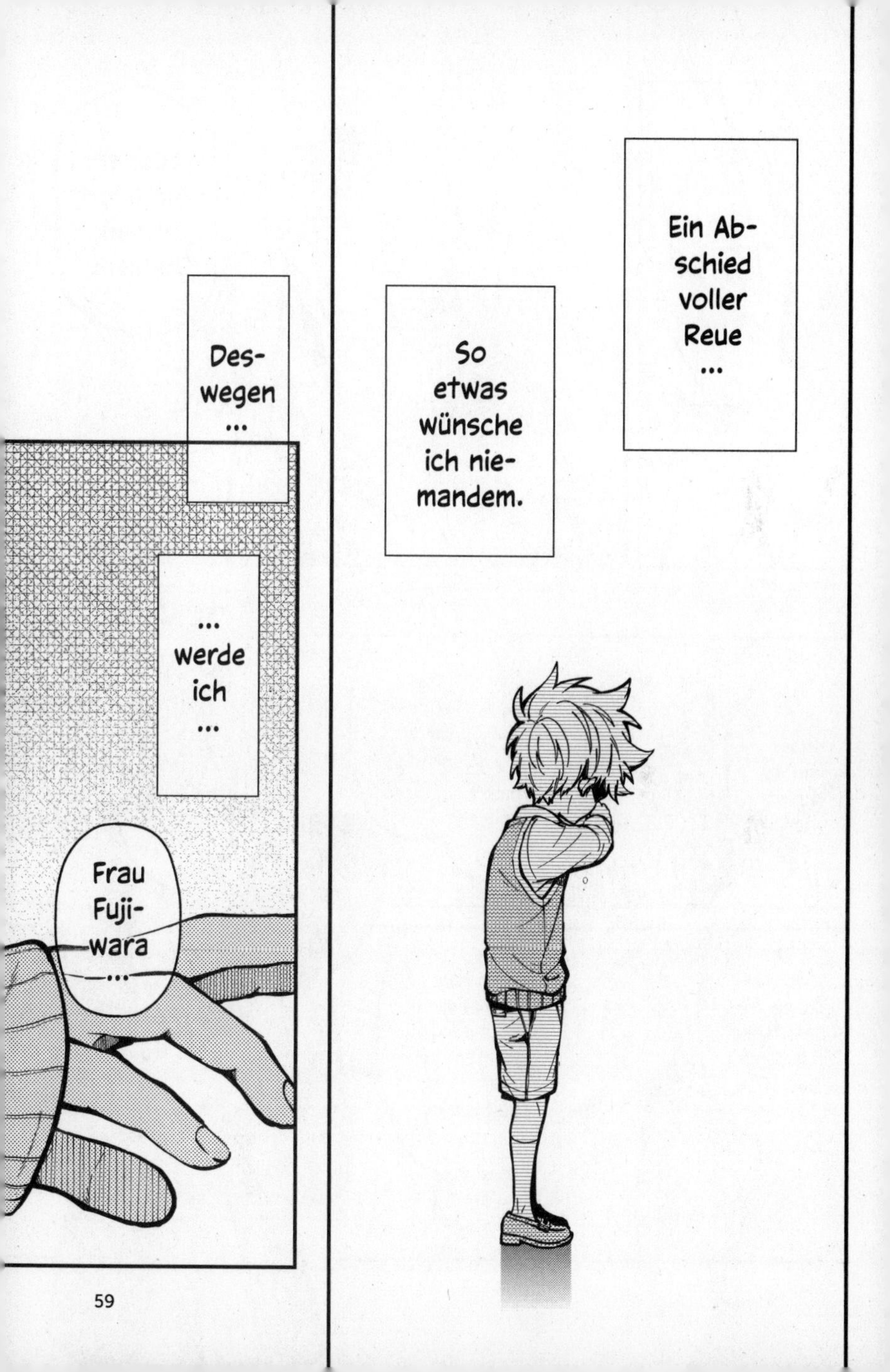
Ein Abschied voller Reue …
So etwas wünsche ich niemandem.
Deswegen …
… werde ich …
Frau Fujiwara …

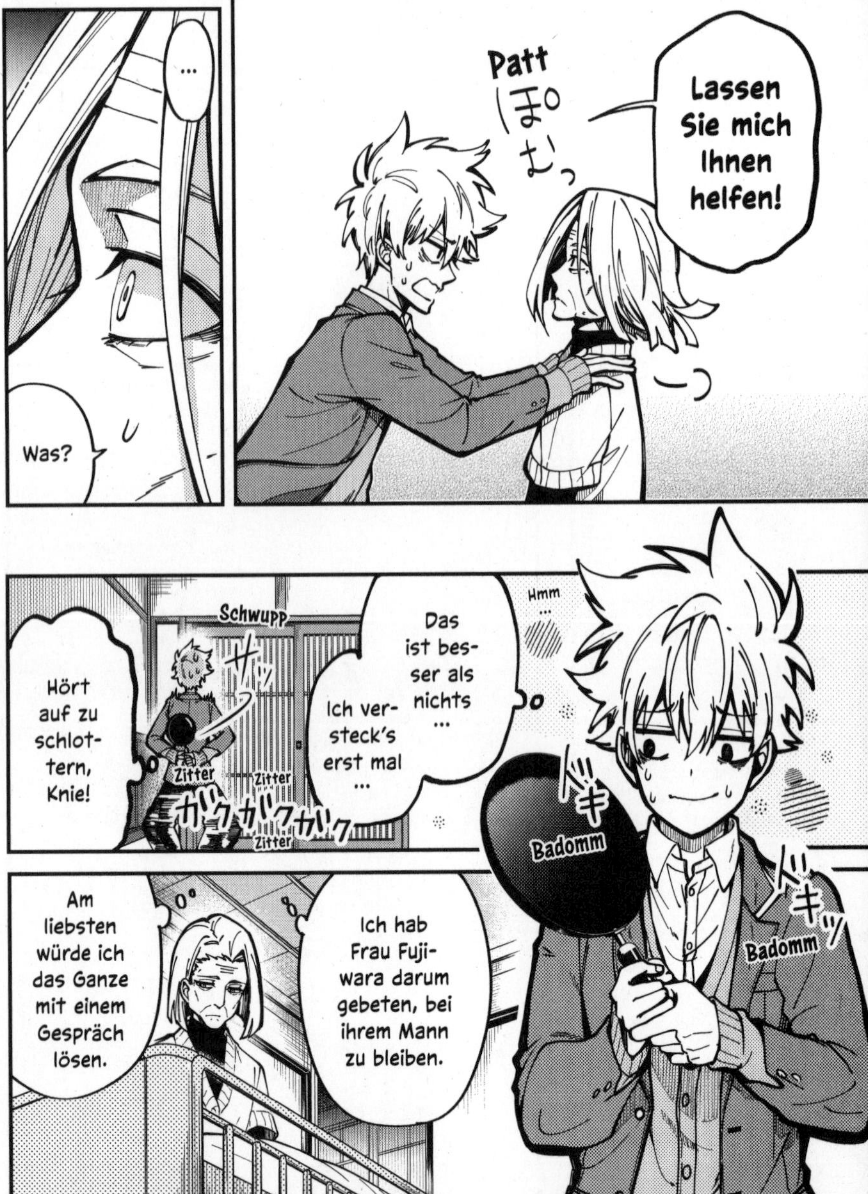
Lassen Sie mich Ihnen helfen!
Patt
ぽむっ
…
Was?
Hmm …
Das ist besser als nichts …
Ich versteck's erst mal …
Schwupp
Hört auf zu schlottern, Knie!
Zitter Zitter Zitter
Badomm
Badomm
Ich hab Frau Fujiwara darum gebeten, bei ihrem Mann zu bleiben.
Am liebsten würde ich das Ganze mit einem Gespräch lösen.

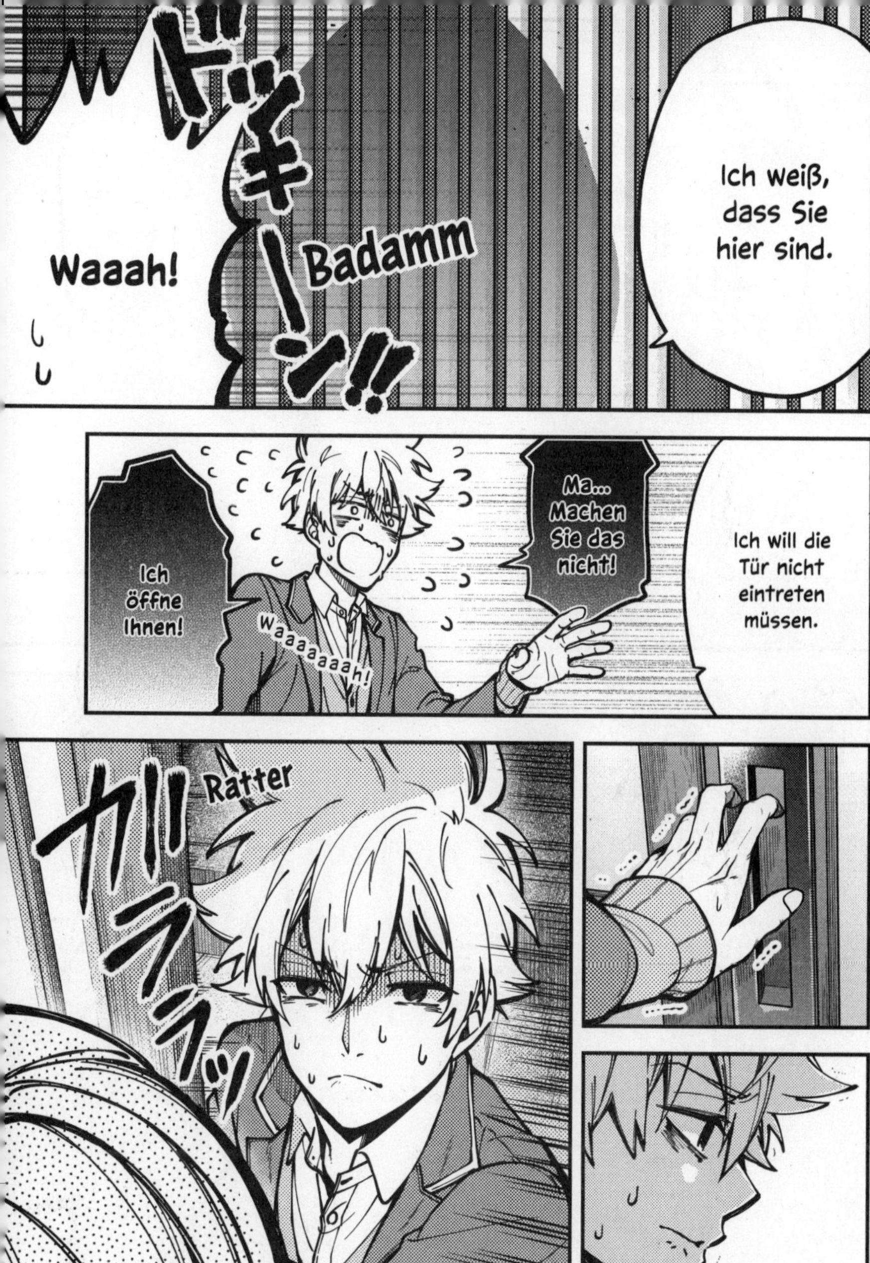
Ich weiß, dass Sie hier sind.
Badamm
Waaah!
Ich will die Tür nicht eintreten müssen.
Ma... Machen Sie das nicht!
Waaaaaaaah!
Ich öffne Ihnen!
Ratter

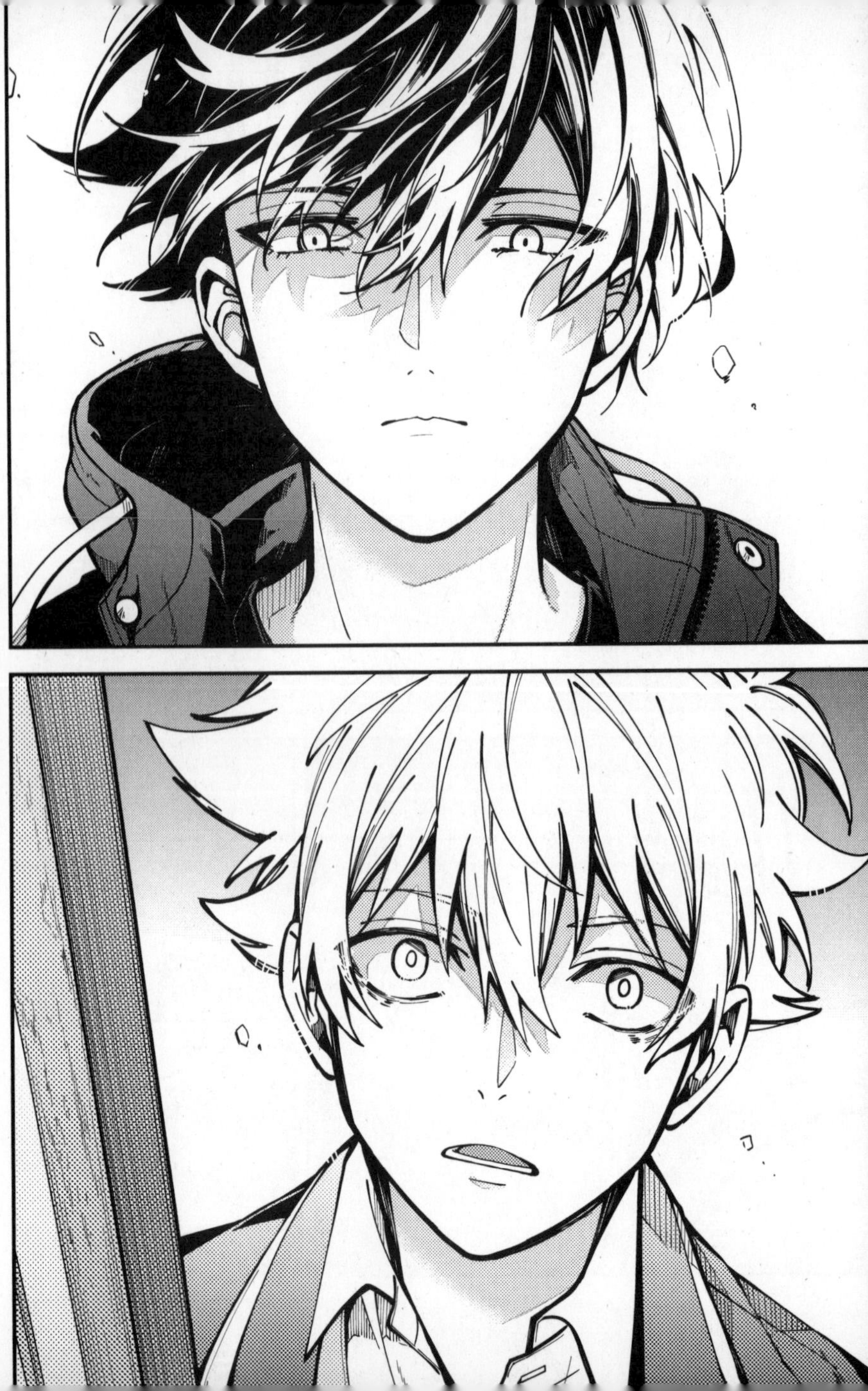

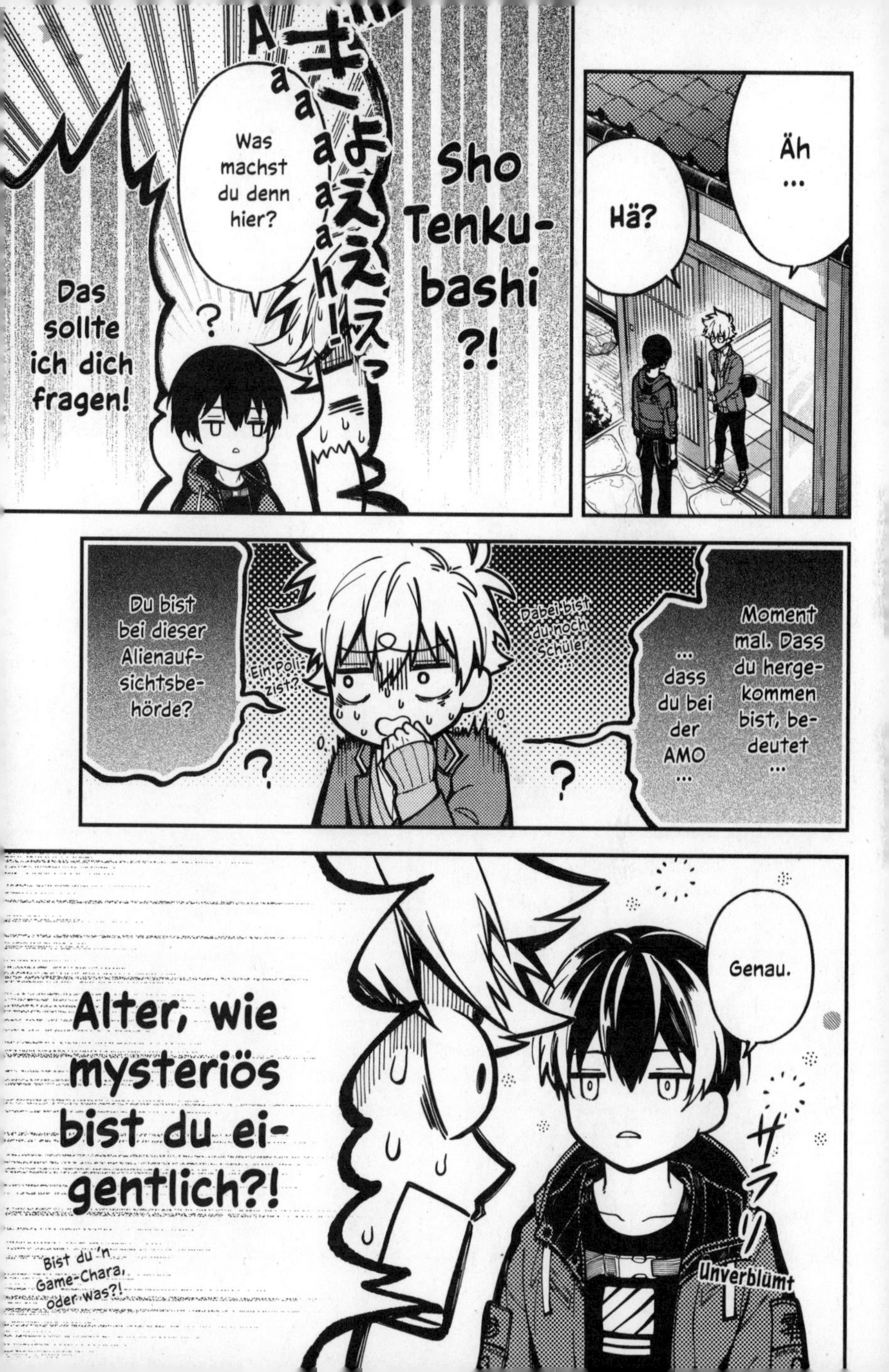

Äh ...
Hä?
Sho Tenkubashi?!
Aaaaaah!
Was machst du denn hier?
Das sollte ich dich fragen!
Moment mal. Dass du hergekommen bist, bedeutet ...
... dass du bei der AMO ...
Dabei bist du noch Schüler ...
Ein Polizist?
Du bist bei dieser Alienaufsichtsbehörde?
Genau.
Unverblümt
Alter, wie mysteriös bist du eigentlich?!
Bist du 'n Game-Chara, oder was?!

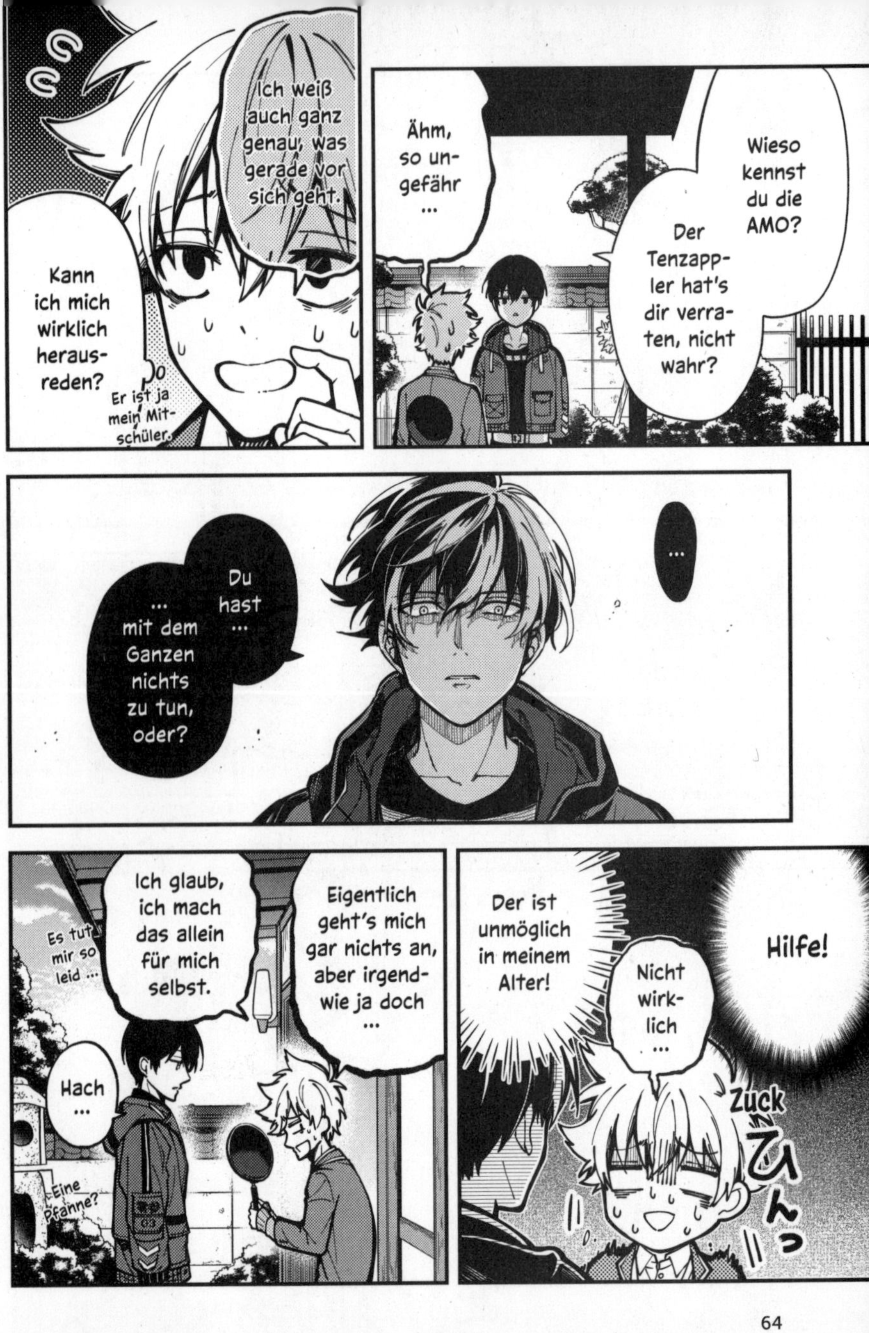
Wieso kennst du die AMO?
Der Tenzappler hat's dir verraten, nicht wahr?
Ähm, so ungefähr ...
Ich weiß auch ganz genau, was gerade vor sich geht.
Kann ich mich wirklich herausreden?
Er ist ja mein Mitschüler.
...
Du hast ...
... mit dem Ganzen nichts zu tun, oder?
Hilfe!
Der ist unmöglich in meinem Alter!
Nicht wirklich ...
Zuck
ひんっ
Eigentlich geht's mich gar nichts an, aber irgendwie ja doch ...
Ich glaub, ich mach das allein für mich selbst.
Es tut mir so leid ...
Hach ...
Eine Pfanne?

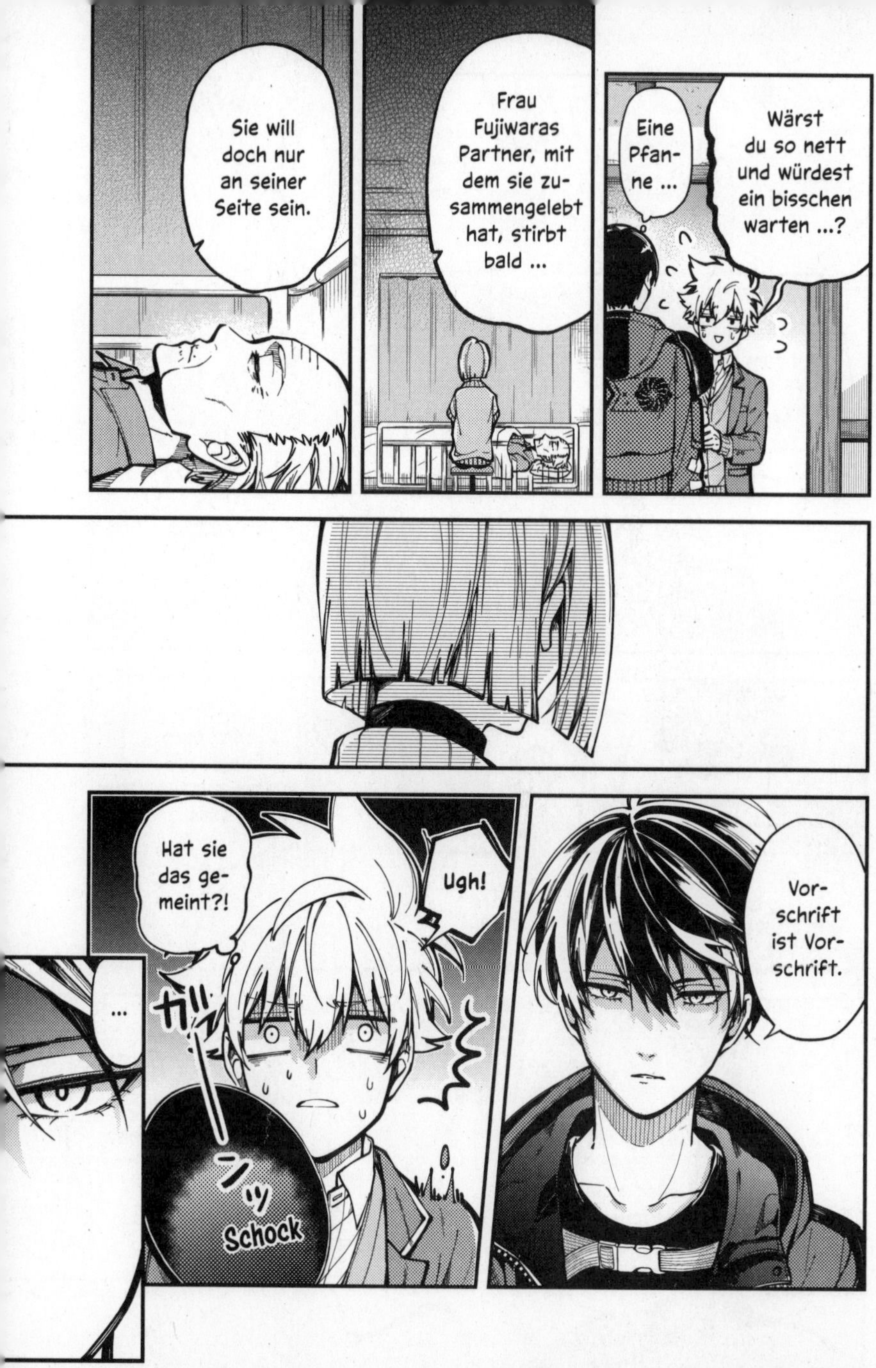
Wärst du so nett und würdest ein bisschen warten ...?
Eine Pfanne ...
Frau Fujiwaras Partner, mit dem sie zusammengelebt hat, stirbt bald ...
Sie will doch nur an seiner Seite sein.
Vorschrift ist Vorschrift.
Ugh!
Hat sie das gemeint?!
Schock
...

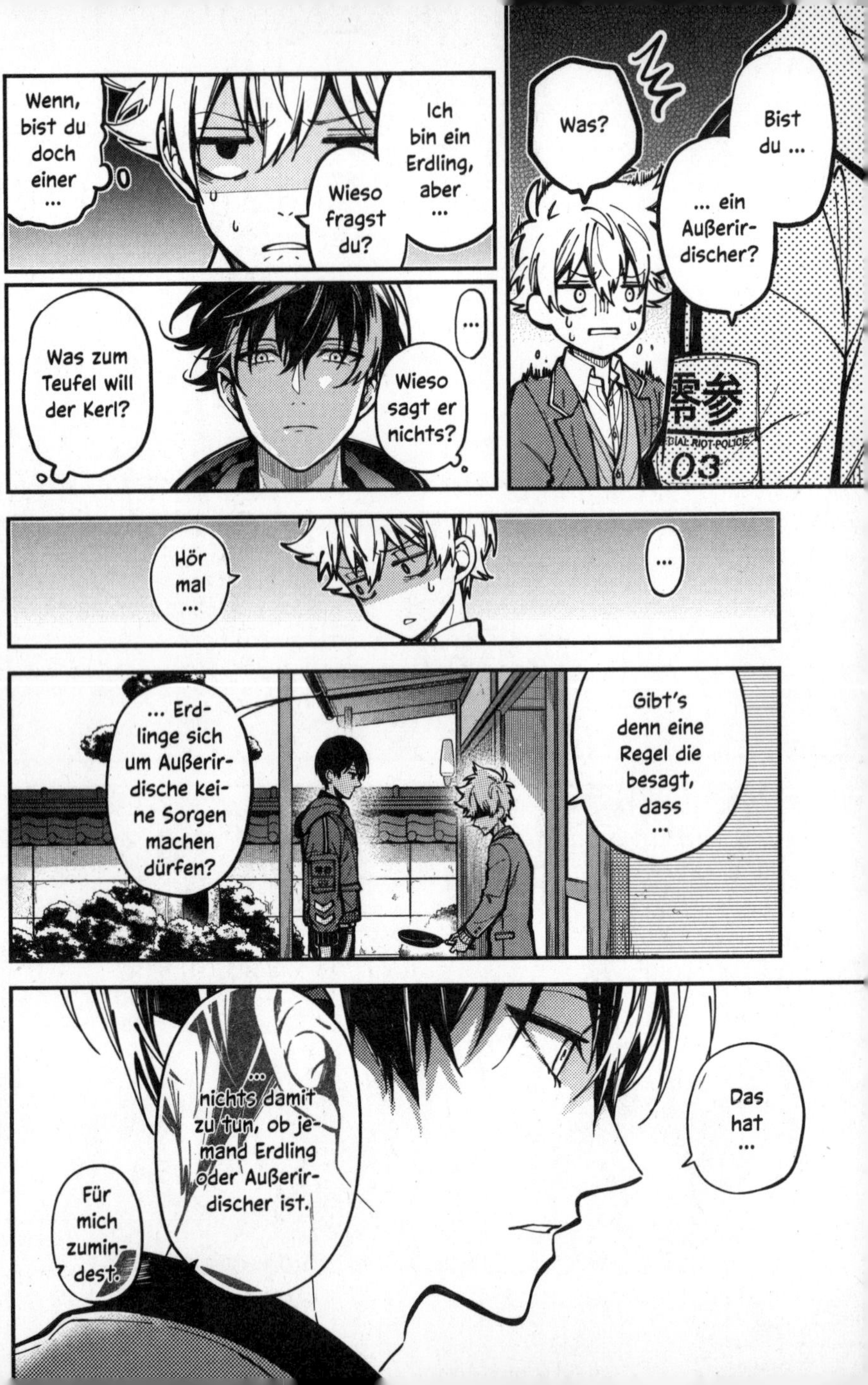
Bist du ...
... ein Außerirdischer?
Was?
Ich bin ein Erdling, aber ...
Wieso fragst du?
Wenn, bist du doch einer ...
...
Wieso sagt er nichts?
Was zum Teufel will der Kerl?
...
Hör mal ...
Gibt's denn eine Regel die besagt, dass ...
... Erdlinge sich um Außerirdische keine Sorgen machen dürfen?
Das hat ...
... nichts damit zu tun, ob jemand Erdling oder Außerirdischer ist.
Für mich zumindest.

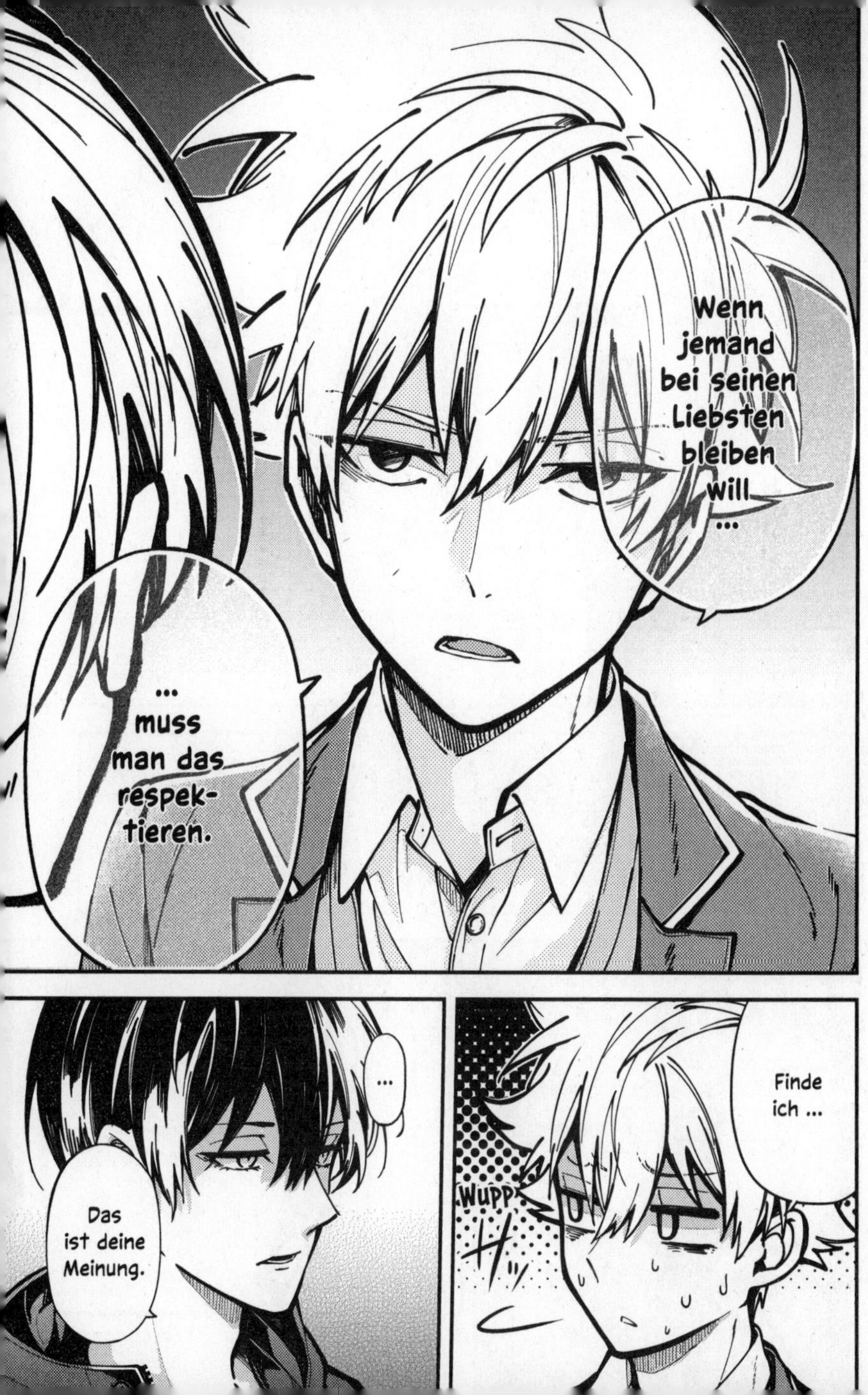
Wenn jemand bei seinen Liebsten bleiben will ...
... muss man das respek-tieren.
Finde ich ...
WUPP
...
Das ist deine Meinung.

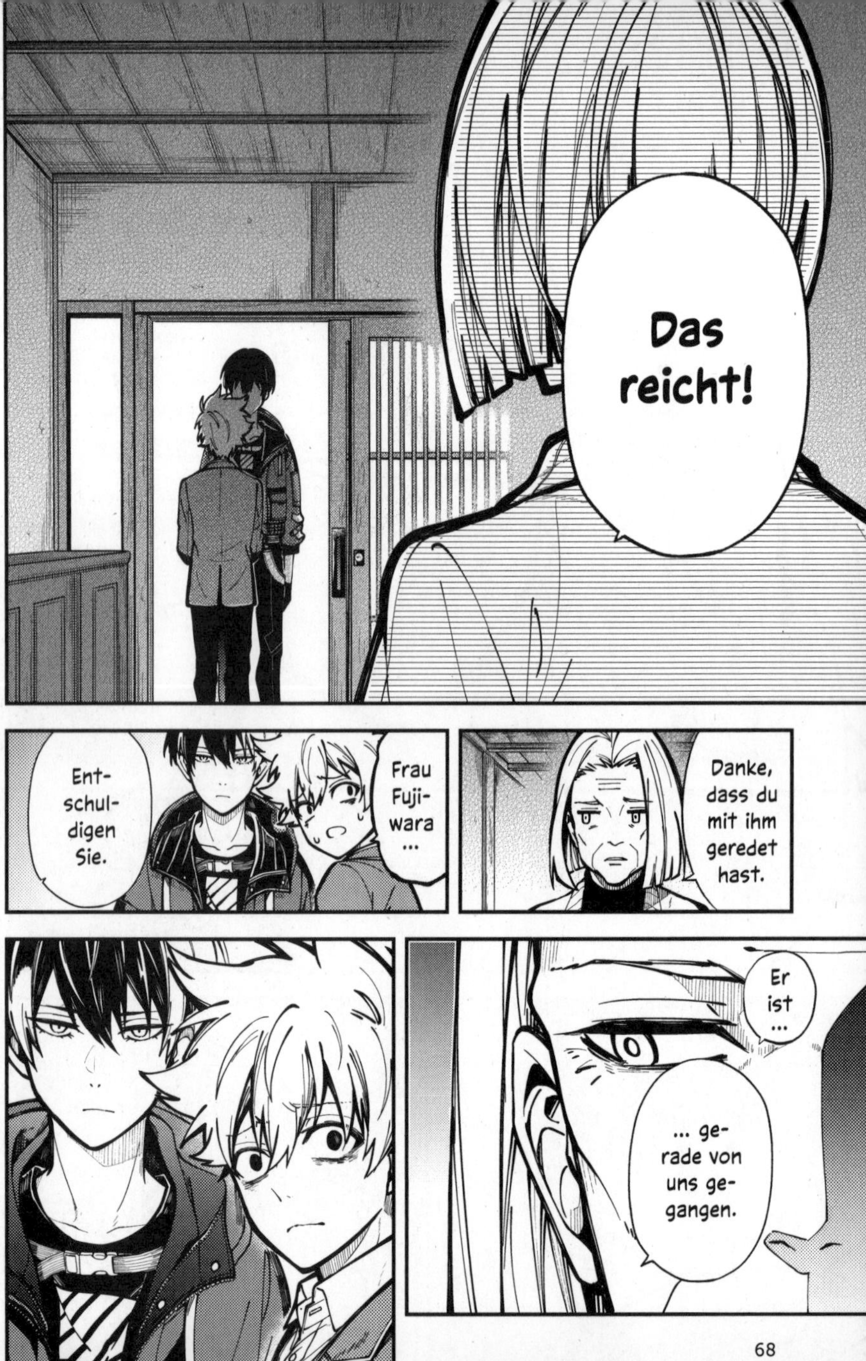
Das reicht!
Danke, dass du mit ihm geredet hast.
Frau Fujiwara ...
Entschuldigen Sie.
Er ist ...
... gerade von uns gegangen.

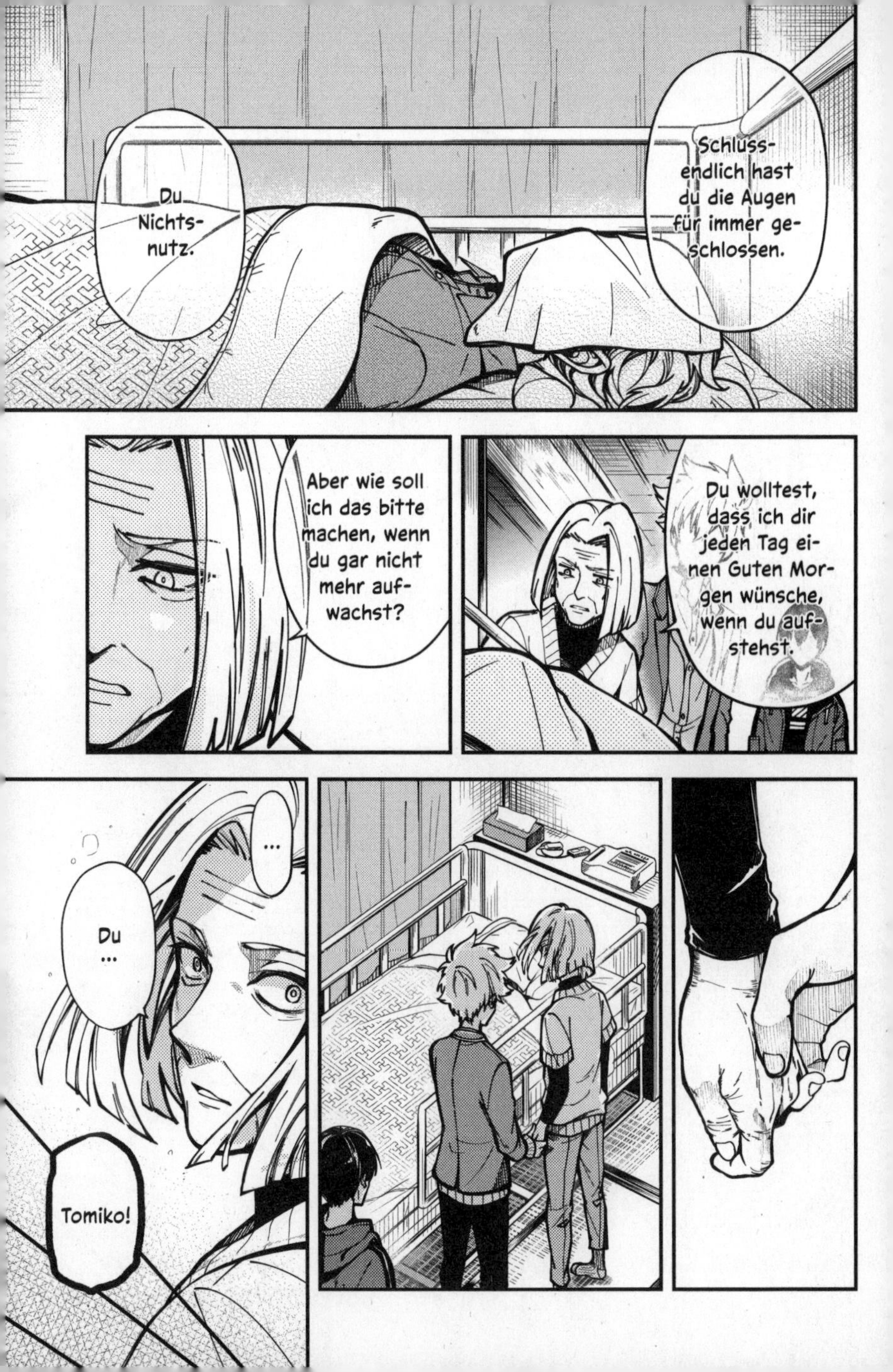
Schluss-endlich hast du die Augen für immer ge-schlossen.
Du Nichts-nutz.
Du wolltest, dass ich dir jeden Tag ei-nen Guten Mor-gen wünsche, wenn du auf-stehst.
Aber wie soll ich das bitte machen, wenn du gar nicht mehr auf-wachst?
...
Du ...
Tomiko!

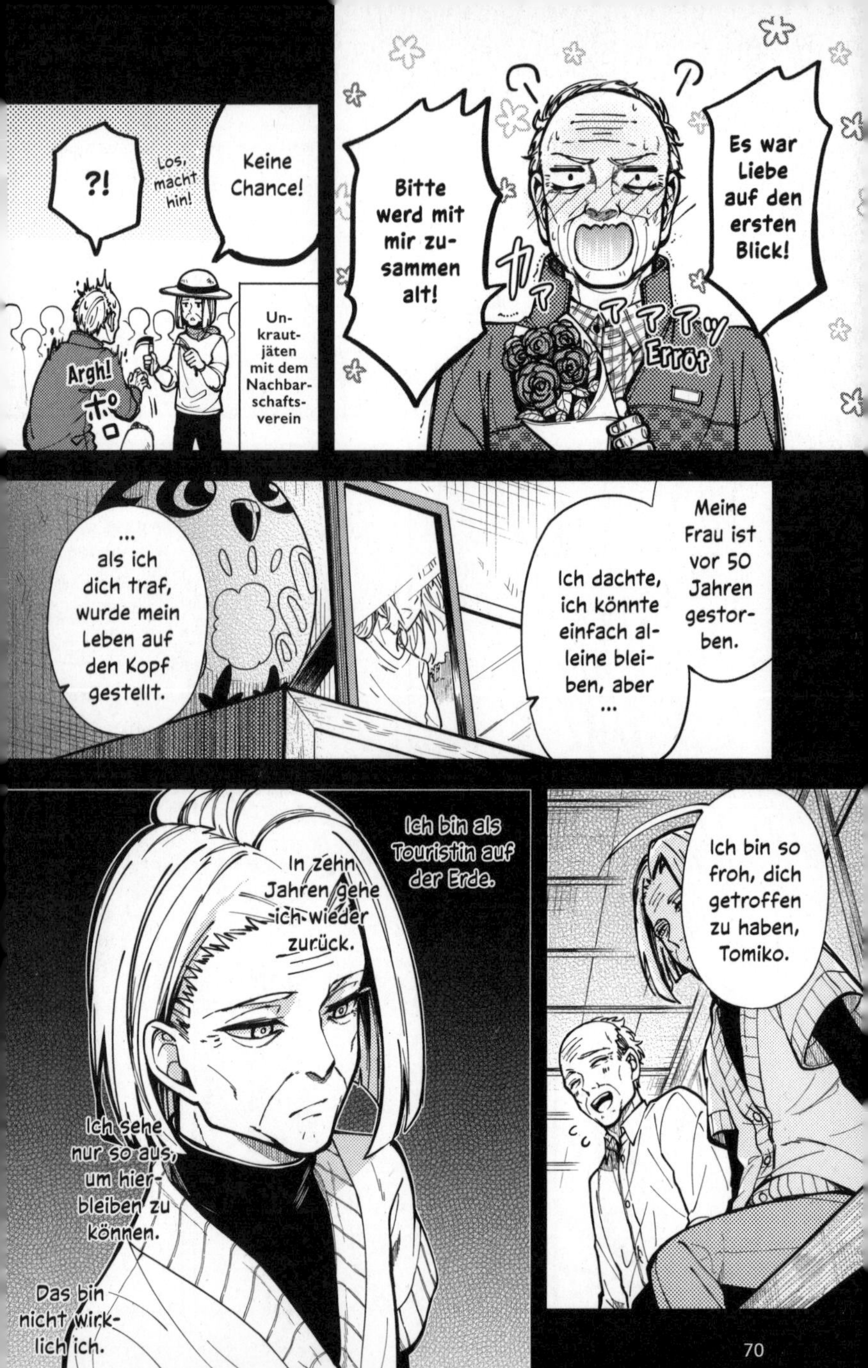

Es war Liebe auf den ersten Blick!
Bitte werd mit mir zusammen alt!
Erröt
Keine Chance!
Los, macht hin!
?!
Unkrautjäten mit dem Nachbarschaftsverein
Argh!
Meine Frau ist vor 50 Jahren gestorben.
Ich dachte, ich könnte einfach alleine bleiben, aber ...
... als ich dich traf, wurde mein Leben auf den Kopf gestellt.
Ich bin so froh, dich getroffen zu haben, Tomiko.
Ich bin als Touristin auf der Erde.
In zehn Jahren gehe ich wieder zurück.
Ich sehe nur so aus, um hierbleiben zu können.
Das bin nicht wirklich ich.

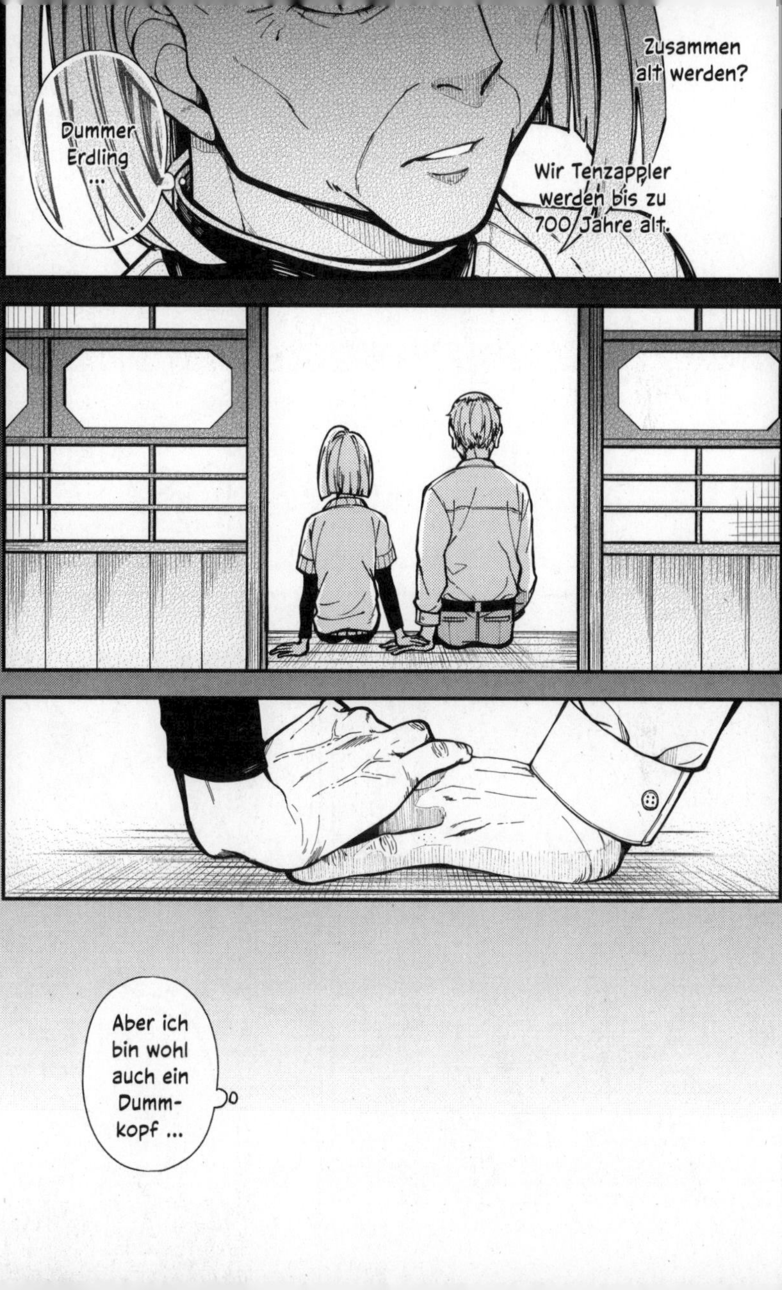
Zusammen alt werden?
Wir Tenzappler werden bis zu 700 Jahre alt.
Dummer Erdling ...
Aber ich bin wohl auch ein Dummkopf ...

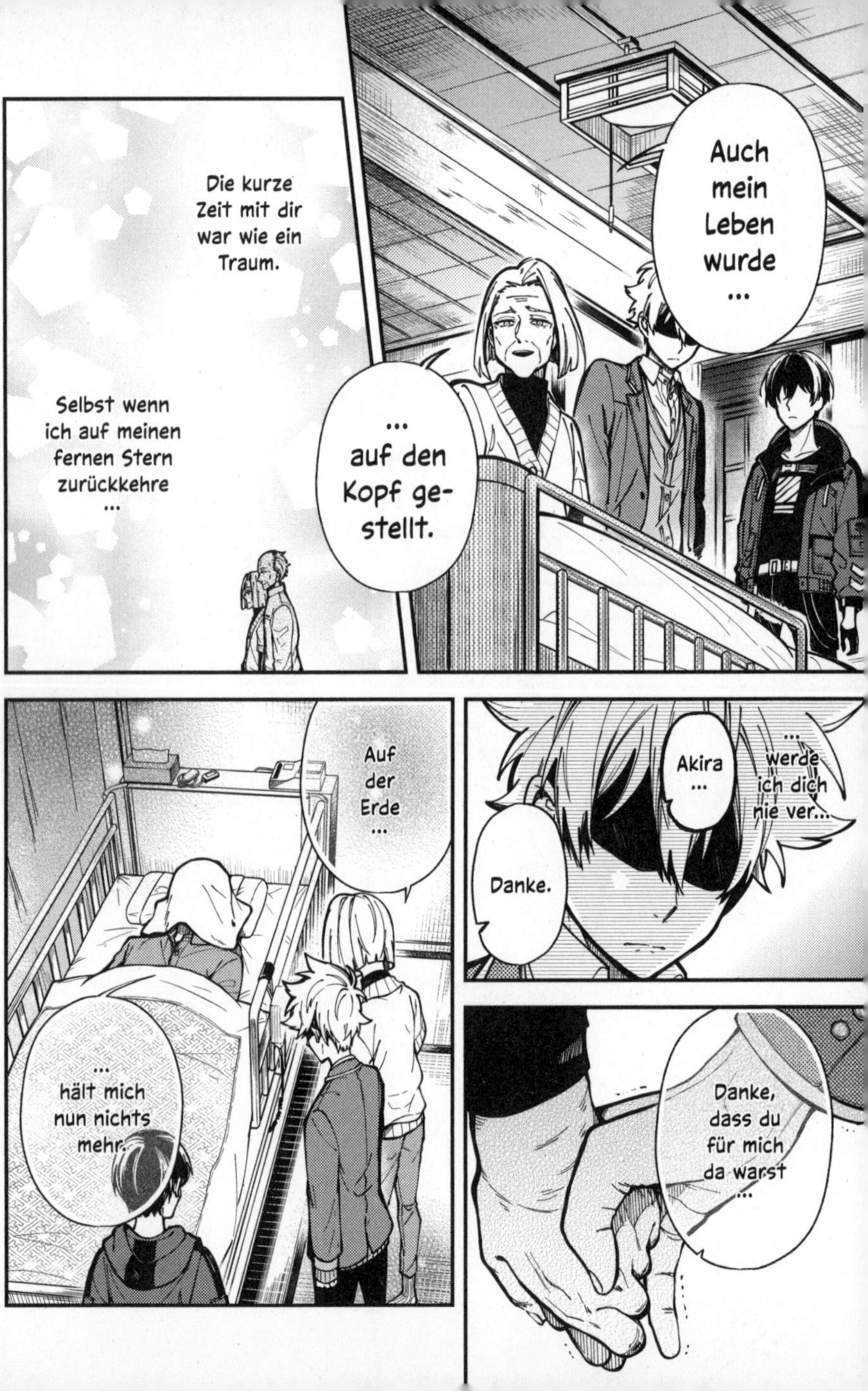
Auch mein Leben wurde ...
... auf den Kopf gestellt.
Die kurze Zeit mit dir war wie ein Traum.
Selbst wenn ich auf meinen fernen Stern zurückkehre ...
Akira ...
... werde ich dich nie ver...
Danke.
Auf der Erde ...
... hält mich nun nichts mehr.
Danke, dass du für mich da warst ...

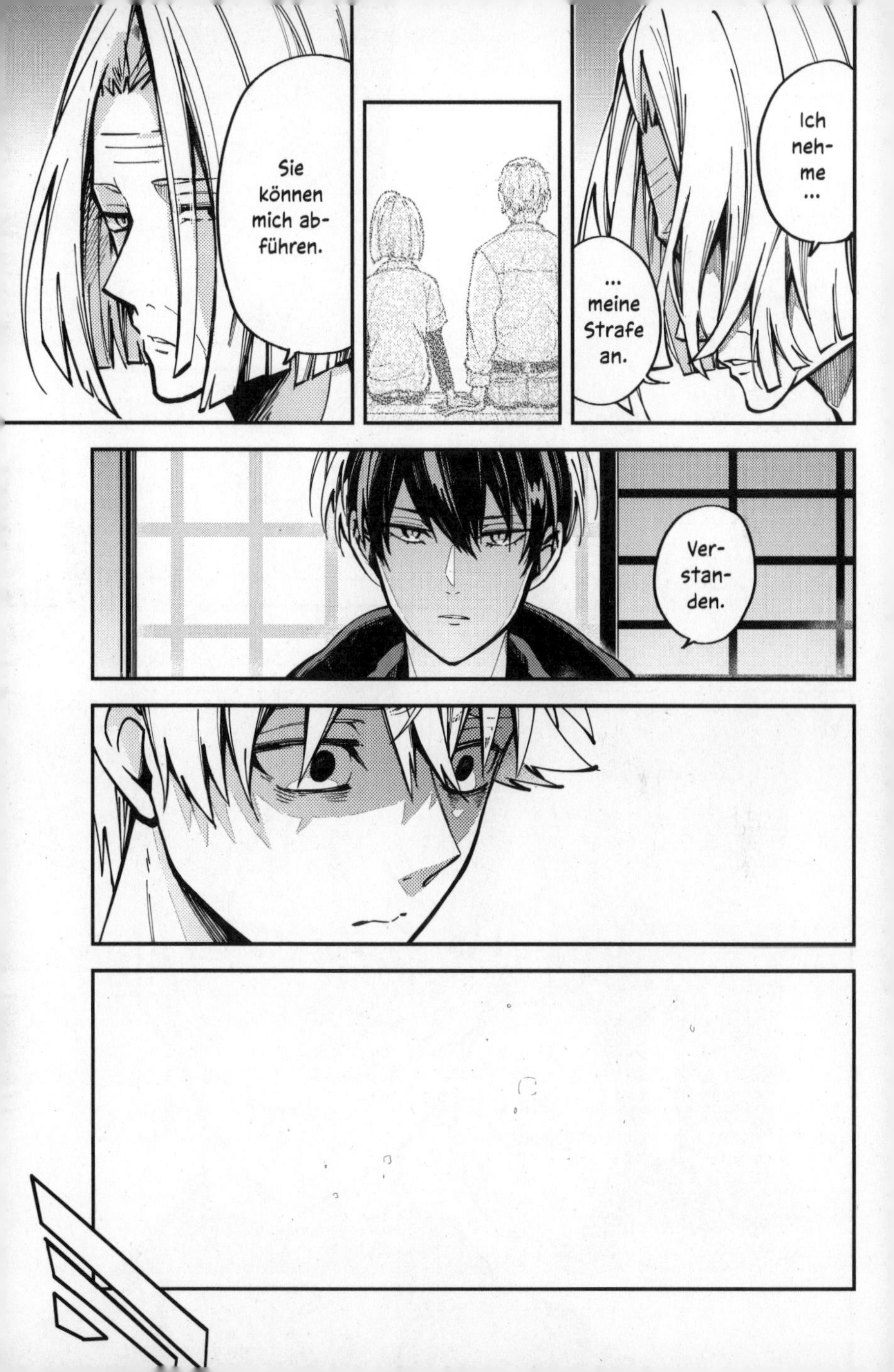
Ich neh-me ...
... meine Strafe an.
Sie können mich ab-führen.
Ver-stan-den.

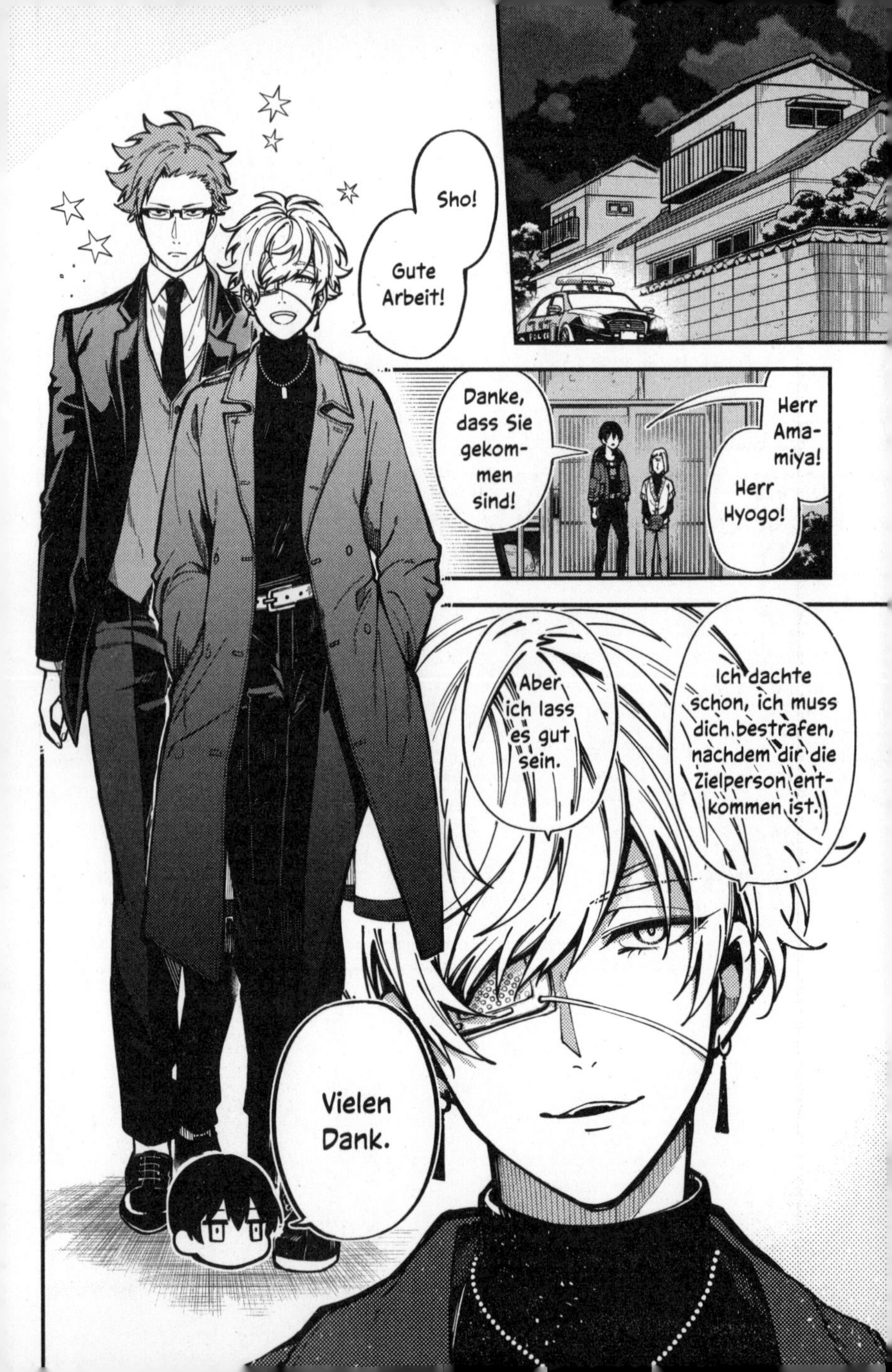
Herr Amamiya! Herr Hyogo!
Danke, dass Sie gekommen sind!
Sho! Gute Arbeit!
Ich dachte schon, ich muss dich bestrafen, nachdem dir die Zielperson entkommen ist.
Aber ich lass es gut sein.
Vielen Dank.

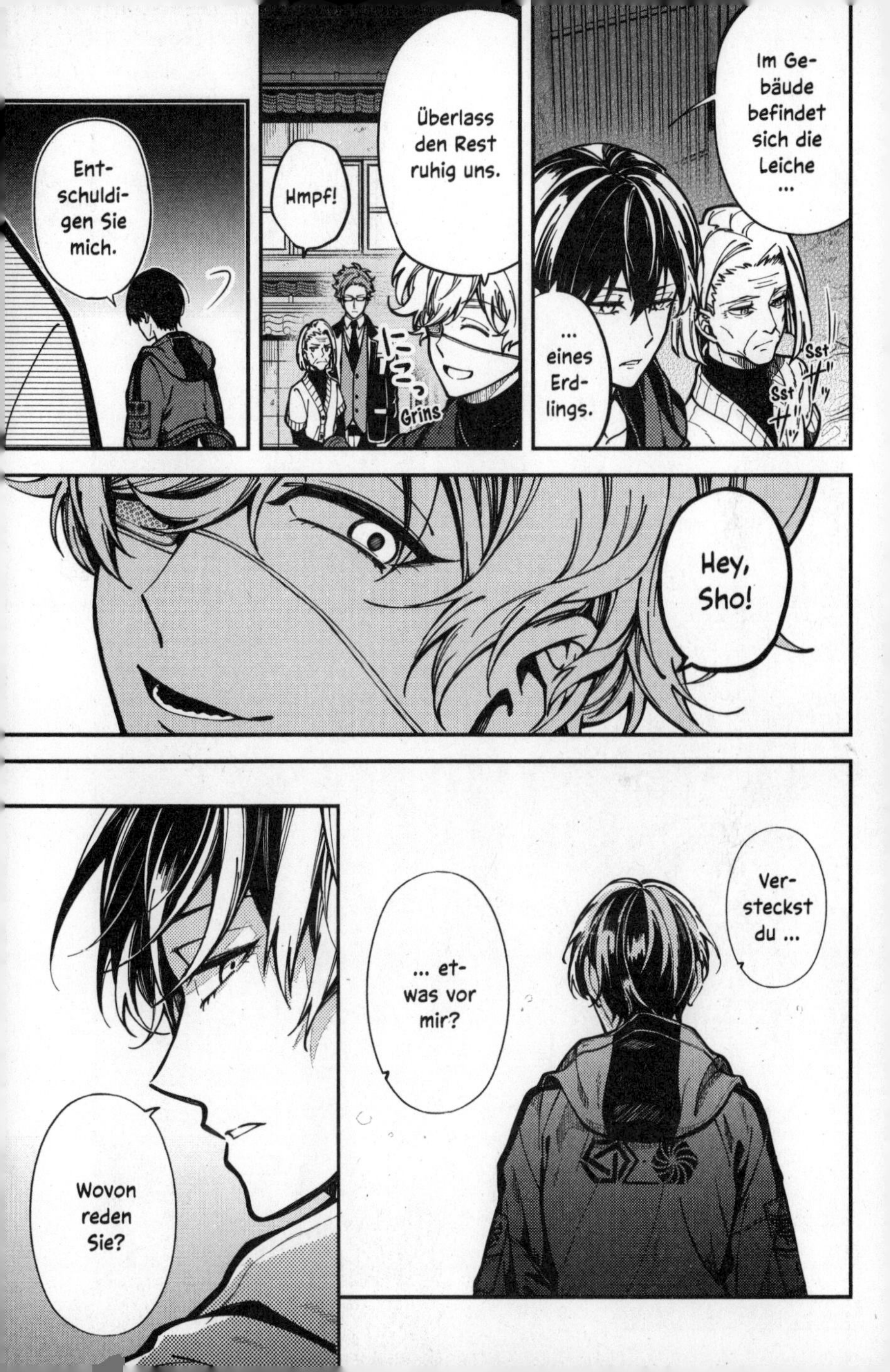
Im Gebäude befindet sich die Leiche ...
... eines Erdlings.
Sst
Sst
Überlass den Rest ruhig uns.
Grins
Hmpf!
Entschuldigen Sie mich.
Hey, Sho!
Versteckst du ...
... etwas vor mir?
Wovon reden Sie?

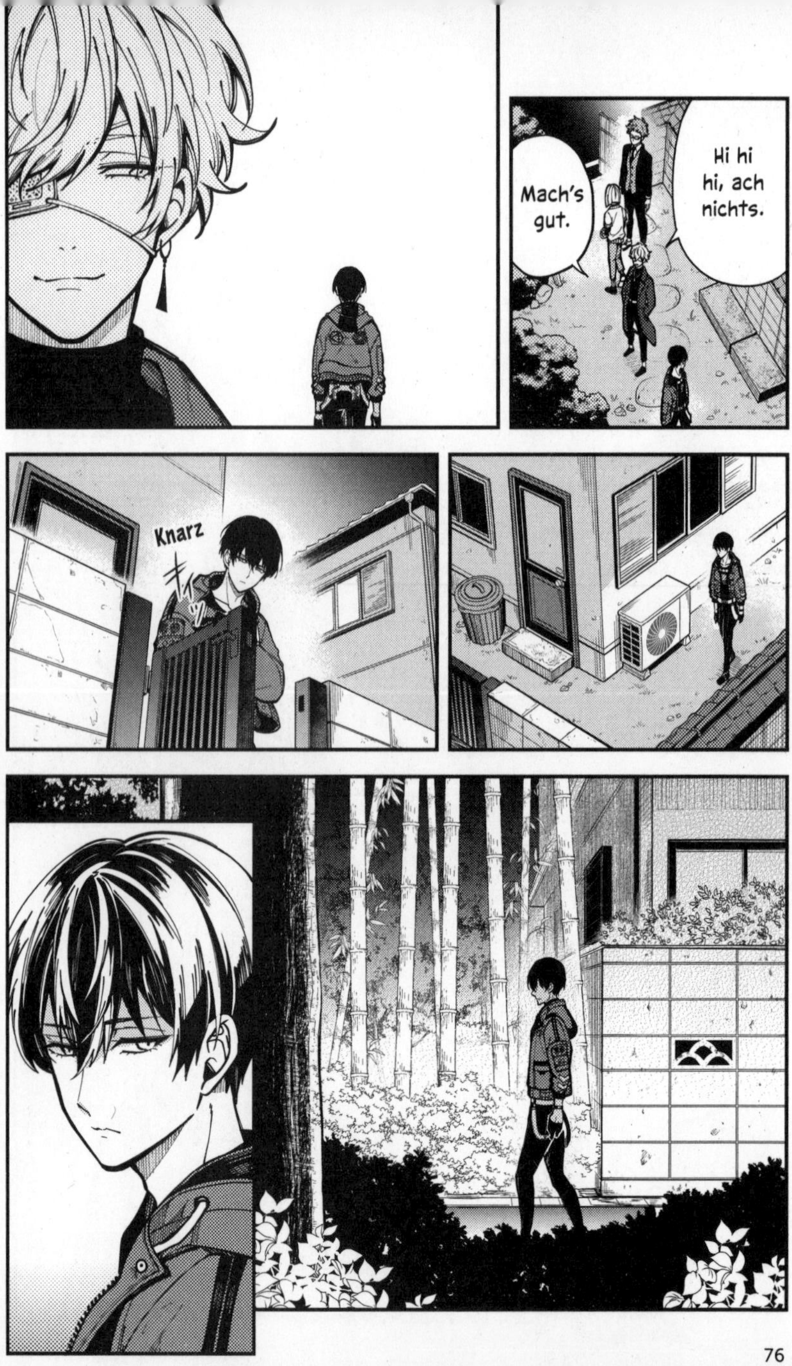
Hi hi hi, ach nichts.
Mach's gut.
Knarz

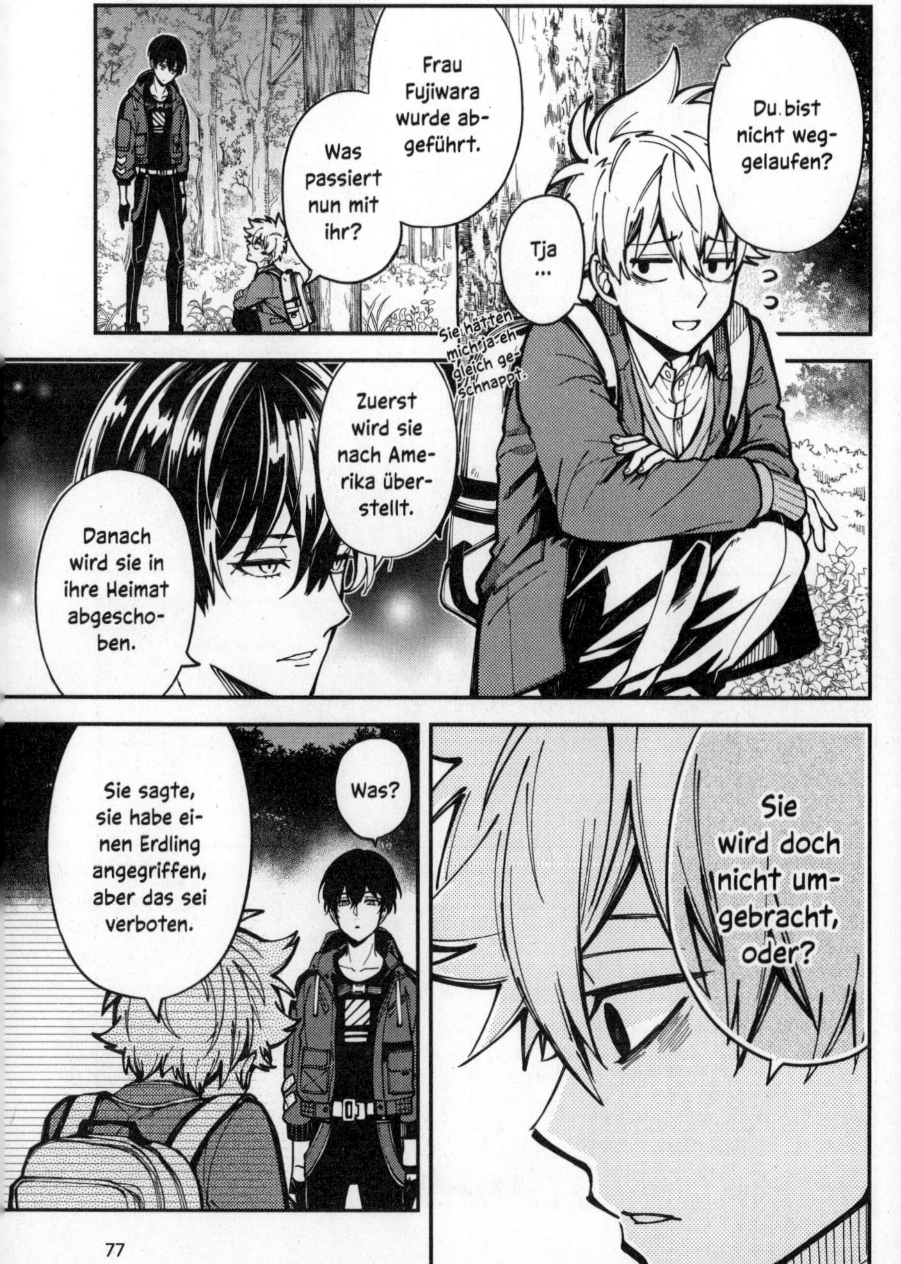

Du bist nicht weggelaufen?
Tja ...
Sie hätten mich ja eh gleich geschnappt.
Frau Fujiwara wurde abgeführt.
Was passiert nun mit ihr?
Zuerst wird sie nach Amerika überstellt.
Danach wird sie in ihre Heimat abgeschoben.
Sie wird doch nicht umgebracht, oder?
Was?
Sie sagte, sie habe einen Erdling angegriffen, aber das sei verboten.

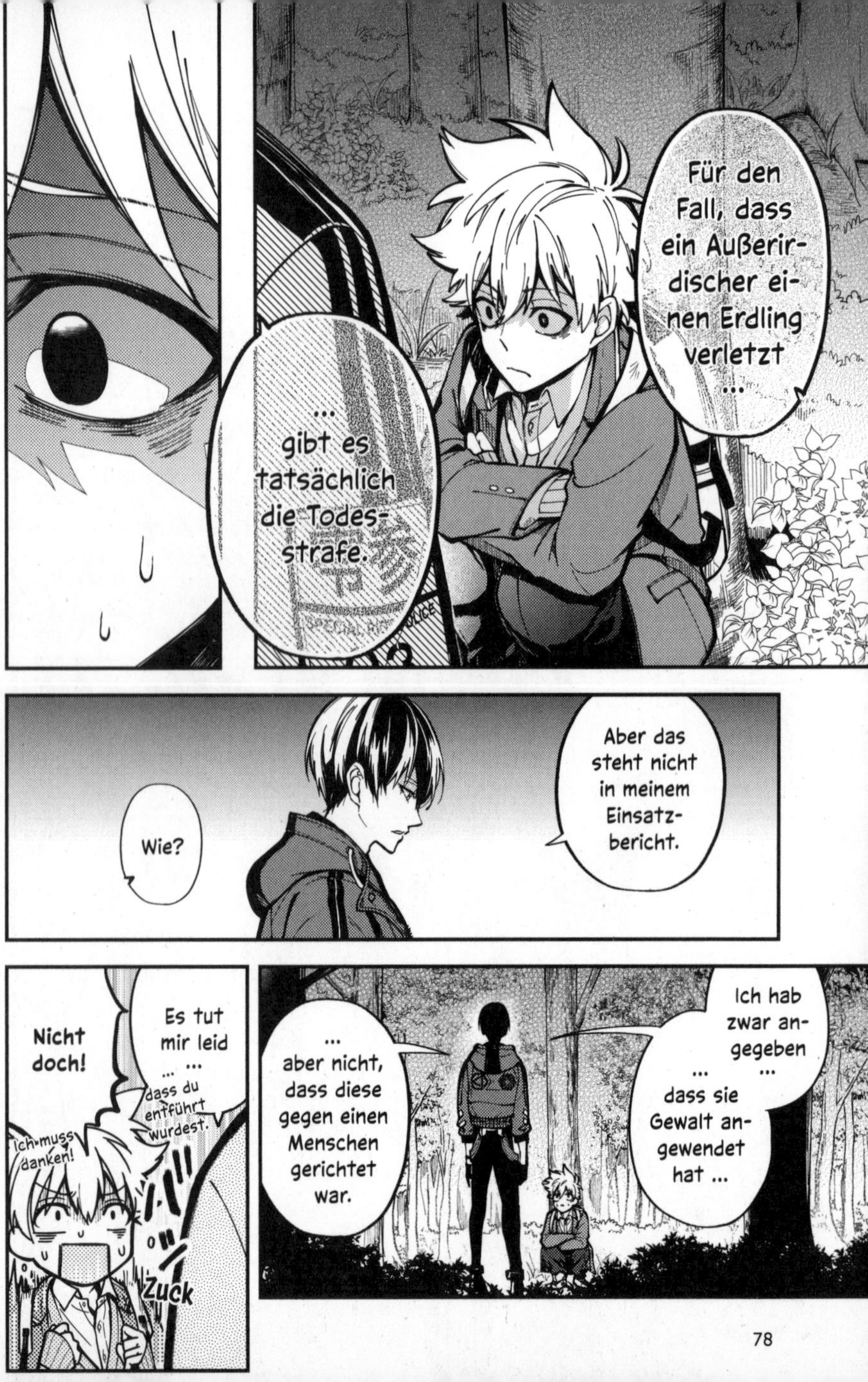
Für den Fall, dass ein Außerirdischer einen Erdling verletzt ...
... gibt es tatsächlich die Todesstrafe.
Aber das steht nicht in meinem Einsatzbericht.
Wie?
Ich hab zwar angegeben ...
... dass sie Gewalt angewendet hat ...
... aber nicht, dass diese gegen einen Menschen gerichtet war.
Es tut mir leid ... ... dass du entführt wurdest.
Nicht doch!
Ich muss danken!
Zuck

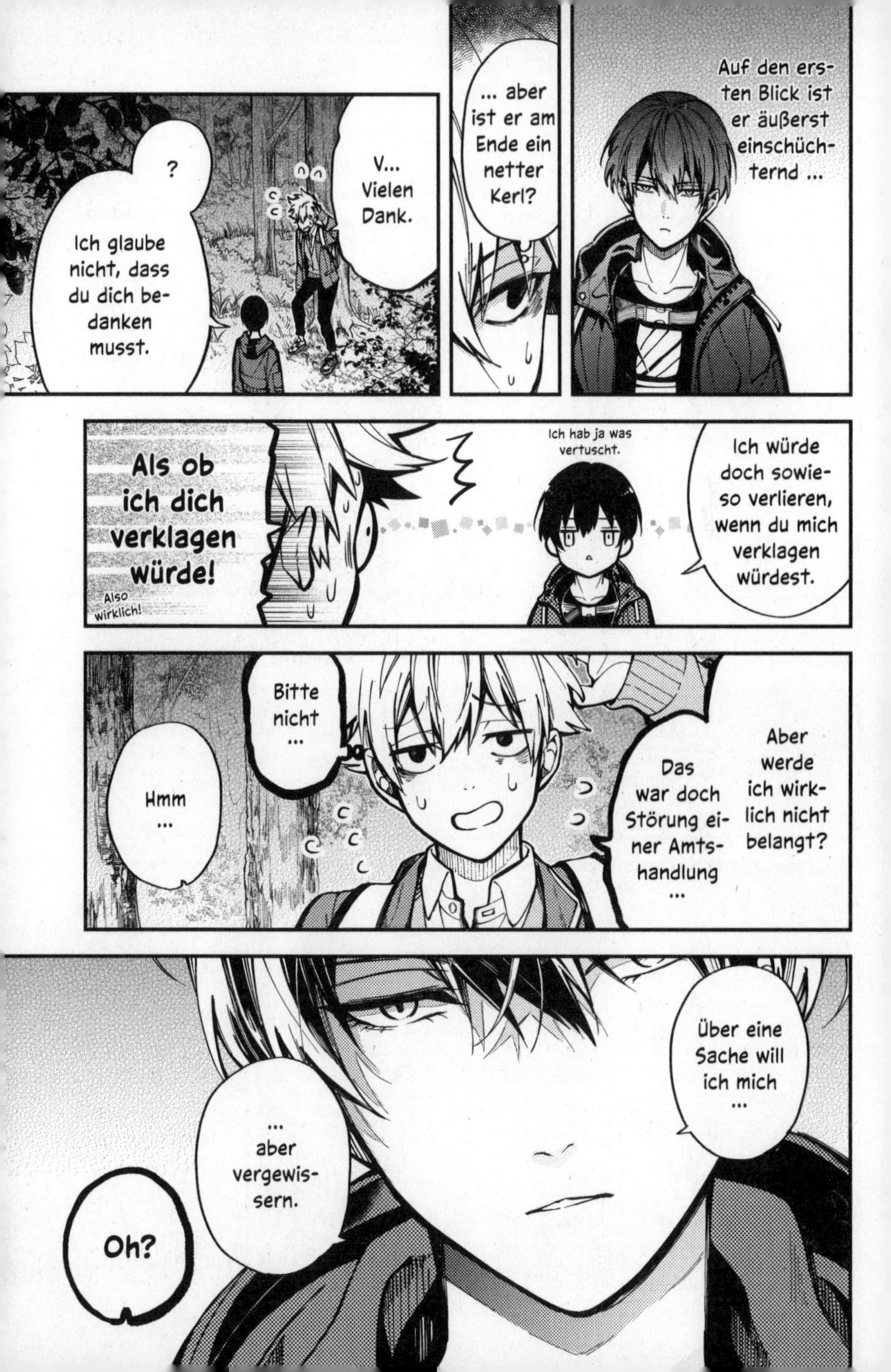

Auf den ersten Blick ist er äußerst einschüchternd ...
... aber ist er am Ende ein netter Kerl?
V... Vielen Dank.
?
Ich glaube nicht, dass du dich bedanken musst.
Ich würde doch sowieso verlieren, wenn du mich verklagen würdest.
Ich hab ja was vertuscht.
Als ob ich dich verklagen würde!
Also wirklich!
Aber werde ich wirklich nicht belangt?
Das war doch Störung einer Amtshandlung ...
Bitte nicht ...
Hmm ...
Über eine Sache will ich mich ...
... aber vergewissern.
Oh?

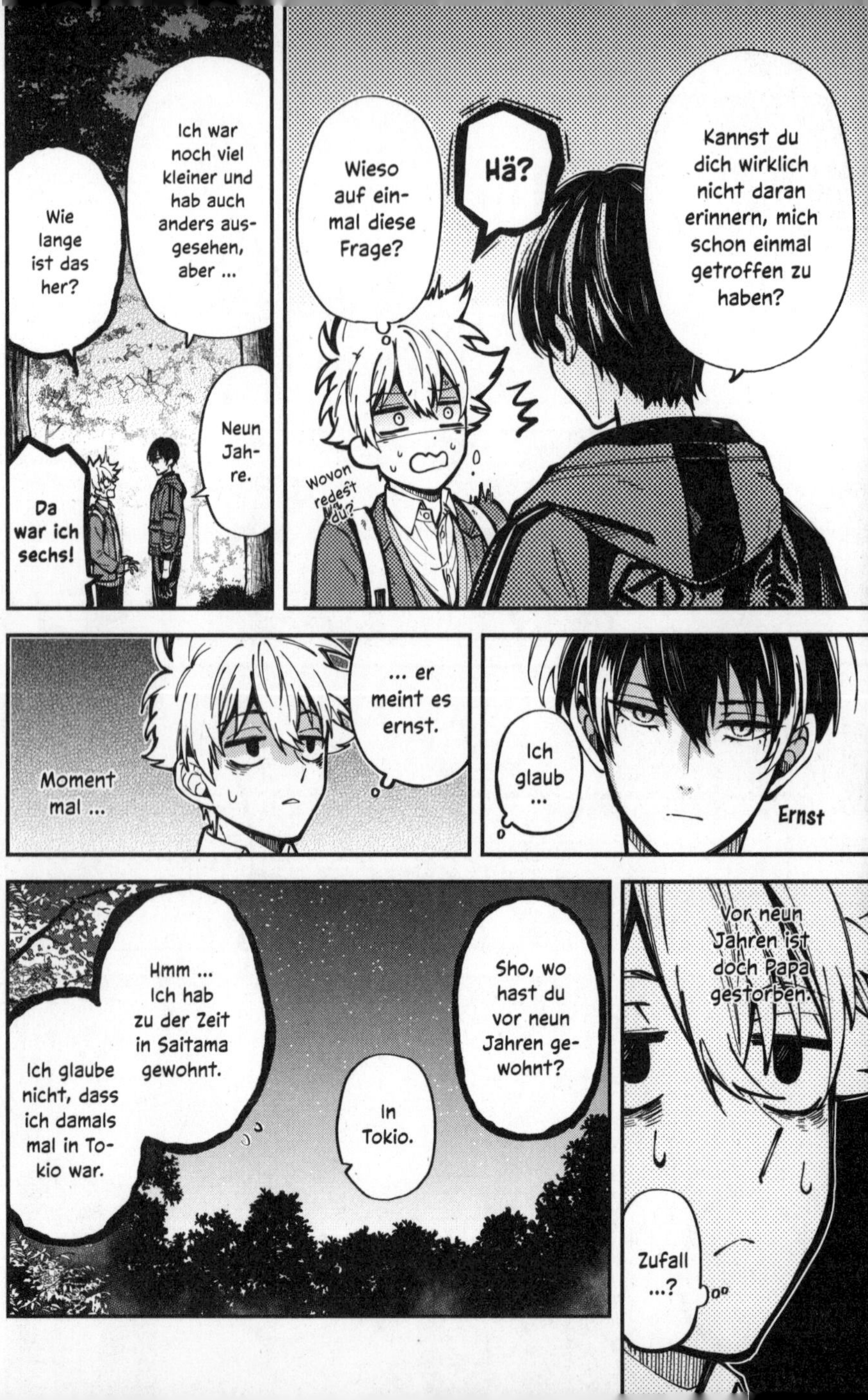

Kannst du dich wirklich nicht daran erinnern, mich schon einmal getroffen zu haben?
Hä?
Wieso auf einmal diese Frage?
Wovon redest du?
Ich war noch viel kleiner und hab auch anders ausgesehen, aber ...
Wie lange ist das her?
Neun Jahre.
Da war ich sechs!
Ich glaub ...
Ernst
... er meint es ernst.
Moment mal ...
Vor neun Jahren ist doch Papa gestorben.
Zufall ...?
Sho, wo hast du vor neun Jahren gewohnt?
In Tokio.
Hmm ... Ich hab zu der Zeit in Saitama gewohnt.
Ich glaube nicht, dass ich damals mal in Tokio war.

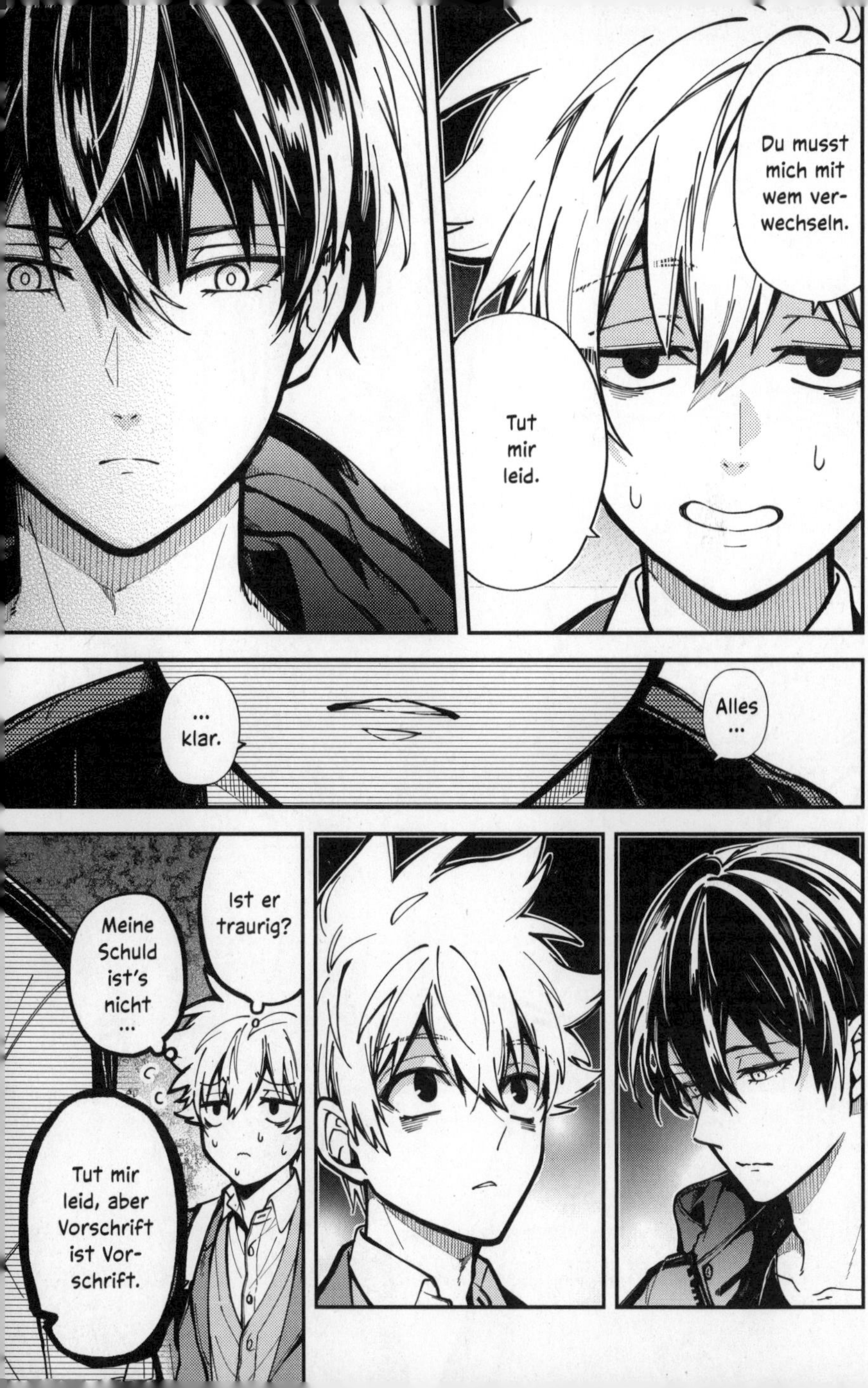
Du musst mich mit wem verwechseln.
Tut mir leid.
Alles ...
... klar.
Ist er traurig?
Meine Schuld ist's nicht ...
Tut mir leid, aber Vorschrift ist Vorschrift.

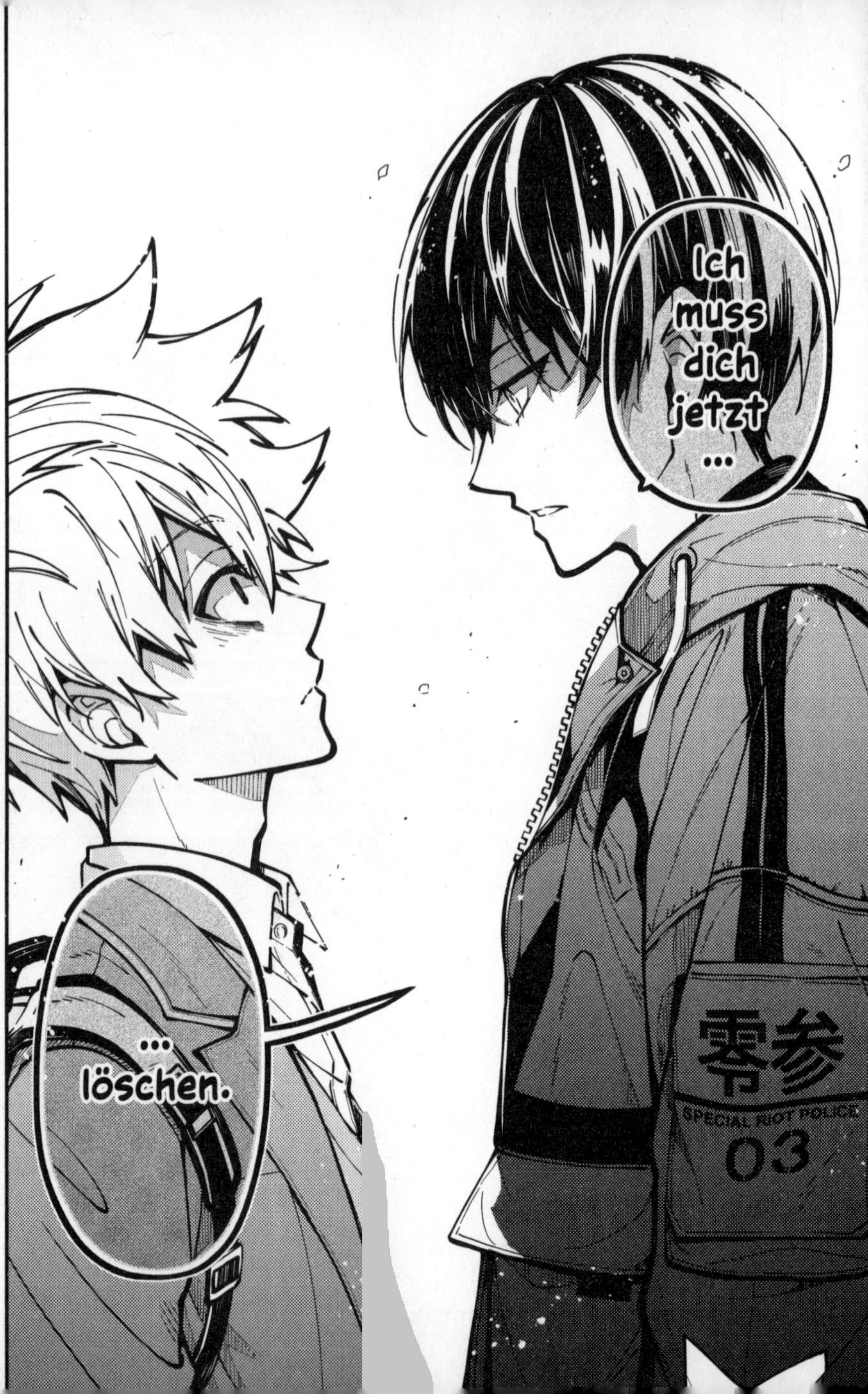
Ich muss dich jetzt ...
... löschen.
零参
SPECIAL RIOT POLICE
03

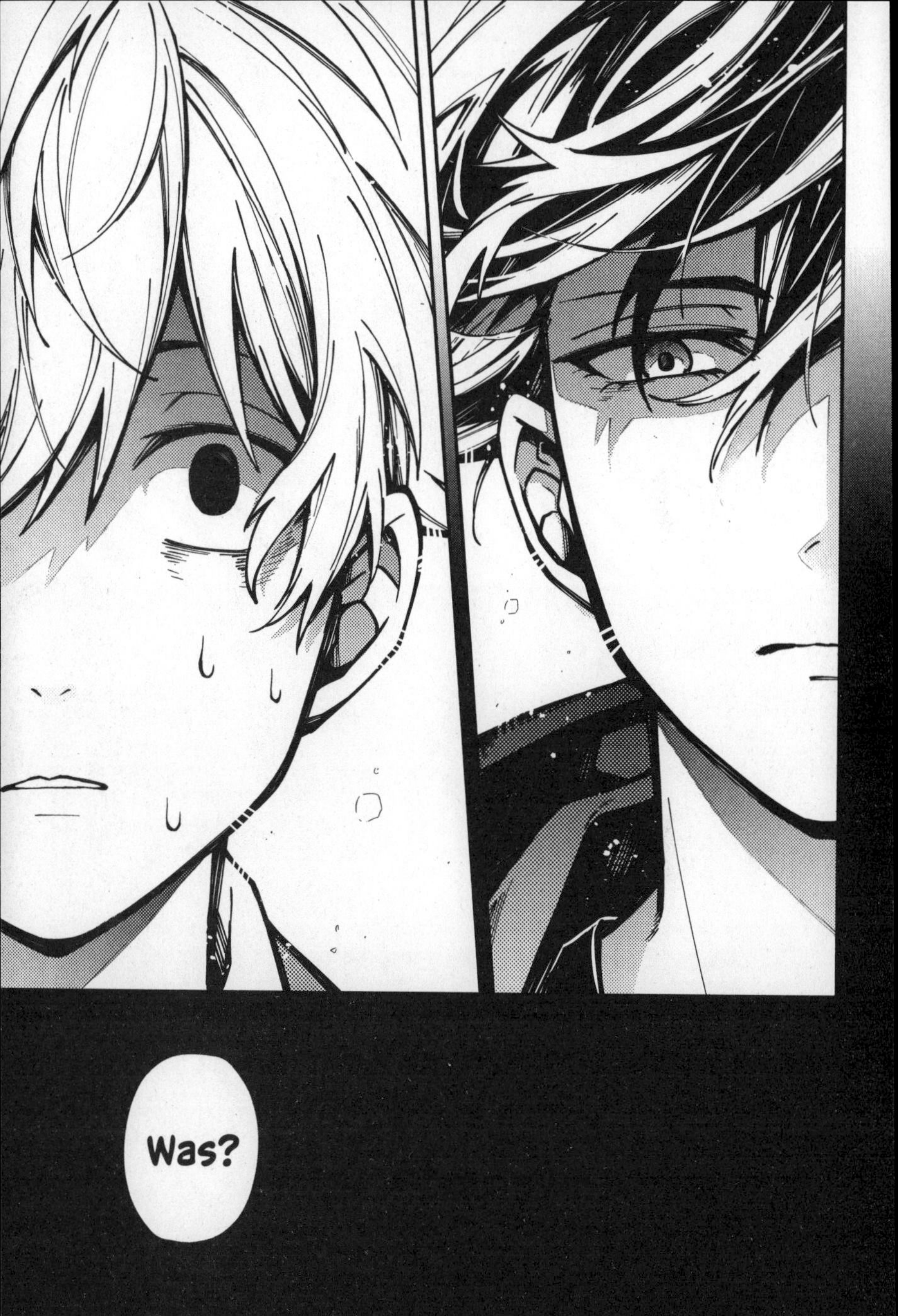
Was?

Glossar

<AMO>

Alien-Aufsichtsbehörde

Auf Englisch »Alien Management Organisation«, abgekürzt AMO. Wird von einigen Menschen anscheinend wie »Ahmo« ausgesprochen.

Das Hauptquartier befindet sich in Amerika, wo Außerirdische bei der Ankunft auf die Erde auch die Einreiseformalitäten erledigen müssen. In Japan gibt es die AMO-Zweigstellen Hokkaido, Tohoku, Chubu, Kinki, Chugoku-Shikoku, Kyushu-
Okinawa und Kanto.
Die Zweigstelle für die Kanto-Region befindet sich unterhalb des Tokioter Polizeipräsidiums. Zwar ist die AMO (mehr oder weniger) Teil der Polizei, arbeitet jedoch autonom. Die Existenz der AMO ist aber nur wenigen Polizisten bekannt.

Die Aussage »Erdlinge sind doch auch Aliens« stimmt zwar, aber damit es nicht zu kompliziert wird, wird in Tokyo Aliens folgende Einteilung vorgenommen:
»Erdlinge« und »Menschen« = Erdlinge
»Außerirdische«, »Aliens« und »extraterrestrische Wesen« = Außerirdische
Bitte orientiert euch ebenfalls an diesen Kategorien.

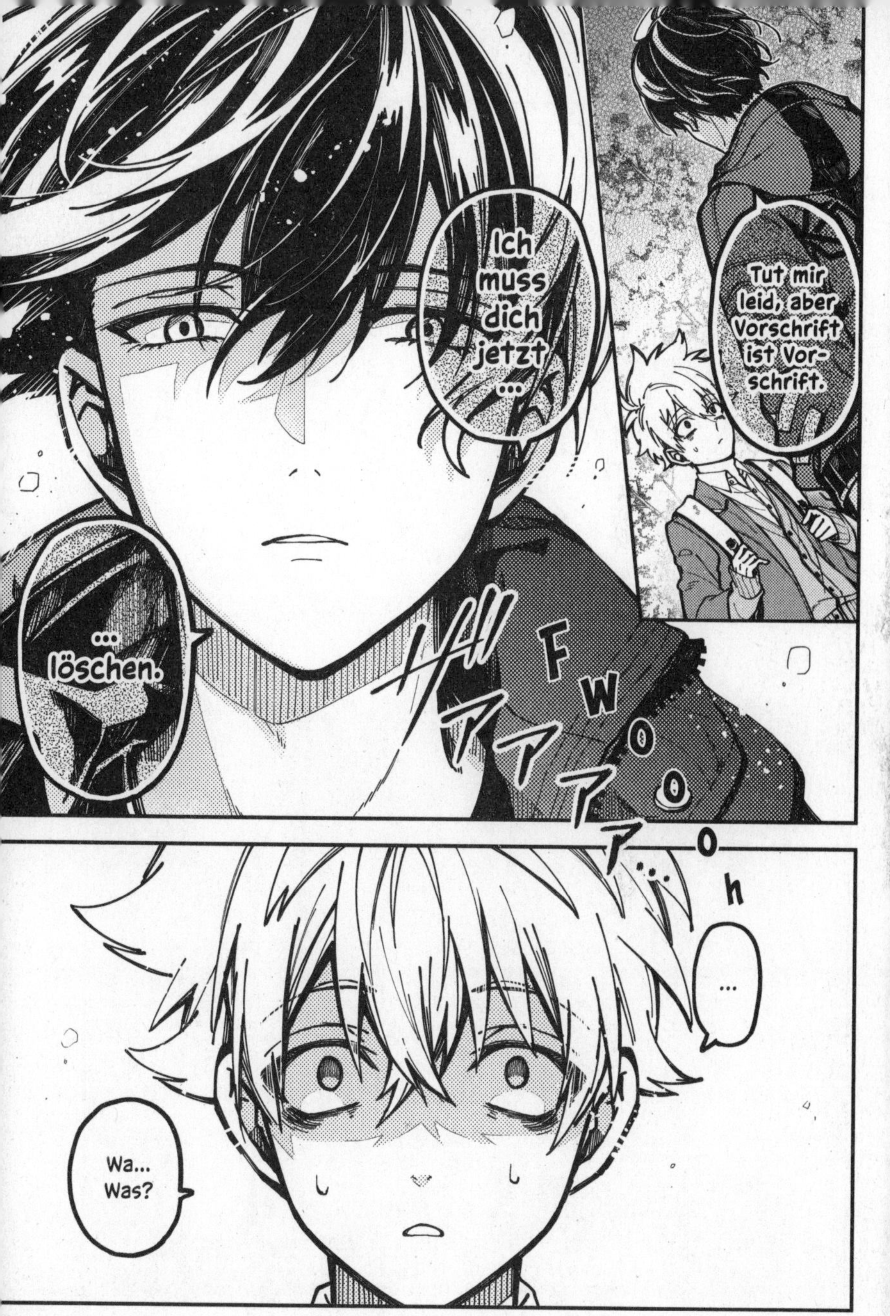
Tut mir leid, aber Vorschrift ist Vor-schrift.
Ich muss dich jetzt ...
... löschen.
FWOOOoh
...
Wa... Was?

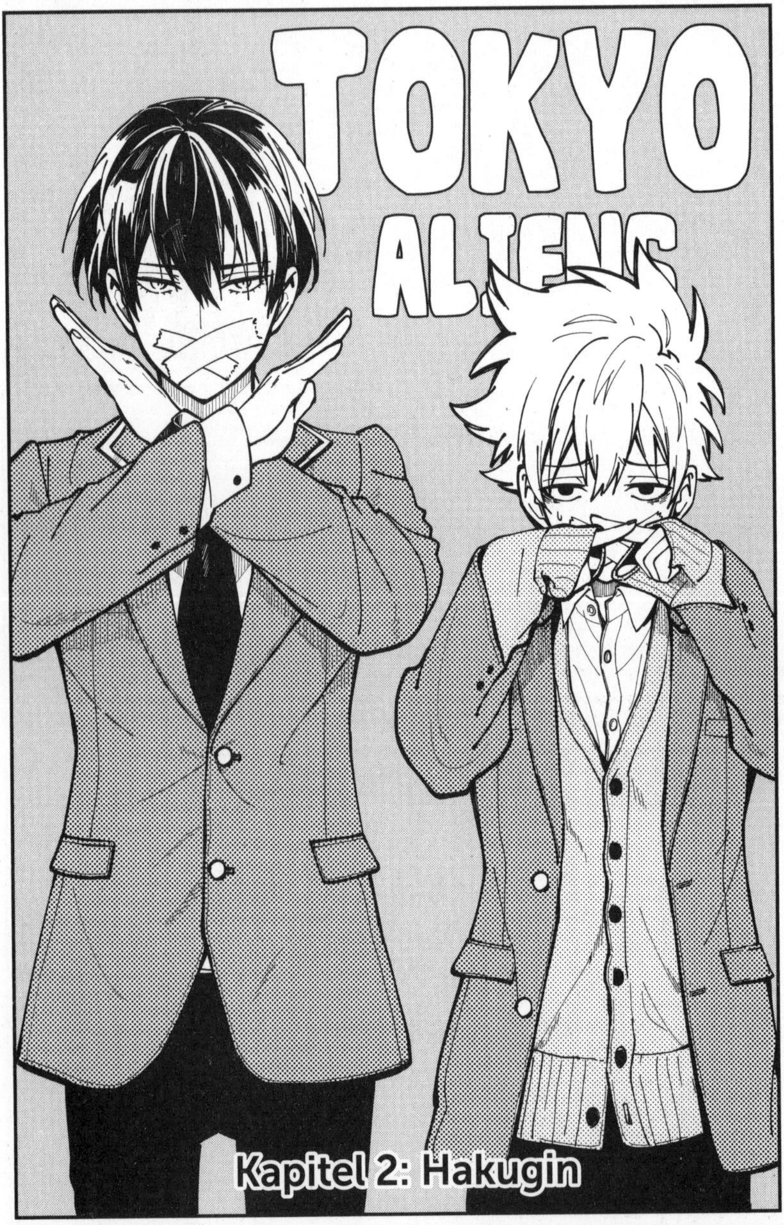
TOKYO
ALIENS
Kapitel 2: Hakugin

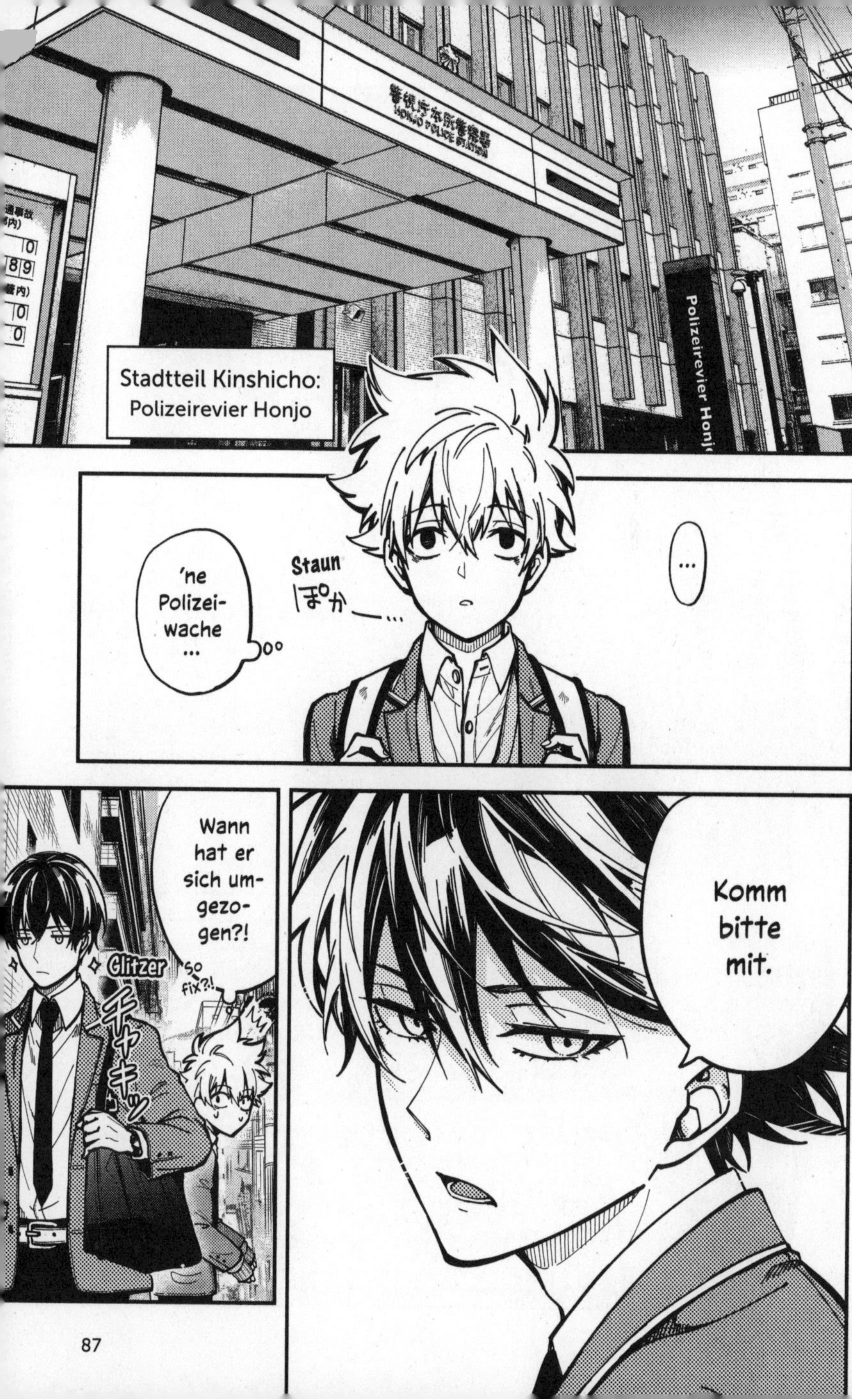
Stadtteil Kinshicho: Polizeirevier Honjo
Polizeirevier Honjo
…
Staun
'ne Polizeiwache …
Komm bitte mit.
Wann hat er sich umgezogen?!
So fix?!
Glitzer

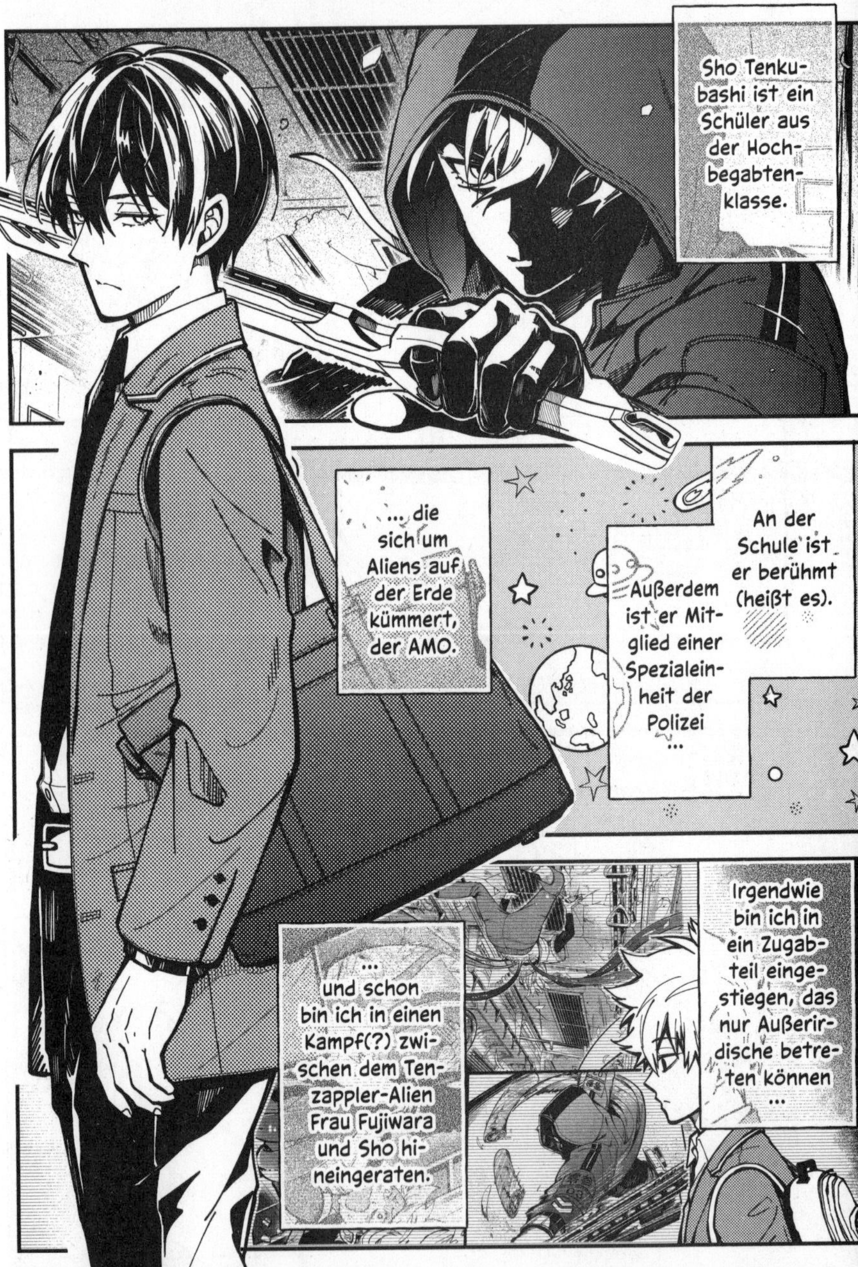
Sho Tenkubashi ist ein Schüler aus der Hochbegabtenklasse.
An der Schule ist er berühmt (heißt es).
Außerdem ist er Mitglied einer Spezialeinheit der Polizei ...
... die sich um Aliens auf der Erde kümmert, der AMO.
Irgendwie bin ich in ein Zugabteil eingestiegen, das nur Außerirdische betreten können ...
... und schon bin ich in einen Kampf(?) zwischen dem Tenzappler-Alien Frau Fujiwara und Sho hineingeraten.

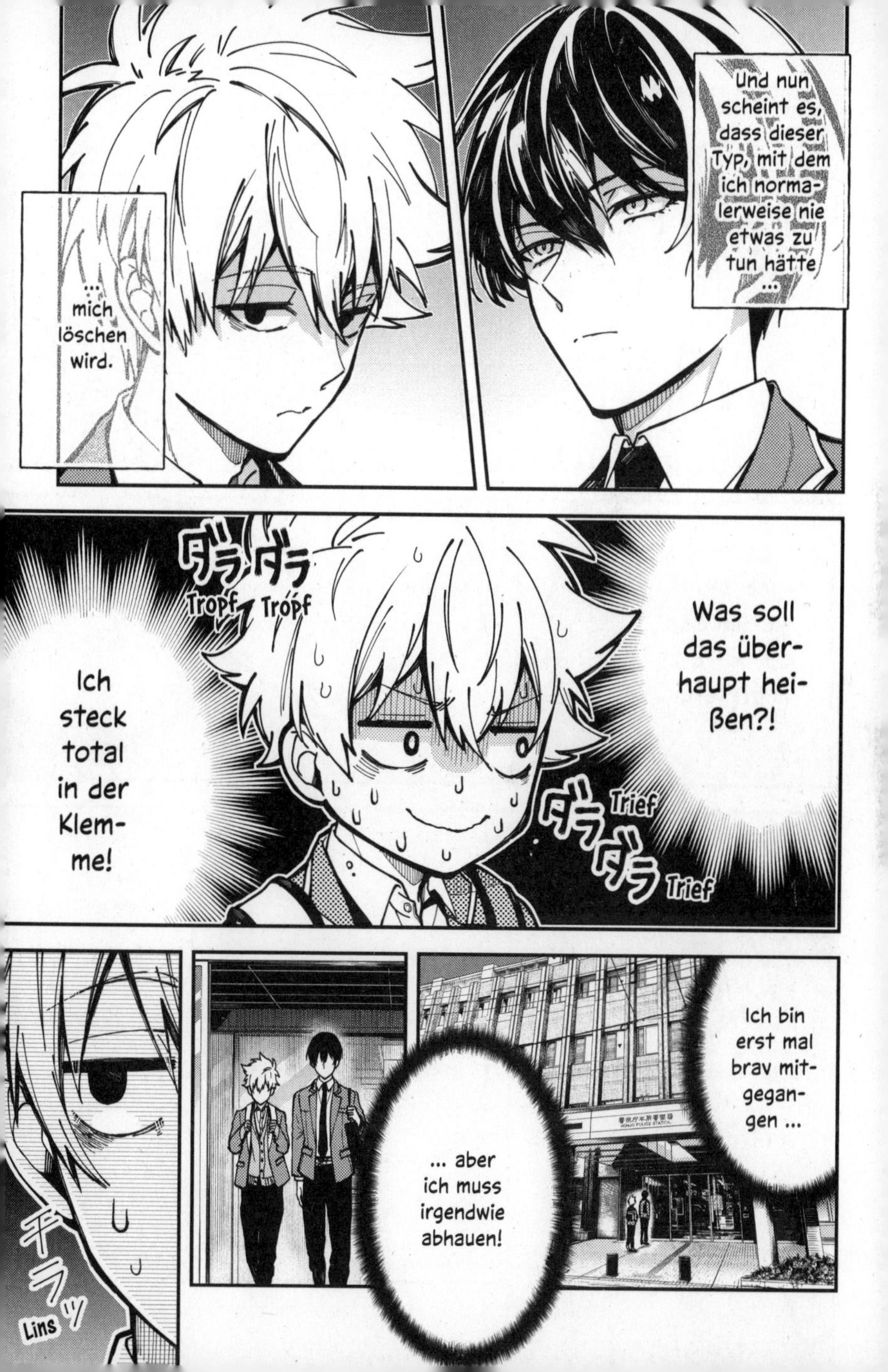
Und nun scheint es, dass dieser Typ, mit dem ich normalerweise nie etwas zu tun hätte ...
... mich löschen wird.
Was soll das überhaupt heißen?!
ダラダラ
Trief Trief
ダラダラ
Tropf Tropf
Ich steck total in der Klemme!
Ich bin erst mal brav mitgegangen ...
... aber ich muss irgendwie abhauen!
チラッ
Lins

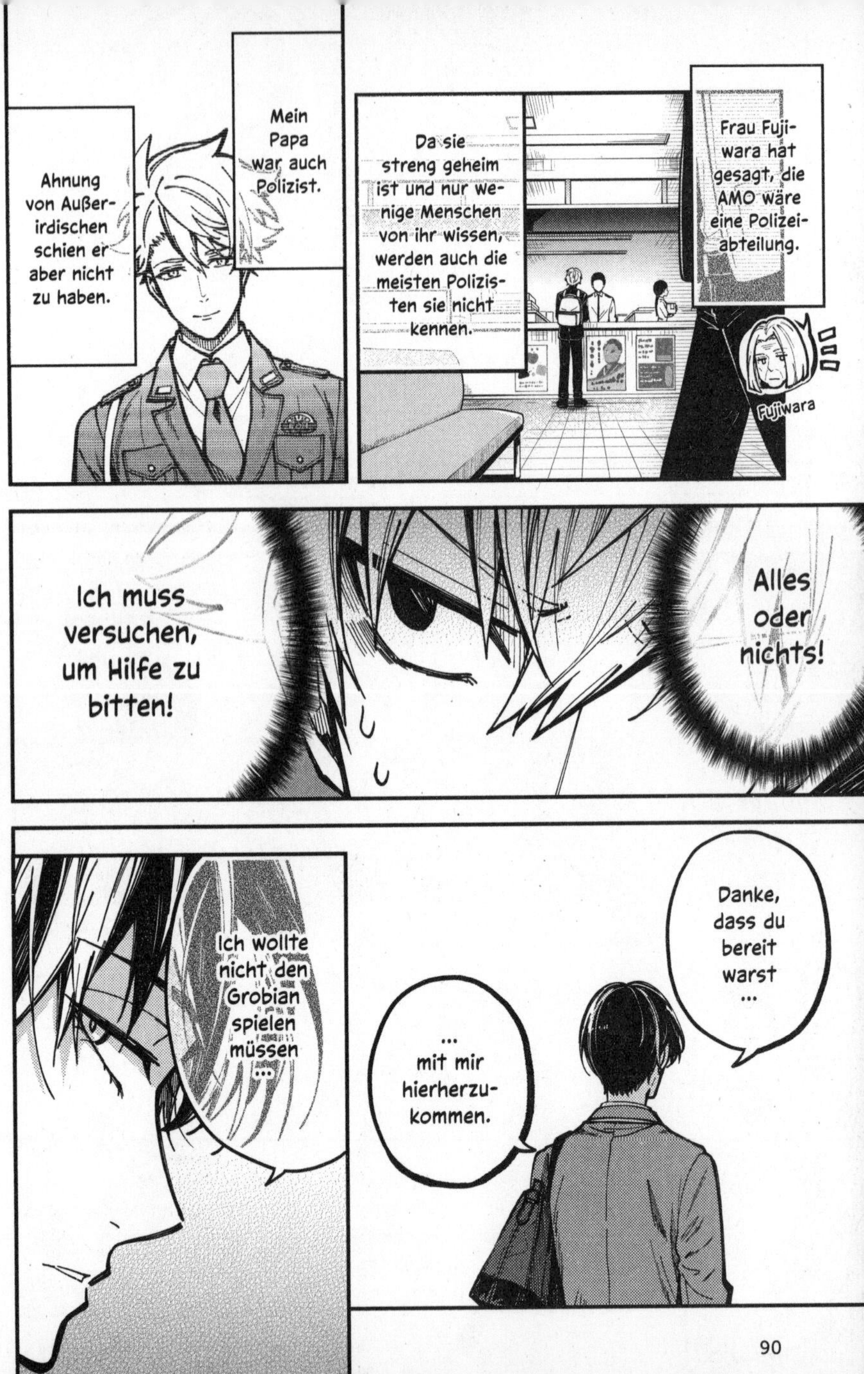
Frau Fuji-wara hat gesagt, die AMO wäre eine Polizei-abteilung.
Fujiwara
Da sie streng geheim ist und nur we-nige Menschen von ihr wissen, werden auch die meisten Polizis-ten sie nicht kennen.
Mein Papa war auch Polizist.
Ahnung von Außer-irdischen schien er aber nicht zu haben.
Alles oder nichts!
Ich muss versuchen, um Hilfe zu bitten!
Danke, dass du bereit warst …
… mit mir hierherzu-kommen.
Ich wollte nicht den Grobian spielen müssen …

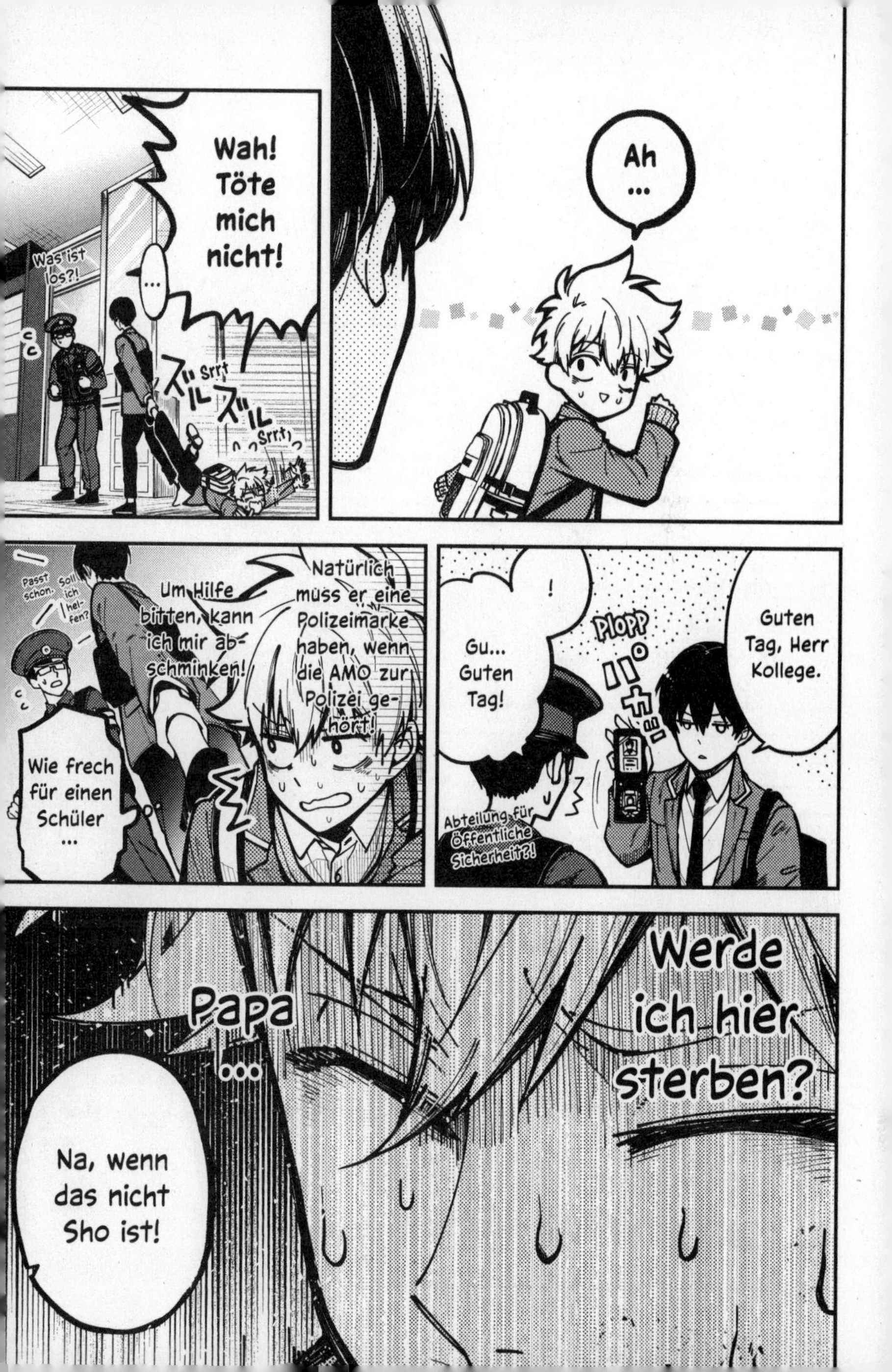
Ah …
Wah! Töte mich nicht!
…
Srrt
Srrt
Was ist los?!
Guten Tag, Herr Kollege.
PLOPP
Gu… Guten Tag!
!
Abteilung für Öffentliche Sicherheit?!
Natürlich muss er eine Polizeimarke haben, wenn die AMO zur Polizei gehört!
Um Hilfe bitten, kann ich mir abschminken!
Soll ich helfen?
Passt schon.
Wie frech für einen Schüler …
Werde ich hier sterben?
Papa …
Na, wenn das nicht Sho ist!

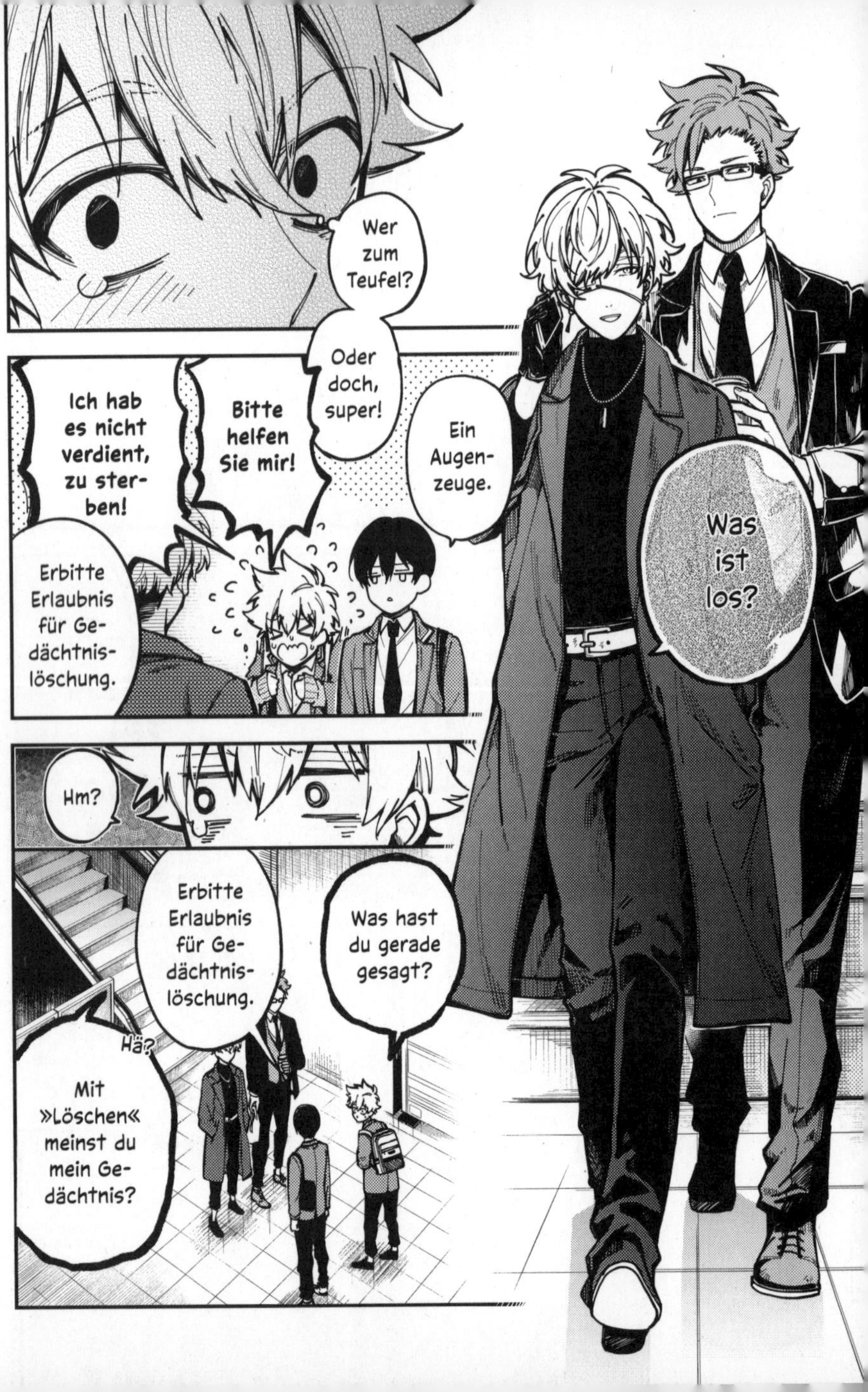

Wer zum Teufel?
Oder doch, super!
Was ist los?
Ein Augenzeuge.
Bitte helfen Sie mir!
Ich hab es nicht verdient, zu sterben!
Erbitte Erlaubnis für Gedächtnislöschung.
Hm?
Was hast du gerade gesagt?
Erbitte Erlaubnis für Gedächtnislöschung.
Hä?
Mit »Löschen« meinst du mein Gedächtnis?

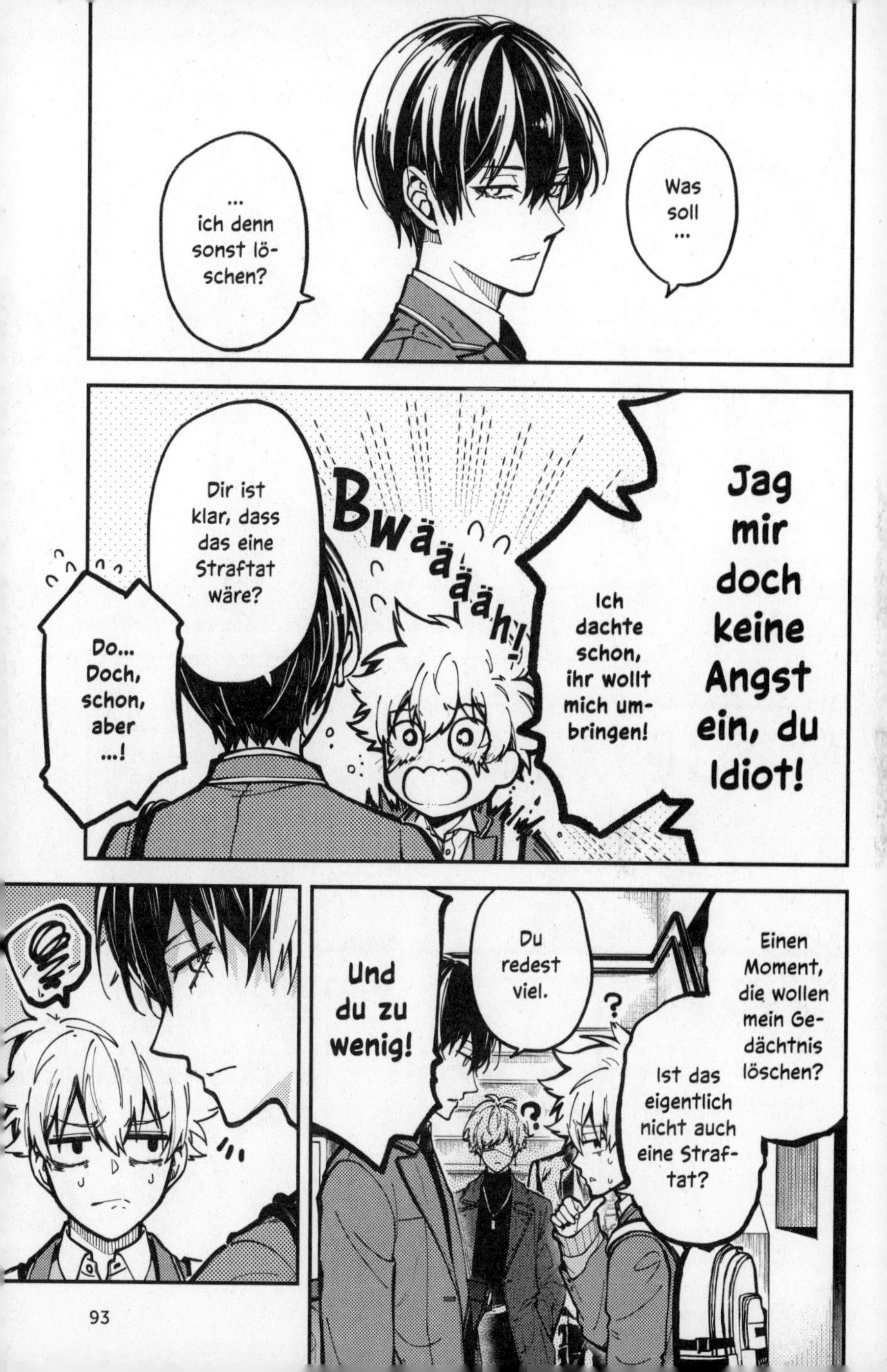
Was soll ...
... ich denn sonst lö-schen?
Jag mir doch keine Angst ein, du Idiot!
Ich dachte schon, ihr wollt mich um-bringen!
Bwäääh!
Dir ist klar, dass das eine Straftat wäre?
Do... Doch, schon, aber ...!
Einen Moment, die wollen mein Ge-dächtnis löschen?
Ist das eigentlich nicht auch eine Straf-tat?
Du redest viel.
Und du zu wenig!

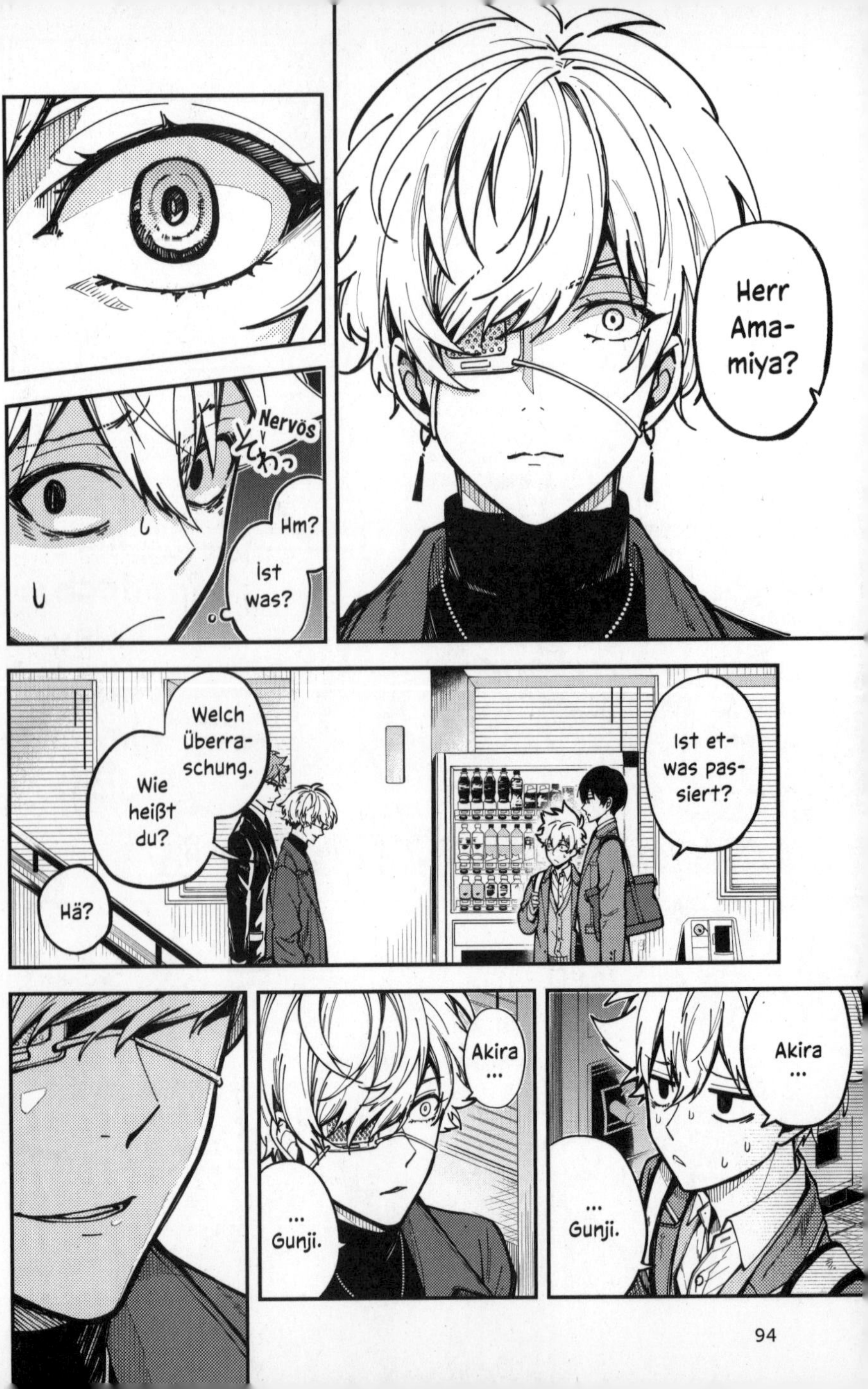
Herr Ama-miya?
Nervös
そわっ
Hm?
Ist was?
Ist et-was pas-siert?
Welch Überra-schung.
Wie heißt du?
Hä?
Akira ...
... Gunji.
Akira ...
... Gunji.

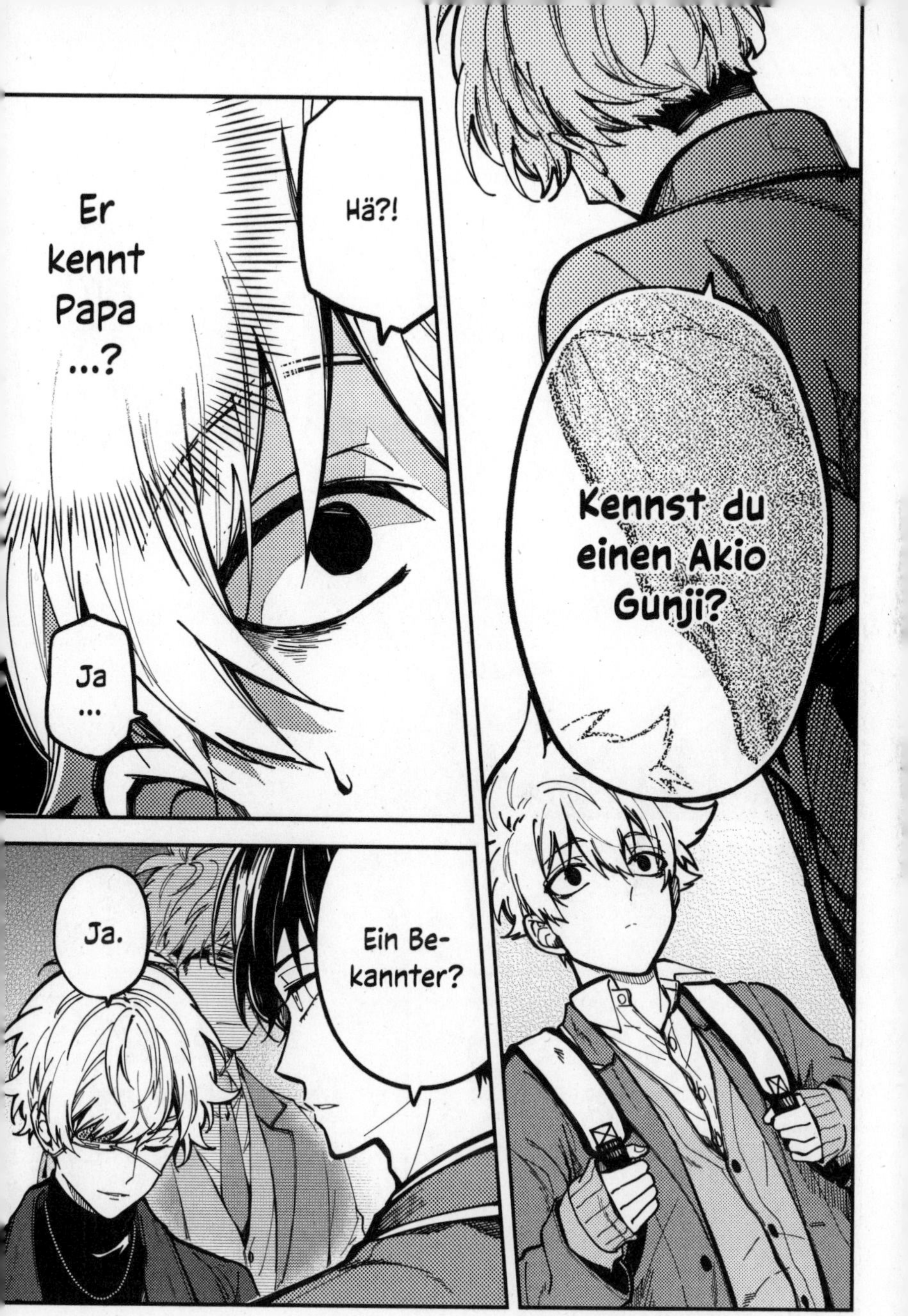
Kennst du einen Akio Gunji?
Hä?!
Er kennt Papa ...?
Ja ...
Ein Be-kannter?
Ja.

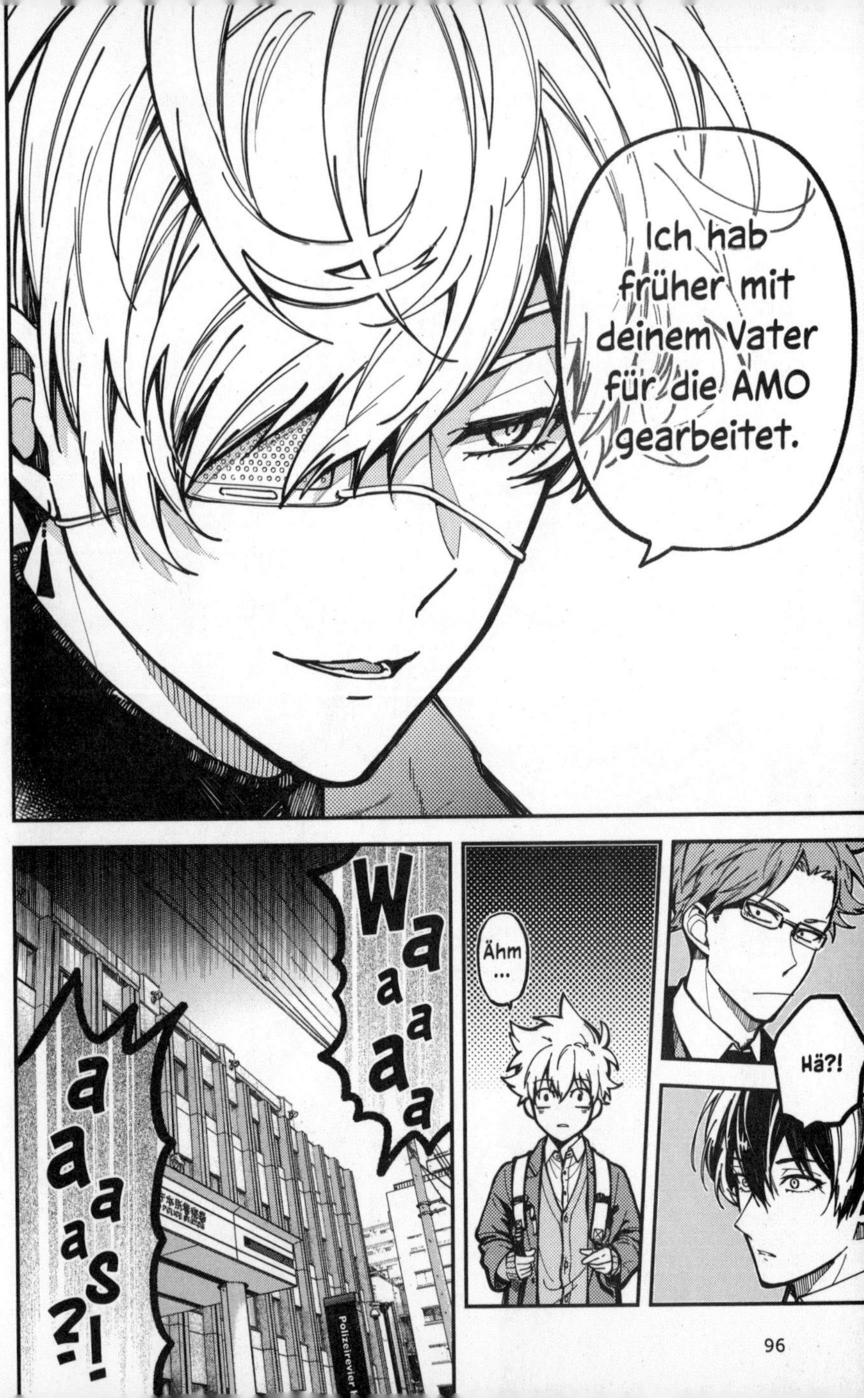
Ich hab früher mit deinem Vater für die AMO gearbeitet.
Hä?!
Ähm ...
Waaaaaaaaaaaas?!
Polizeirevier

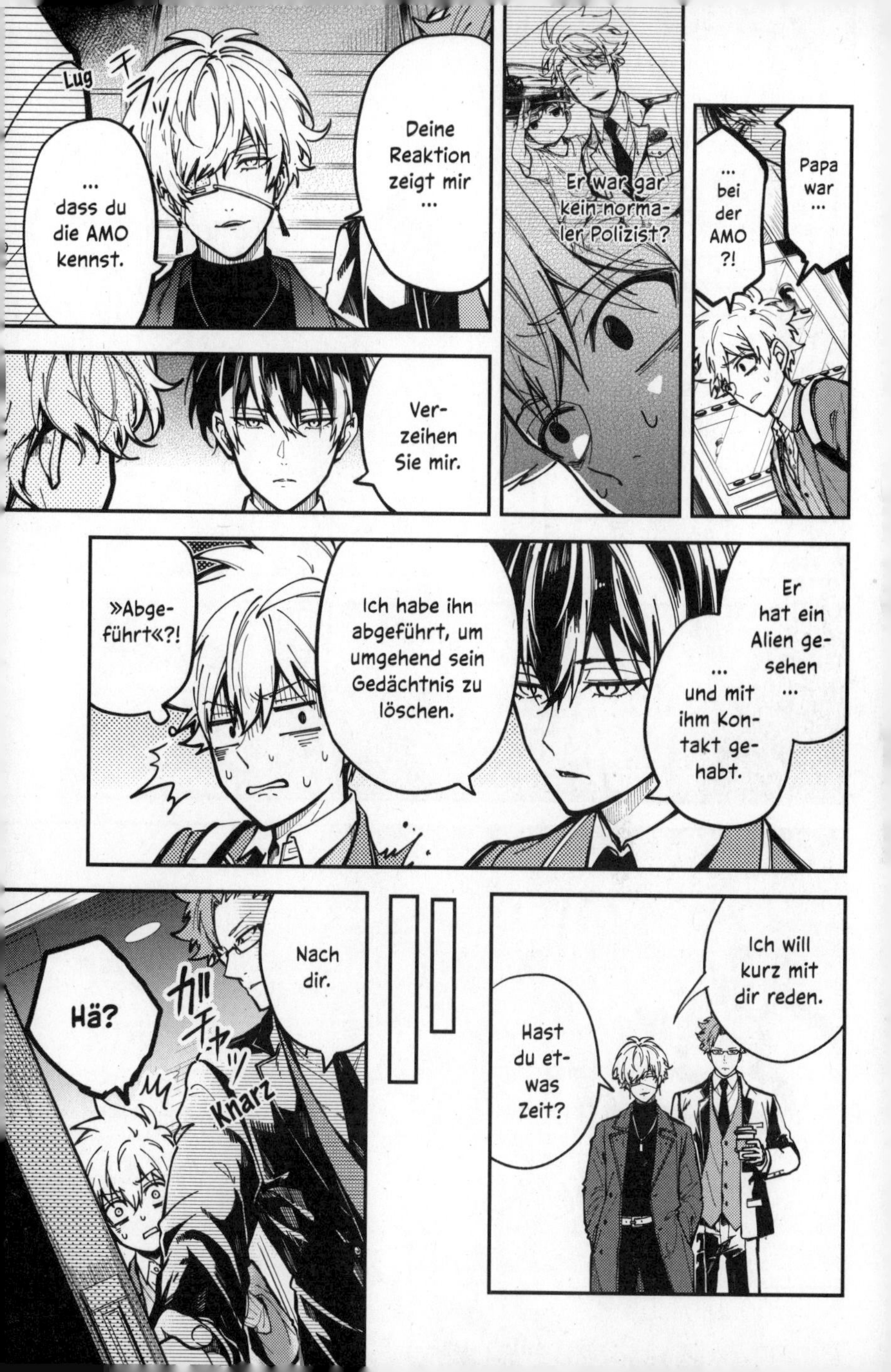
Papa war ...
... bei der AMO ?!
Er war gar kein normaler Polizist?
Deine Reaktion zeigt mir ...
Lug
... dass du die AMO kennst.
Verzeihen Sie mir.
Er hat ein Alien gesehen ...
... und mit ihm Kontakt gehabt.
Ich habe ihn abgeführt, um umgehend sein Gedächtnis zu löschen.
»Abgeführt«?!
Ich will kurz mit dir reden.
Hast du etwas Zeit?
Nach dir.
Knarz
Hä?

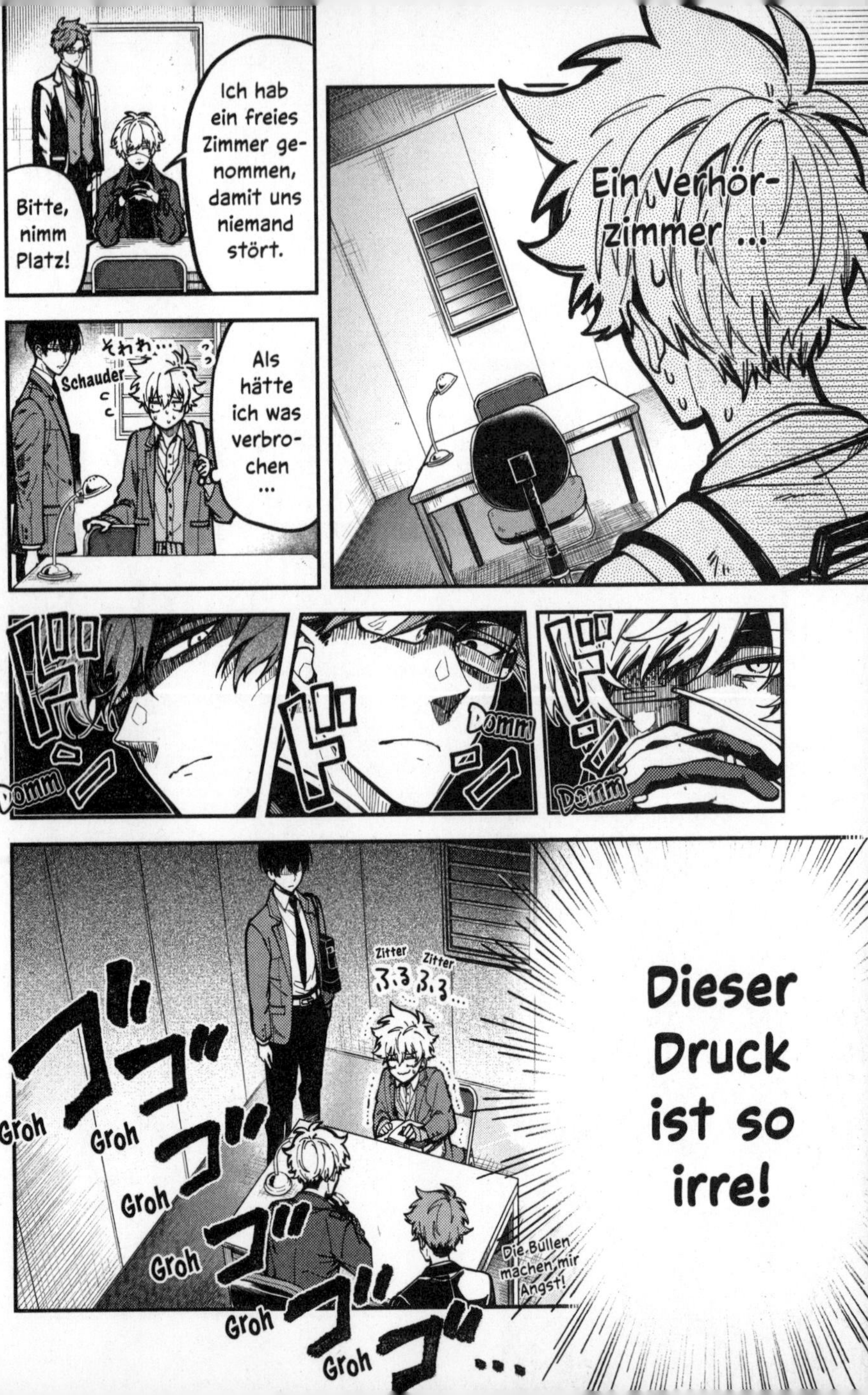
Ein Verhör-zimmer ...!
Ich hab ein freies Zimmer ge-nommen, damit uns niemand stört.
Bitte, nimm Platz!
Schauder
それわ…
Als hätte ich was verbro-chen ...
Domm
Domm
Domm
Dieser Druck ist so irre!
Zitter Zitter
ふるふる…
Die Bullen machen mir Angst!
Groh
Groh
Groh
Groh
Groh
Groh

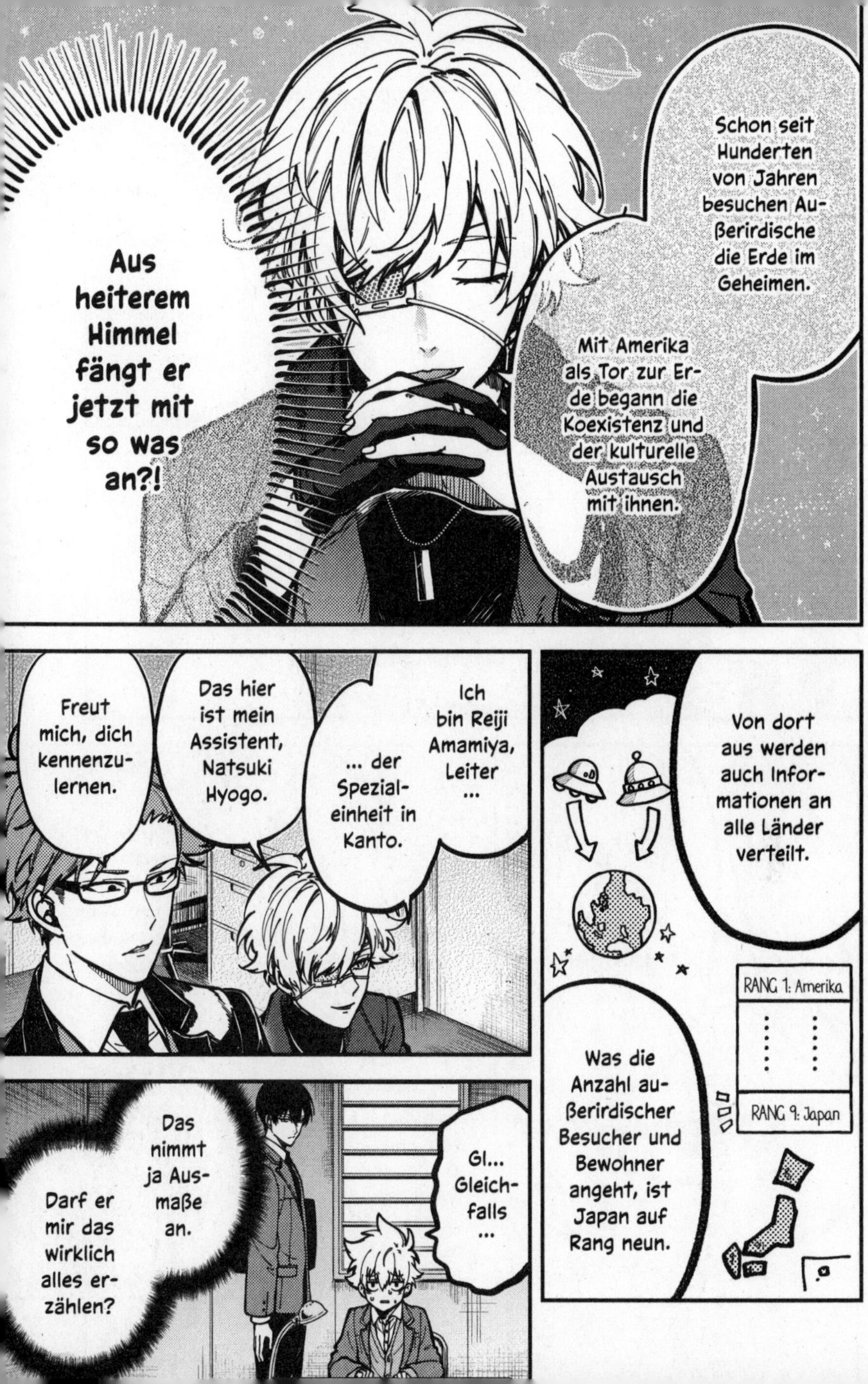

Schon seit Hunderten von Jahren besuchen Außerirdische die Erde im Geheimen.
Mit Amerika als Tor zur Erde begann die Koexistenz und der kulturelle Austausch mit ihnen.
Aus heiterem Himmel fängt er jetzt mit so was an?!
Von dort aus werden auch Informationen an alle Länder verteilt.
RANG 1: Amerika
RANG 9: Japan
Was die Anzahl außerirdischer Besucher und Bewohner angeht, ist Japan auf Rang neun.
Ich bin Reiji Amamiya, Leiter ...
... der Spezialeinheit in Kanto.
Das hier ist mein Assistent, Natsuki Hyogo.
Freut mich, dich kennenzulernen.
Gl... Gleichfalls ...
Das nimmt ja Ausmaße an.
Darf er mir das wirklich alles erzählen?

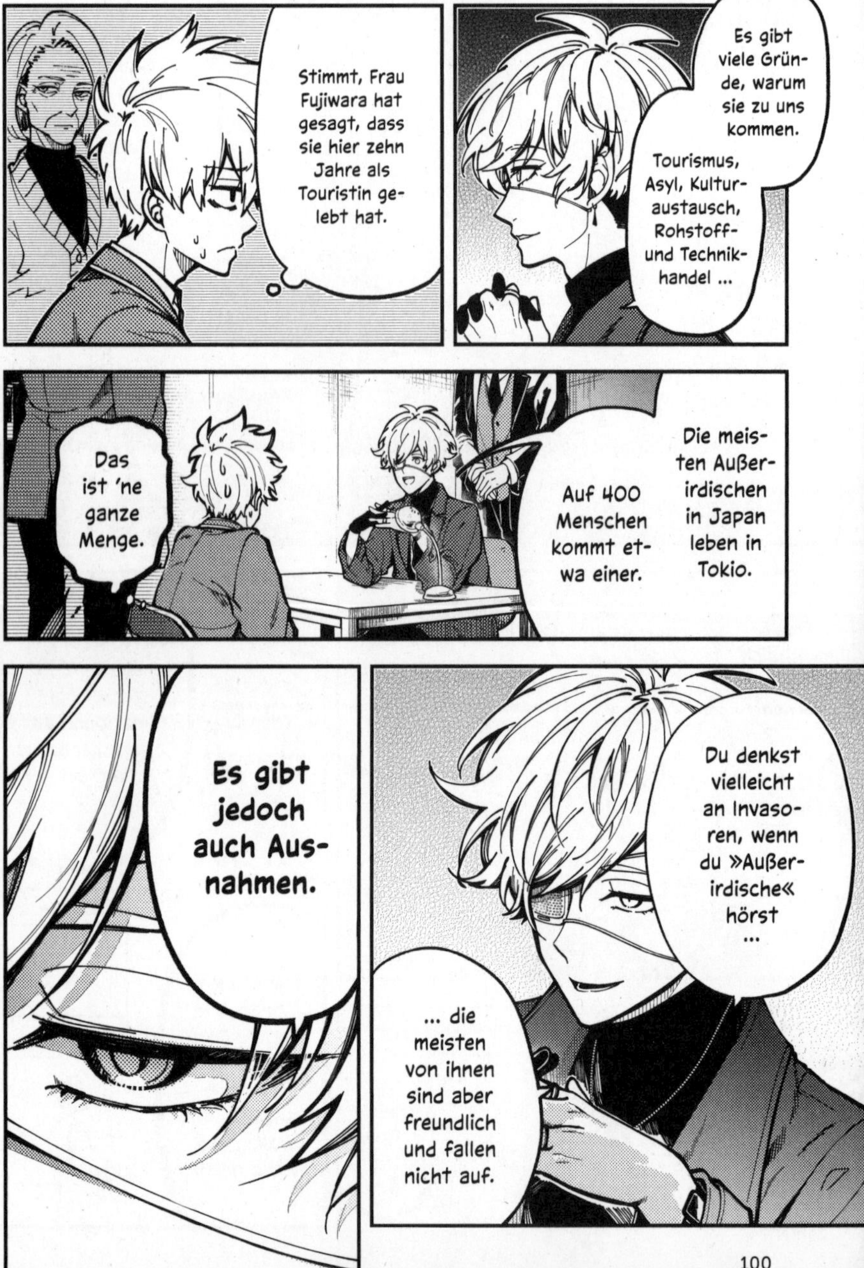
Es gibt viele Gründe, warum sie zu uns kommen.
Tourismus, Asyl, Kulturaustausch, Rohstoff- und Technikhandel ...
Stimmt, Frau Fujiwara hat gesagt, dass sie hier zehn Jahre als Touristin gelebt hat.
Die meisten Außerirdischen in Japan leben in Tokio.
Auf 400 Menschen kommt etwa einer.
Das ist ’ne ganze Menge.
Du denkst vielleicht an Invasoren, wenn du »Außerirdische« hörst ...
... die meisten von ihnen sind aber freundlich und fallen nicht auf.
Es gibt jedoch auch Ausnahmen.

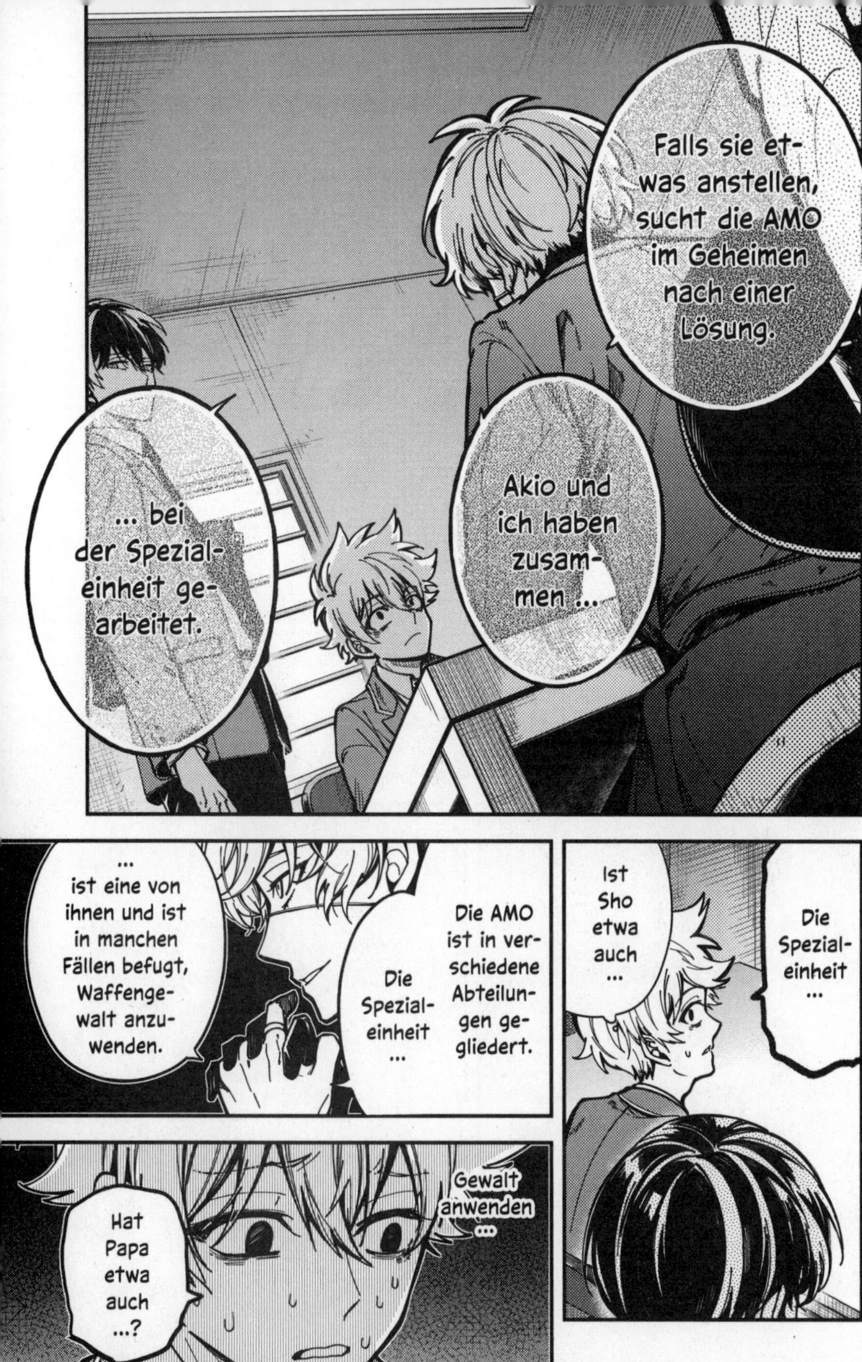
Falls sie etwas anstellen, sucht die AMO im Geheimen nach einer Lösung.
Akio und ich haben zusammen ...
... bei der Spezialeinheit gearbeitet.
Die Spezialeinheit ...
Ist Sho etwa auch ...
Die AMO ist in verschiedene Abteilungen gegliedert.
Die Spezialeinheit ...
... ist eine von ihnen und ist in manchen Fällen befugt, Waffengewalt anzuwenden.
Gewalt anwenden ...
Hat Papa etwa auch ...?

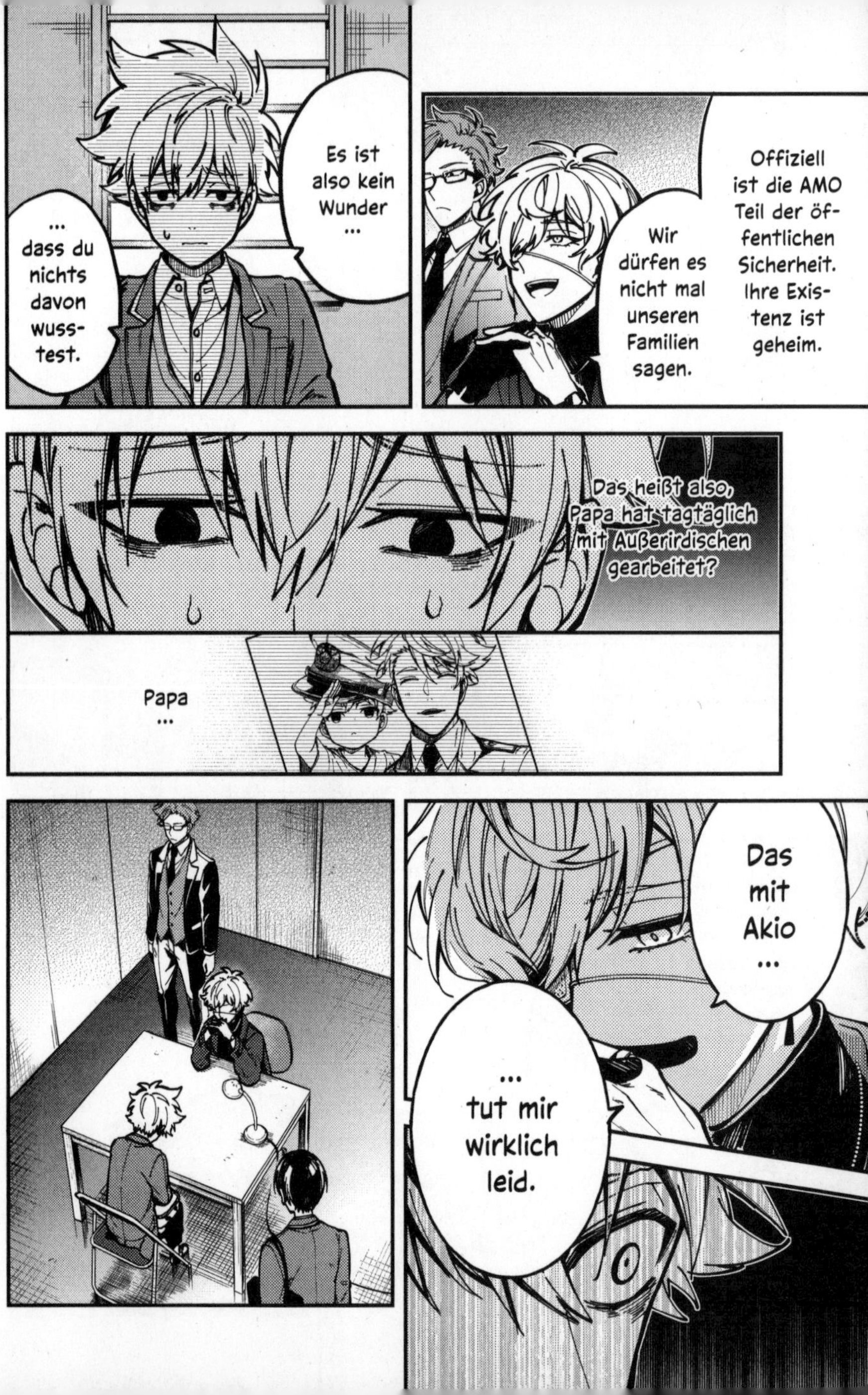

Offiziell ist die AMO Teil der öffentlichen Sicherheit. Ihre Existenz ist geheim.
Wir dürfen es nicht mal unseren Familien sagen.
Es ist also kein Wunder ...
... dass du nichts davon wusstest.
Das heißt also, Papa hat tagtäglich mit Außerirdischen gearbeitet?
Papa ...
Das mit Akio ...
... tut mir wirklich leid.

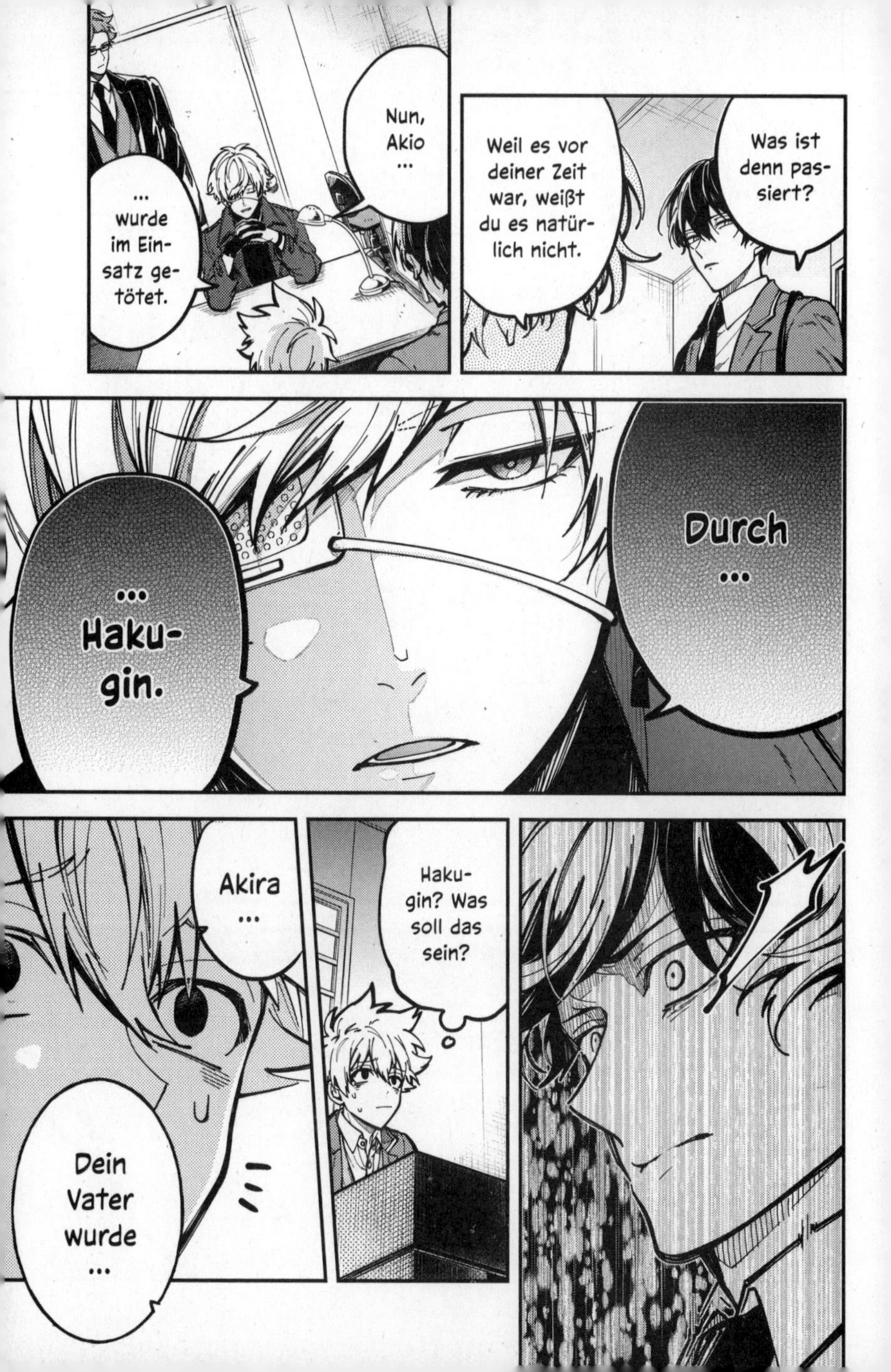
Was ist denn passiert?
Weil es vor deiner Zeit war, weißt du es natürlich nicht.
Nun, Akio ...
... wurde im Einsatz getötet.
Durch ...
... Hakugin.
Hakugin? Was soll das sein?
Akira ...
Dein Vater wurde ...

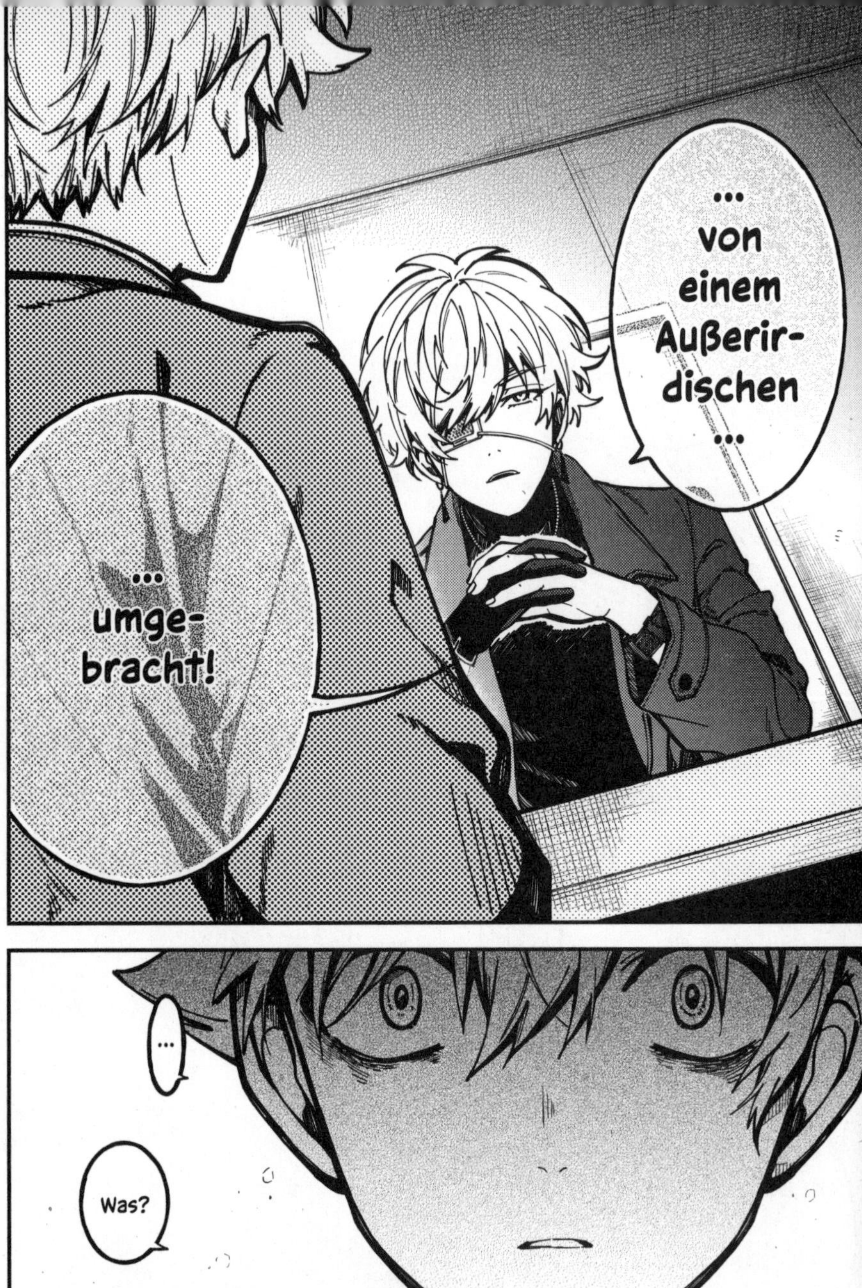
... von einem Außerir-dischen ...
... umge-bracht!
...
Was?

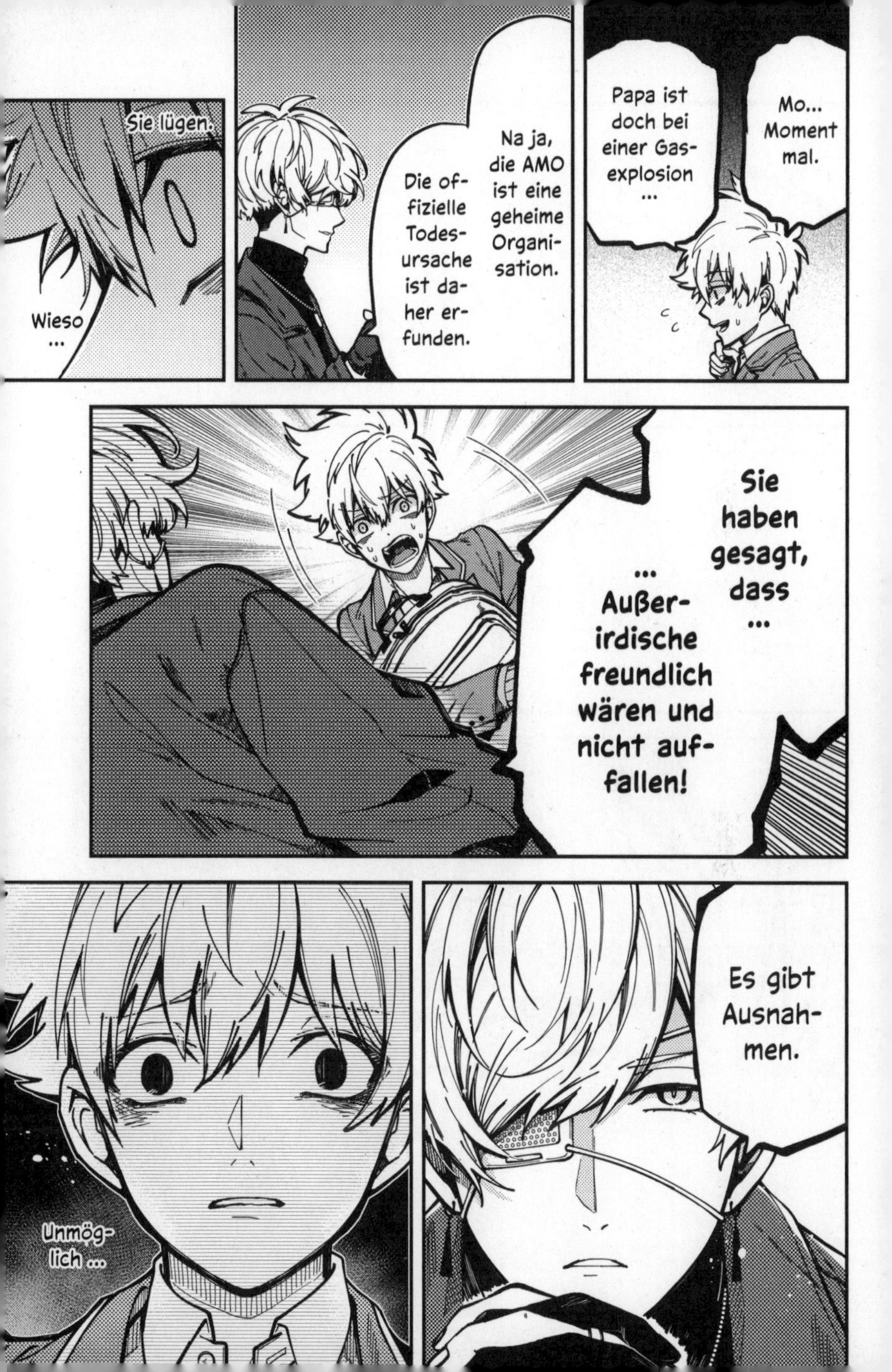
Mo... Moment mal.
Papa ist doch bei einer Gasexplosion ...
Na ja, die AMO ist eine geheime Organisation.
Die offizielle Todesursache ist daher erfunden.
Sie lügen.
Wieso ...
Sie haben gesagt, dass ...
... Außerirdische freundlich wären und nicht auffallen!
Es gibt Ausnahmen.
Unmöglich ...

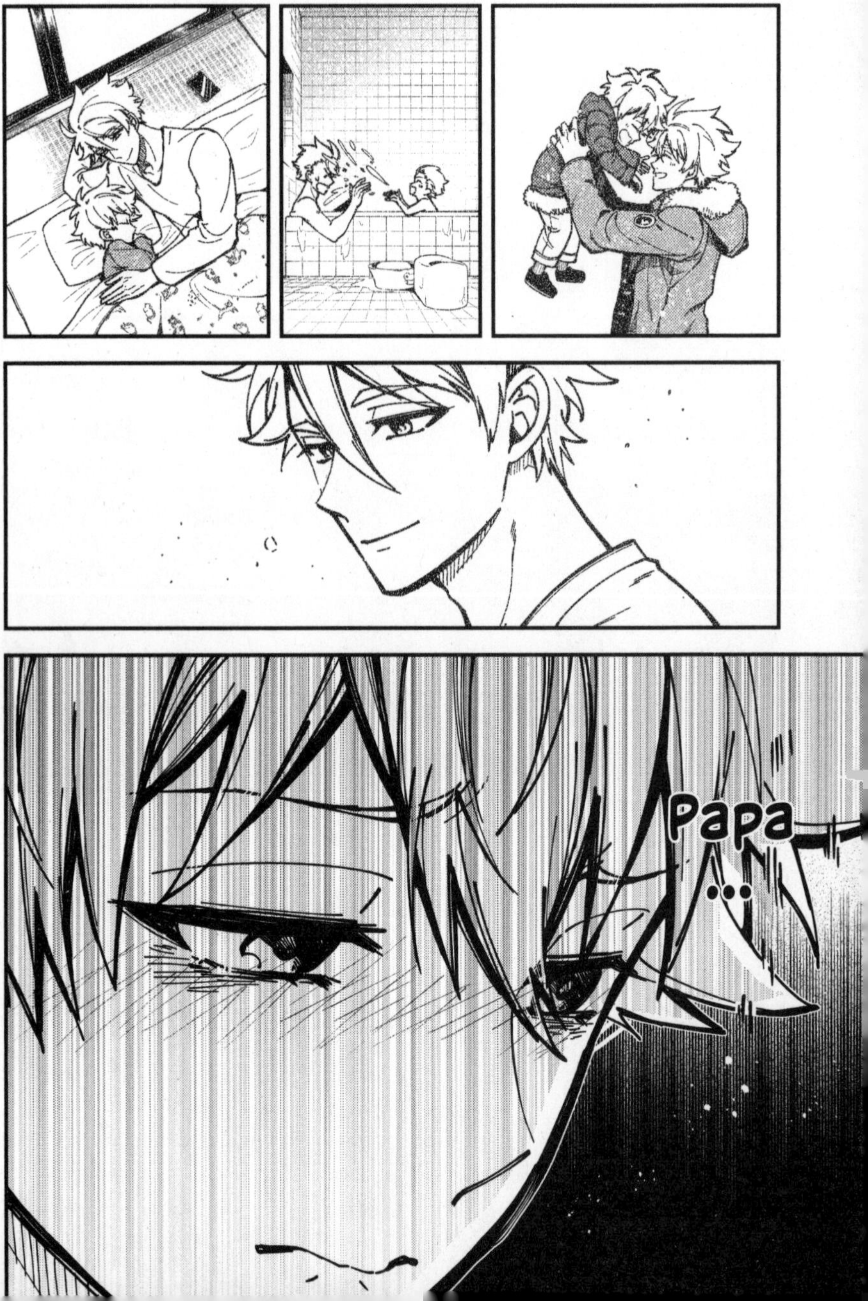
Papa ...

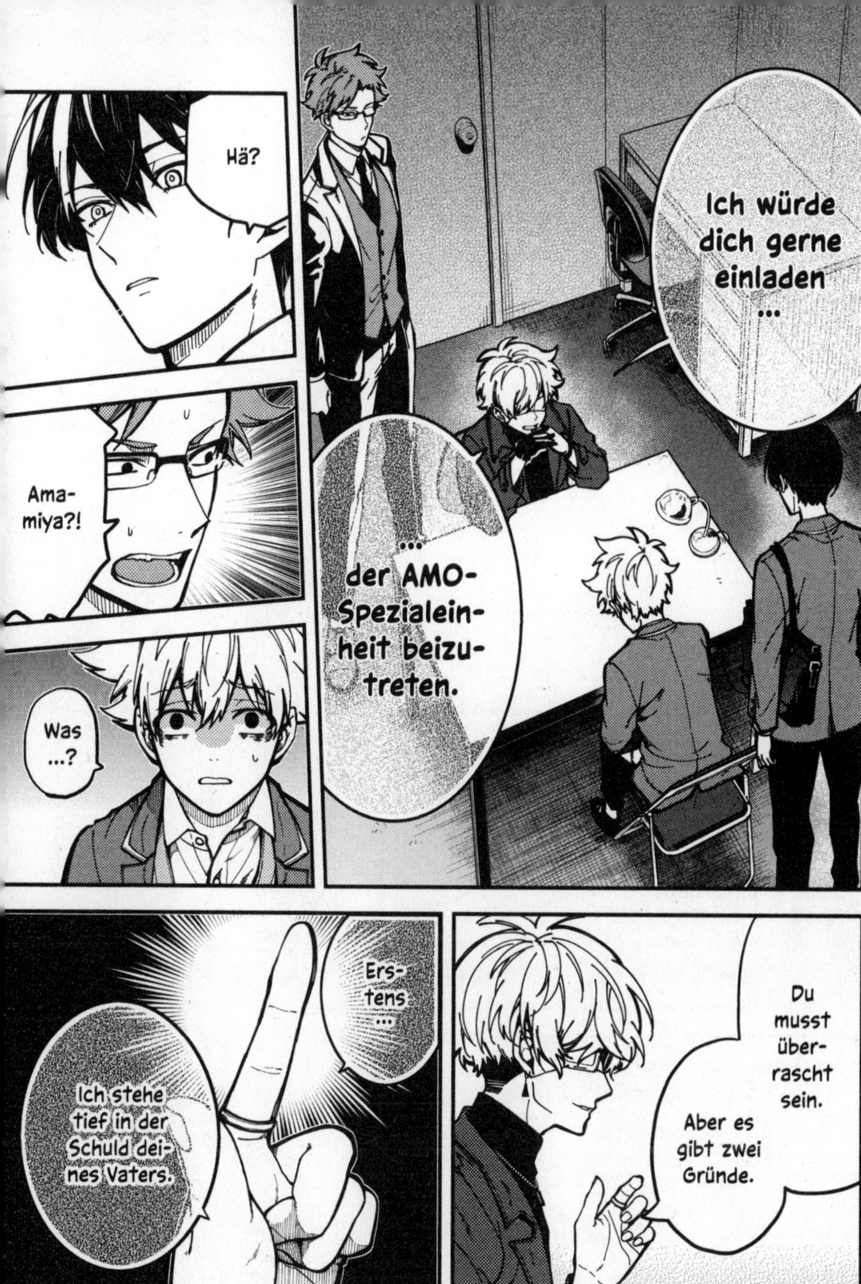
Ich würde dich gerne einladen ...
... der AMO-Spezialeinheit beizutreten.
Hä?
Amamiya?!
Was ...?
Du musst überrascht sein.
Aber es gibt zwei Gründe.
Erstens ...
Ich stehe tief in der Schuld deines Vaters.

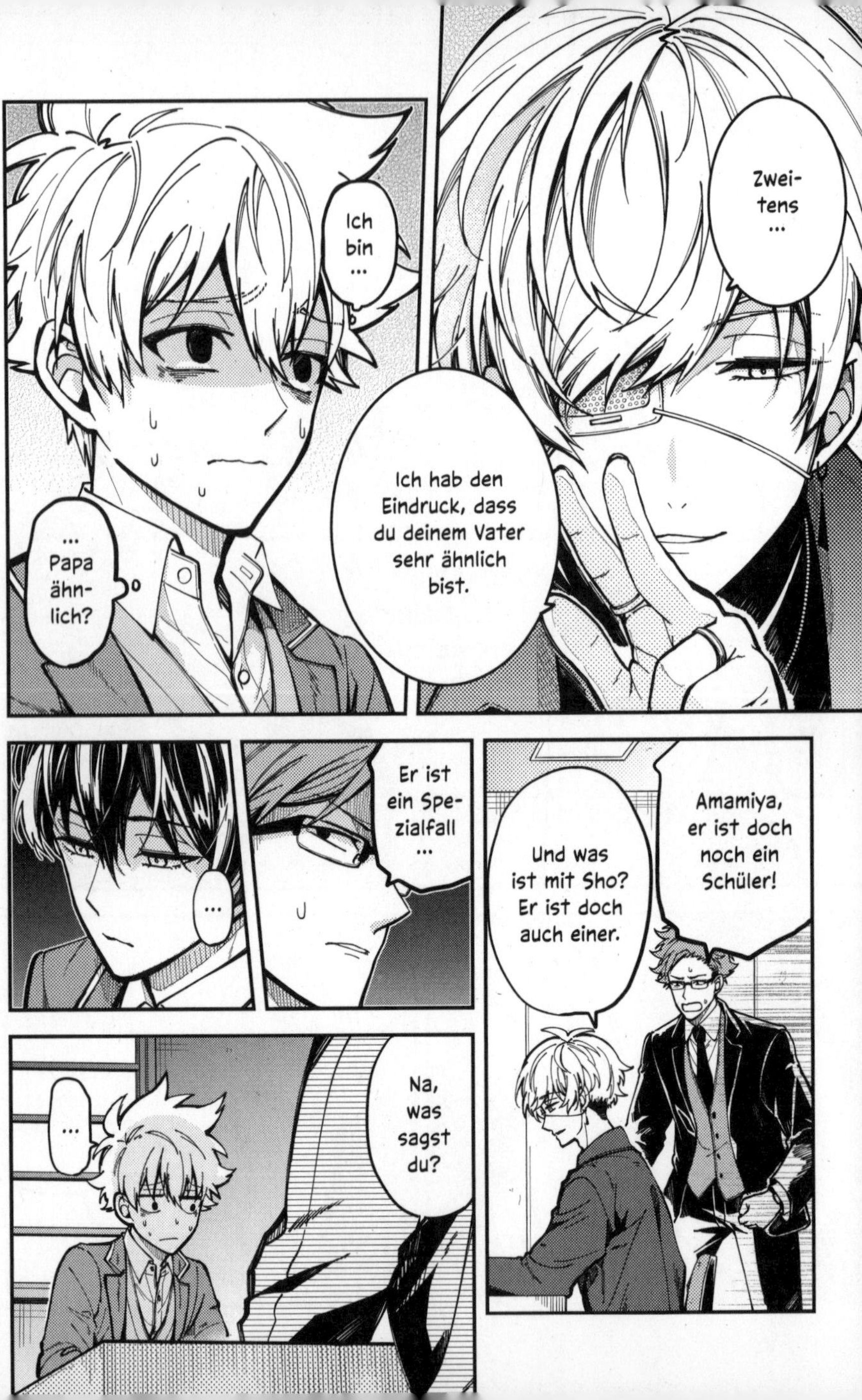
Zwei-
tens
...
Ich hab den
Eindruck, dass
du deinem Vater
sehr ähnlich
bist.
Ich
bin
...
...
Papa
ähn-
lich?
Amamiya,
er ist doch
noch ein
Schüler!
Und was
ist mit Sho?
Er ist doch
auch einer.
Er ist
ein Spe-
zialfall
...
...
Na,
was
sagst
du?
...

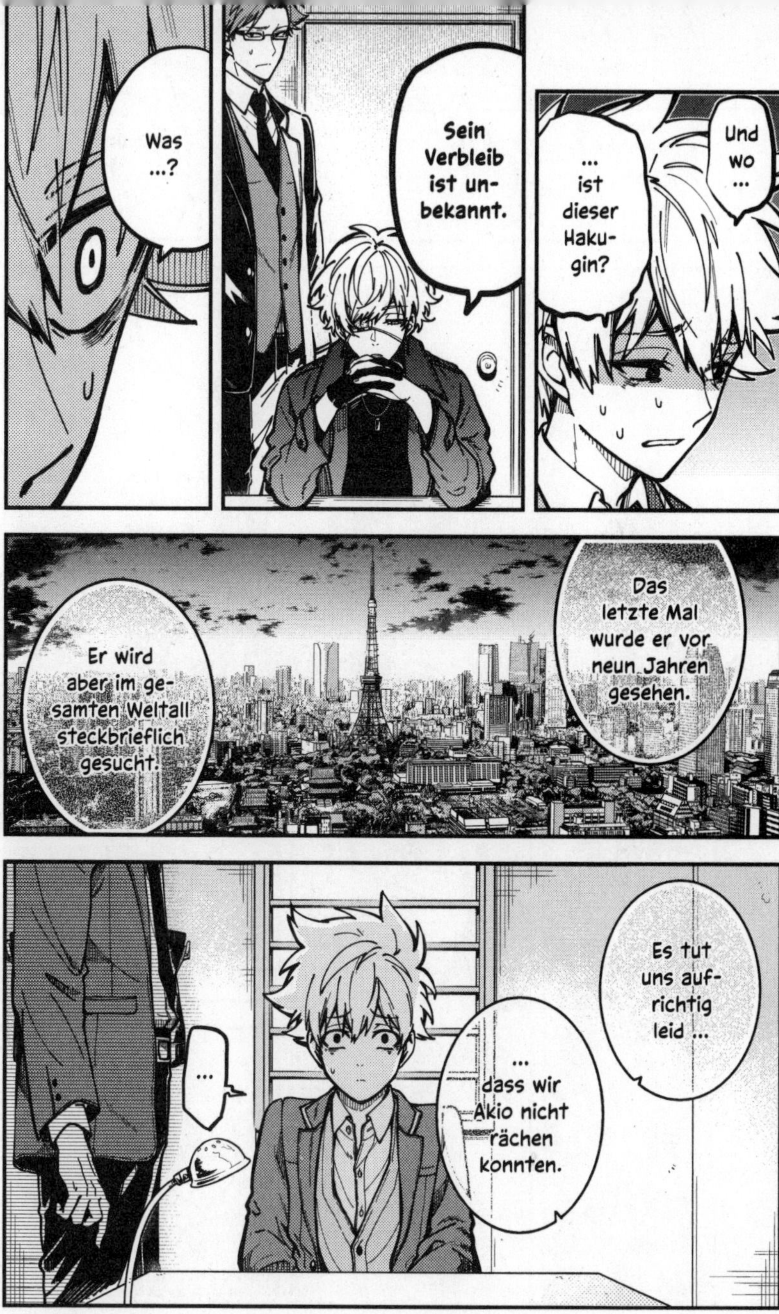
Und wo ...
... ist dieser Hakugin?
Sein Verbleib ist unbekannt.
Was ...?
Das letzte Mal wurde er vor neun Jahren gesehen.
Er wird aber im gesamten Weltall steckbrieflich gesucht.
Es tut uns aufrichtig leid ...
... dass wir Akio nicht rächen konnten.
...

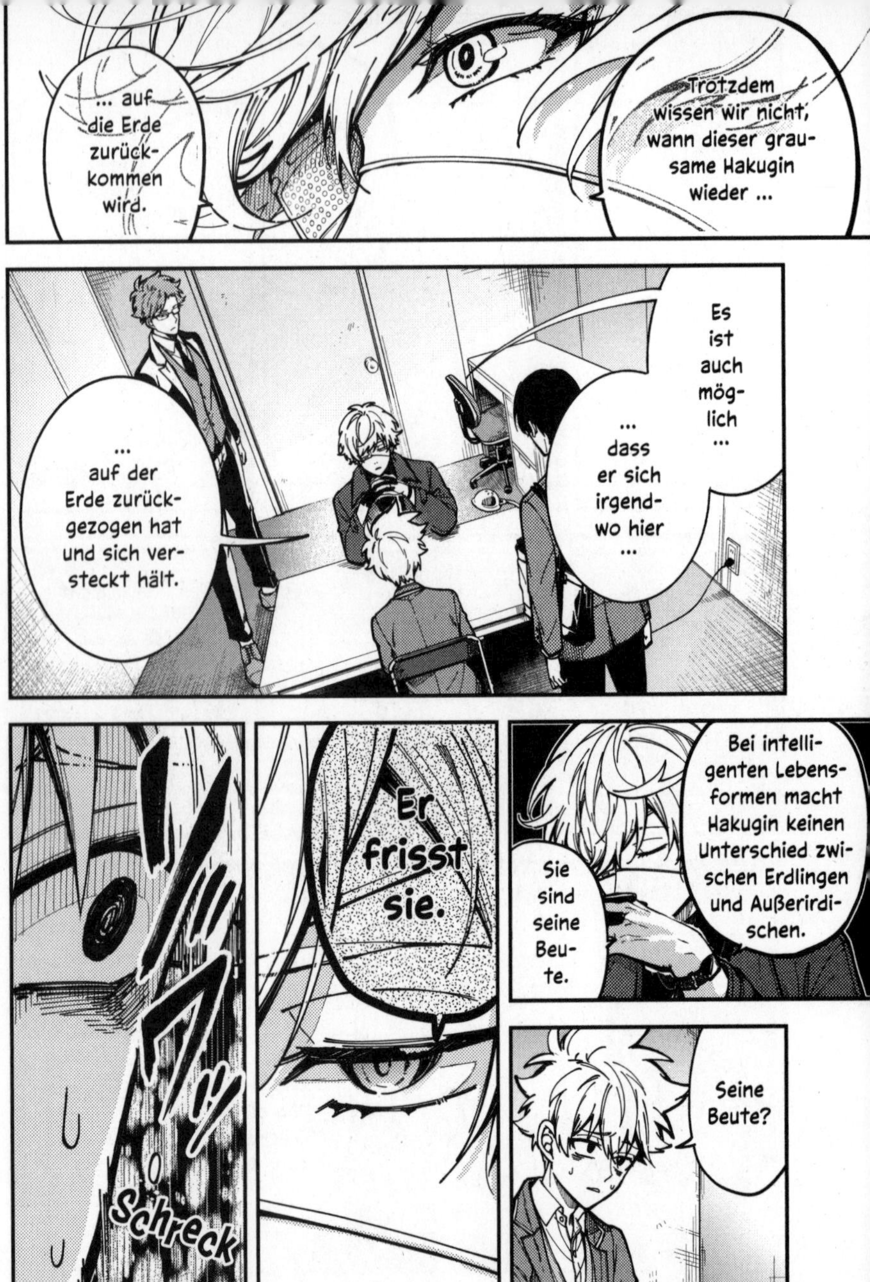
Trotzdem wissen wir nicht, wann dieser grausame Hakugin wieder ...
... auf die Erde zurückkommen wird.
Es ist auch möglich ...
... dass er sich irgendwo hier ...
... auf der Erde zurückgezogen hat und sich versteckt hält.
Bei intelligenten Lebensformen macht Hakugin keinen Unterschied zwischen Erdlingen und Außerirdischen.
Sie sind seine Beute.
Er frisst sie.
Schreck
Seine Beute?

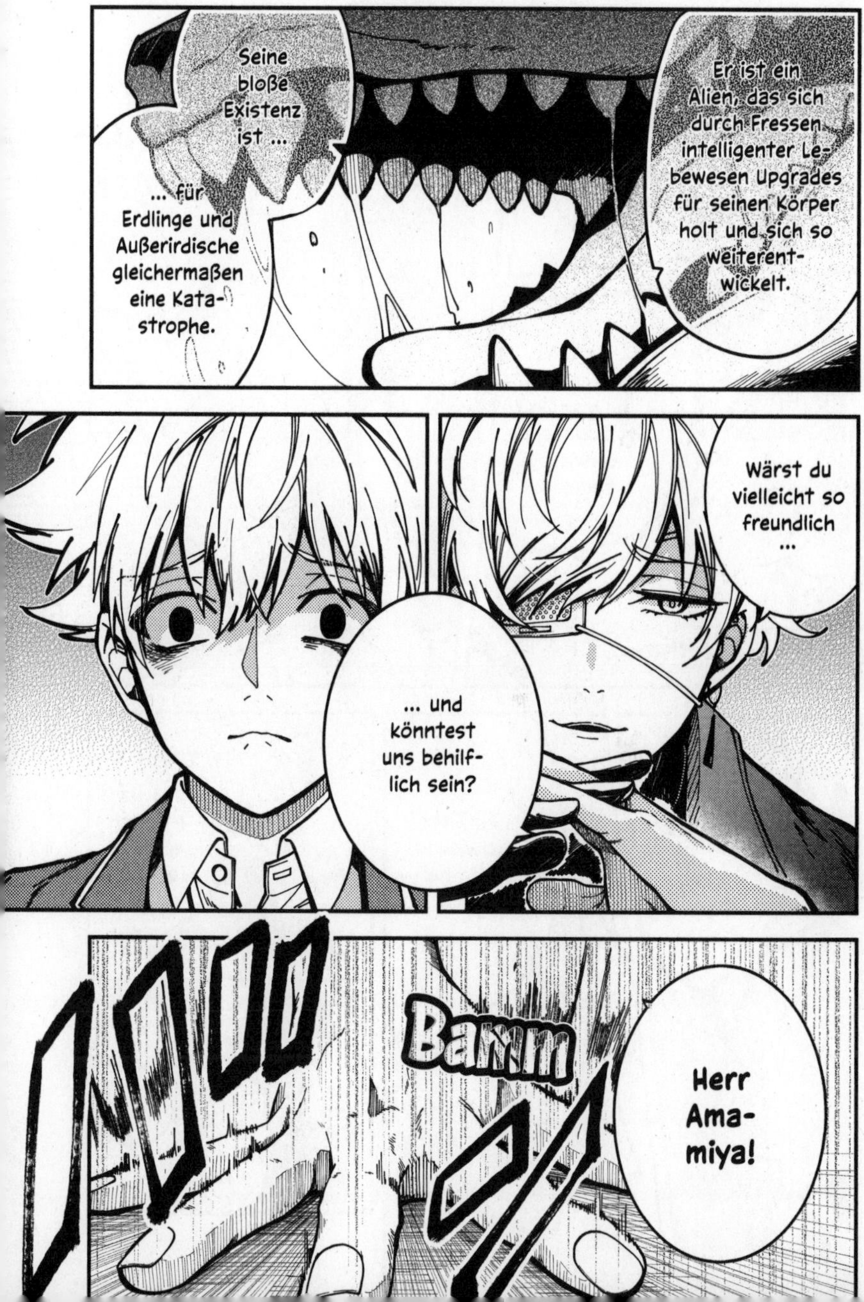

Er ist ein Alien, das sich durch Fressen intelligenter Lebewesen Upgrades für seinen Körper holt und sich so weiterentwickelt.
Seine bloße Existenz ist ...
... für Erdlinge und Außerirdische gleichermaßen eine Katastrophe.
Wärst du vielleicht so freundlich ...
... und könntest uns behilflich sein?
Herr Amamiya!
Bamm

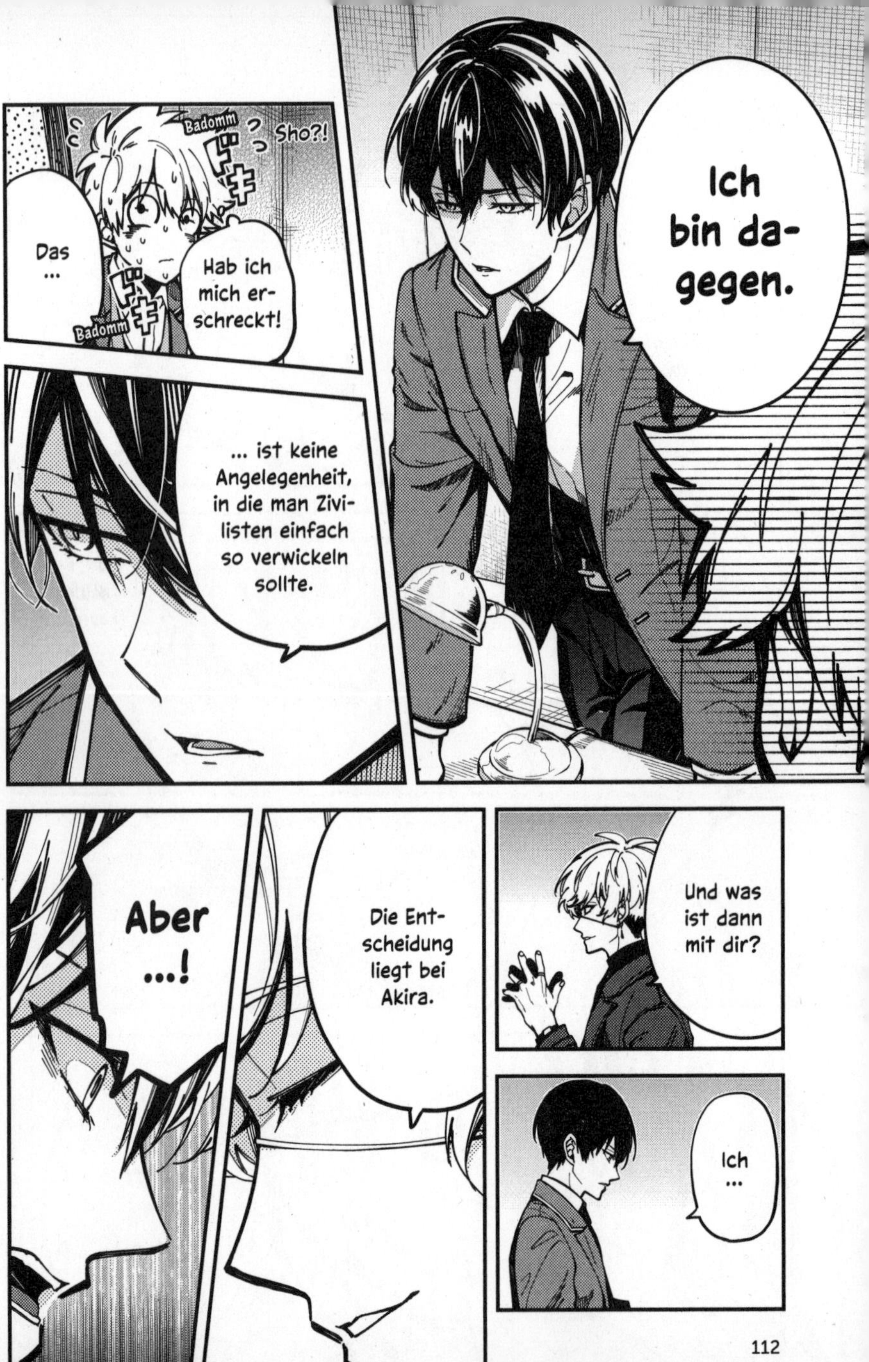
Ich bin dagegen.
Sho?!
Badomm
Badomm
Hab ich mich erschreckt!
Das ...
... ist keine Angelegenheit, in die man Zivilisten einfach so verwickeln sollte.
Und was ist dann mit dir?
Ich ...
Die Entscheidung liegt bei Akira.
Aber ...!

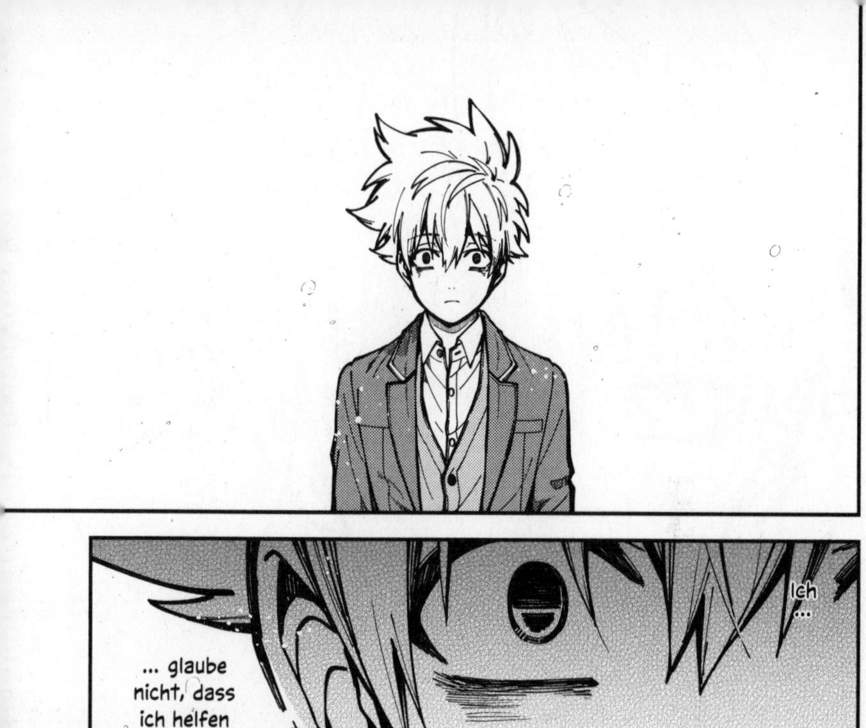
Ich ...
... glaube nicht, dass ich helfen kann.
Aber ...

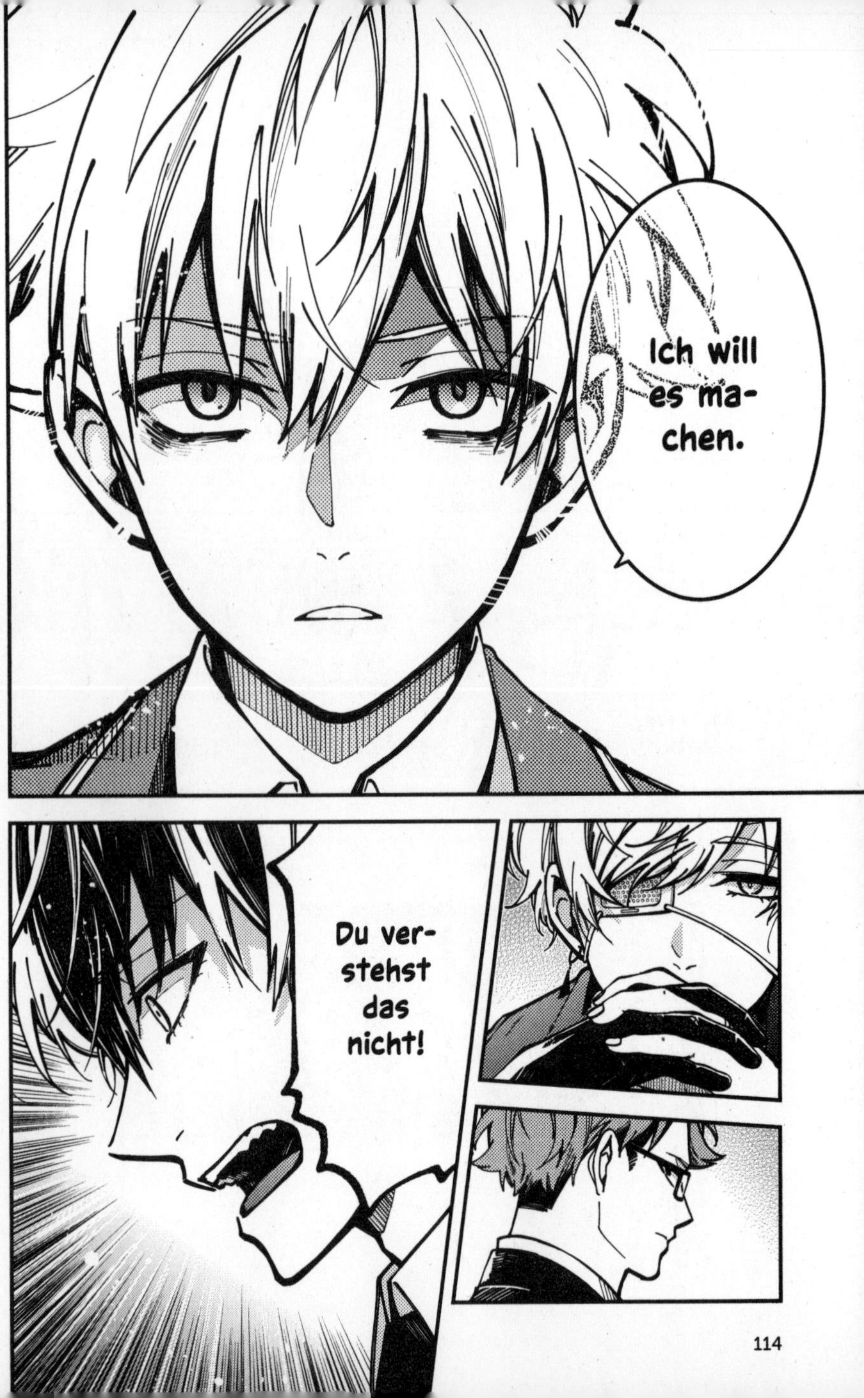
Ich will es machen.
Du versteht das nicht!

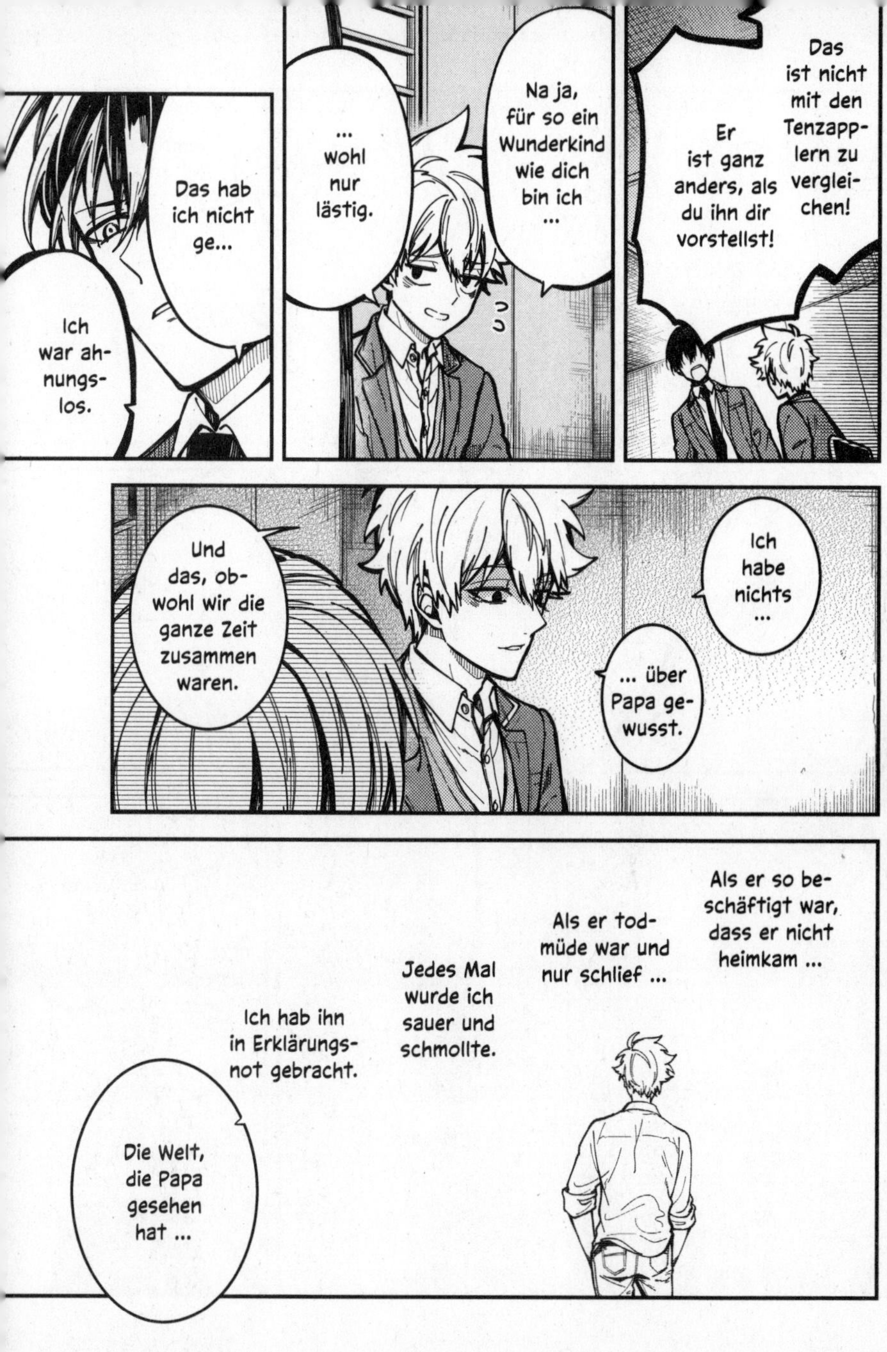
Das ist nicht mit den Tenzapplern zu vergleichen!
Er ist ganz anders, als du ihn dir vorstellst!
Na ja, für so ein Wunderkind wie dich bin ich ...
... wohl nur lästig.
Das hab ich nicht ge...
Ich war ahnungslos.
Ich habe nichts ...
... über Papa gewusst.
Und das, obwohl wir die ganze Zeit zusammen waren.
Als er so beschäftigt war, dass er nicht heimkam ...
Als er todmüde war und nur schlief ...
Jedes Mal wurde ich sauer und schmollte.
Ich hab ihn in Erklärungsnot gebracht.
Die Welt, die Papa gesehen hat ...

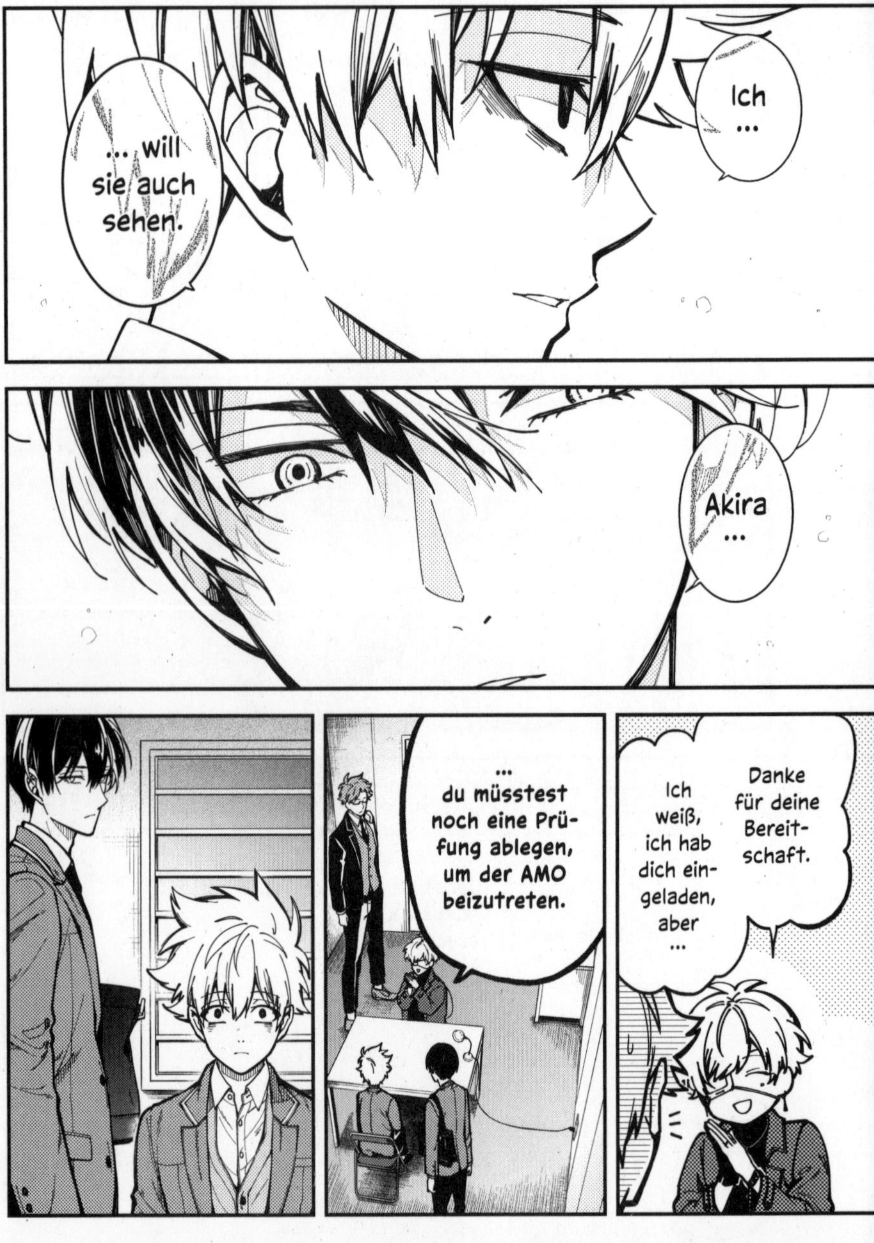
Ich ...
... will sie auch sehen.
Akira ...
Danke für deine Bereitschaft.
Ich weiß, ich hab dich eingeladen, aber ...
... du müsstest noch eine Prüfung ablegen, um der AMO beizutreten.

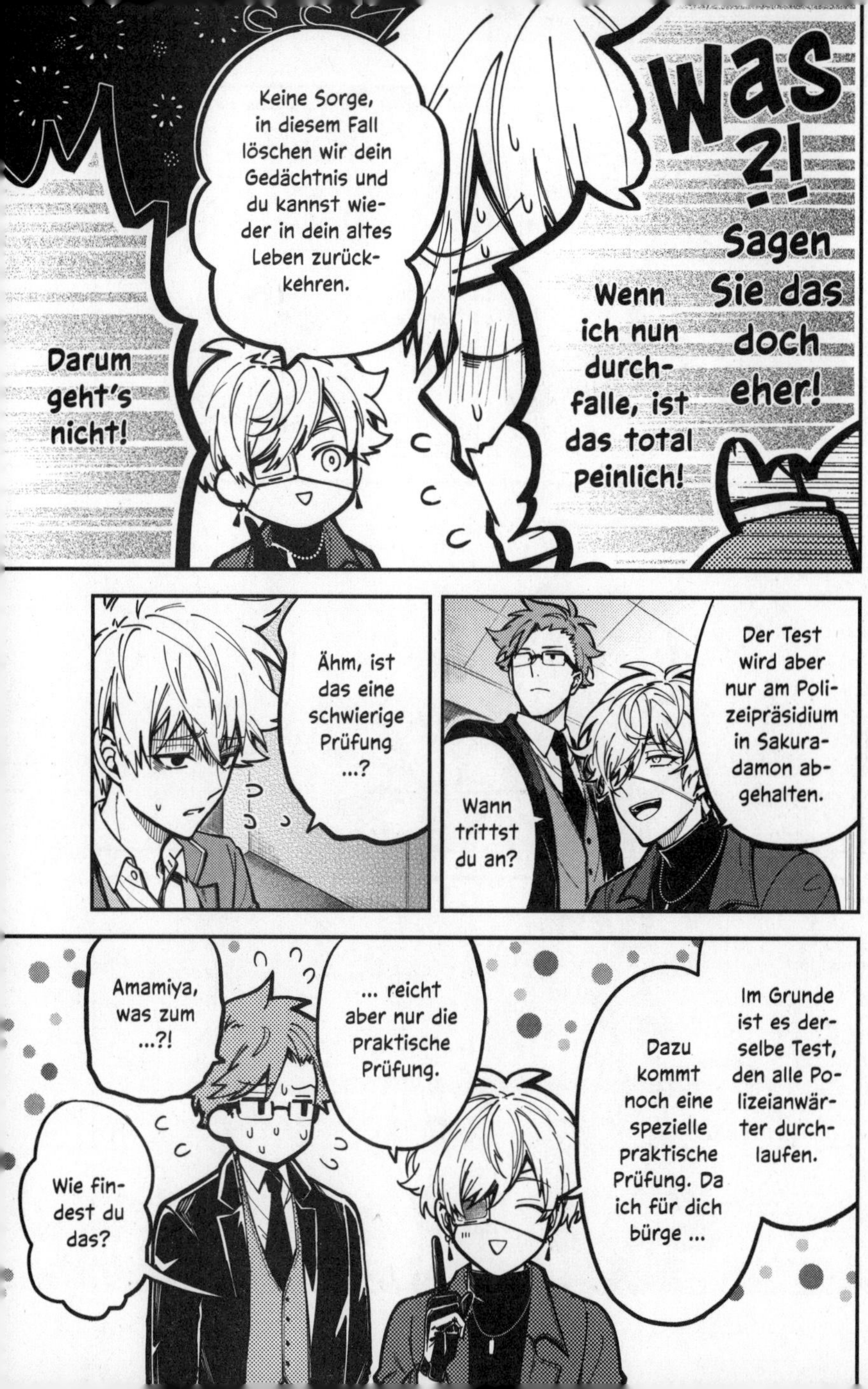
WAS?!
Sagen Sie das doch eher!
Wenn ich nun durchfalle, ist das total peinlich!
Keine Sorge, in diesem Fall löschen wir dein Gedächtnis und du kannst wieder in dein altes Leben zurückkehren.
Darum geht's nicht!
Der Test wird aber nur am Polizeipräsidium in Sakuradamon abgehalten.
Wann trittst du an?
Ähm, ist das eine schwierige Prüfung ...?
Im Grunde ist es derselbe Test, den alle Polizeianwärter durchlaufen.
Dazu kommt noch eine spezielle praktische Prüfung. Da ich für dich bürge ...
... reicht aber nur die praktische Prüfung.
Amamiya, was zum ...?!
Wie findest du das?

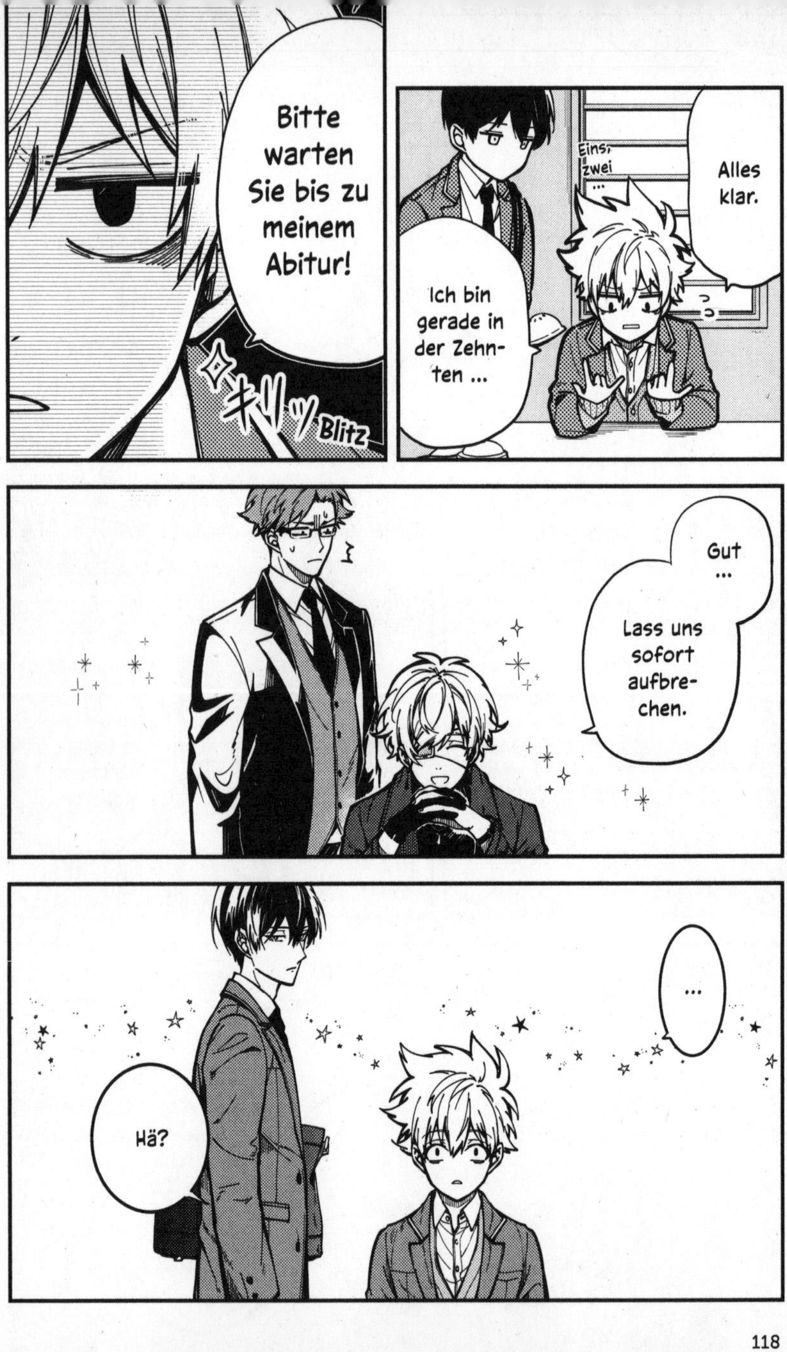
Eins, zwei ...
Alles klar.
Ich bin gerade in der Zehnten ...
Bitte warten Sie bis zu meinem Abitur!
Blitz
Gut ...
Lass uns sofort aufbrechen.
...
Hä?

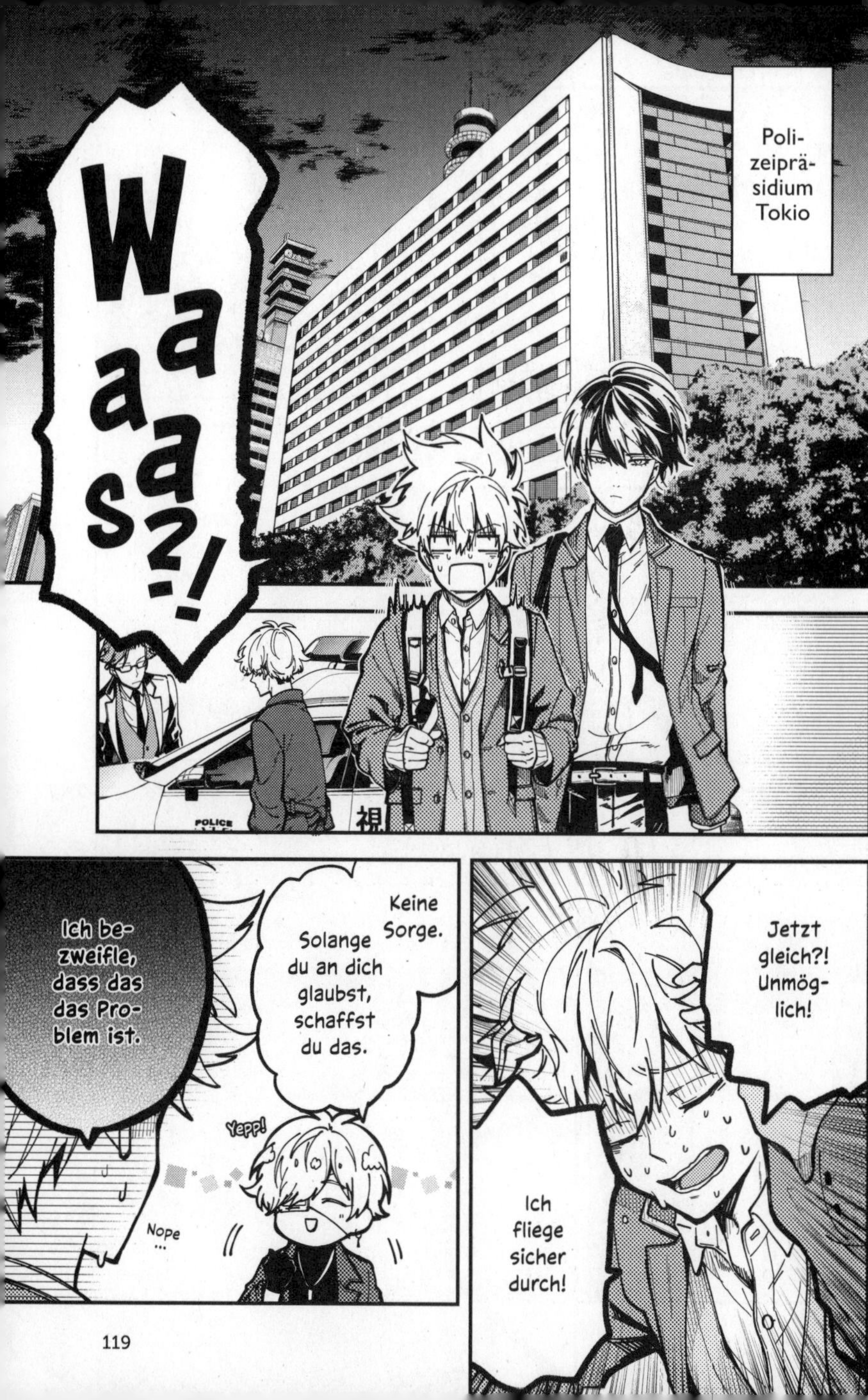

Polizeipräsidium Tokio
Waaaas?!
Jetzt gleich?! Unmöglich!
Ich fliege sicher durch!
Keine Sorge.
Solange du an dich glaubst, schaffst du das.
Yepp!
Ich bezweifle, dass das das Problem ist.
Nope ...

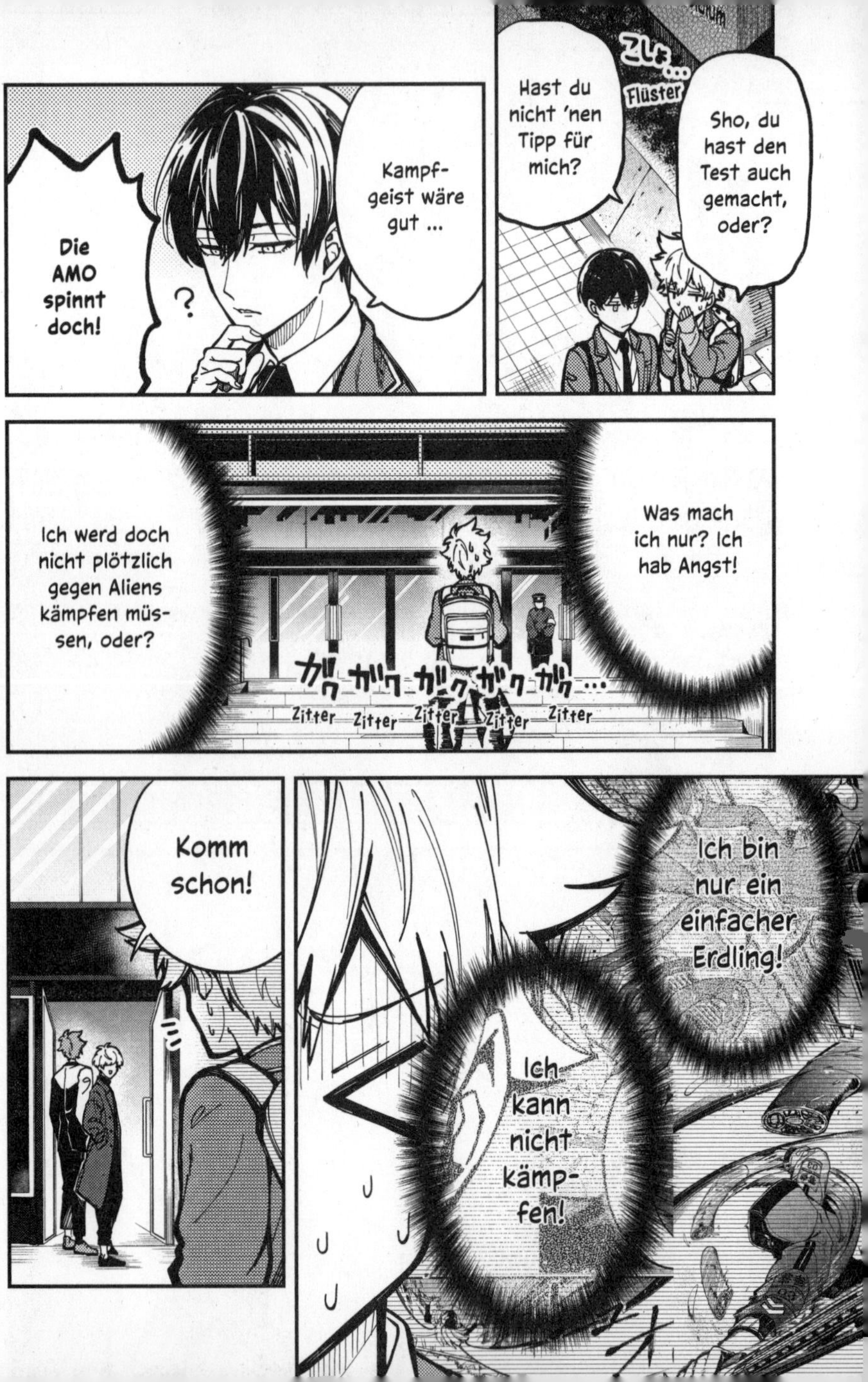
Sho, du hast den Test auch gemacht, oder?
こしょ…
Flüster
Hast du nicht 'nen Tipp für mich?
Kampf-geist wäre gut ...
Die AMO spinnt doch!
Was mach ich nur? Ich hab Angst!
Ich werd doch nicht plötzlich gegen Aliens kämpfen müs-sen, oder?
ガク ガク ガク ガク ガク…
Zitter Zitter Zitter Zitter Zitter
Ich bin nur ein einfacher Erdling!
Ich kann nicht kämp-fen!
Komm schon!

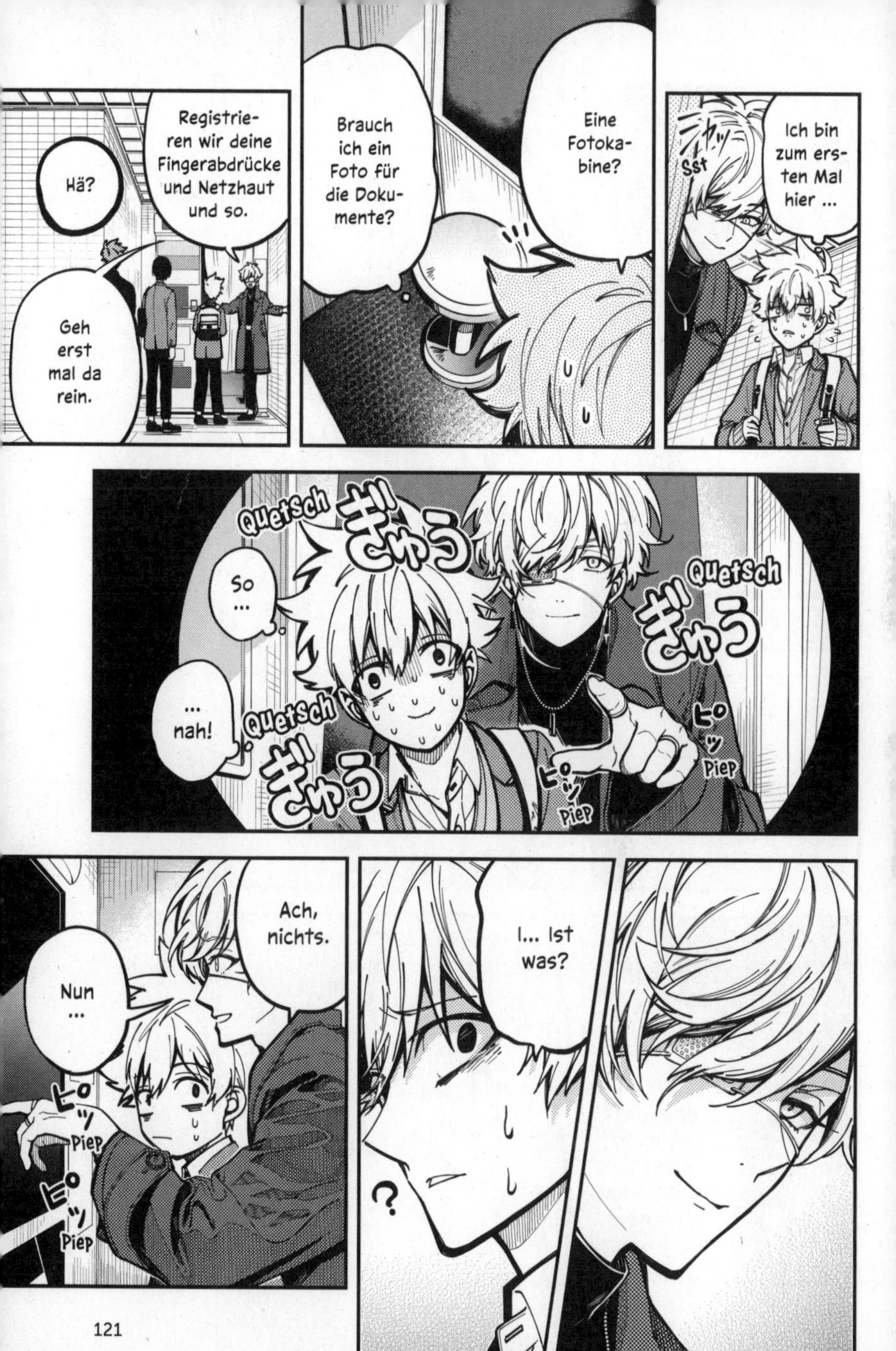
Ich bin zum ersten Mal hier ...
Sst
Eine Fotokabine?
Brauch ich ein Foto für die Dokumente?
Registrieren wir deine Fingerabdrücke und Netzhaut und so.
Hä?
Geh erst mal da rein.
Quetsch
Quetsch
So ...
Piep
Piep
Quetsch
... nah!
I... Ist was?
Ach, nichts.
Nun ...
Piep
Piep

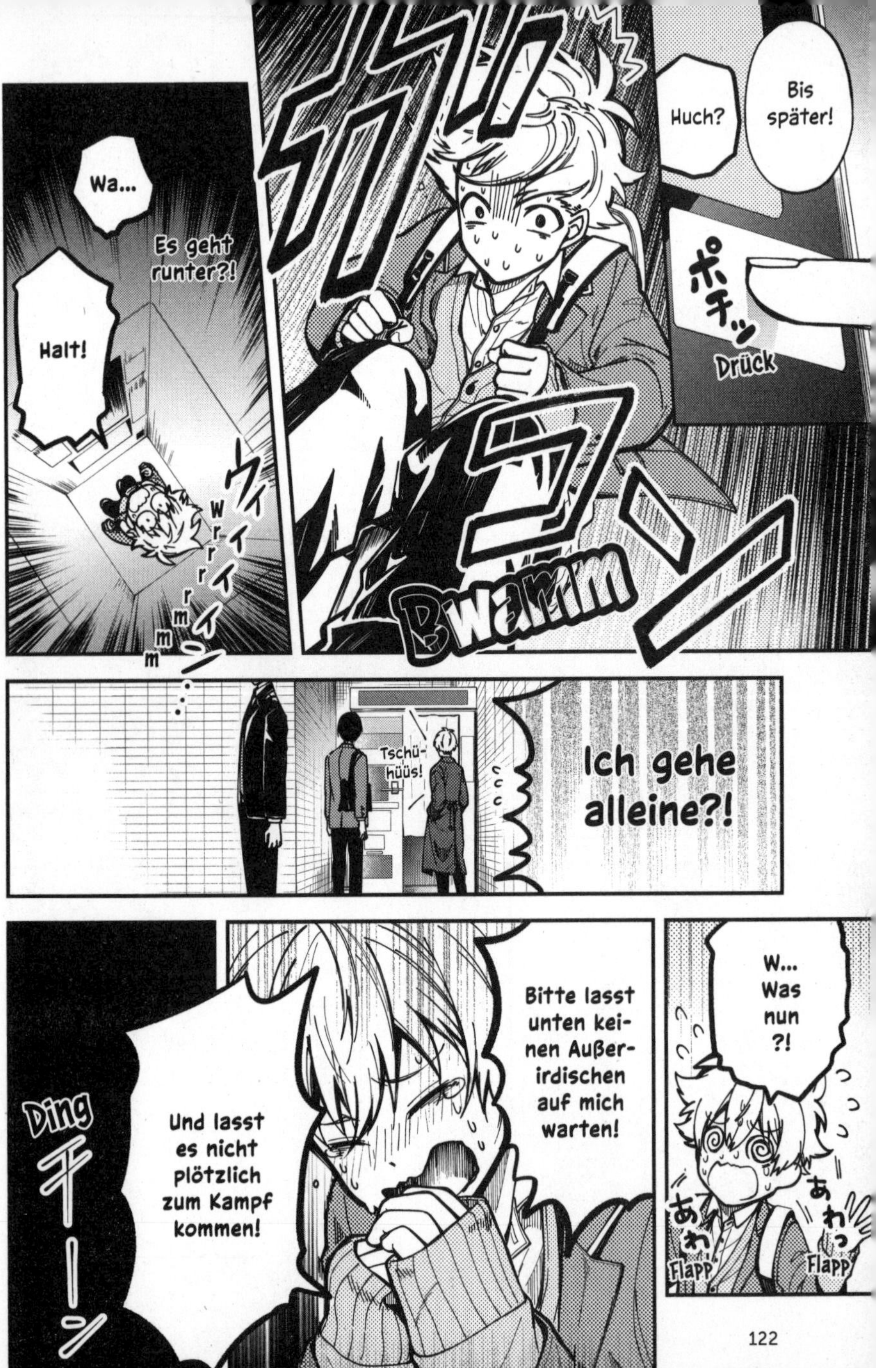

Bis später!
Huch?
ポチッ
Drück
Bwamm
Wa...
Es geht runter?!
Halt!
ウィィィーン
Wrrrrmmm
Tschü-hüüs!
Ich gehe alleine?!
W... Was nun?!
あわあわ
Flapp Flapp
Bitte lasst unten kei-nen Außer-irdischen auf mich warten!
Und lasst es nicht plötzlich zum Kampf kommen!
チーン
Ding

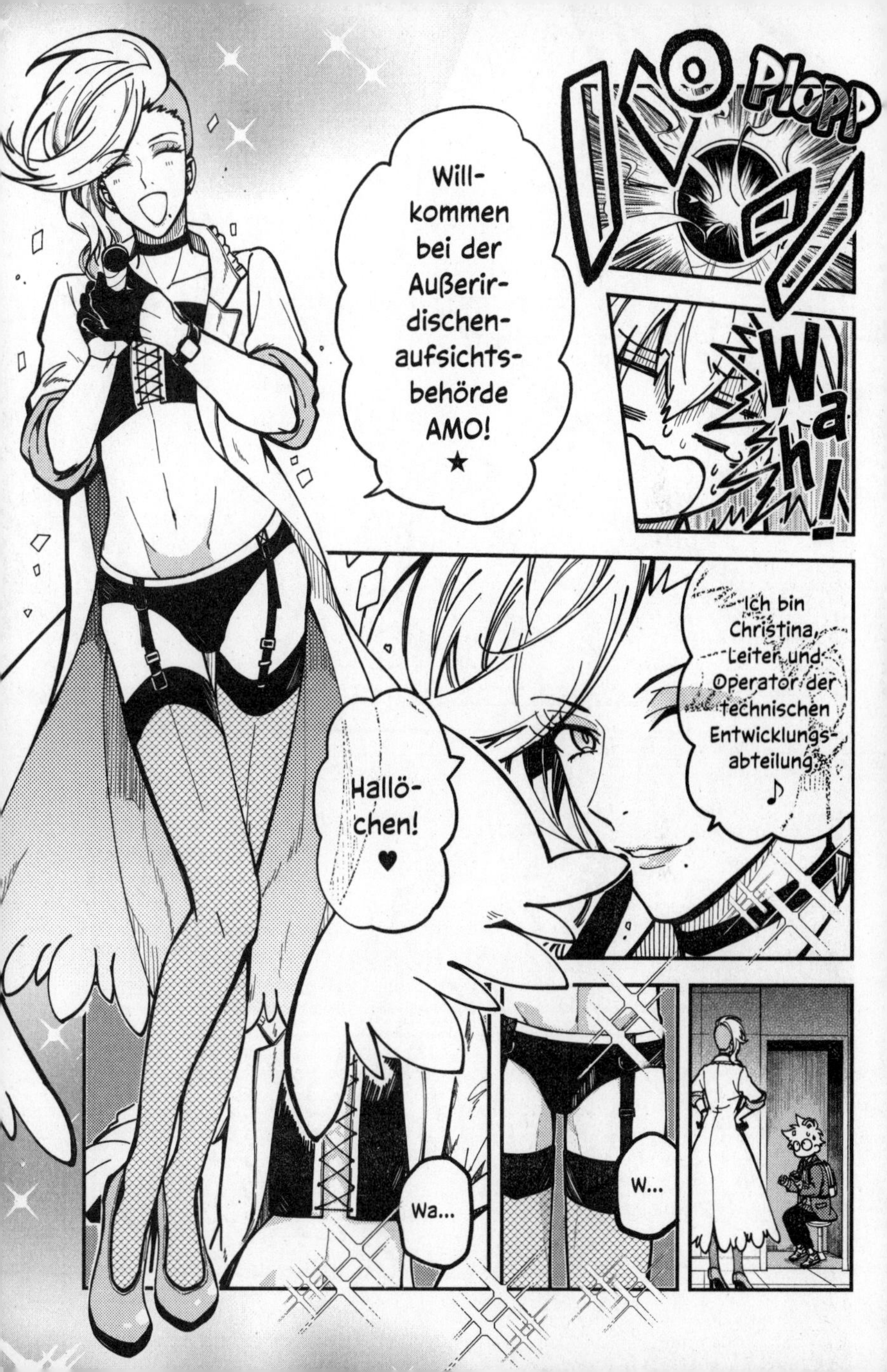
PLOPP
Waah!
Willkommen bei der Außerirdischenaufsichtsbehörde AMO! ★
Ich bin Christina, Leiter und Operator der technischen Entwicklungsabteilung. ♪
Hallöchen! ♥
W...
Wa...

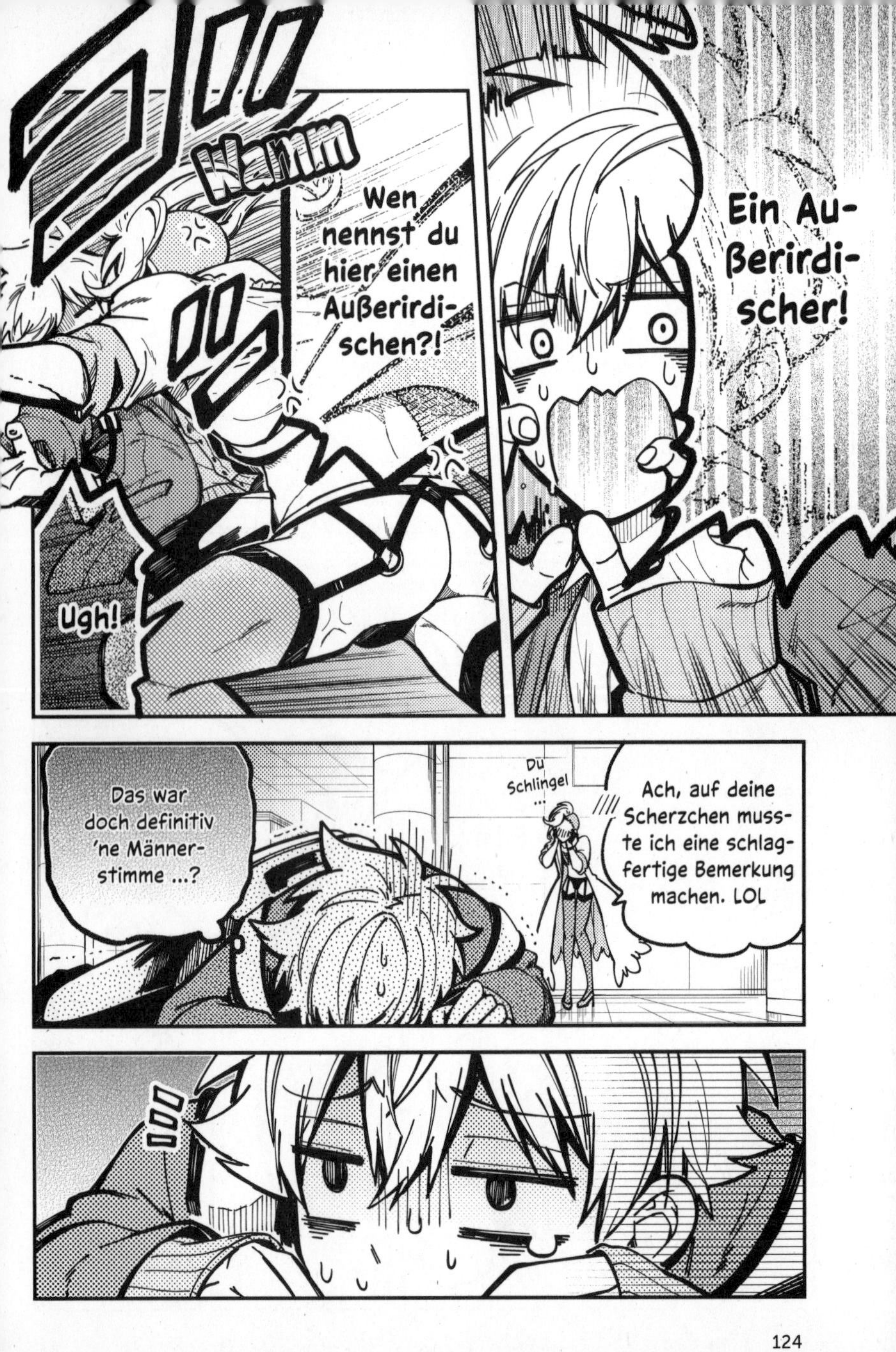
Ein Au-
ßerirdi-
scher!
Wamm
Wen
nennst du
hier einen
Außerirdi-
schen?!
Ugh!
Ach, auf deine
Scherzchen muss-
te ich eine schlag-
fertige Bemerkung
machen. LOL
Du
Schlingel
...
Das war
doch definitiv
'ne Männer-
stimme ...?

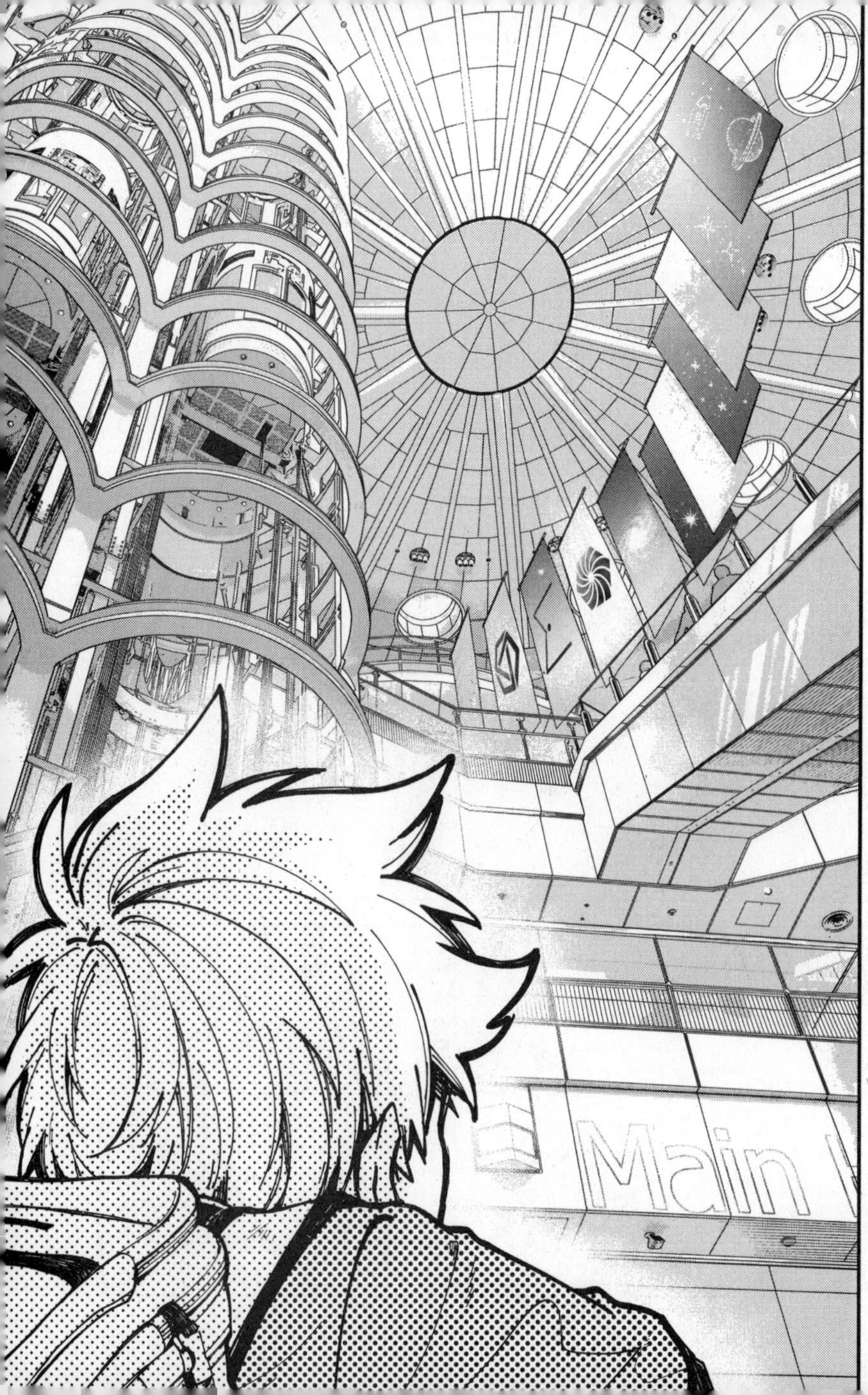
Main

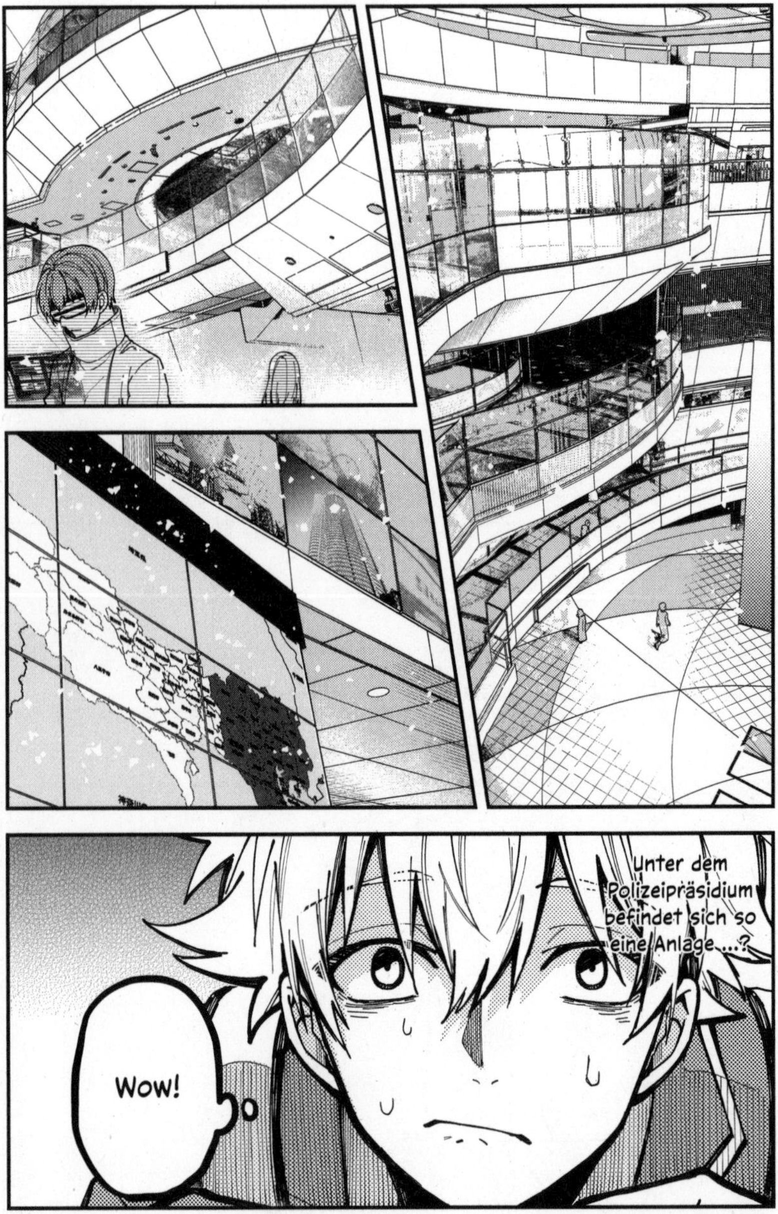
Unter dem Polizeipräsidium befindet sich so eine Anlage …?
Wow!

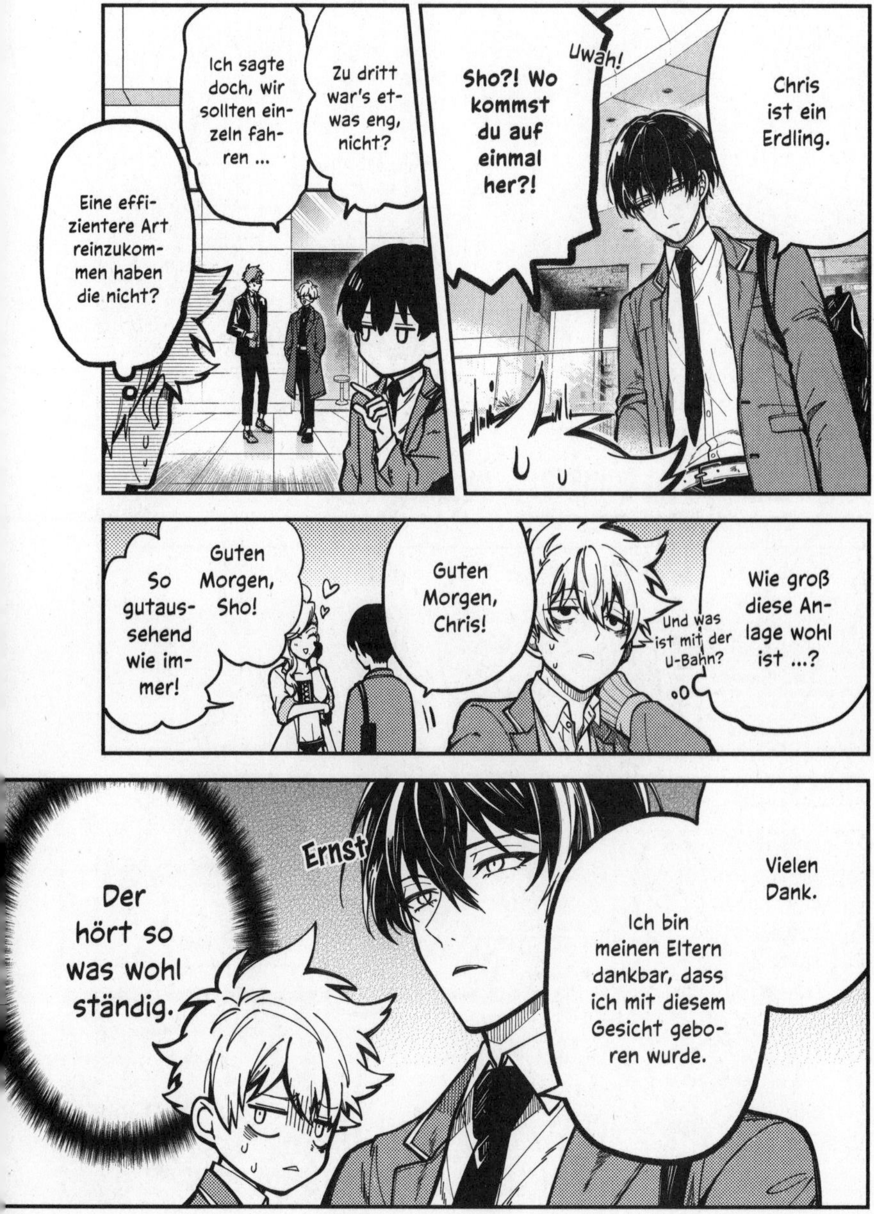

Chris ist ein Erdling.
Uwah!
Sho?! Wo kommst du auf einmal her?!
Zu dritt war's etwas eng, nicht?
Ich sagte doch, wir sollten einzeln fahren ...
Eine effizientere Art reinzukommen haben die nicht?
Wie groß diese Anlage wohl ist ...?
Und was ist mit der U-Bahn?
Guten Morgen, Chris!
Guten Morgen, Sho!
So gutaussehend wie immer!
Vielen Dank.
Ich bin meinen Eltern dankbar, dass ich mit diesem Gesicht geboren wurde.
Ernst
Der hört so was wohl ständig.

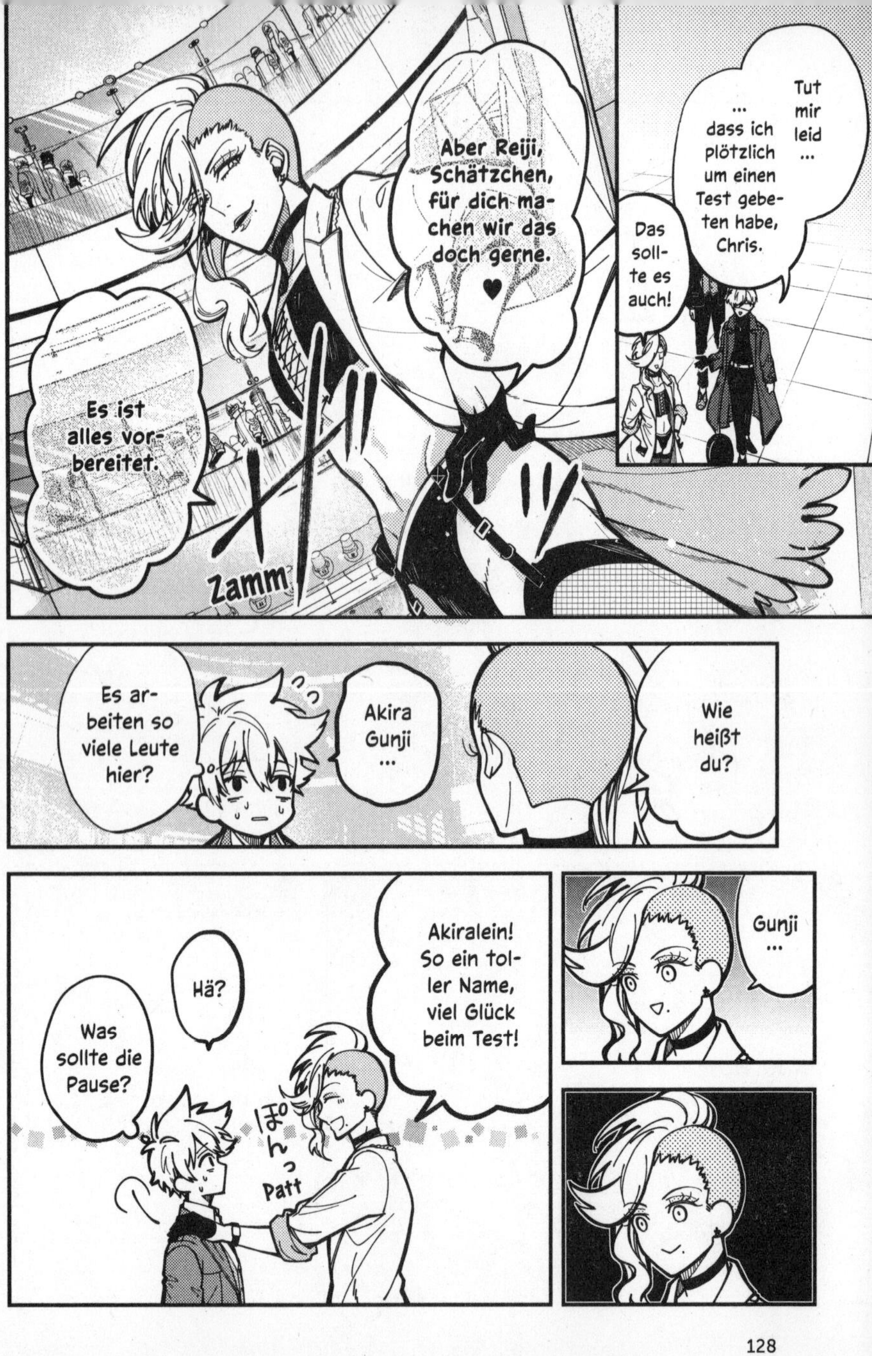
Tut mir leid ...
... dass ich plötzlich um einen Test gebeten habe, Chris.
Das sollte es auch!
Aber Reiji, Schätzchen, für dich machen wir das doch gerne. ♥
Es ist alles vorbereitet.
Zamm
Wie heißt du?
Akira Gunji ...
Es arbeiten so viele Leute hier?
Gunji ...
Akiralein! So ein toller Name, viel Glück beim Test!
ぽんっ
Patt
Hä?
Was sollte die Pause?

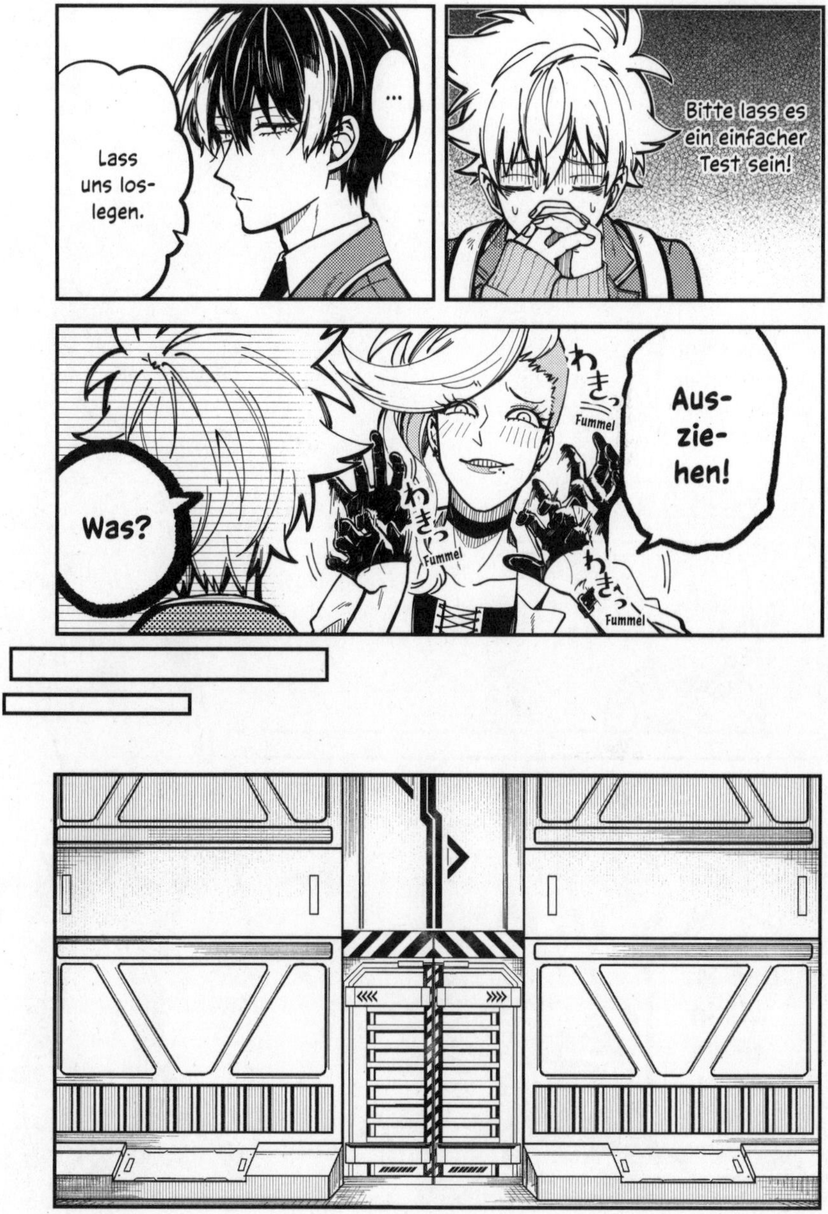

Bitte lass es ein einfacher Test sein!
...
Lass uns los-legen.
Aus-zie-hen!
わきっ
Fummel
わきっ
Fummel
わきっ
Fummel
Was?

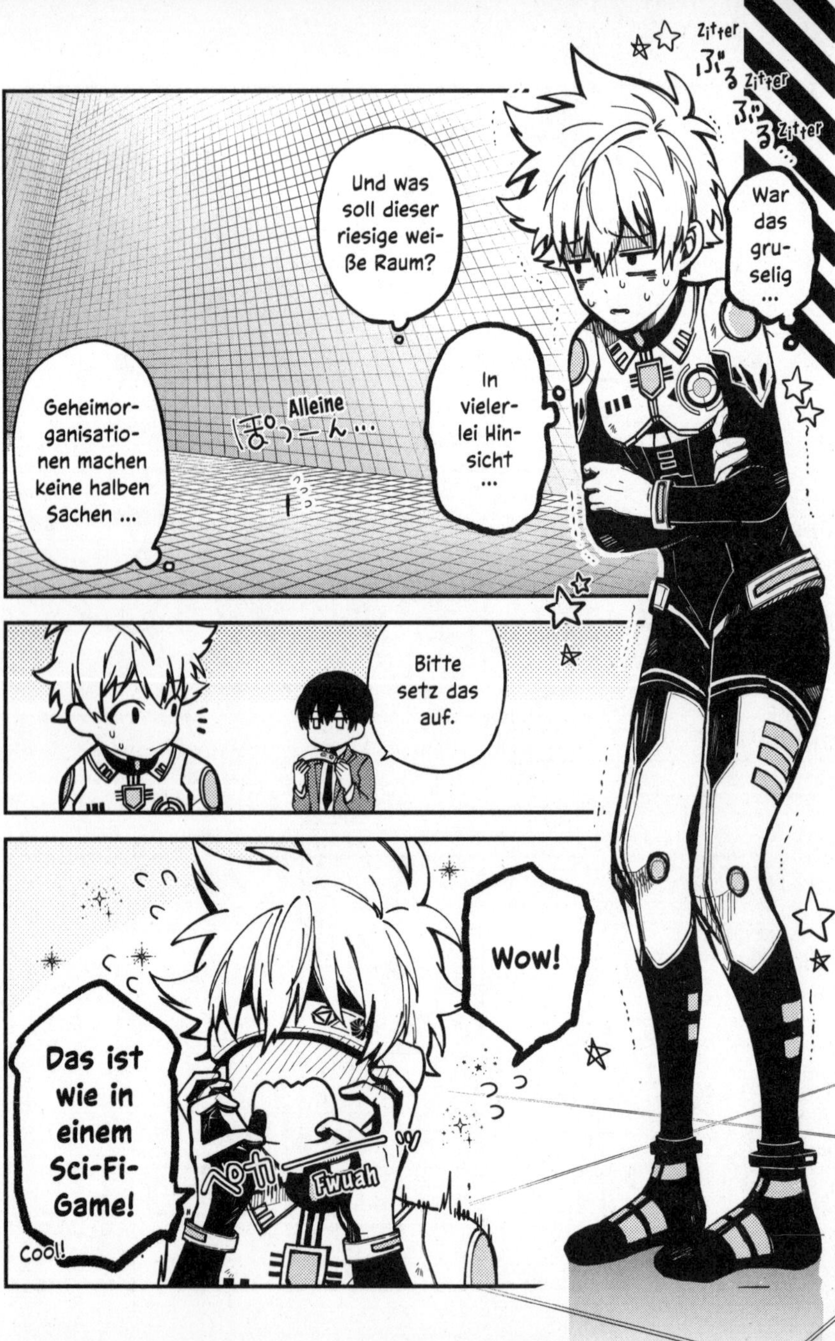
Zitter ぶる Zitter ぶる Zitter …
War das gruselig …
In vielerlei Hinsicht …
Und was soll dieser riesige weiße Raum?
Alleine ぽつーん…
Geheimorganisationen machen keine halben Sachen …
Bitte setz das auf.
Wow!
Fwuah
Das ist wie in einem Sci-Fi-Game!
Cool!

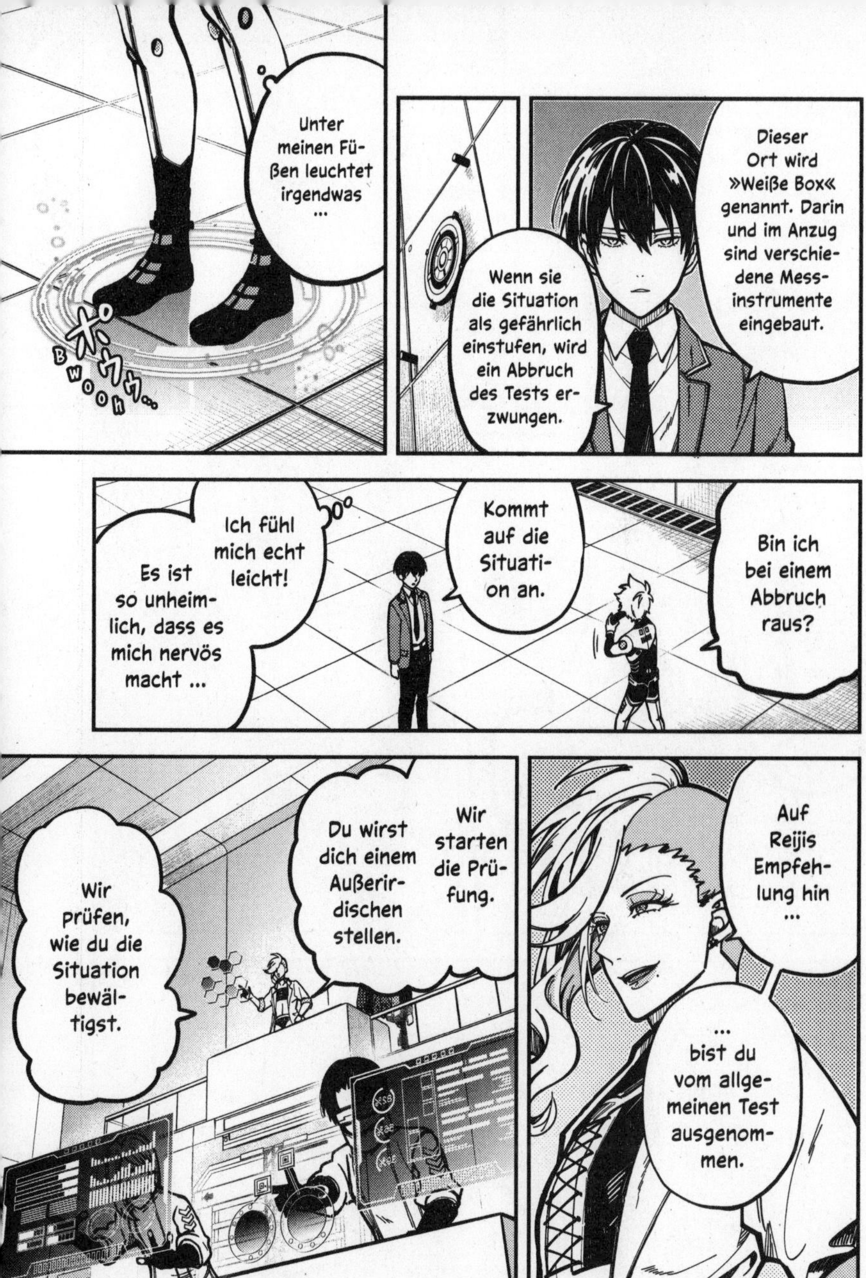
Dieser Ort wird »Weiße Box« genannt. Darin und im Anzug sind verschiedene Messinstrumente eingebaut.
Wenn sie die Situation als gefährlich einstufen, wird ein Abbruch des Tests erzwungen.
Unter meinen Füßen leuchtet irgendwas ...
Bwooh...
Bin ich bei einem Abbruch raus?
Kommt auf die Situation an.
Ich fühl mich echt leicht!
Es ist so unheimlich, dass es mich nervös macht ...
Auf Reijis Empfehlung hin ...
... bist du vom allgemeinen Test ausgenommen.
Wir starten die Prüfung.
Du wirst dich einem Außerirdischen stellen.
Wir prüfen, wie du die Situation bewältigst.

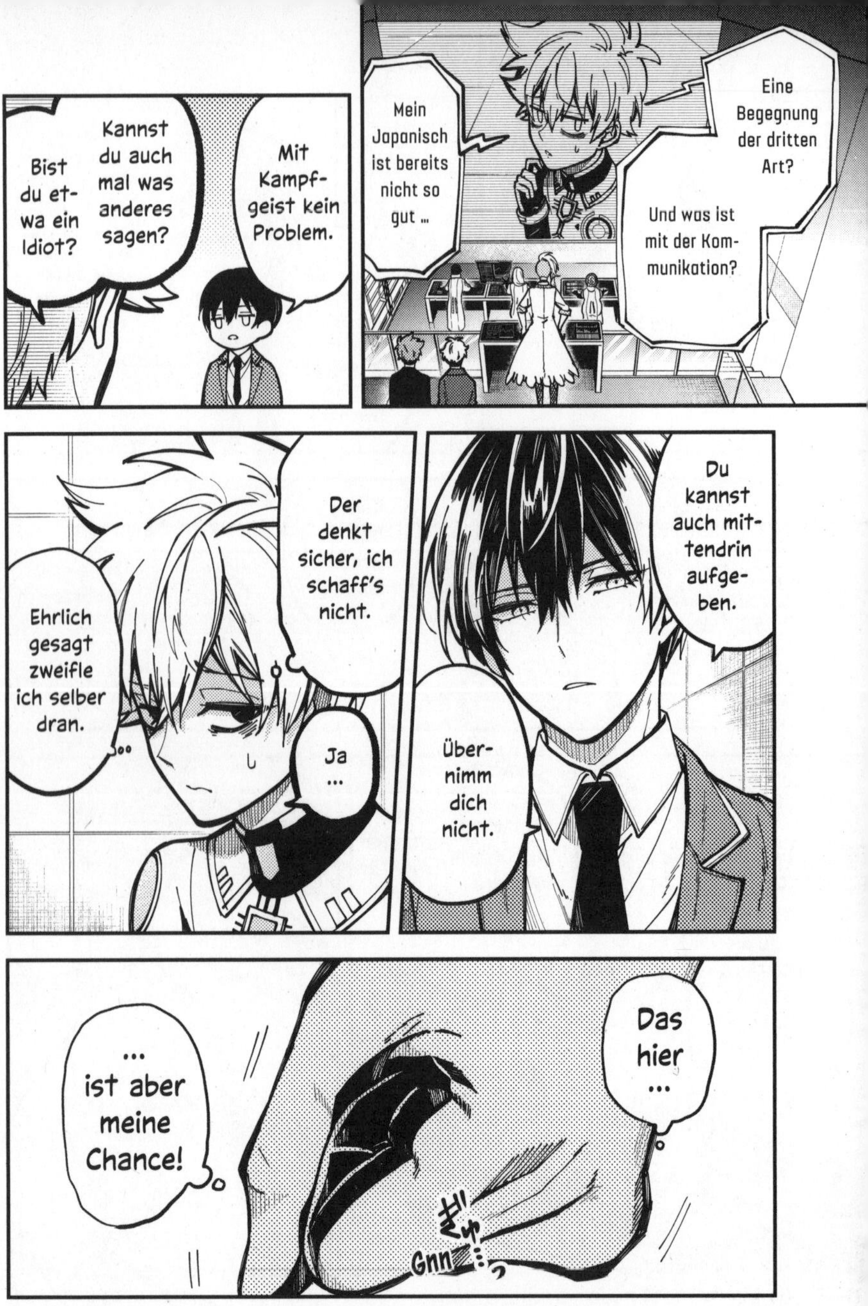

Eine Begegnung der dritten Art?
Und was ist mit der Kommunikation?
Mein Japanisch ist bereits nicht so gut …
Mit Kampfgeist kein Problem.
Kannst du auch mal was anderes sagen?
Bist du etwa ein Idiot?
Du kannst auch mittendrin aufgeben.
Übernimm dich nicht.
Der denkt sicher, ich schaff's nicht.
Ja …
Ehrlich gesagt zweifle ich selber dran.
Das hier …
… ist aber meine Chance!
Gnn …

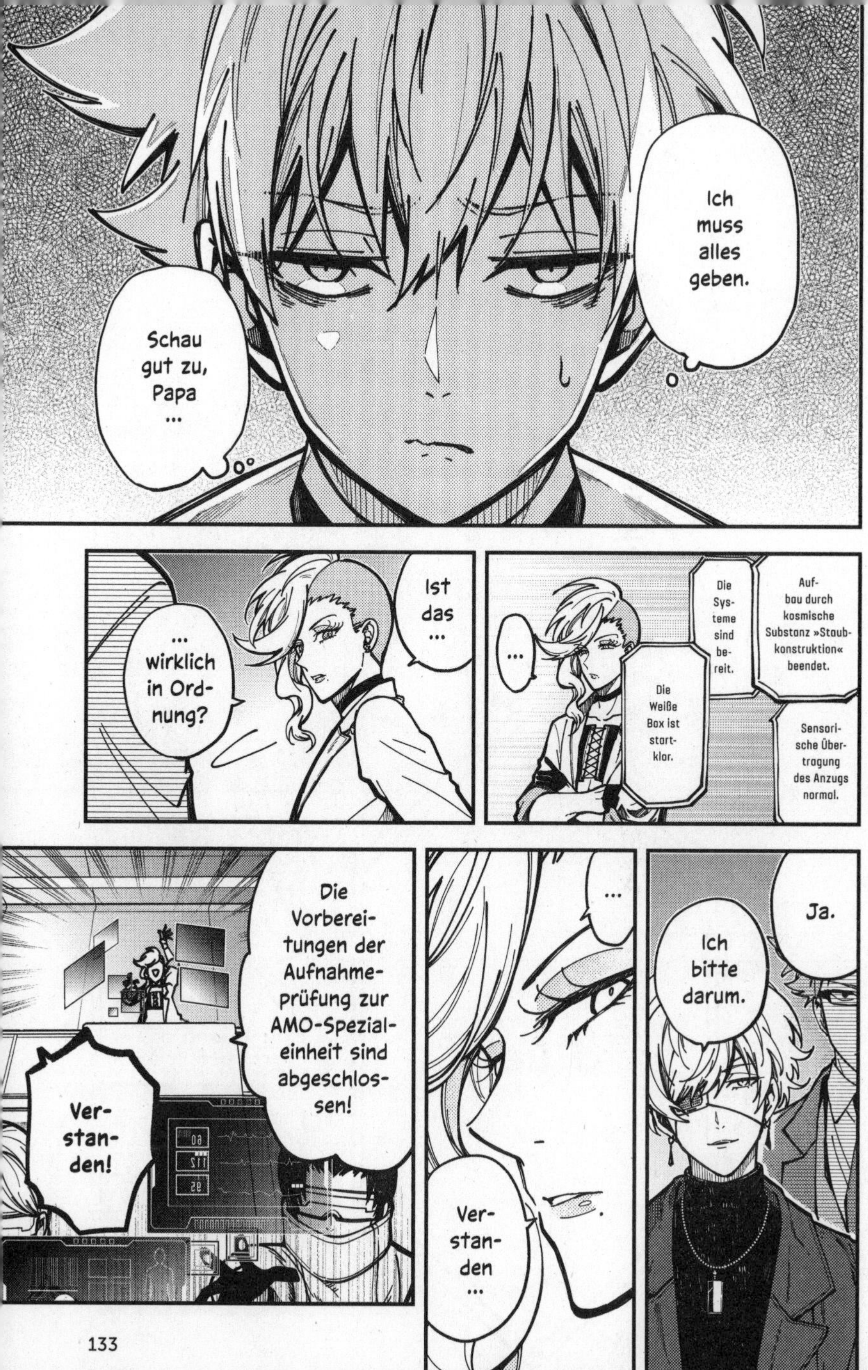
Ich muss alles geben.
Schau gut zu, Papa …
Aufbau durch kosmische Substanz »Staubkonstruktion« beendet.
Die Systeme sind bereit.
Sensorische Übertragung des Anzugs normal.
Die Weiße Box ist startklar.
…
Ist das …
… wirklich in Ordnung?
Ja.
Ich bitte darum.
…
Verstanden …
Die Vorbereitungen der Aufnahmeprüfung zur AMO-Spezialeinheit sind abgeschlossen!
Verstanden!

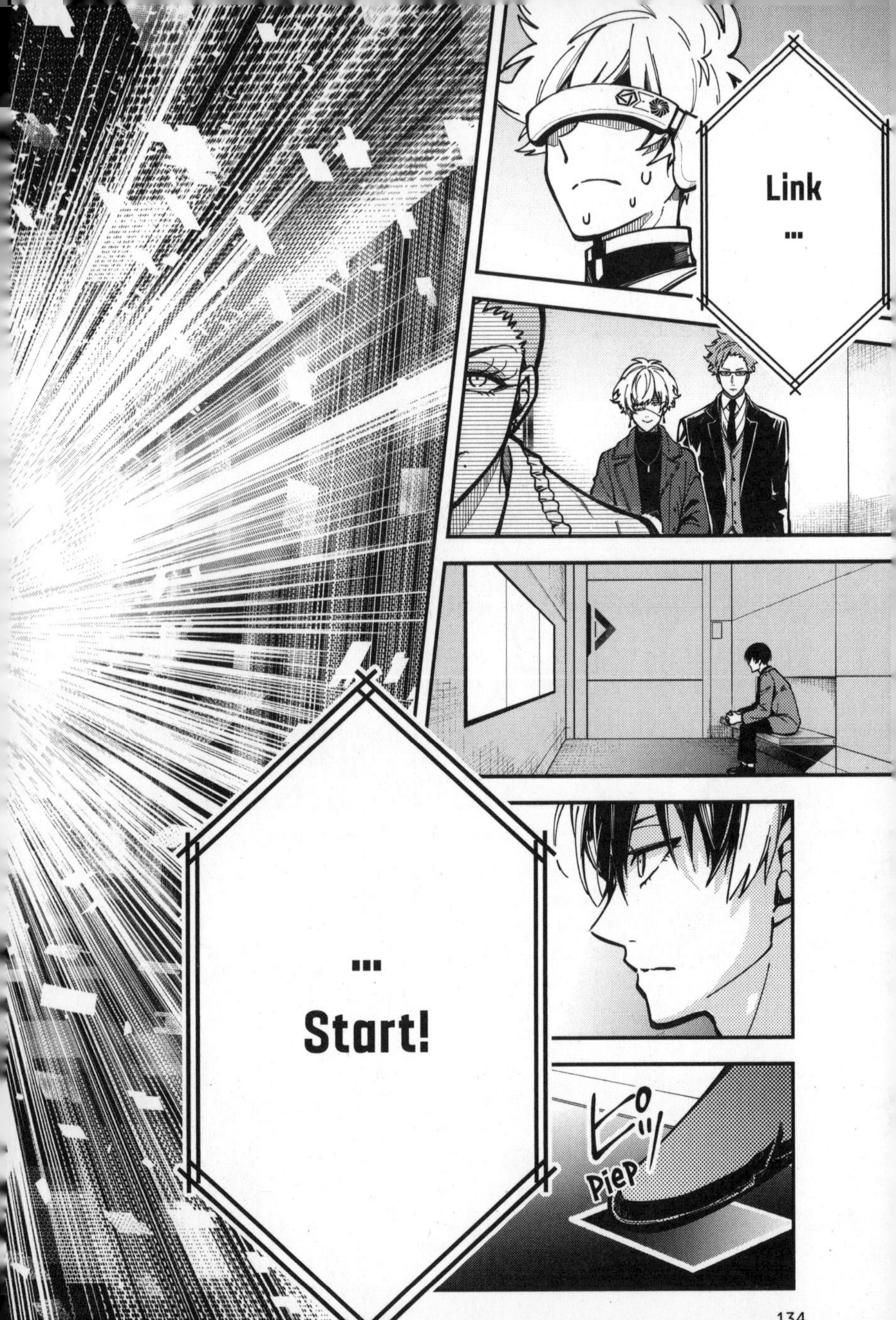
Link
...
...
Start!
ピッ
Piep

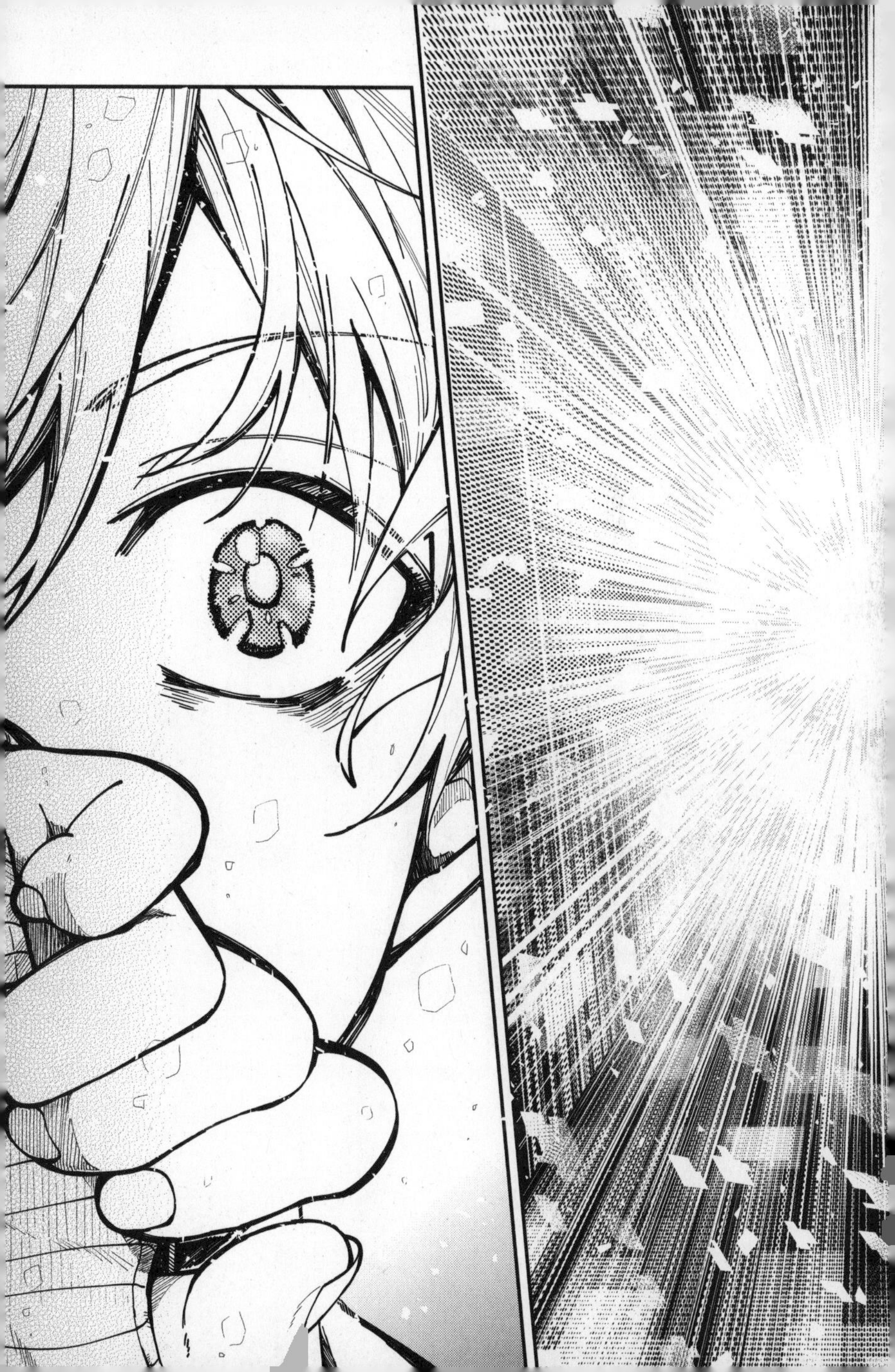

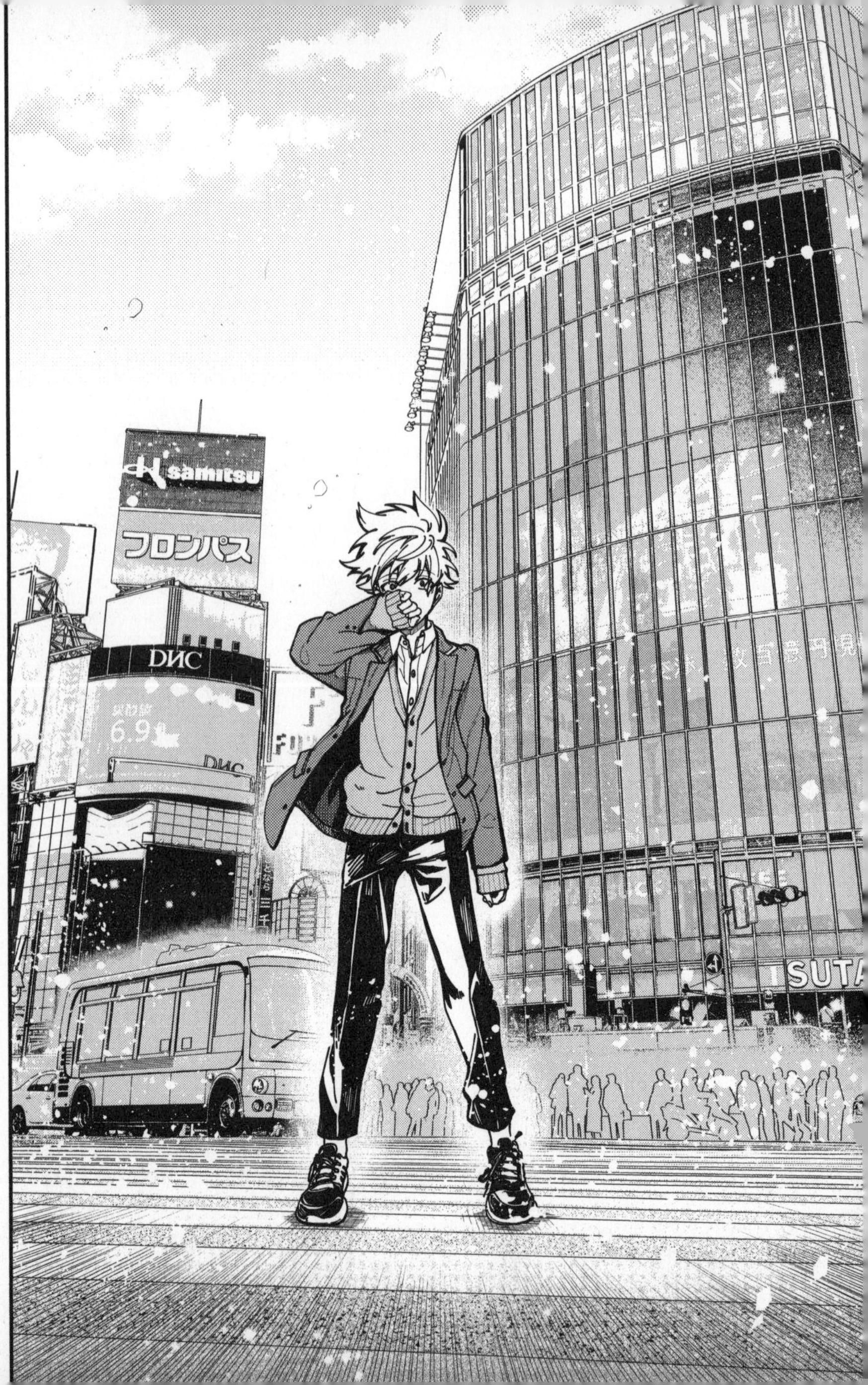
samitsu
フロンパス
DHC
6.9
DHC
SUTA

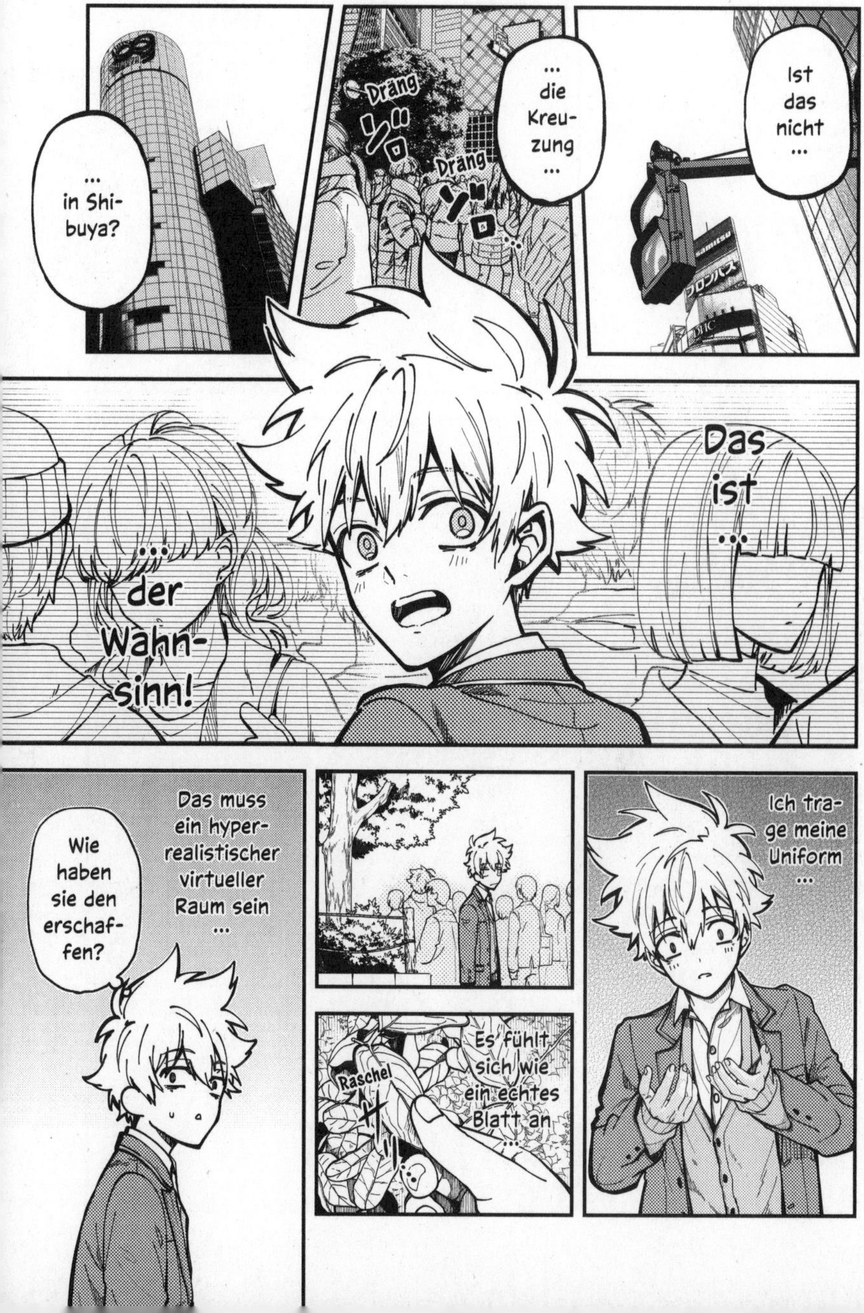
Ist das nicht ...
Dräng
Dräng
... die Kreuzung ...
... in Shibuya?
Das ist ...
... der Wahnsinn!
Ich trage meine Uniform ...
Raschel
Es fühlt sich wie ein echtes Blatt an ...
Das muss ein hyperrealistischer virtueller Raum sein ...
Wie haben sie den erschaffen?

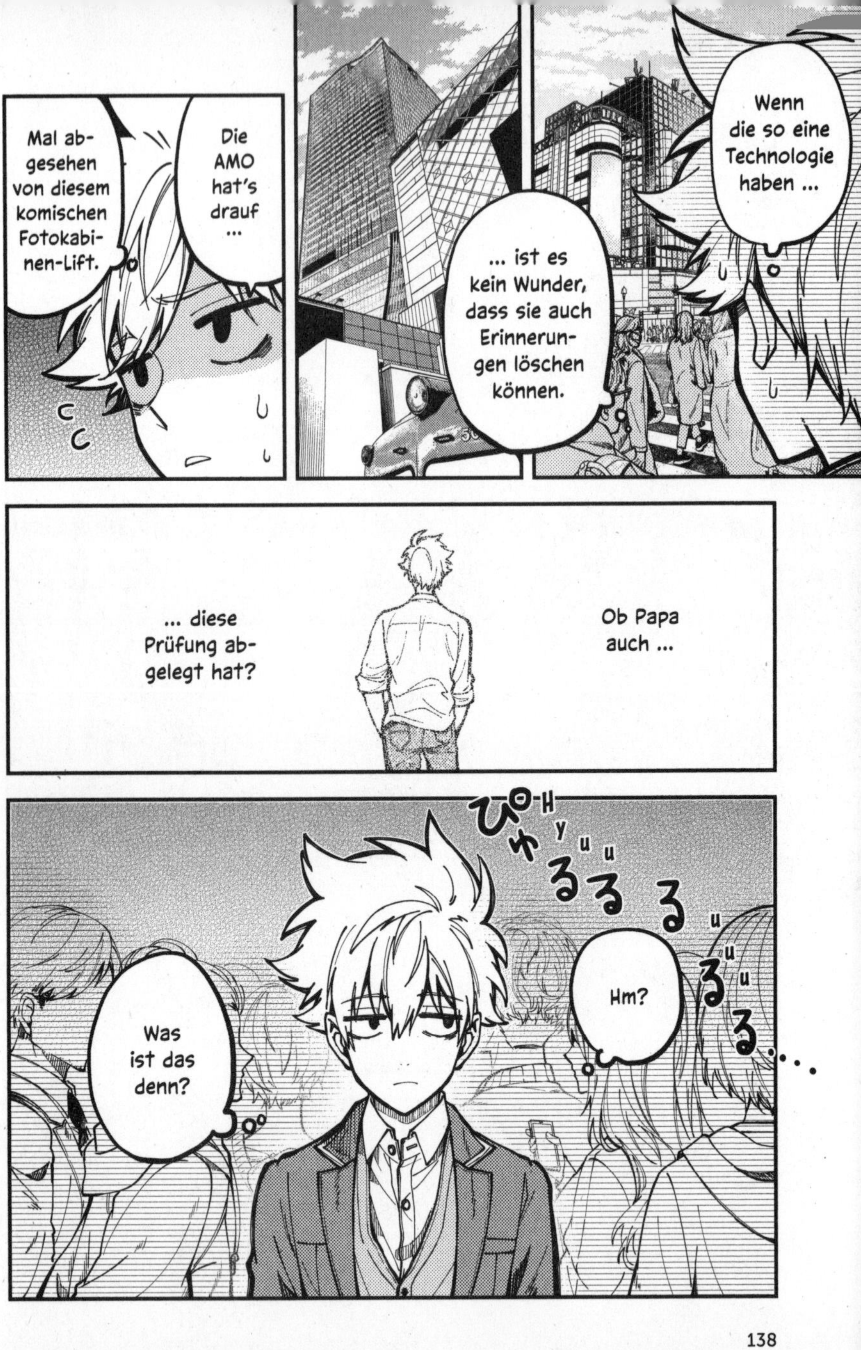
Wenn die so eine Technologie haben ...
... ist es kein Wunder, dass sie auch Erinnerungen löschen können.
Die AMO hat's drauf ...
Mal abgesehen von diesem komischen Fotokabinen-Lift.
Ob Papa auch ...
... diese Prüfung abgelegt hat?
ぴゅるるる
Hyuuu
るるる
uuu
Hm?
Was ist das denn?

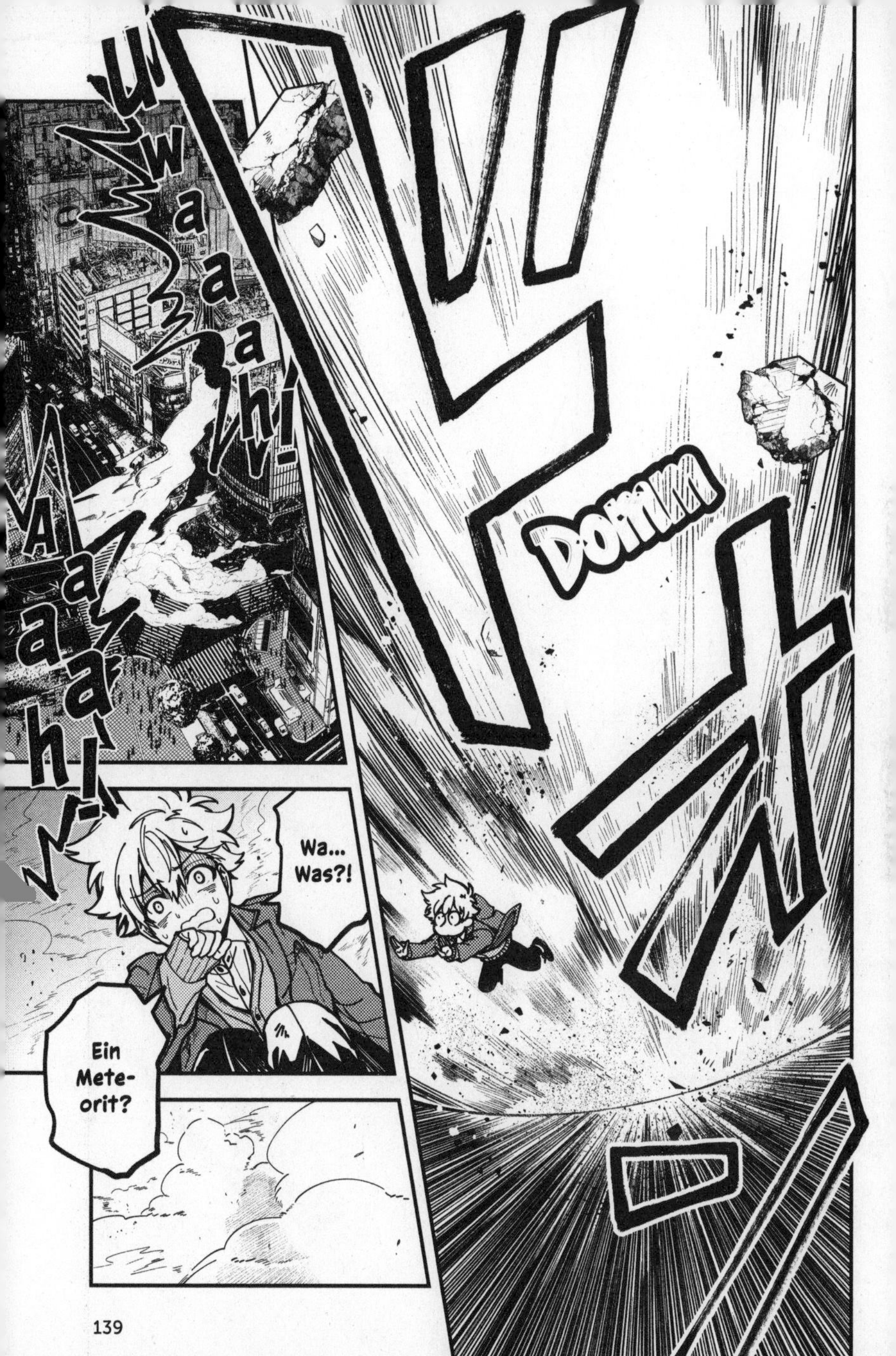

Uwaaah!
Aaaah!
Domm
Wa... Was?!
Ein Mete- orit?

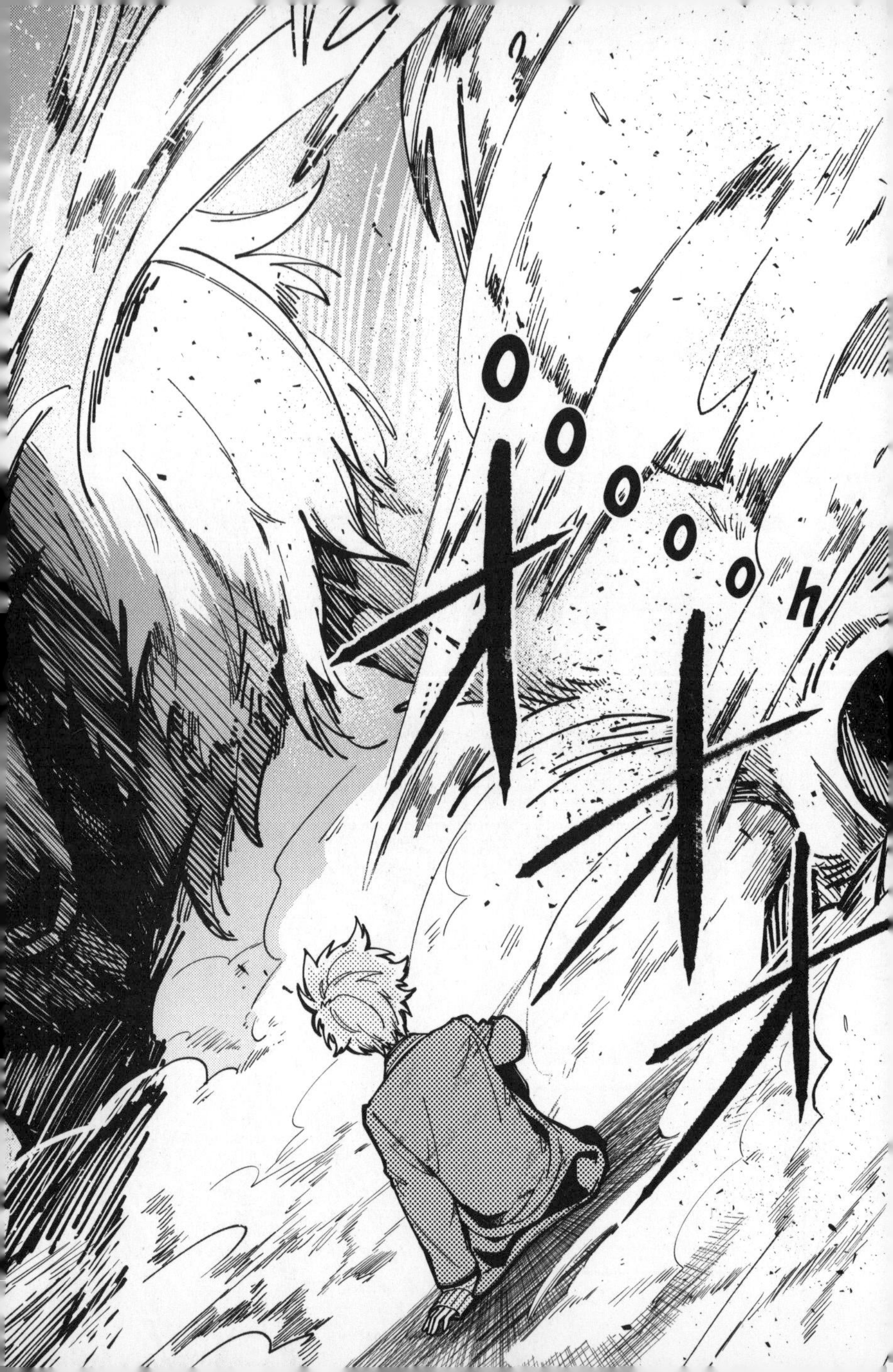
オオオ
Oooooh

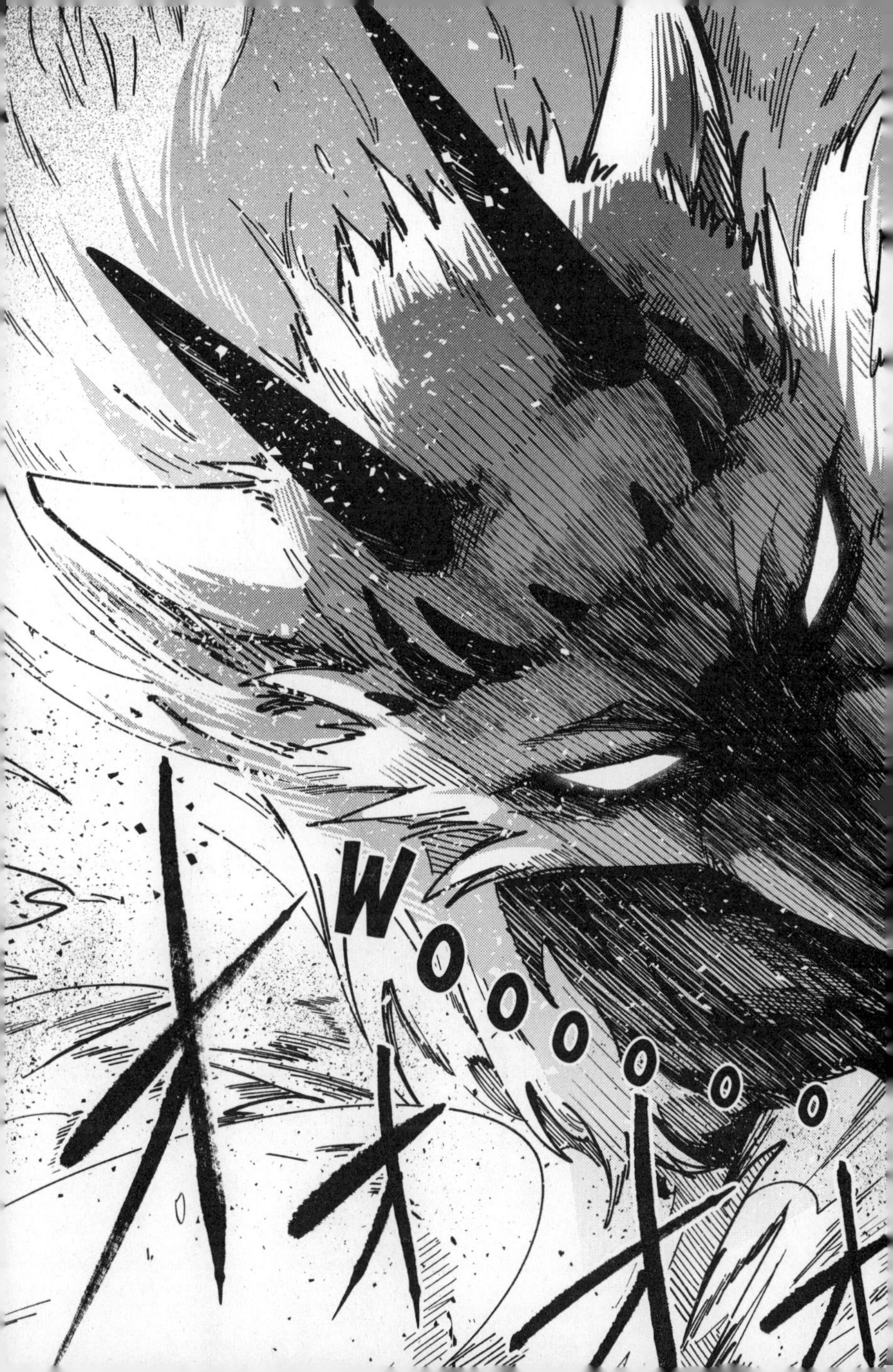
WOOOOOOO

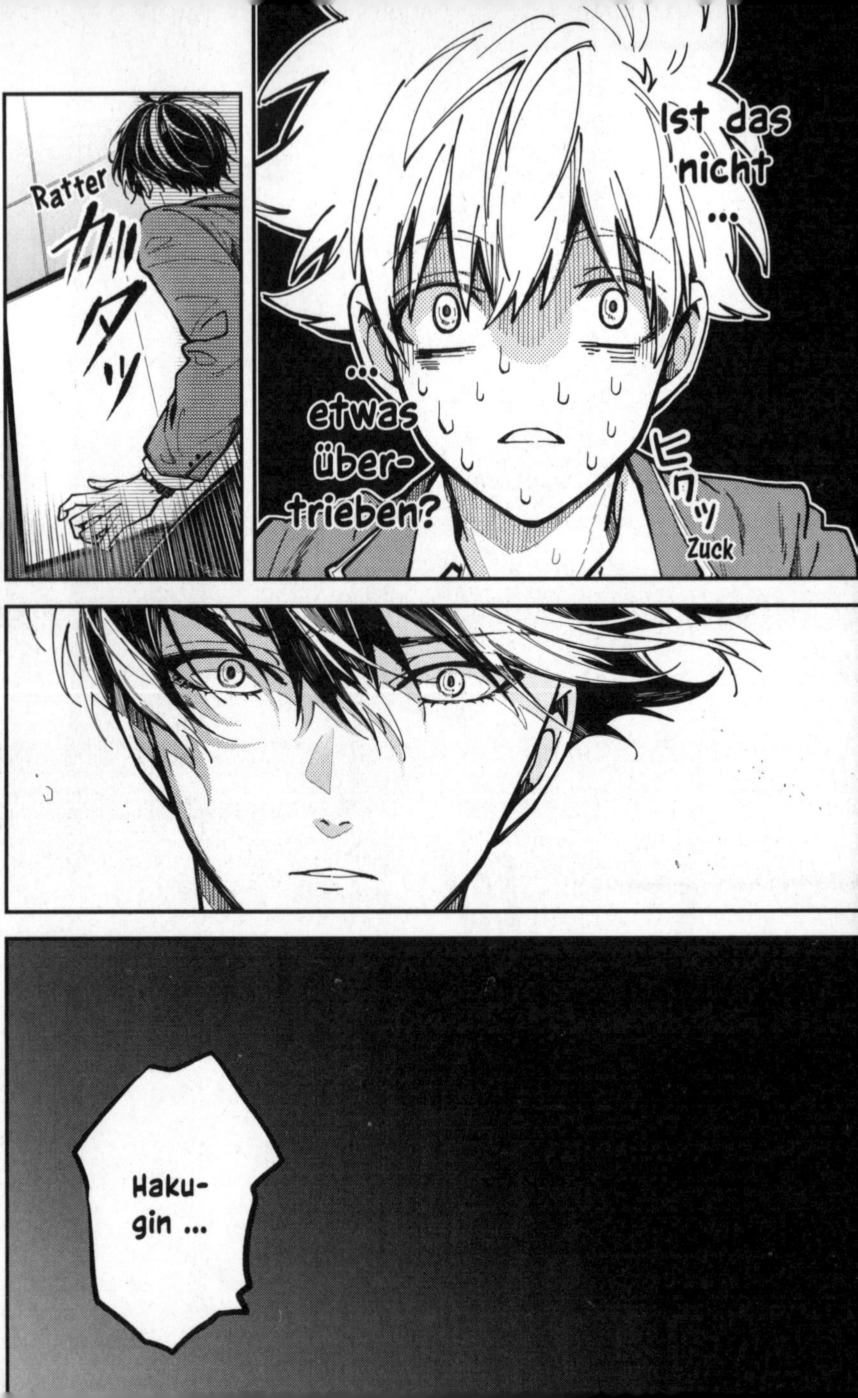
Ist das nicht …
… etwas über-trieben?
ヒクッ
Zuck
カルタッ
Ratter
Haku-gin …

Glossar

< AMO-Spezialeinheit >

Eine Abteilung innerhalb der AMO mit der Befugnis, in besonderen Fällen Gewalt anweden zu dürfen.
Als Leiter der Zweigstelle der Kanto-Region fungiert Reiji Amamiya.
Akio Gunji, Akira Gunjis Vater, gehörte auch zu dieser Zweigstelle.
Wird auch »SE« abgekürzt.

Da es auch zu Kämpfen mit Außerirdischen kommt, ist die Aufnahmeprüfung extrem streng.
Anwärter werden grundsätzlich gescoutet. Wird die Prüfung nicht bestanden, wird das Gedächtnis des Anwärters gelöscht.

Jedes Mitglied trägt seine persönliche Spezialwaffe. [mehr darüber in Band 2, Kapitel 6]
Zu den Pflichten der Spezialeinheit gehört u.a. das Bändigen gewalttätiger sowie die Festnahme illegal eingereister Aliens.

In diesem Manga sind Sho Tenkubashi und Akira Gunji Mitglieder der dritten Kompanie.
Sie hat angeblich einige Besonderheiten, die sie von anderen unterscheidet. Worum es sich genau handelt, wird vermutlich später noch enthüllt werden.

TOKYO ALIENS

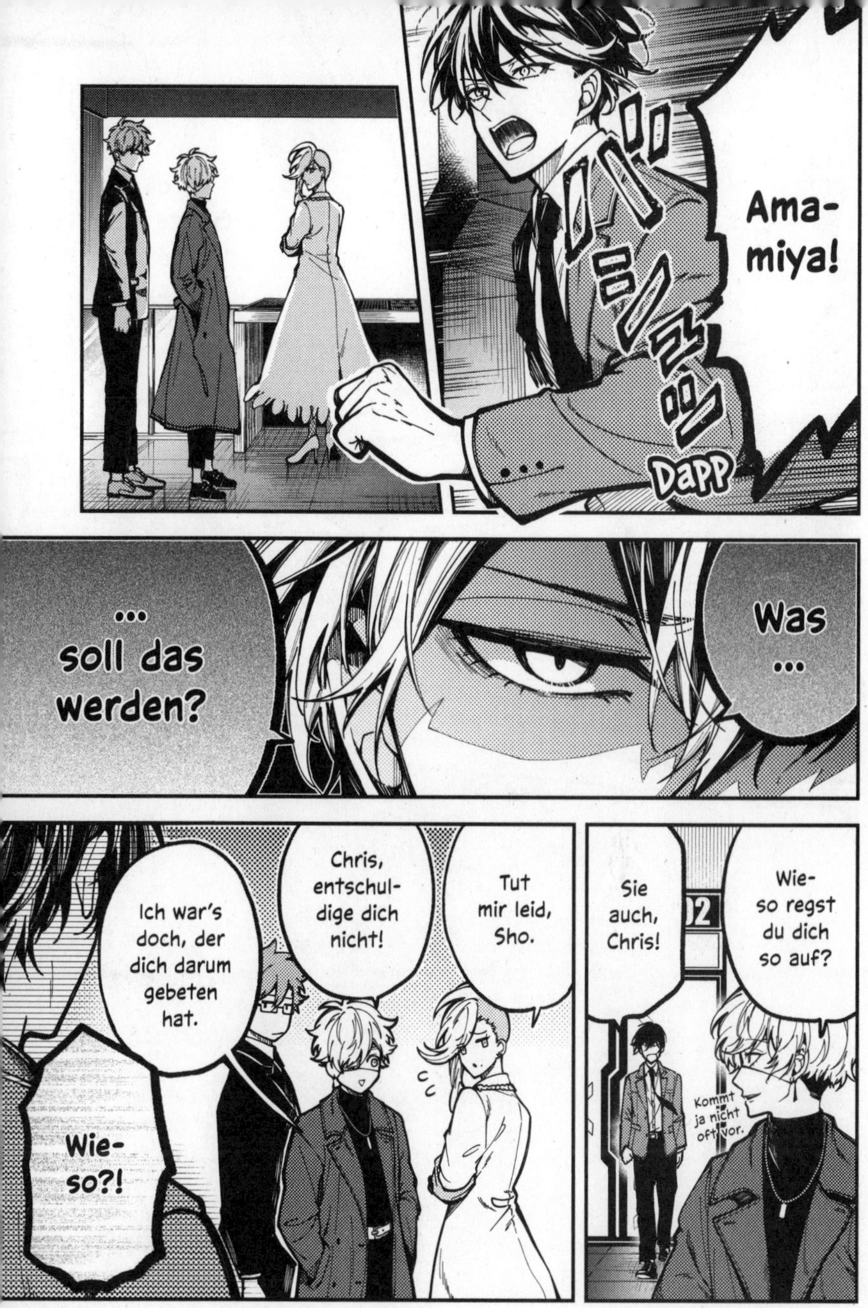
Ama-
miya!
DAPP
Was ...
... soll das werden?
Wie-so regst du dich so auf?
Sie auch, Chris!
Kommt ja nicht oft vor.
Tut mir leid, Sho.
Chris, entschuldige dich nicht!
Ich war's doch, der dich darum gebeten hat.
Wie-so?!

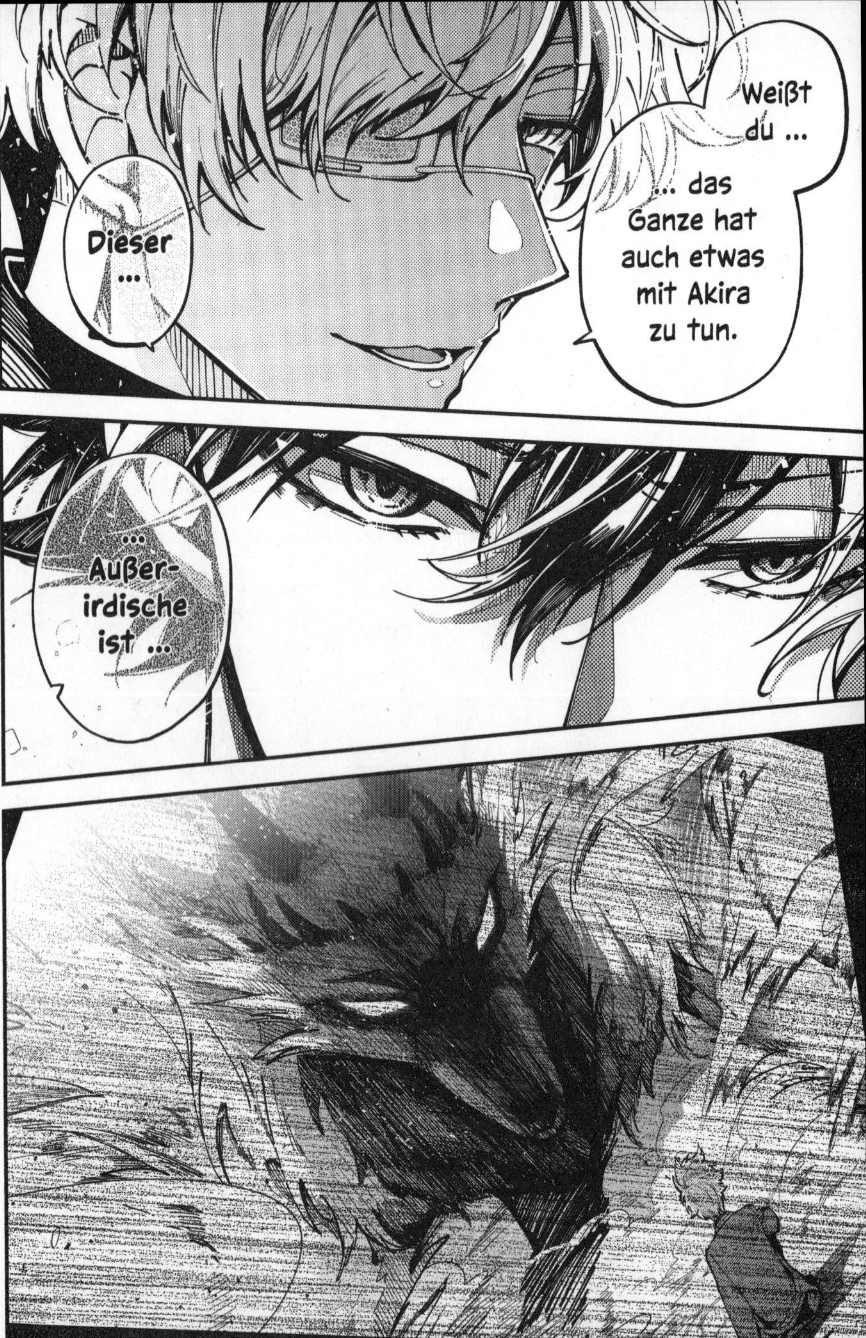
Weißt du ...
... das Ganze hat auch etwas mit Akira zu tun.
Dieser ...
... Außer-irdische ist ...

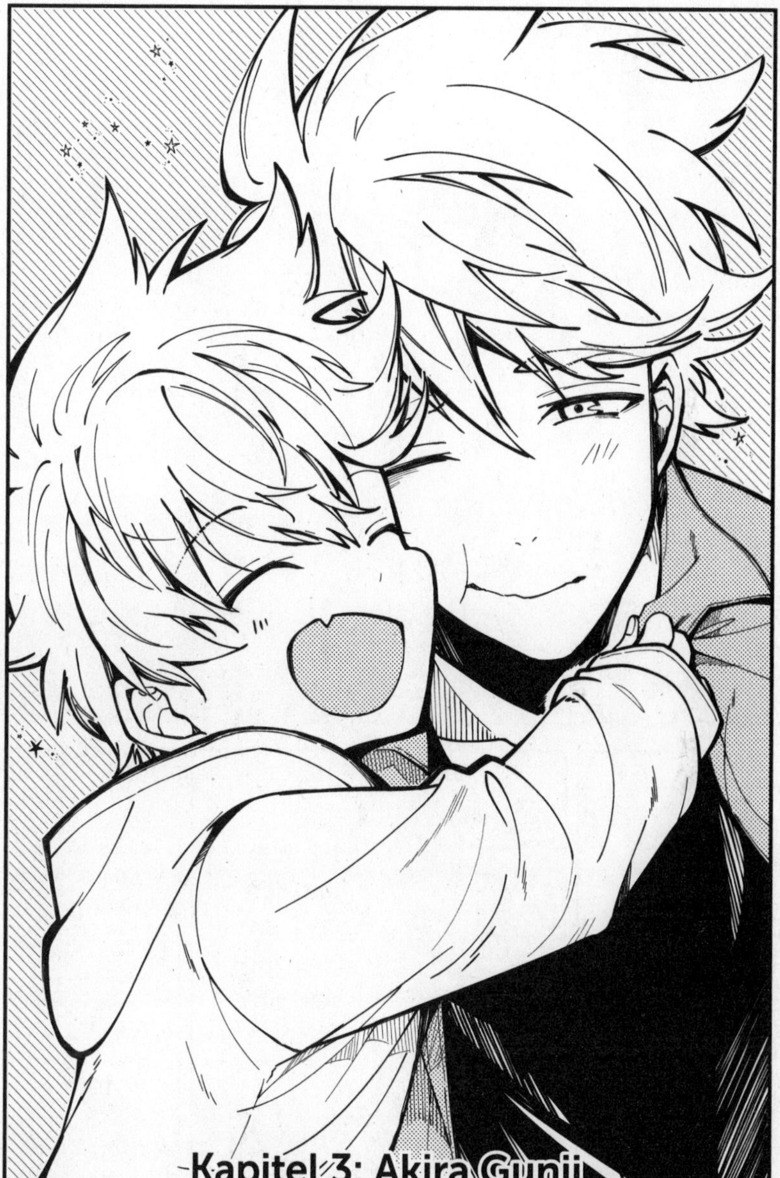
Kapitel 3: Akira Gunji

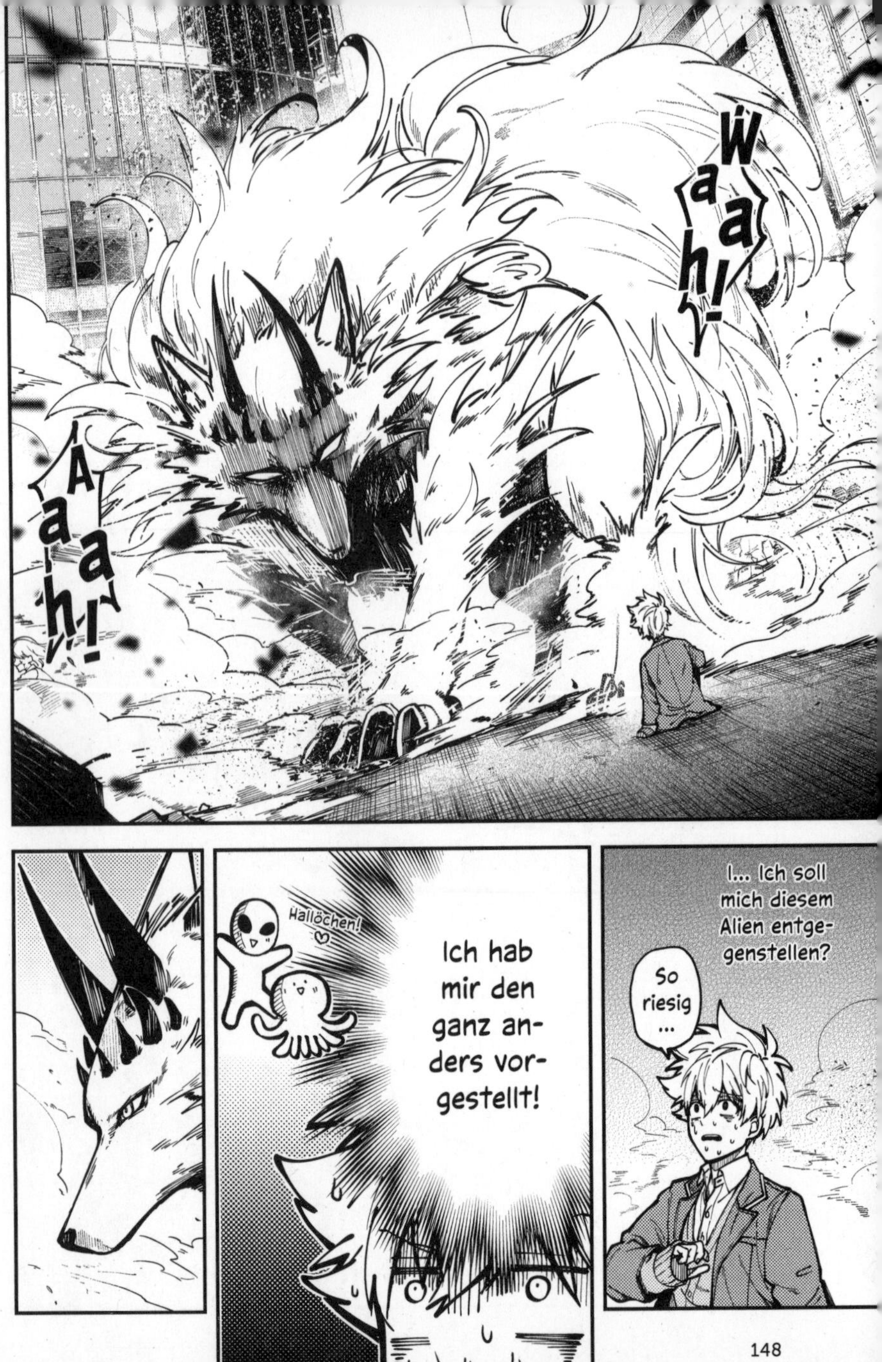
Waah!
Aaah!
I... Ich soll mich diesem Alien entgegenstellen?
So riesig ...
Hallöchen!
Ich hab mir den ganz anders vorgestellt!

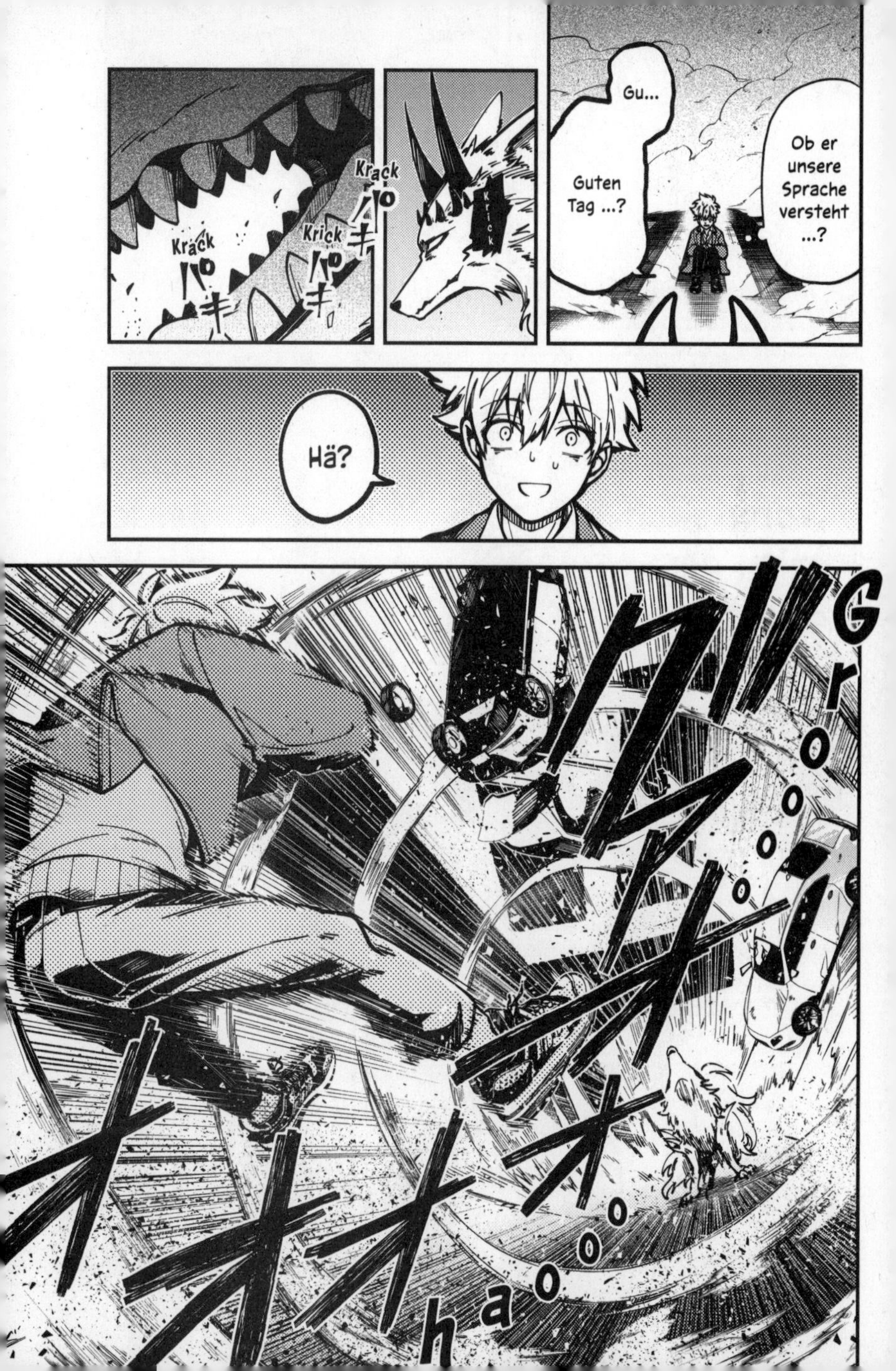
Ob er unsere Sprache versteht ...?
Gu...
Guten Tag ...?
Krick
Krack
パキ
Krick
パキ
Krack
パキ
Hä?
Grooooooooooah

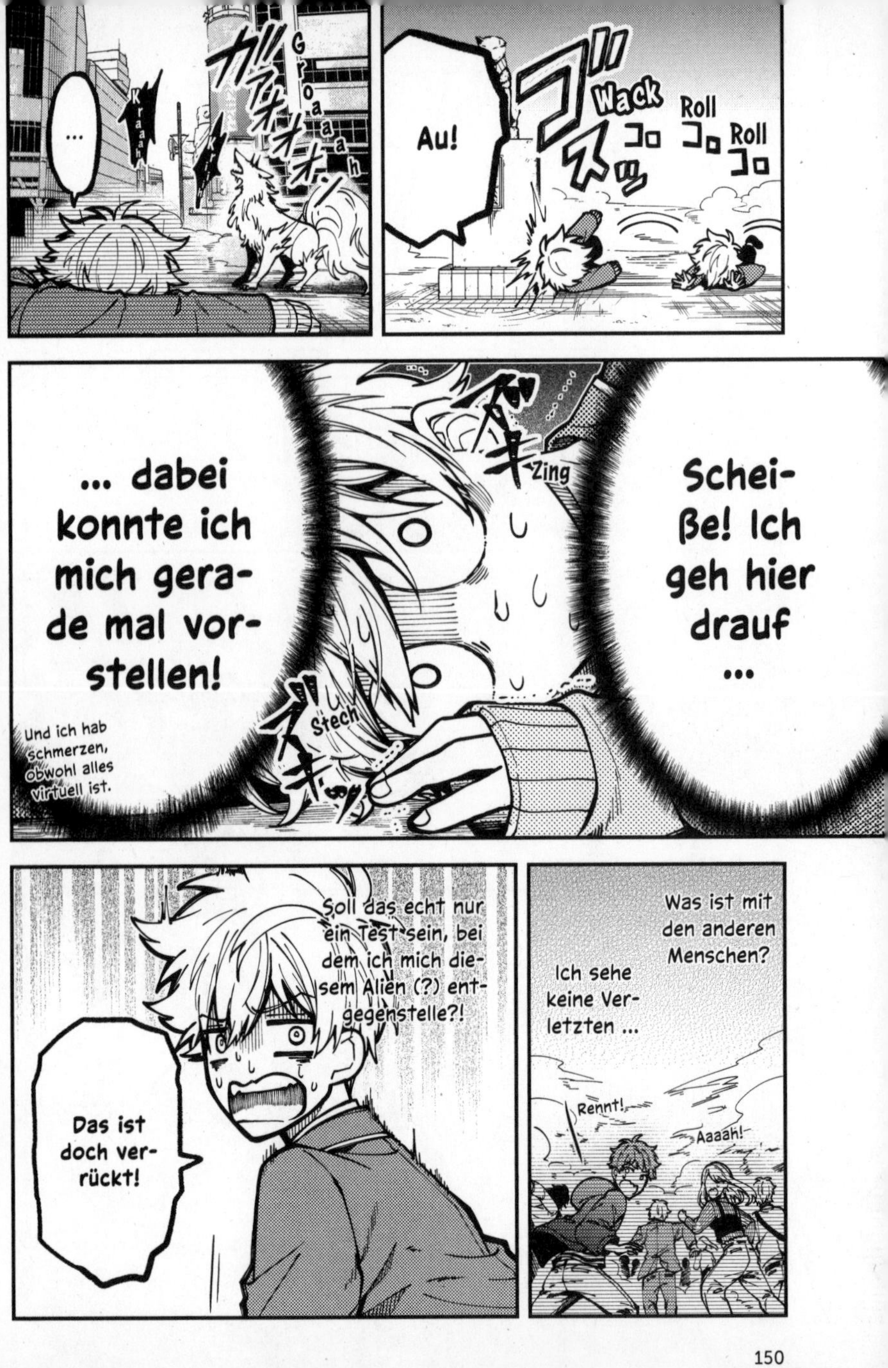
...
Kraaah
Krrrih
Groaaaah
Au!
Wack
Roll
Roll
Schei-ße! Ich geh hier drauf ...
Zing
... dabei konnte ich mich gerade mal vorstellen!
Stech
Und ich hab Schmerzen, obwohl alles virtuell ist.
Soll das echt nur ein Test sein, bei dem ich mich diesem Alien (?) entgegenstelle?!
Das ist doch verrückt!
Was ist mit den anderen Menschen?
Ich sehe keine Verletzten ...
Rennt!
Aaaah!

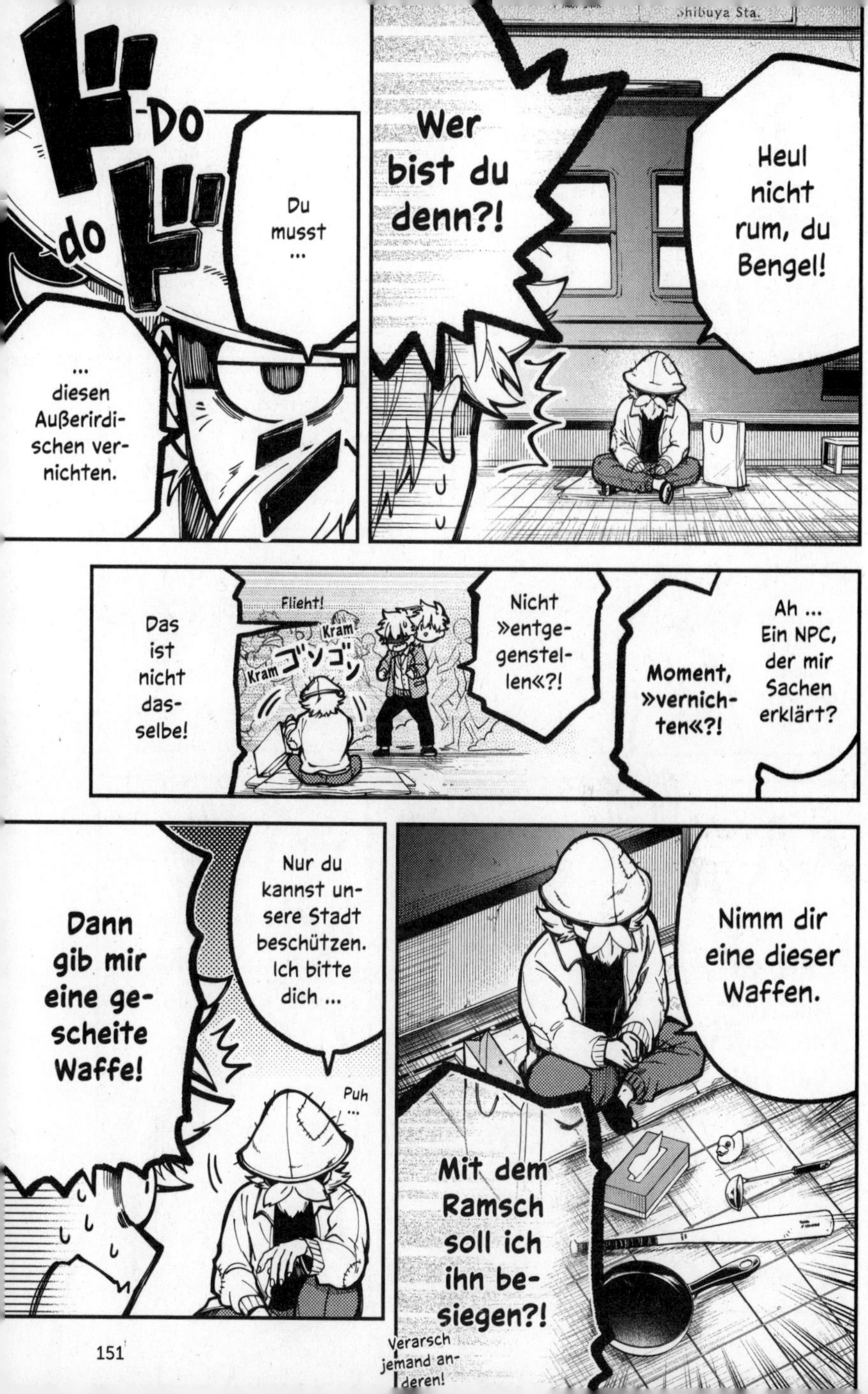
Shibuya Sta.
Heul nicht rum, du Bengel!
Wer bist du denn?!
Du musst ...
... diesen Außerirdischen vernichten.
Do do
Ah ... Ein NPC, der mir Sachen erklärt?
Moment, »vernichten«?!
Nicht »entgegenstellen«?!
Das ist nicht dasselbe!
Flieht!
Kram
Kram
Nimm dir eine dieser Waffen.
Mit dem Ramsch soll ich ihn besiegen?!
Verarsch jemand anderen!
Nur du kannst unsere Stadt beschützen. Ich bitte dich ...
Dann gib mir eine gescheite Waffe!
Puh ...

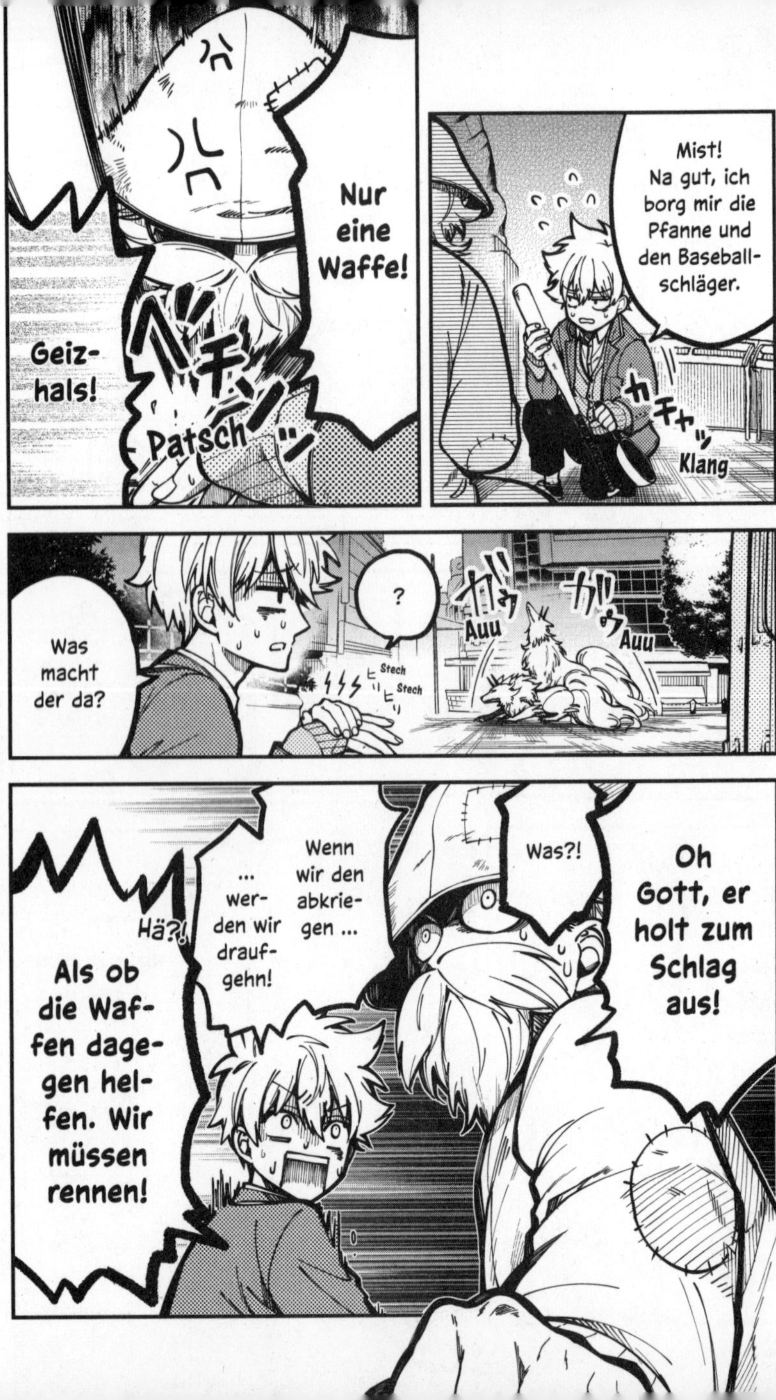
Mist!
Na gut, ich borg mir die Pfanne und den Baseballschläger.
Klang
Nur eine Waffe!
Geizhals!
Patsch
Auu
Auu
Stech
Stech
?
Was macht der da?
Oh Gott, er holt zum Schlag aus!
Was?!
Wenn wir den abkriegen ...
... werden wir draufgehn!
Hä?!
Als ob die Waffen dagegen helfen. Wir müssen rennen!

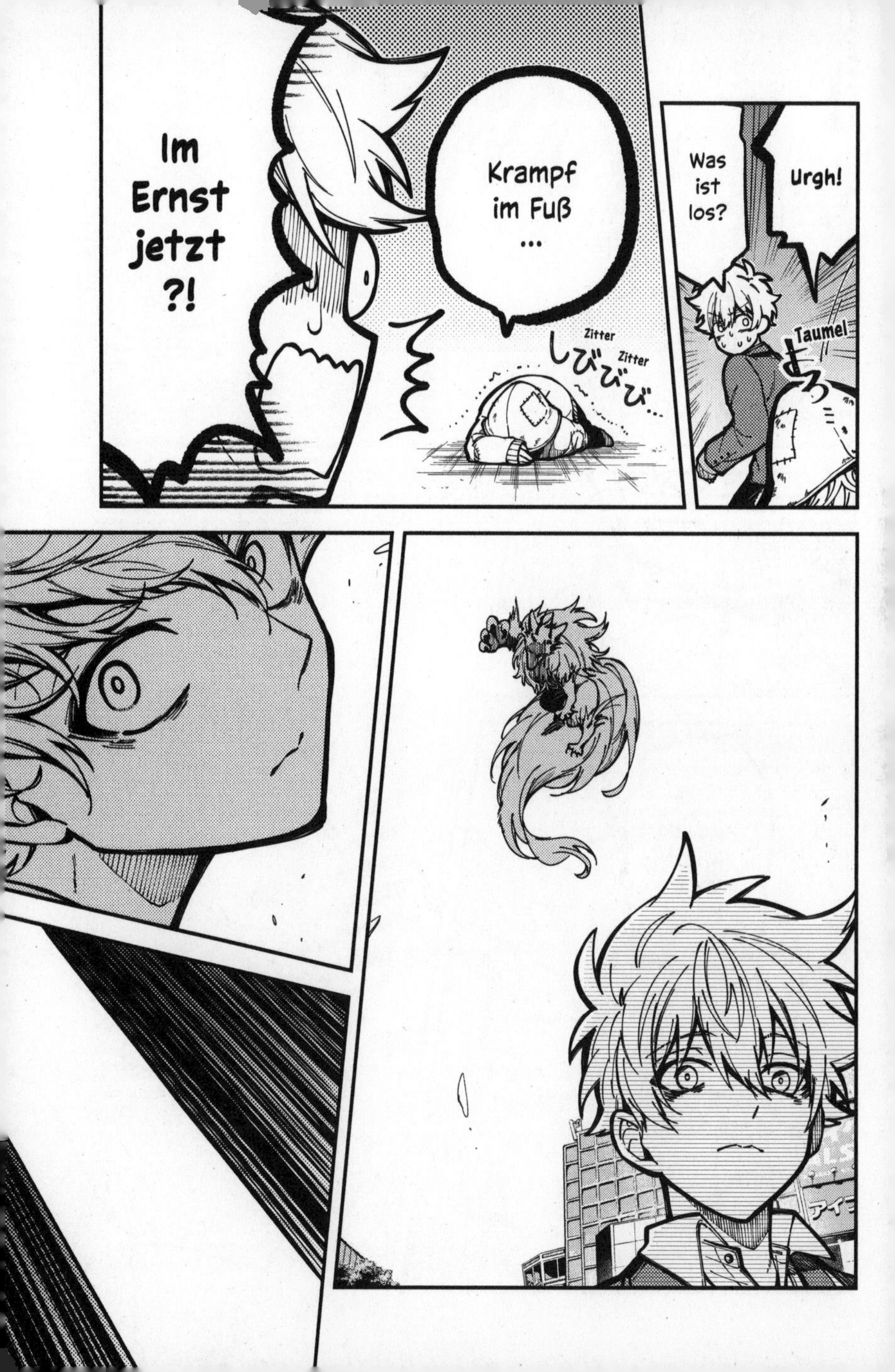
Urgh!
Was ist los?
Taumel
Krampf im Fuß ...
Zitter
Zitter
Im Ernst jetzt ?!

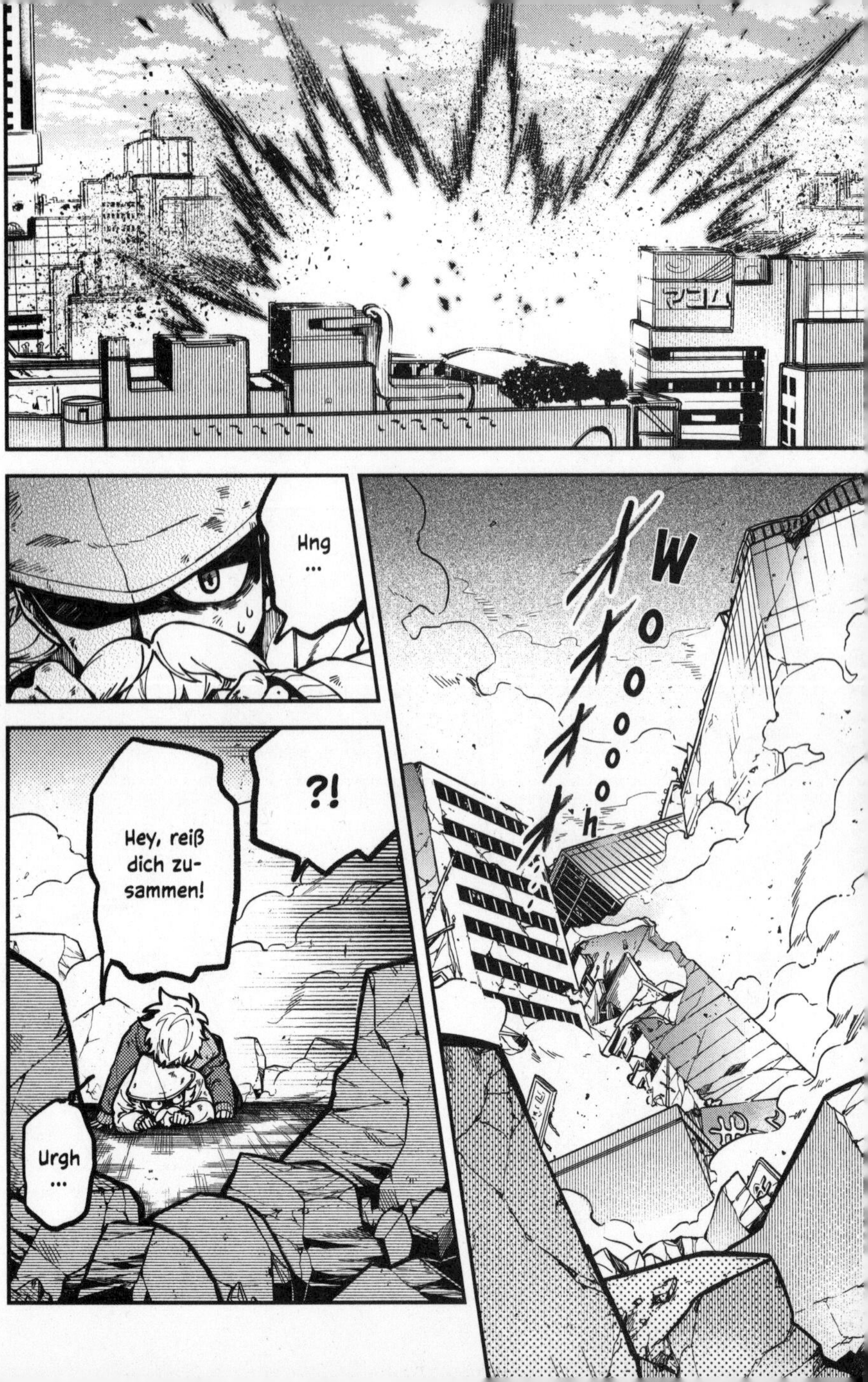
WOOoooh
Hng ...
?!
Hey, reiß dich zu-sammen!
Urgh ...

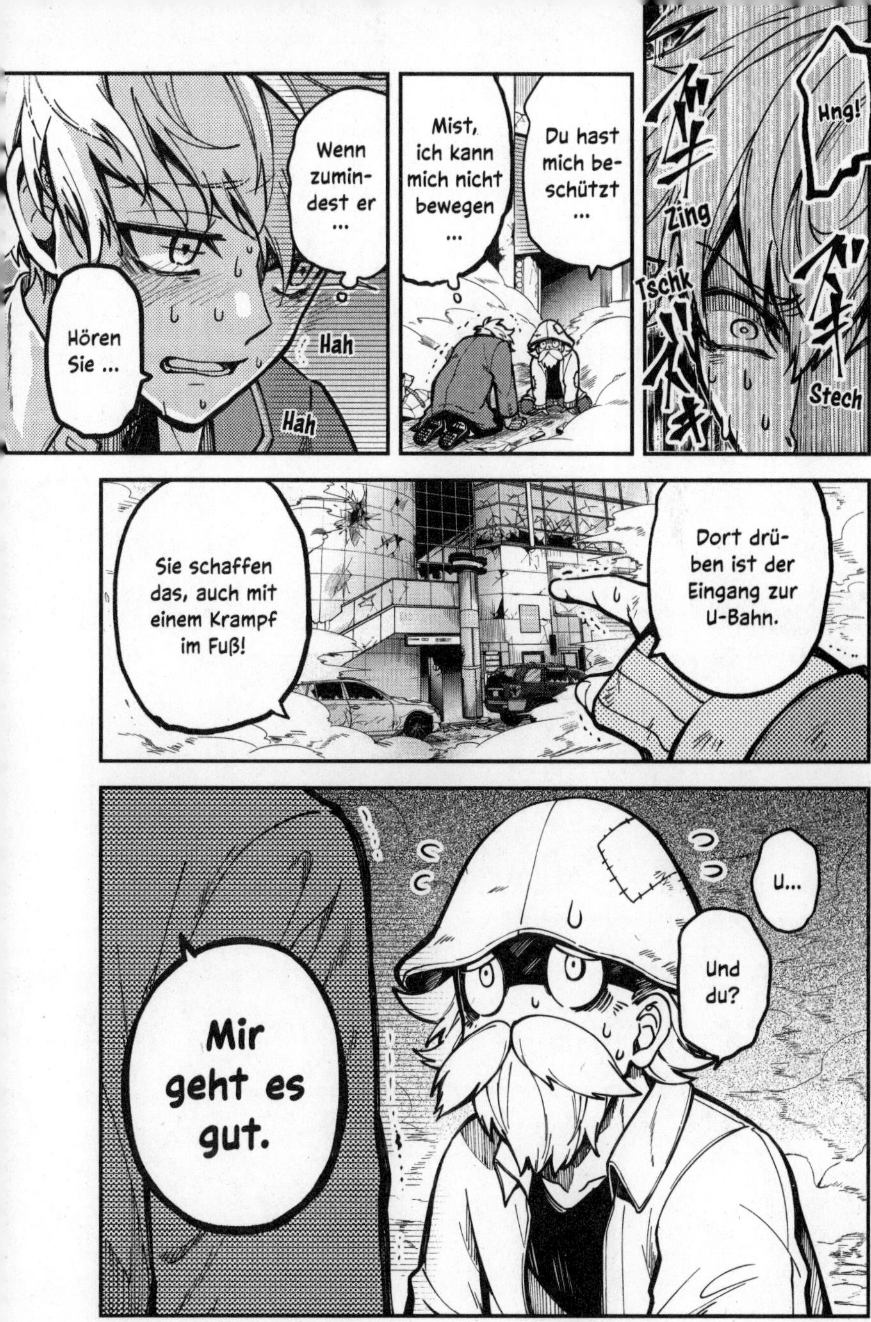
Hng!
Zing
Tschk
Stech
Du hast mich beschützt …
Mist, ich kann mich nicht bewegen …
Wenn zumindest er …
Hören Sie …
Hah
Hah
Dort drüben ist der Eingang zur U-Bahn.
Sie schaffen das, auch mit einem Krampf im Fuß!
U…
Und du?
Mir geht es gut.

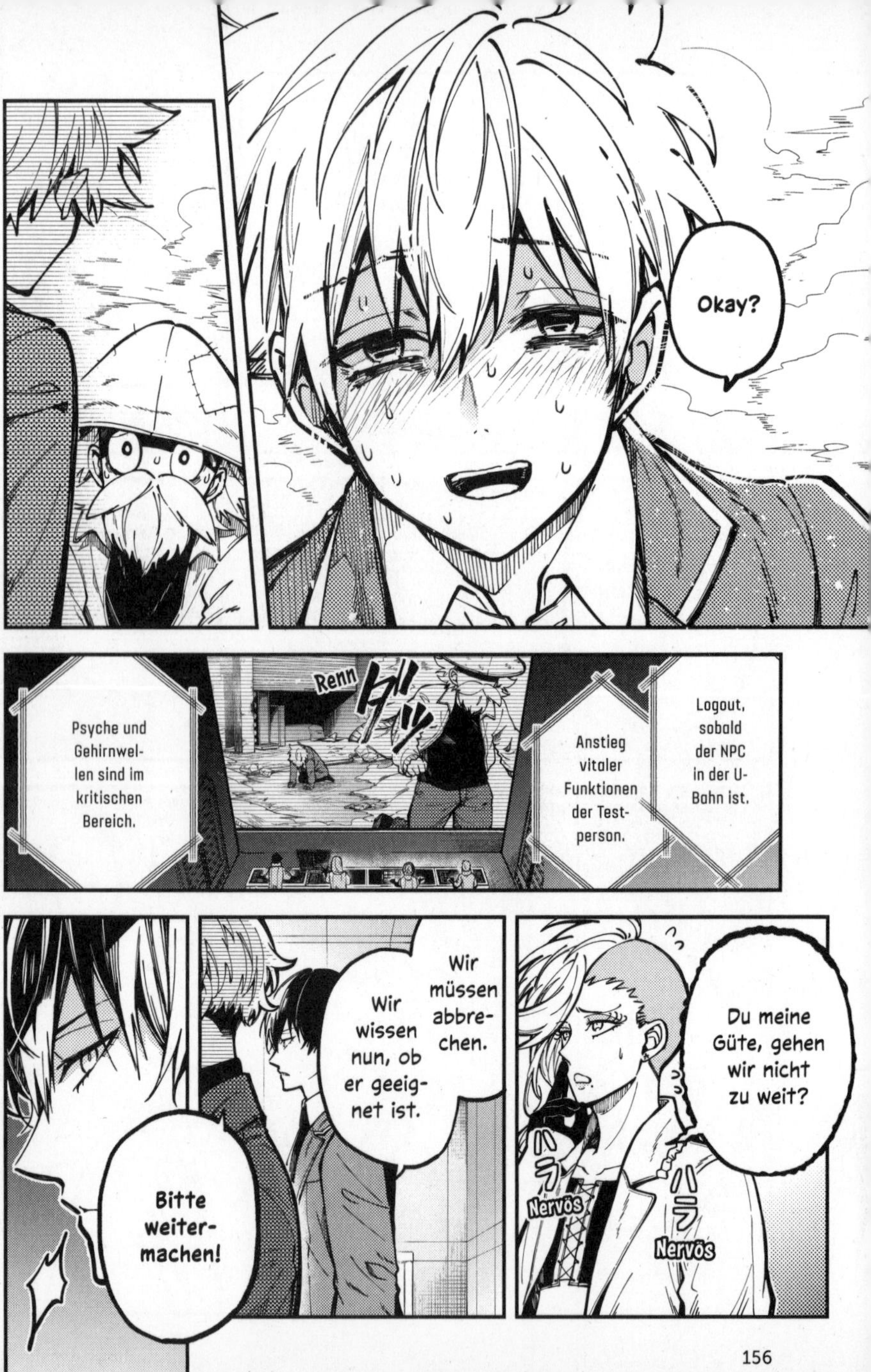
Okay?
Logout, sobald der NPC in der U-Bahn ist.
Anstieg vitaler Funktionen der Testperson.
Renn
Psyche und Gehirnwellen sind im kritischen Bereich.
Du meine Güte, gehen wir nicht zu weit?
Nervös
Nervös
Wir müssen abbrechen.
Wir wissen nun, ob er geeignet ist.
Bitte weitermachen!

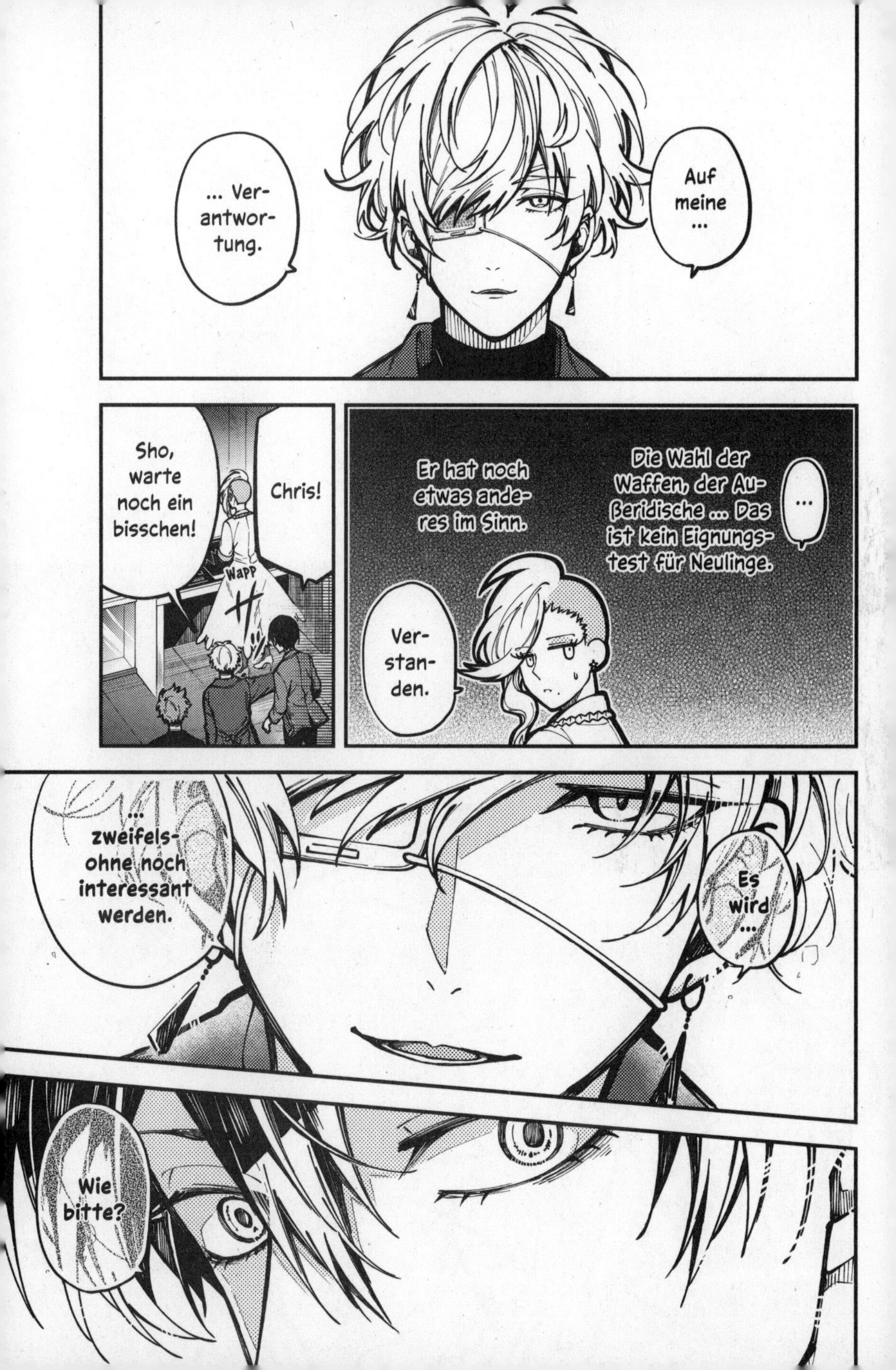
Auf meine ...
... Verantwortung.
...
Die Wahl der Waffen, der Außeridische ... Das ist kein Eignungstest für Neulinge.
Er hat noch etwas anderes im Sinn.
Verstanden.
Chris!
Sho, warte noch ein bisschen!
Wapp
Es wird ...
... zweifelsohne noch interessant werden.
Wie bitte?

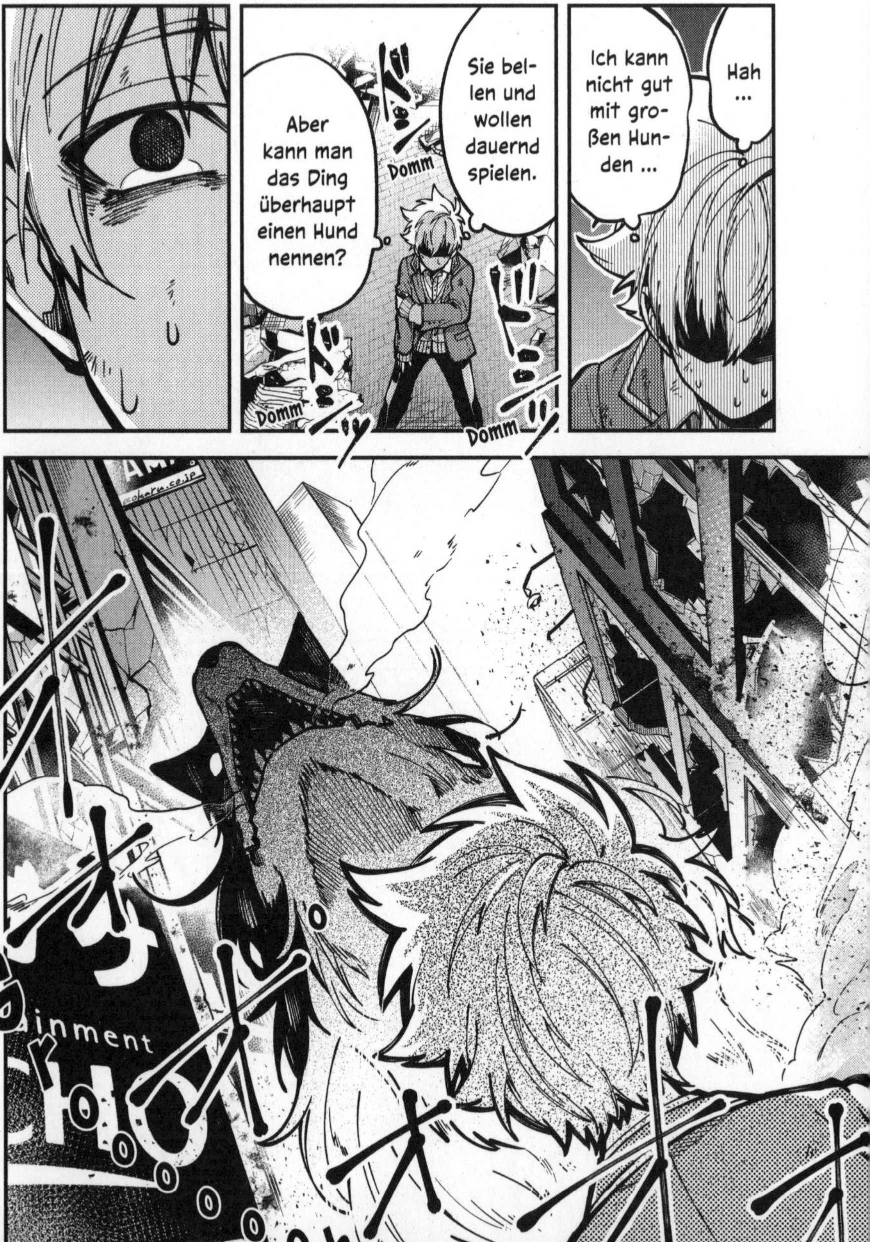

Hah ...
Ich kann nicht gut mit großen Hunden ...
Sie bellen und wollen dauernd spielen.
Domm
Domm
Aber kann man das Ding überhaupt einen Hund nennen?
Domm
Grooooooooh

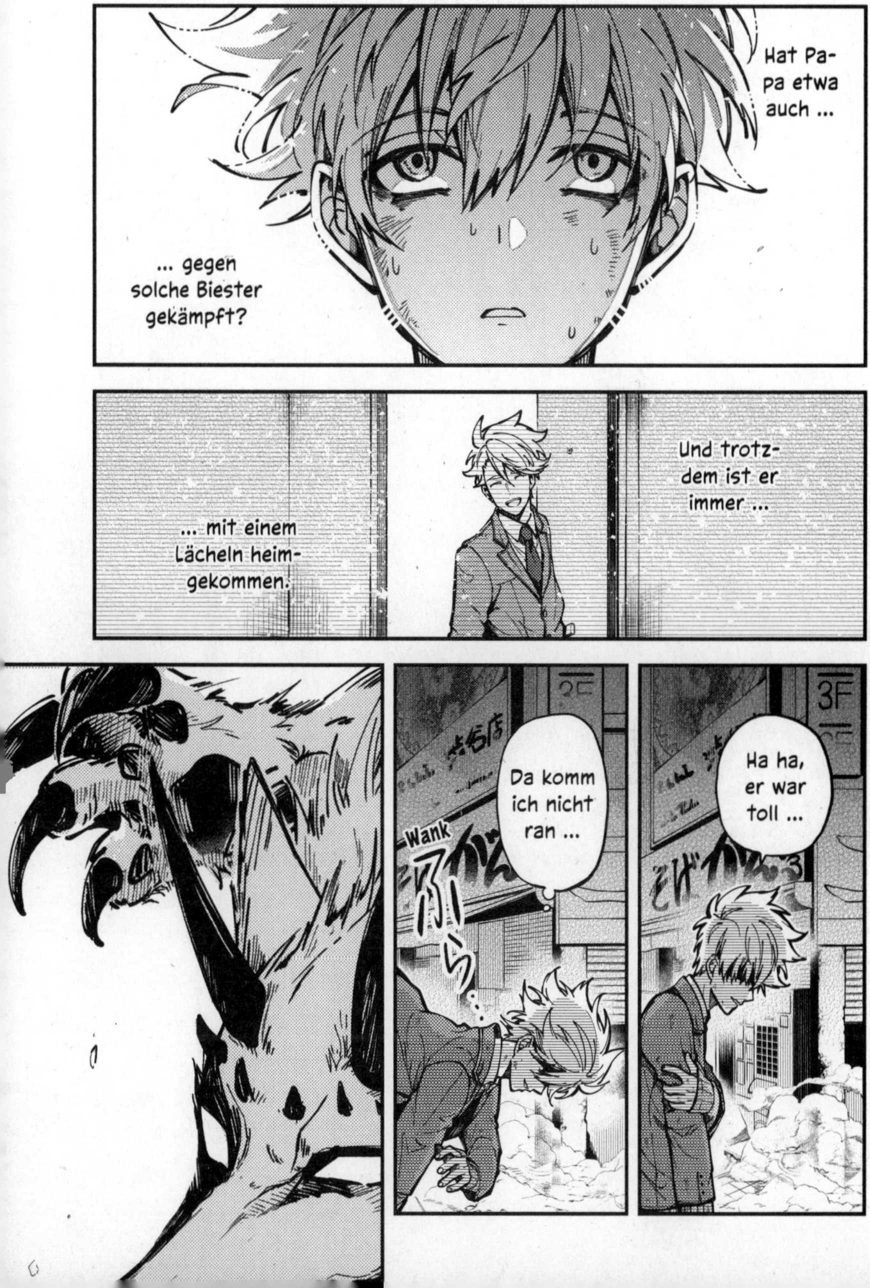
Hat Papa etwa auch ...
... gegen solche Biester gekämpft?
Und trotzdem ist er immer ...
... mit einem Lächeln heimgekommen.
Ha ha, er war toll ...
Da komm ich nicht ran ...
Wank
3F

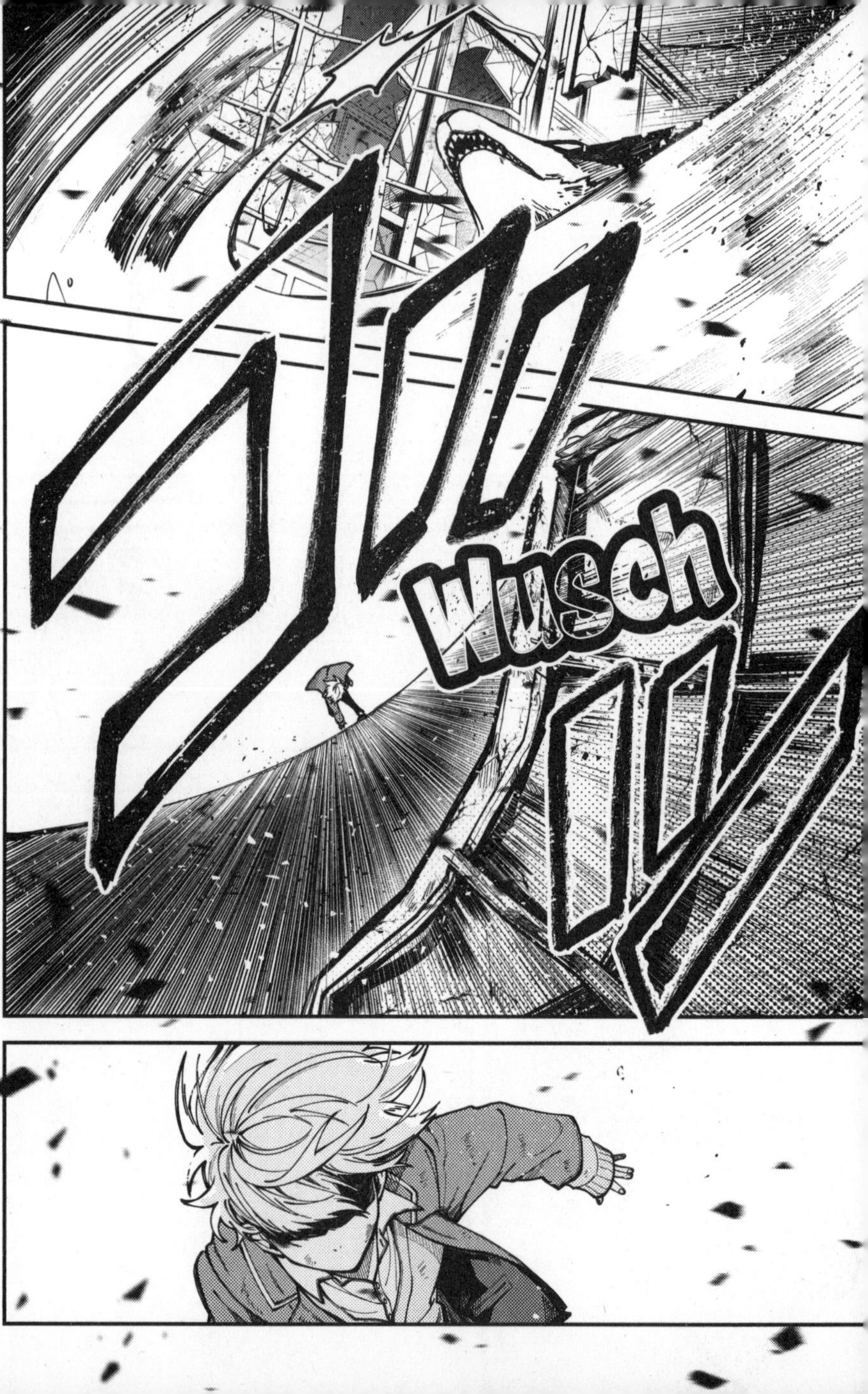
Wusch

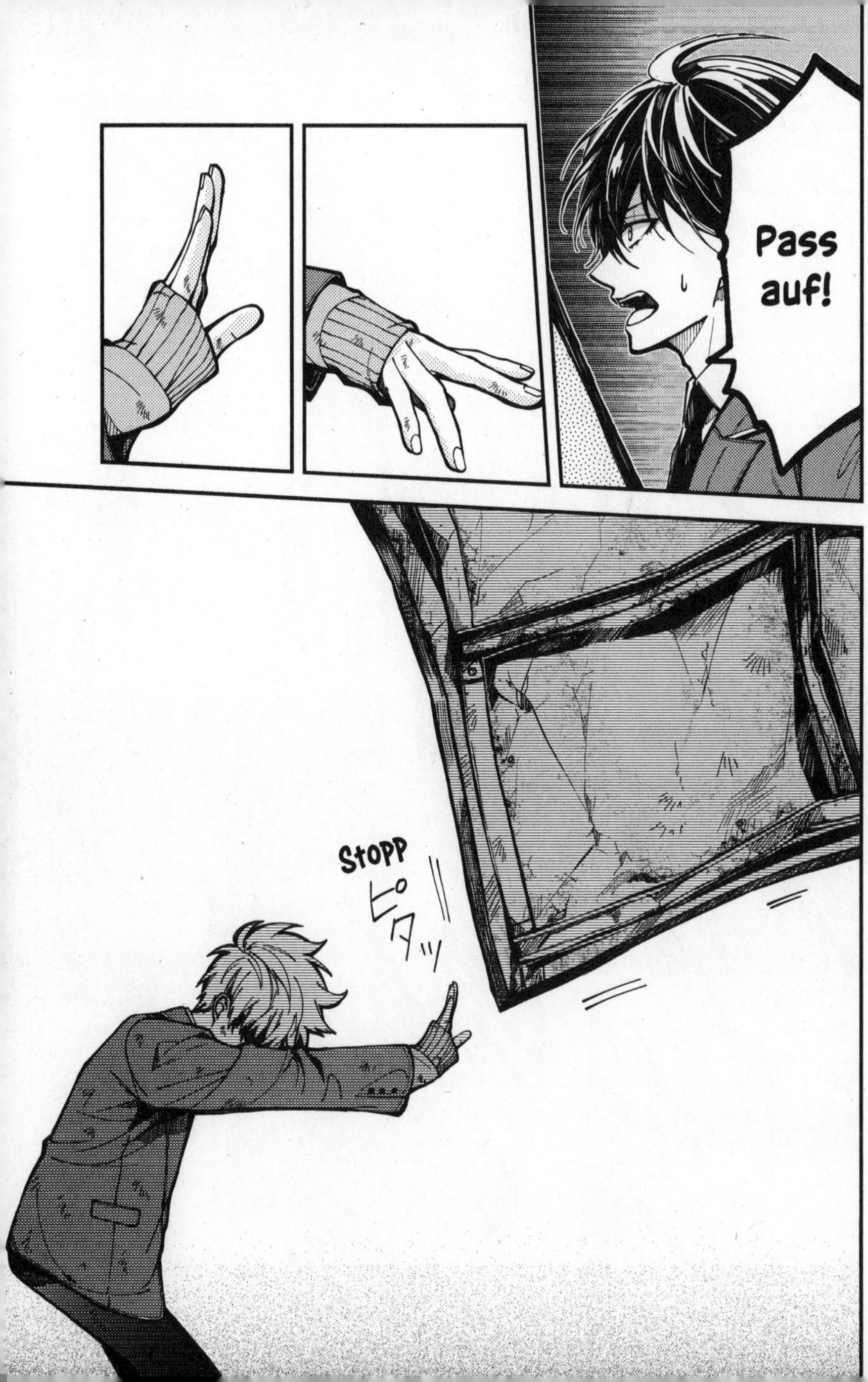
Pass auf!
Stopp
ピタッ

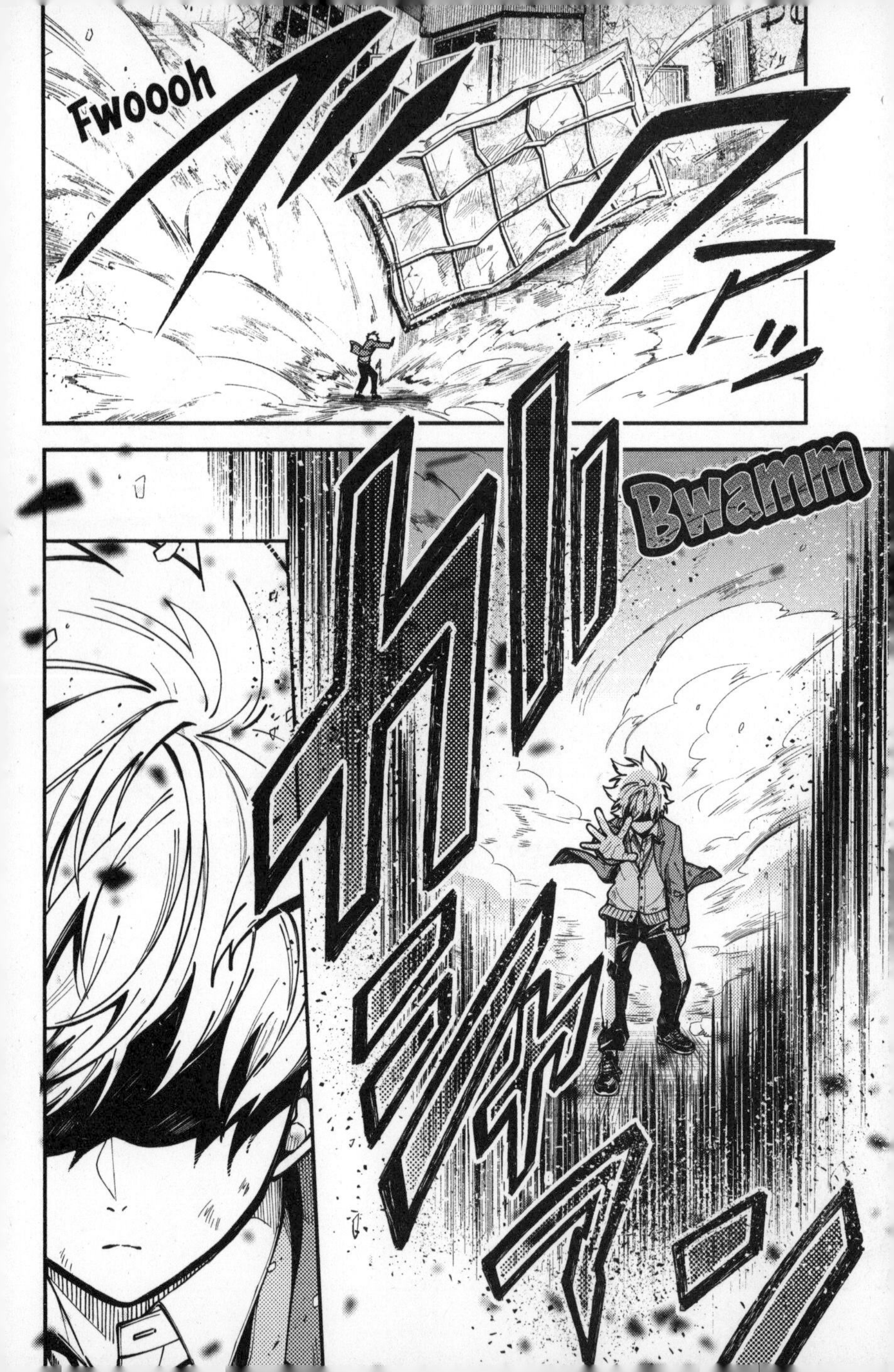
Fwoooh
Bwamm

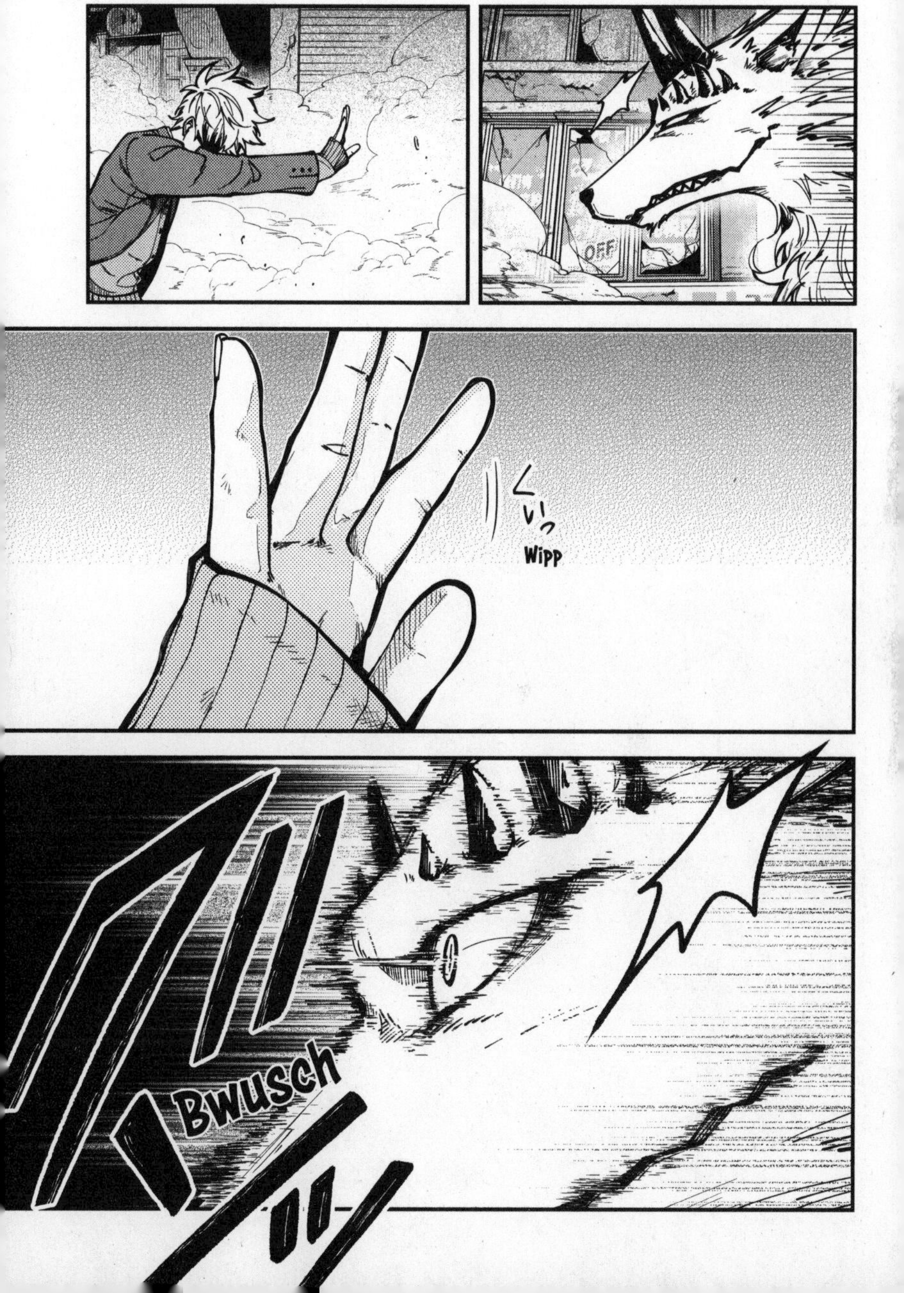
Wipp
Bwusch

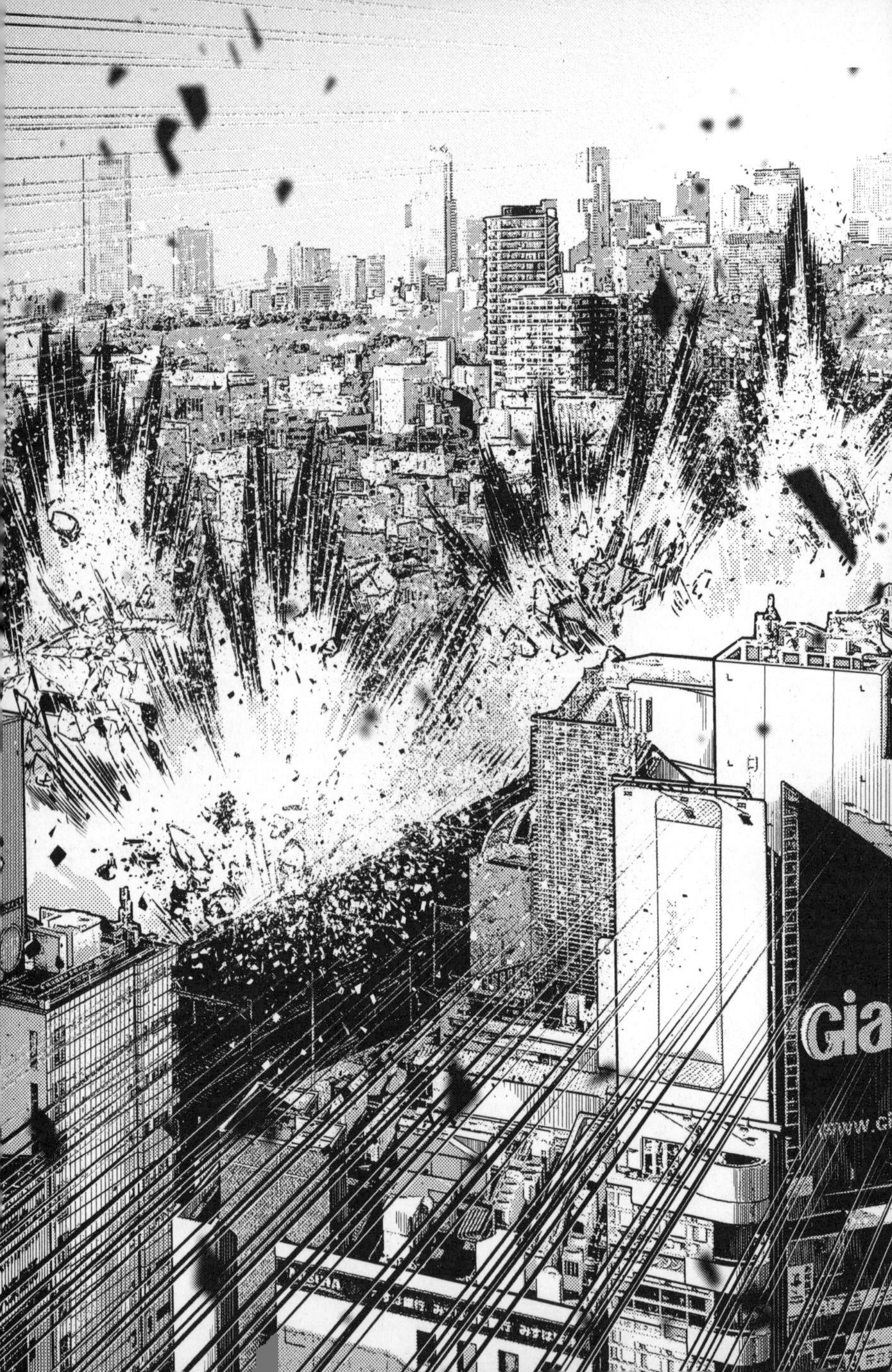
Gia

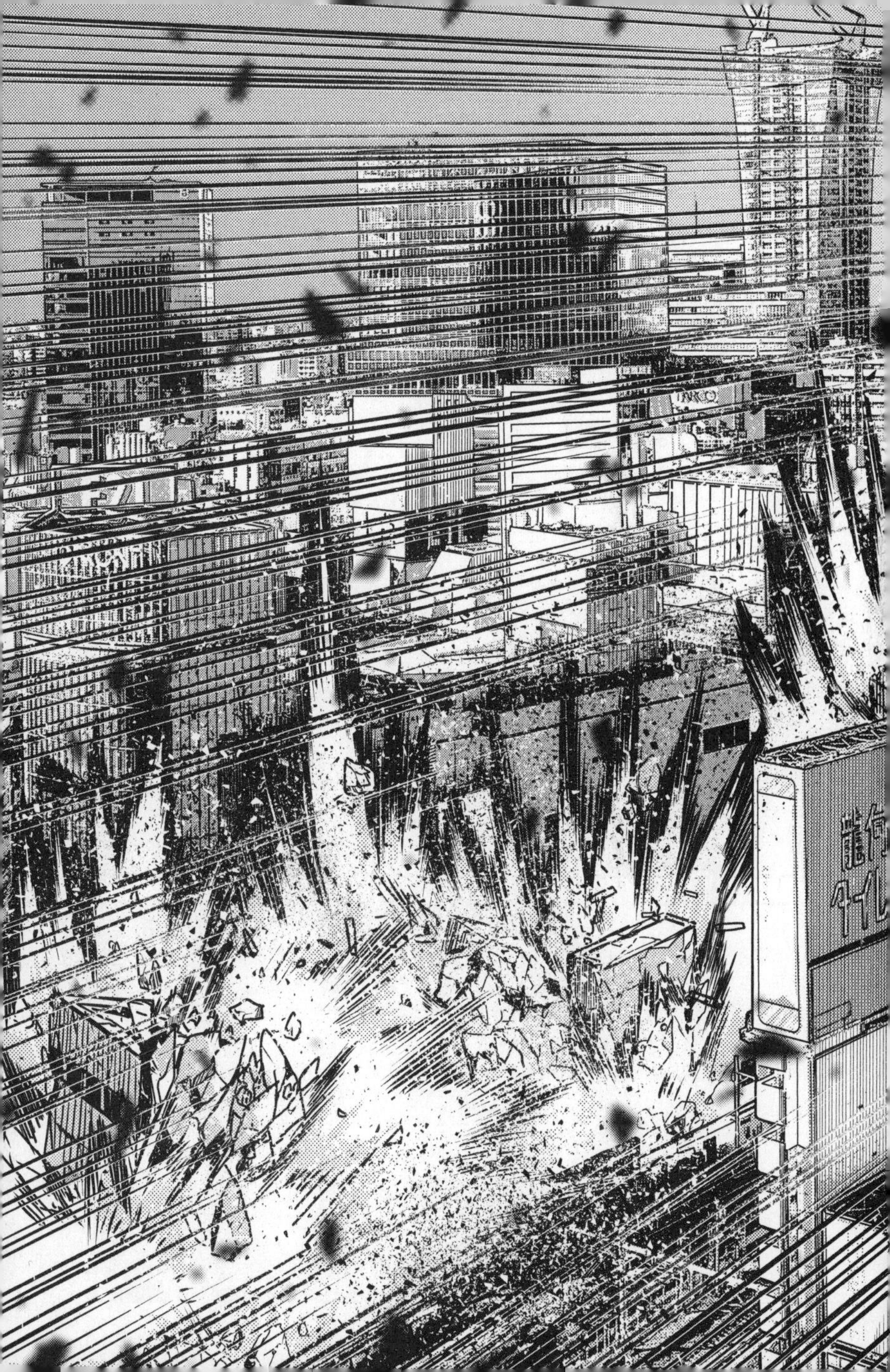

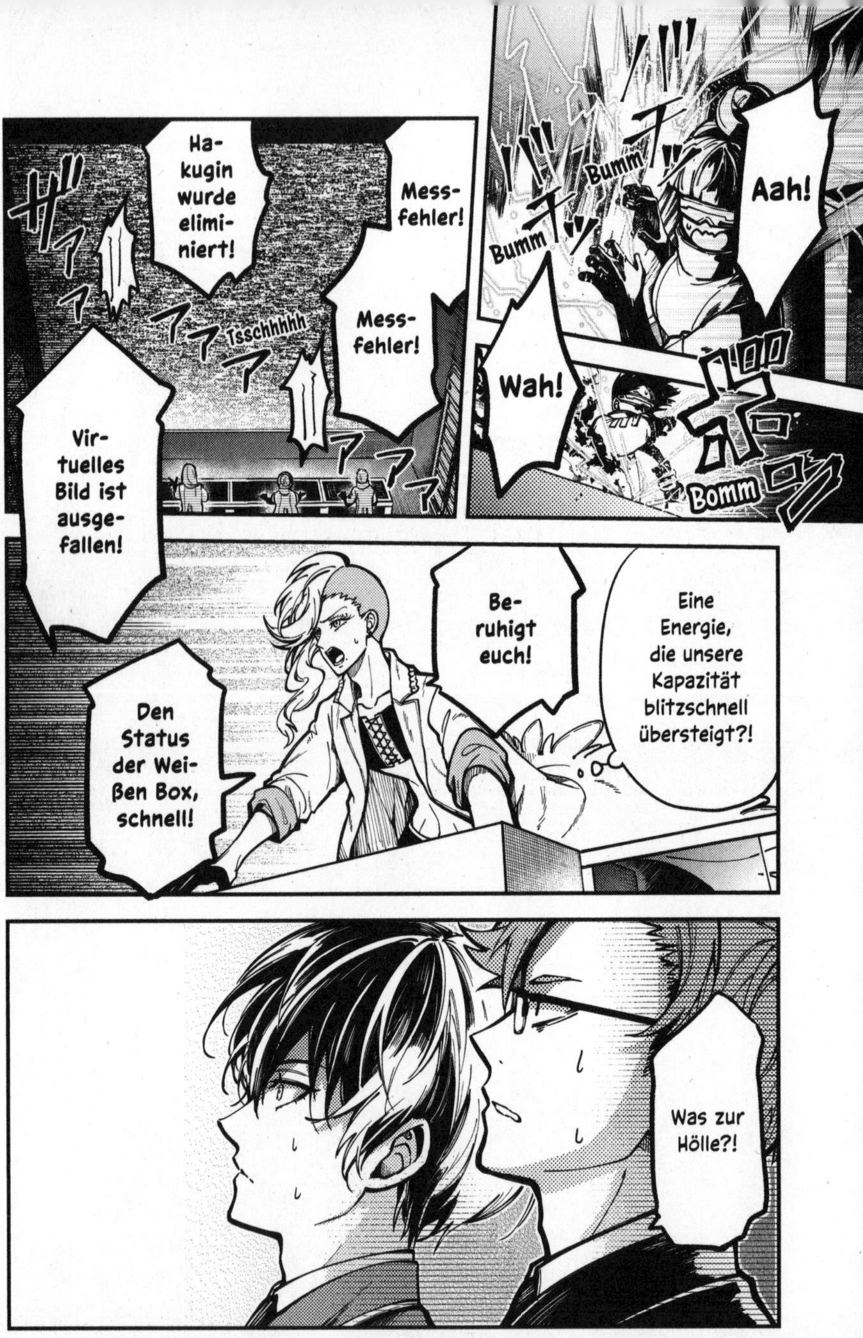
Aah!
Bumm
Bumm
Wah!
Bomm
Mess-fehler!
Mess-fehler!
Ha-kugin wurde elimi-niert!
Tsschhhhh
Vir-tuelles Bild ist ausge-fallen!
Eine Energie, die unsere Kapazität blitzschnell übersteigt?!
Be-ruhigt euch!
Den Status der Wei-ßen Box, schnell!
Was zur Hölle?!

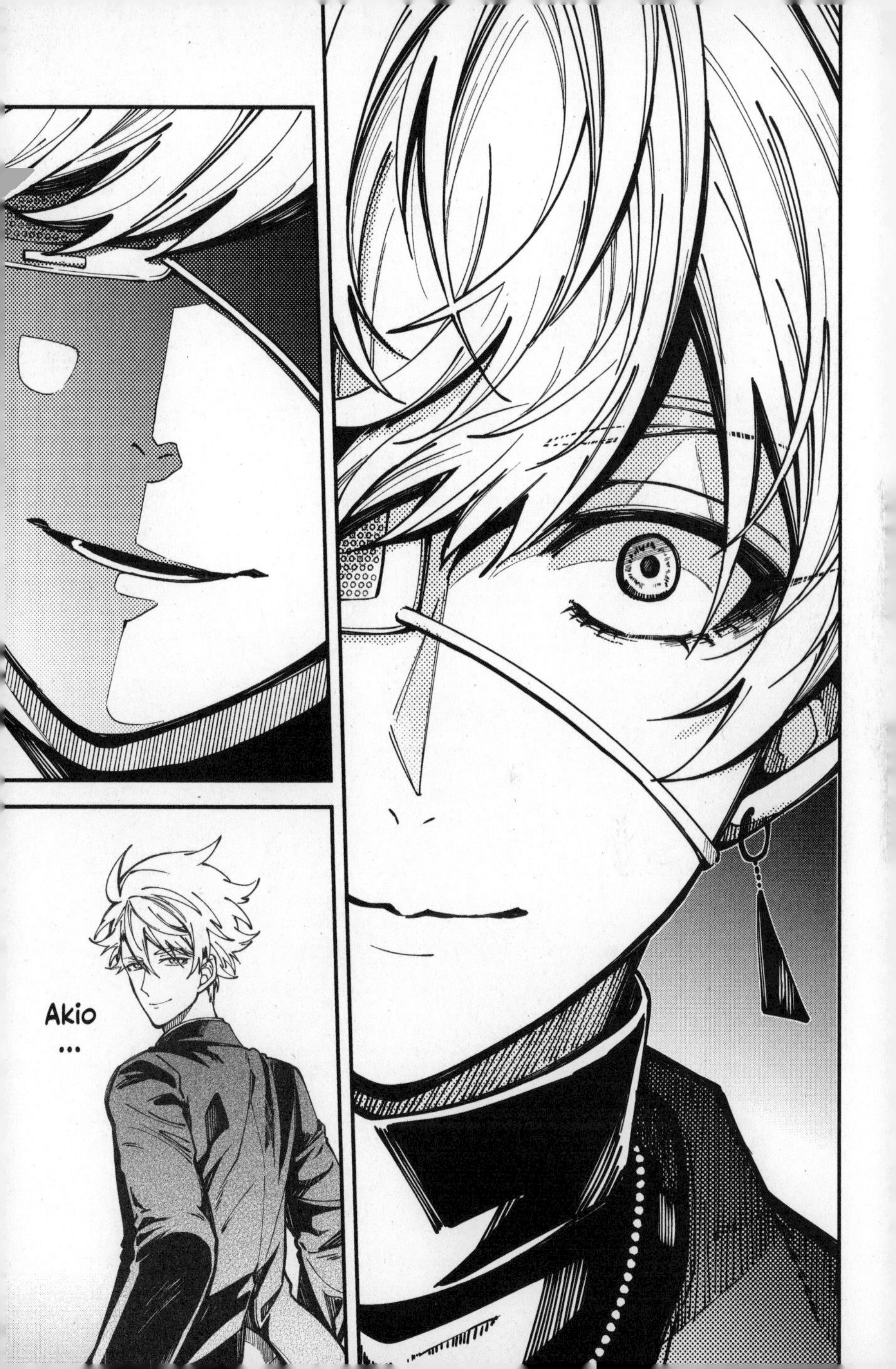
Akio
...

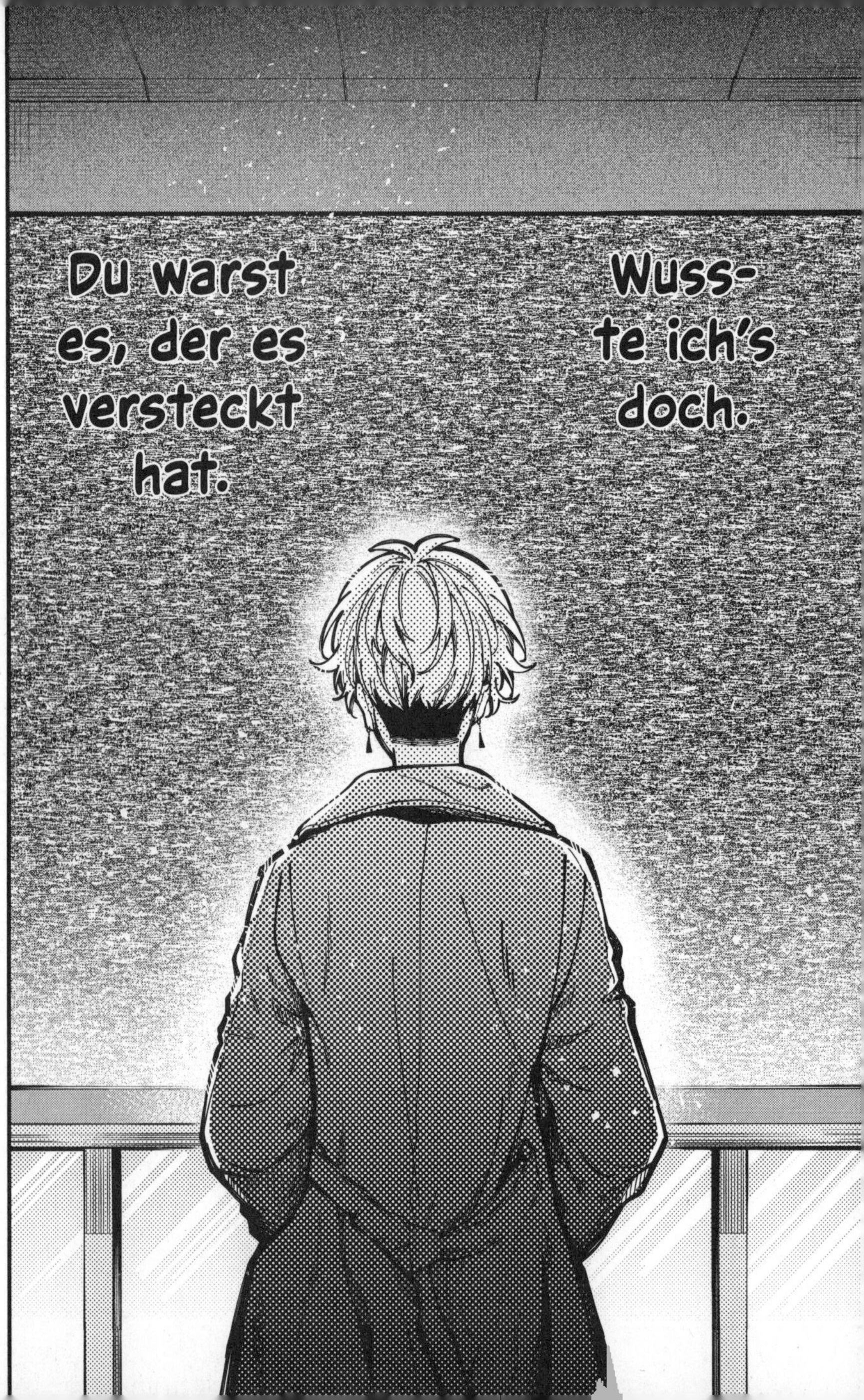
Wuss-
te ich's
doch.
Du warst
es, der es
versteckt
hat.

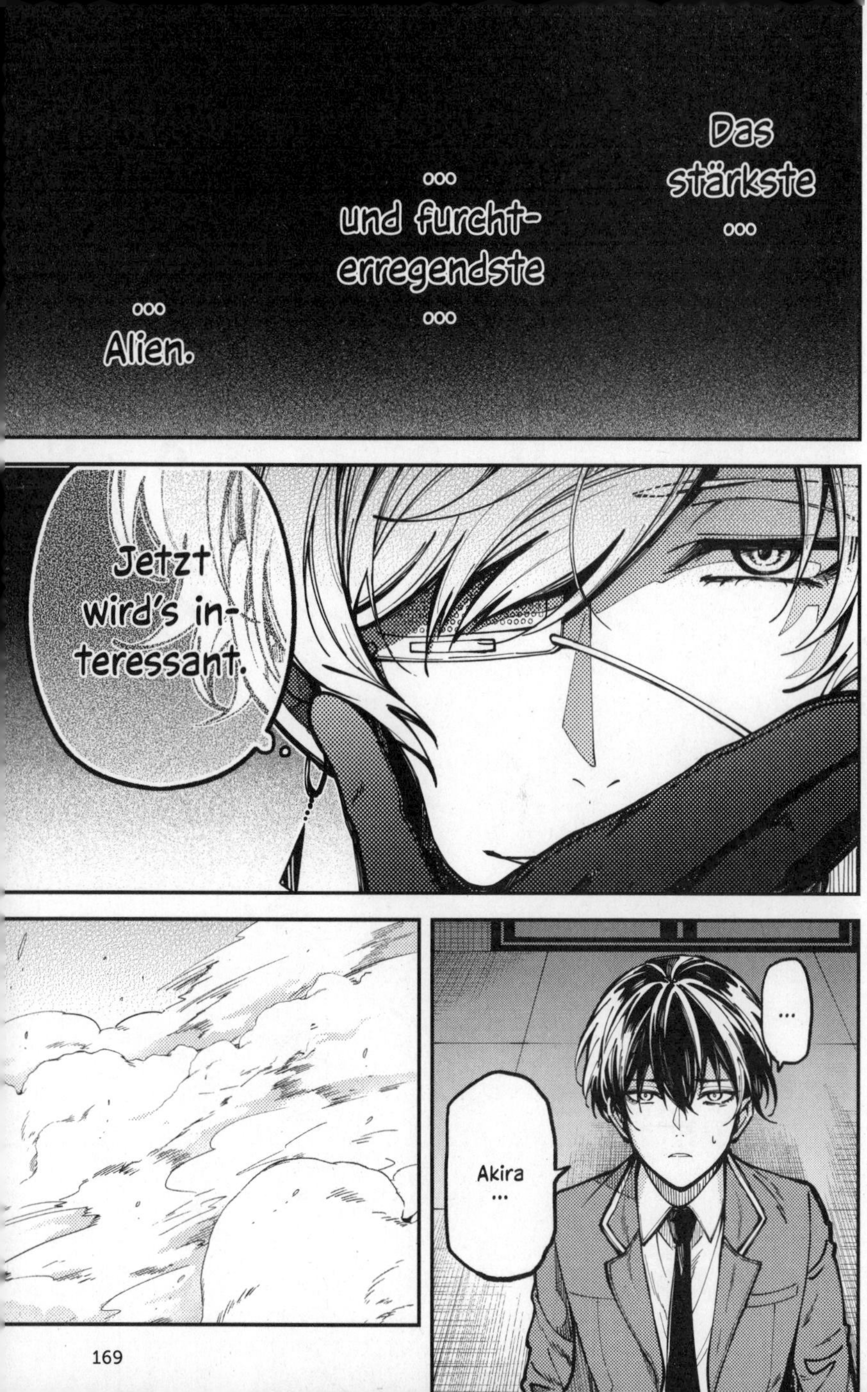

Das stärkste ...
... und furcht-erregendste ...
... Alien.
Jetzt wird's in-teressant.
...
Akira ...

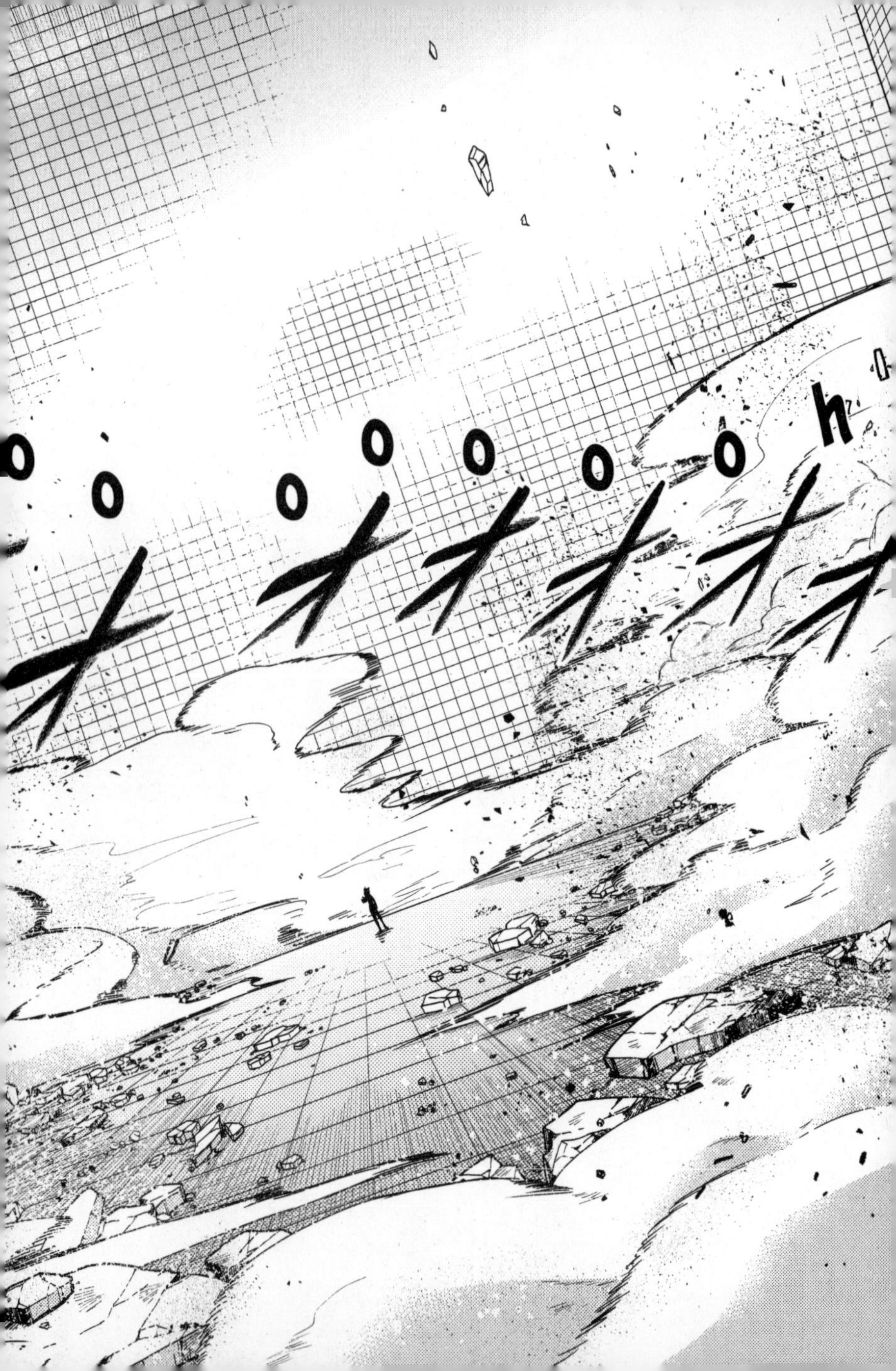
oooooooh
オオオオオオ

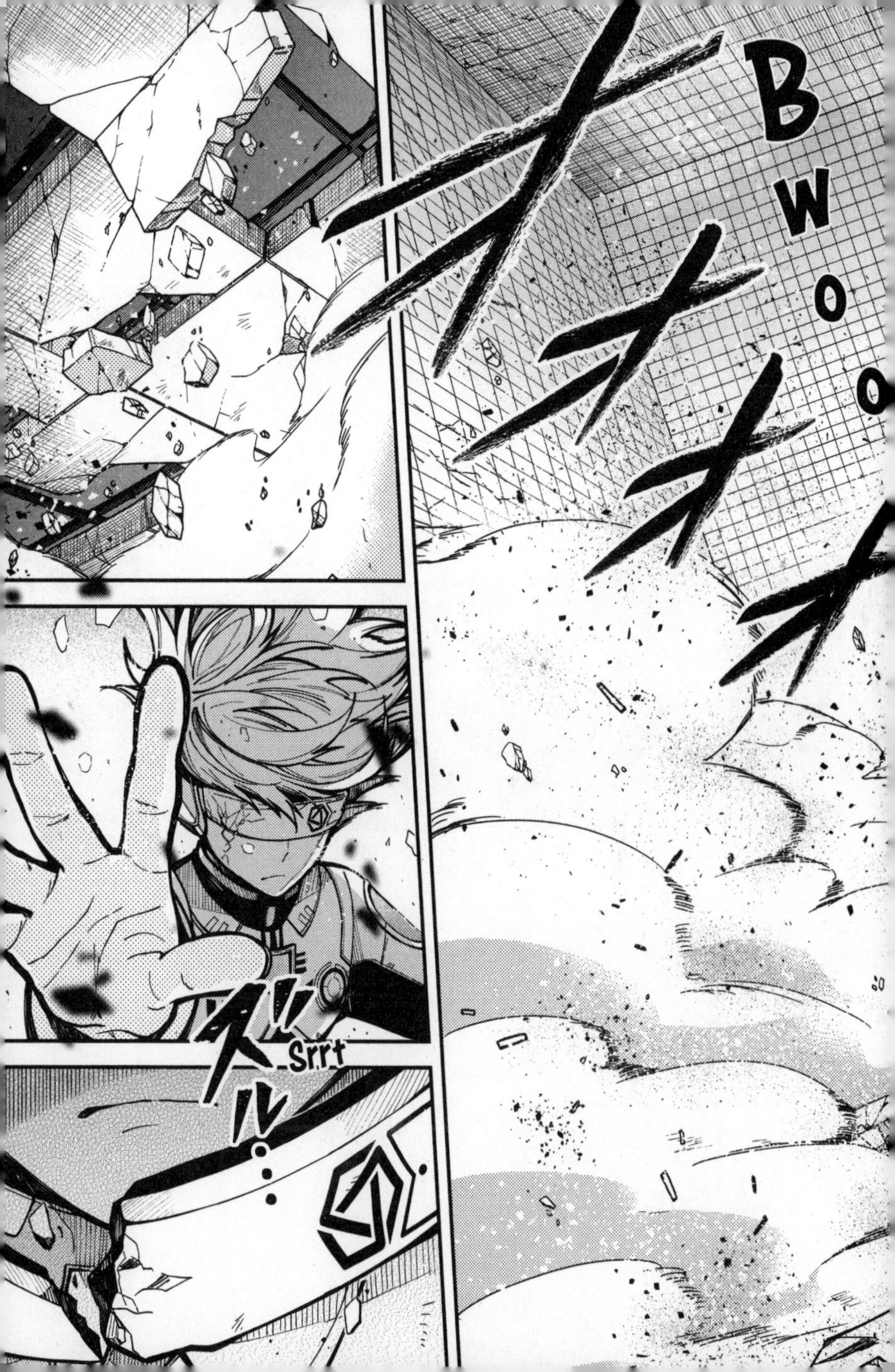
BWOOO
Srrt

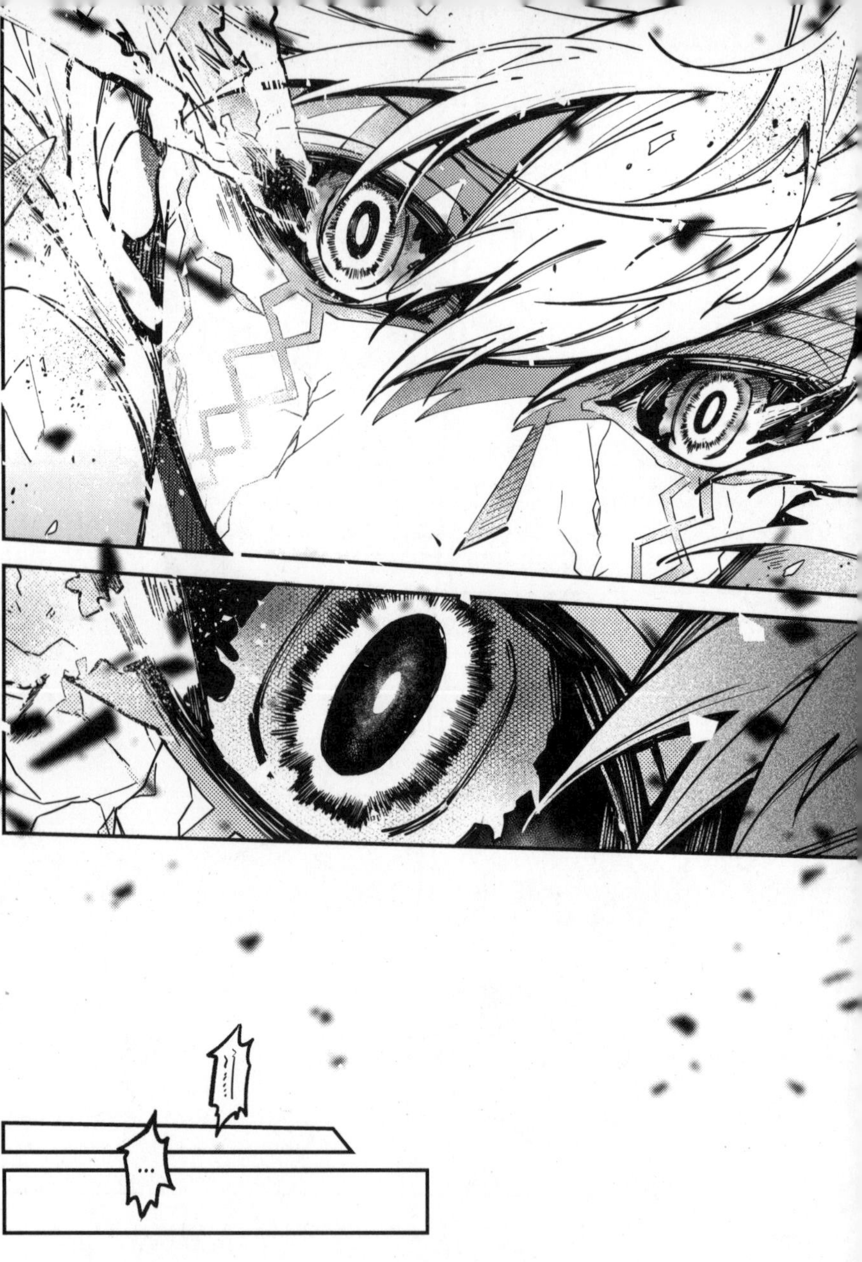

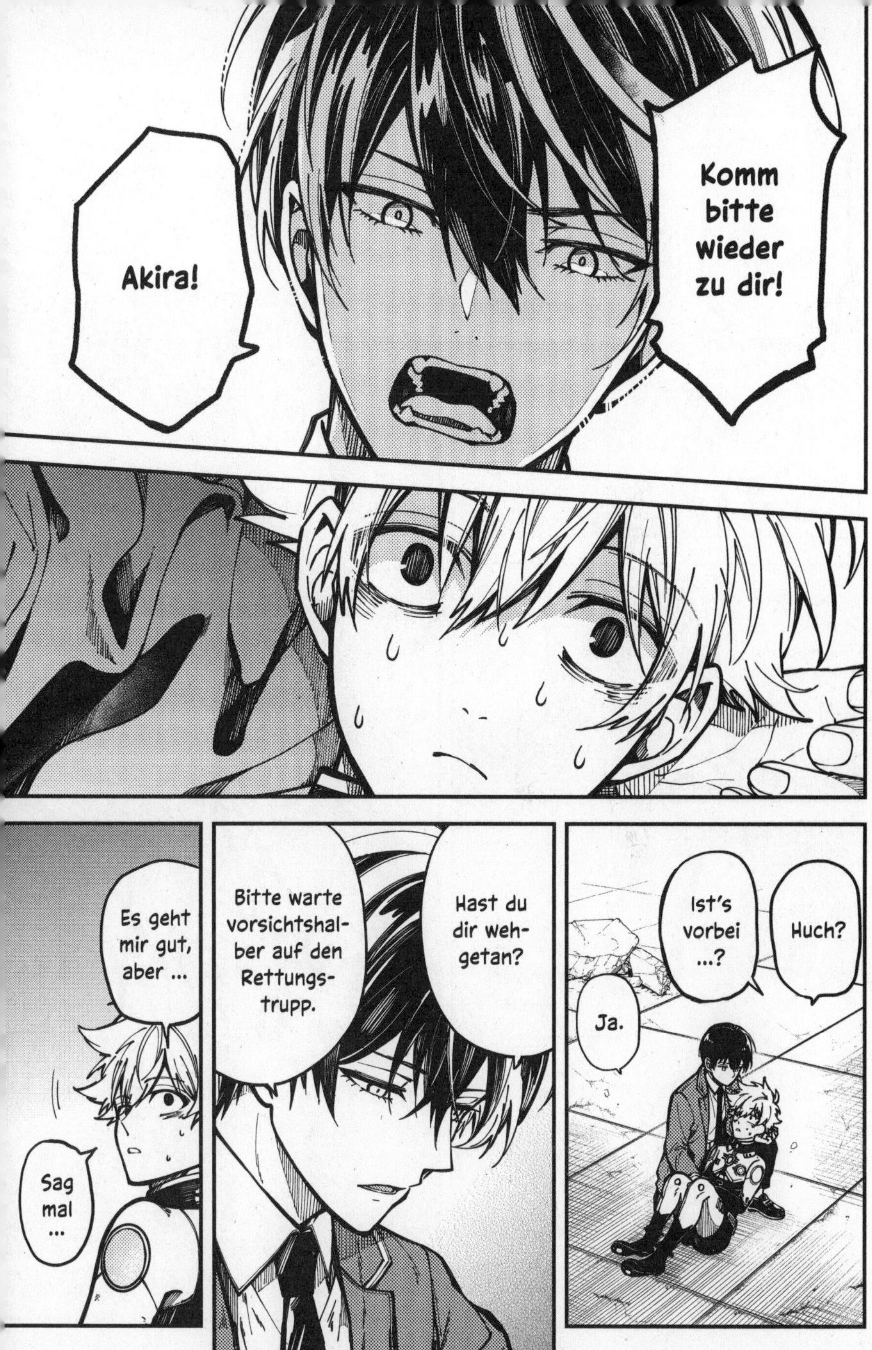
Komm bitte wieder zu dir!
Akira!
Huch?
Ist's vorbei ...?
Ja.
Hast du dir wehgetan?
Bitte warte vorsichtshalber auf den Rettungstrupp.
Es geht mir gut, aber ...
Sag mal ...

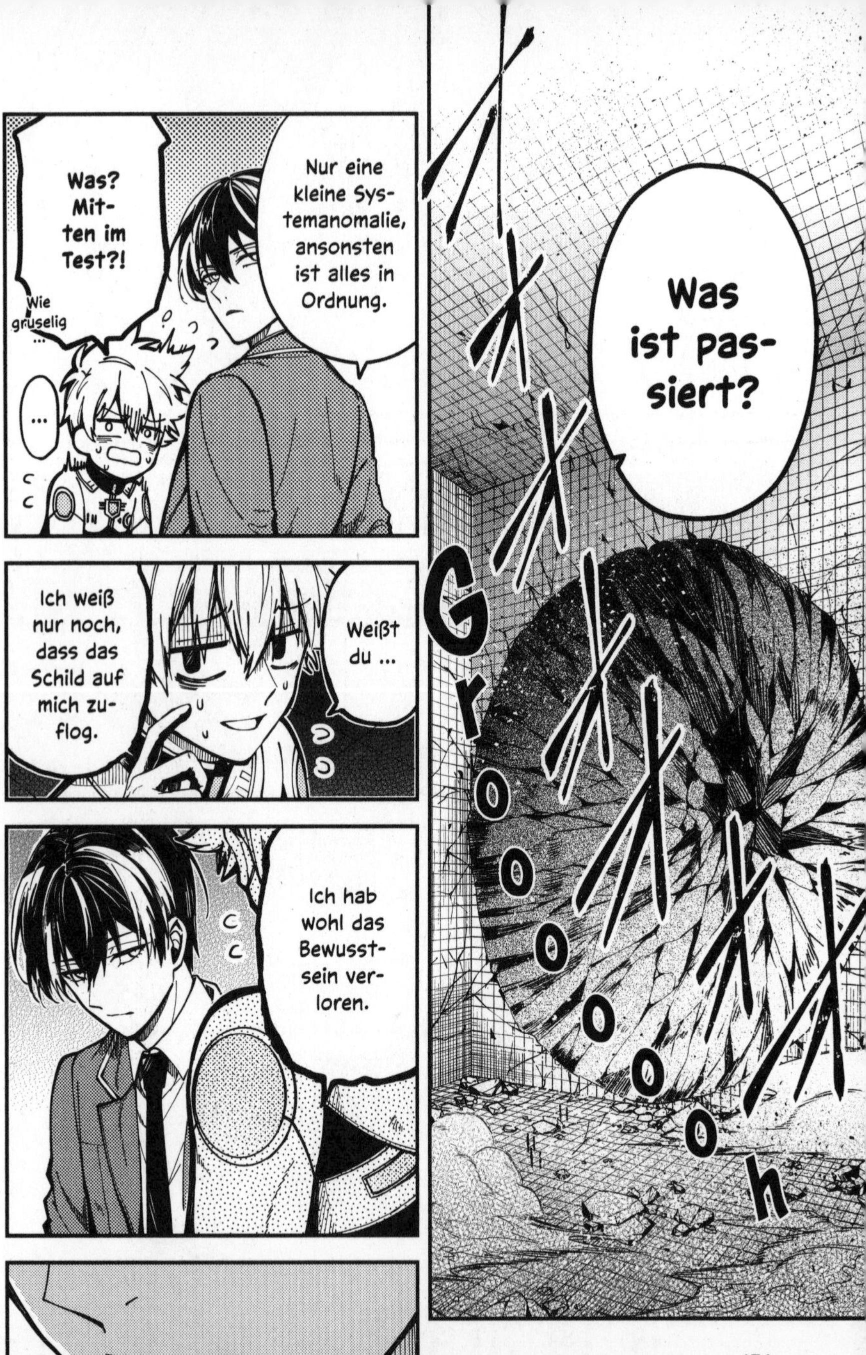
Was ist passiert?
Grooooooooh
Nur eine kleine Systemanomalie, ansonsten ist alles in Ordnung.
Was? Mitten im Test?!
Wie gruselig ...
...
Weißt du ...
Ich weiß nur noch, dass das Schild auf mich zuflog.
Ich hab wohl das Bewusstsein verloren.

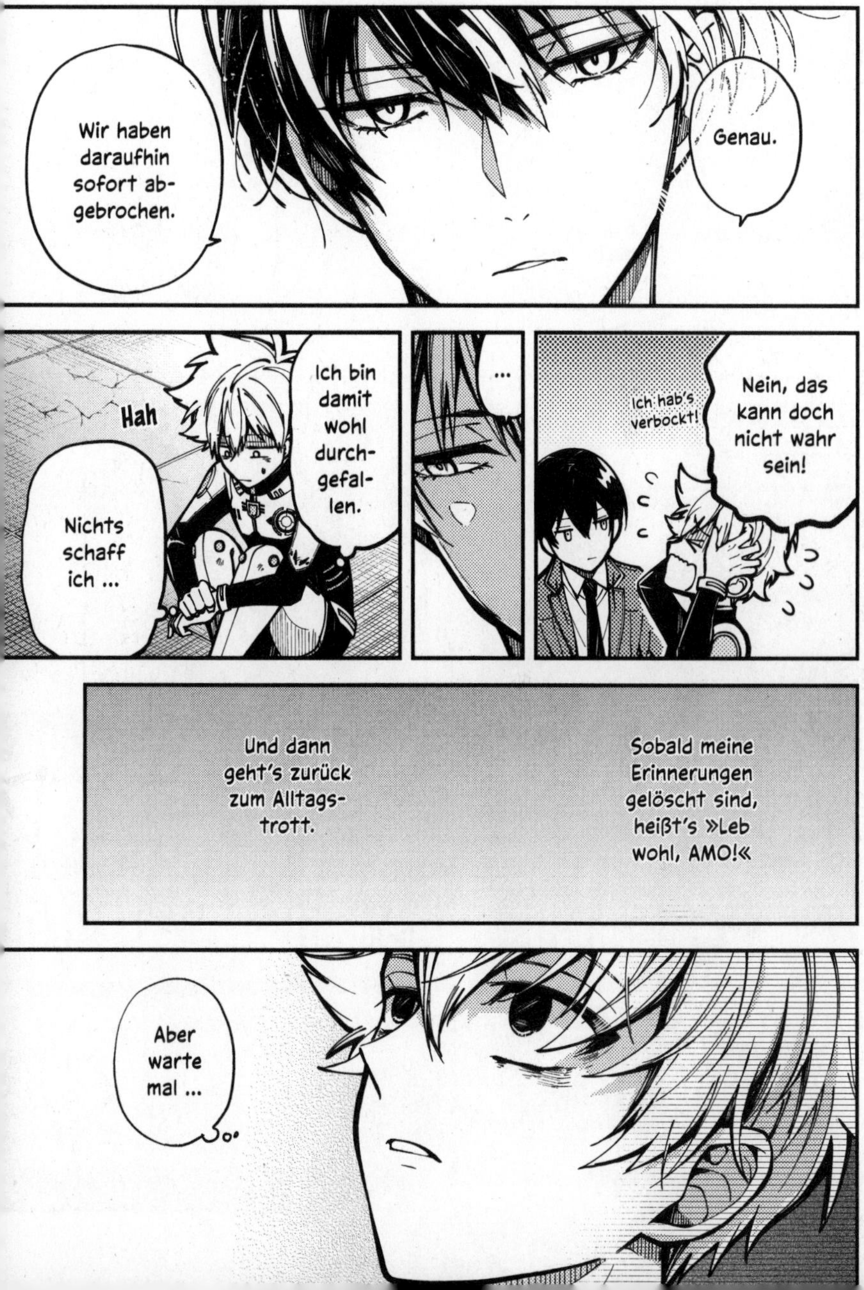
Genau.
Wir haben daraufhin sofort abgebrochen.
Nein, das kann doch nicht wahr sein!
Ich hab's verbockt!
...
Ich bin damit wohl durchgefallen.
Hah
Nichts schaff ich ...
Sobald meine Erinnerungen gelöscht sind, heißt's »Leb wohl, AMO!«
Und dann geht's zurück zum Alltagstrott.
Aber warte mal ...

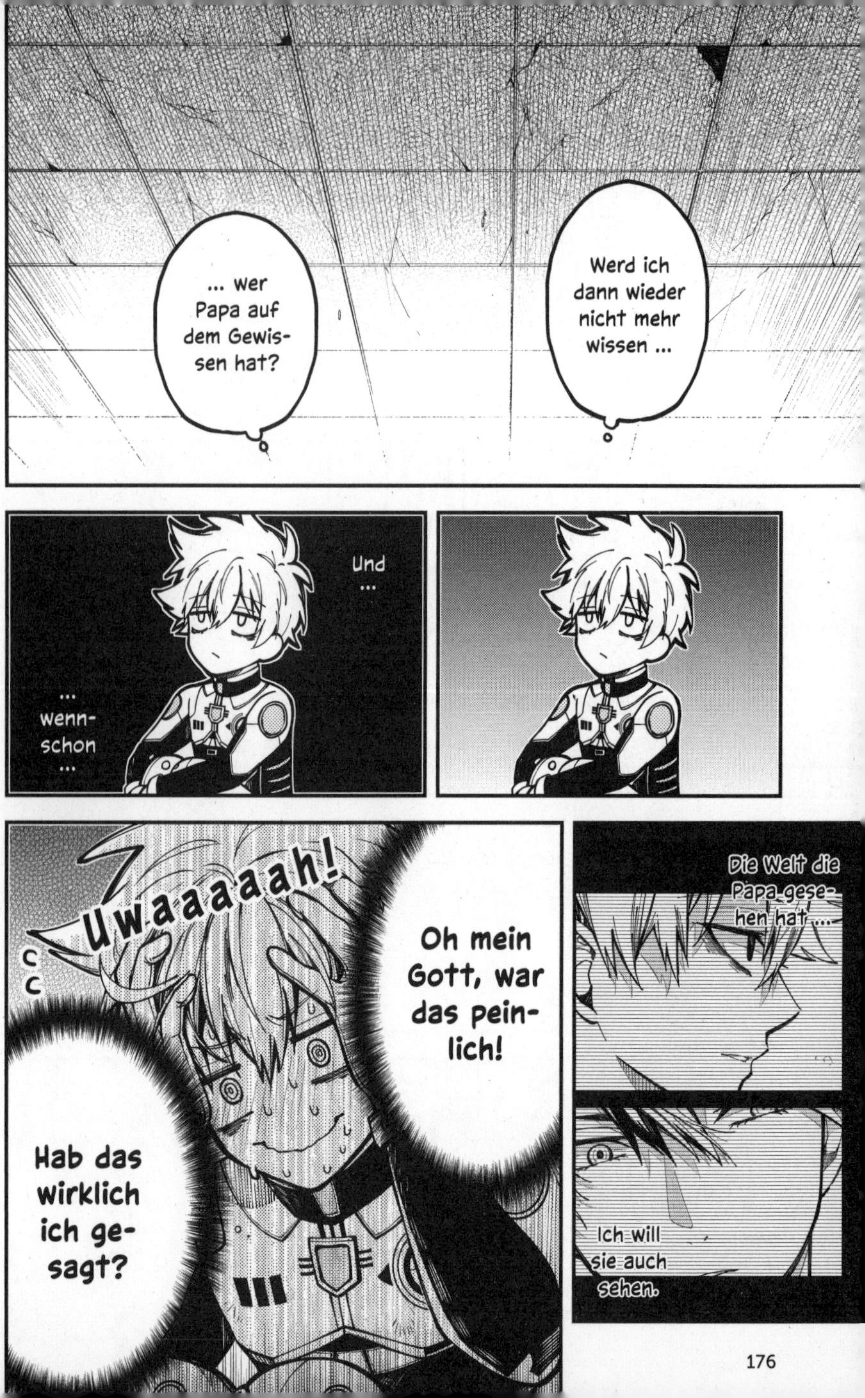
Werd ich dann wieder nicht mehr wissen ...
... wer Papa auf dem Gewissen hat?
Und ...
... wennschon ...
Die Welt die Papa gesehen hat ...
Ich will sie auch sehen.
Uwaaaaaah!
Oh mein Gott, war das peinlich!
Hab das wirklich ich gesagt?

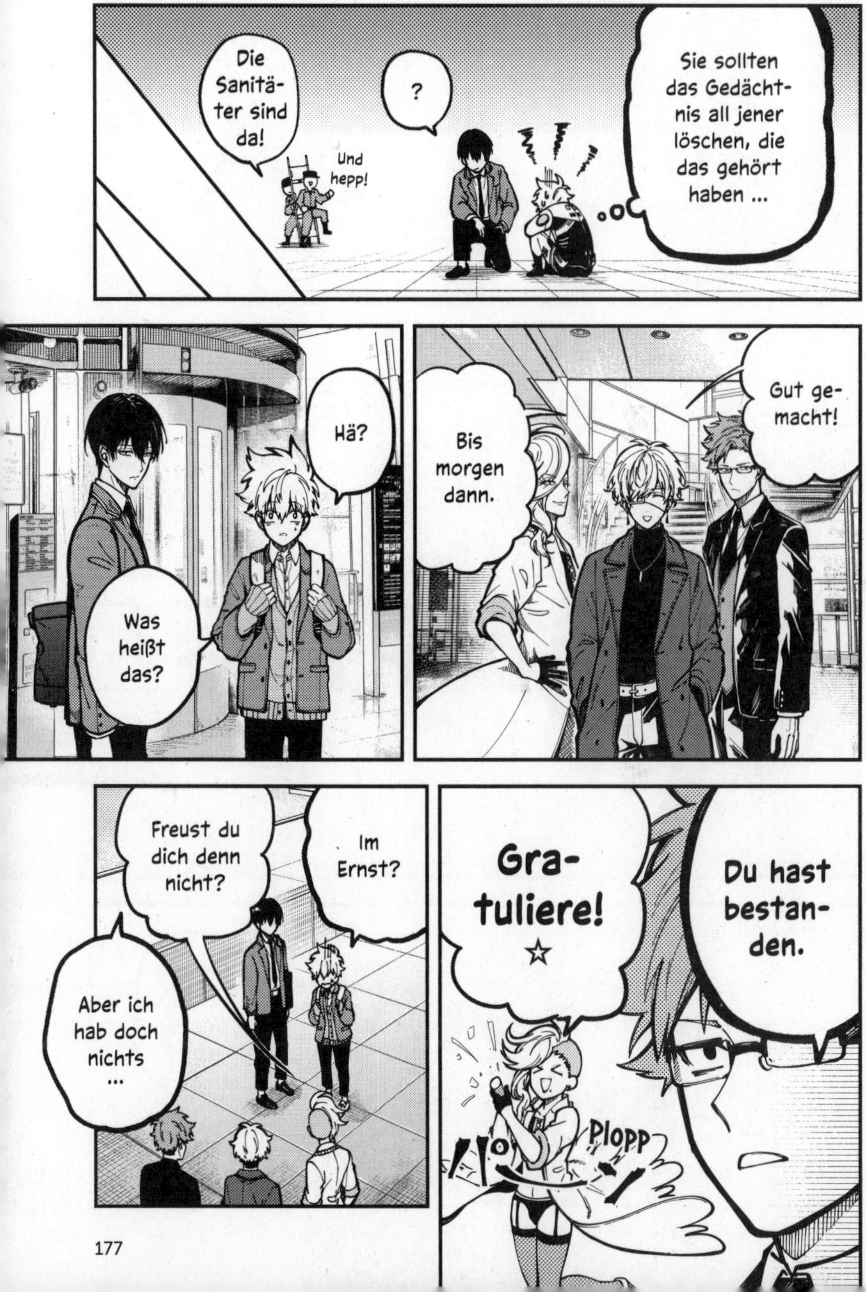

Sie sollten das Gedächtnis all jener löschen, die das gehört haben ...
?
Die Sanitäter sind da!
Und hepp!
Gut gemacht!
Bis morgen dann.
Hä?
Was heißt das?
Du hast bestanden.
Gratuliere! ☆
PLOPP
Im Ernst?
Freust du dich denn nicht?
Aber ich hab doch nichts ...

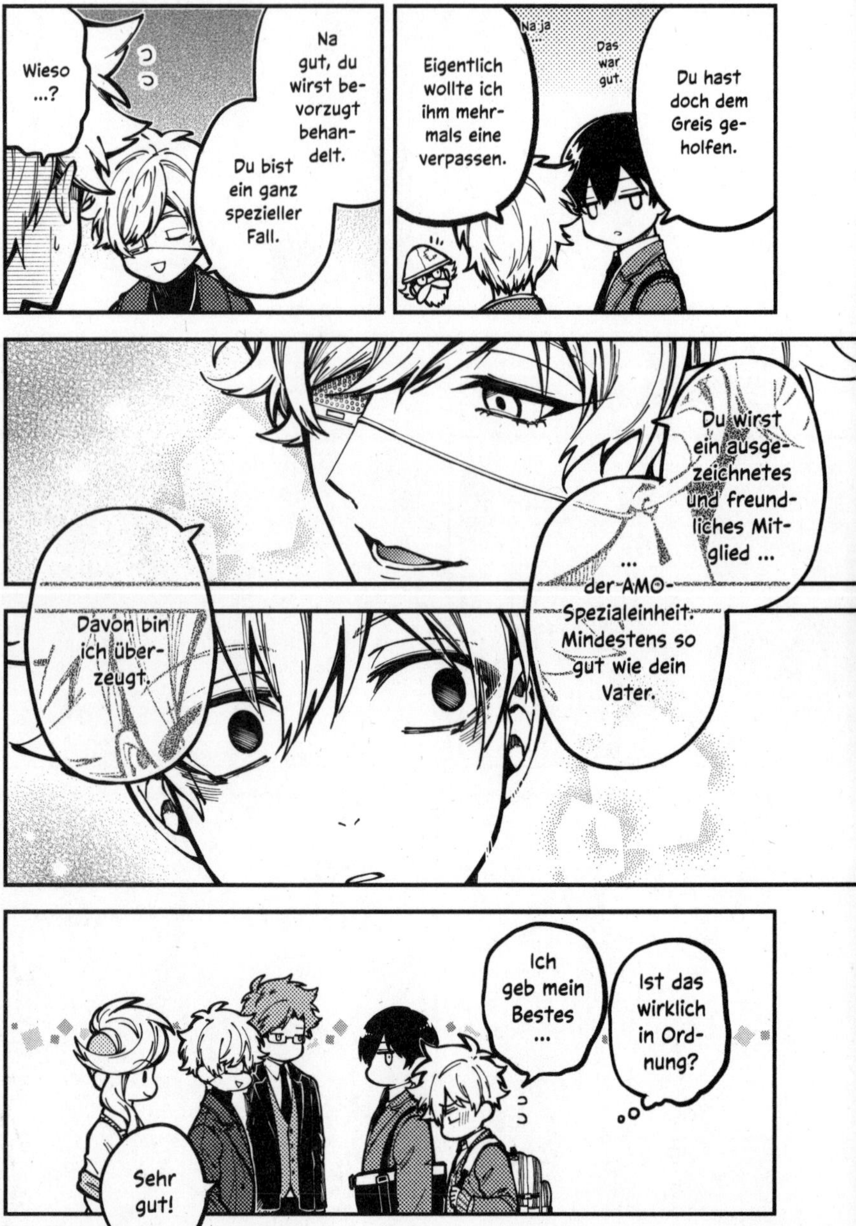
Du hast doch dem Greis geholfen.
Das war gut.
Na ja ...
Eigentlich wollte ich ihm mehrmals eine verpassen.
Na gut, du wirst bevorzugt behandelt.
Du bist ein ganz spezieller Fall.
Wieso ...?
Du wirst ein ausgezeichnetes und freundliches Mitglied ...
... der AMO-Spezialeinheit. Mindestens so gut wie dein Vater.
Davon bin ich überzeugt.
Ist das wirklich in Ordnung?
Ich geb mein Bestes ...
Sehr gut!

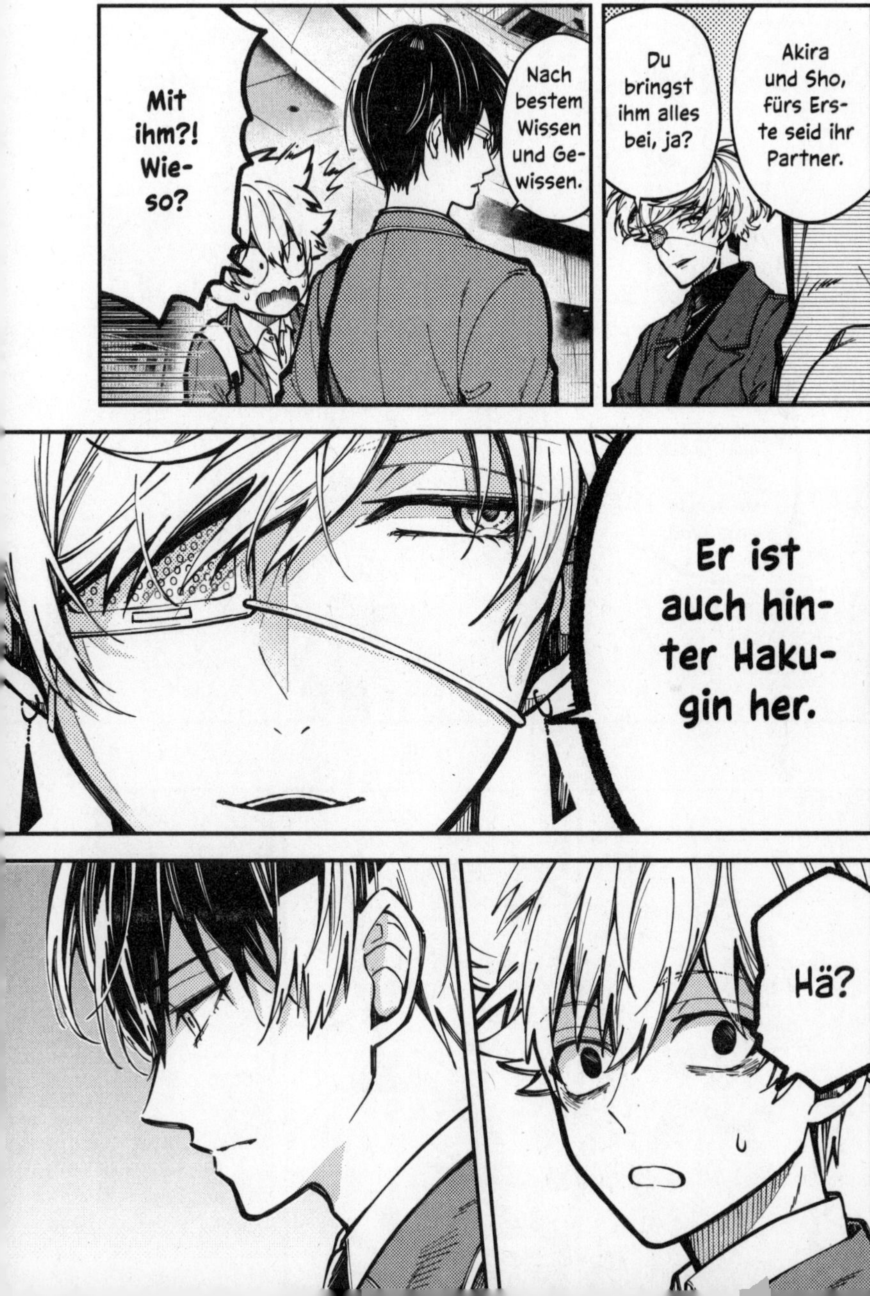
Akira und Sho, fürs Erste seid ihr Partner.
Du bringst ihm alles bei, ja?
Nach bestem Wissen und Gewissen.
Mit ihm?! Wieso?
Er ist auch hinter Hakugin her.
Hä?

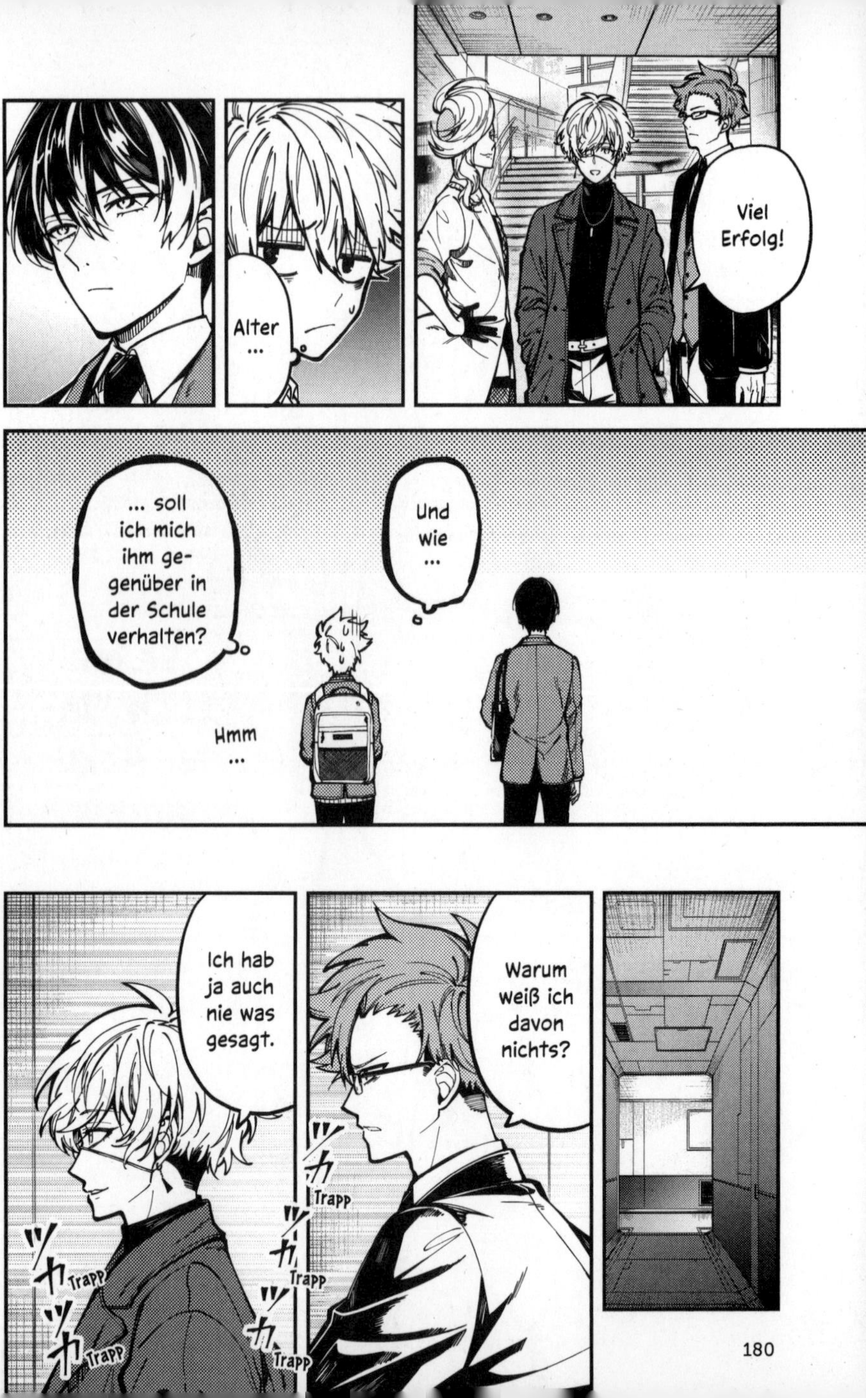
Viel Erfolg!
Alter ...
Und wie ...
... soll ich mich ihm gegenüber in der Schule verhalten?
Hmm ...
Warum weiß ich davon nichts?
Trapp
Trapp
Trapp
Ich hab ja auch nie was gesagt.
Trapp
Trapp

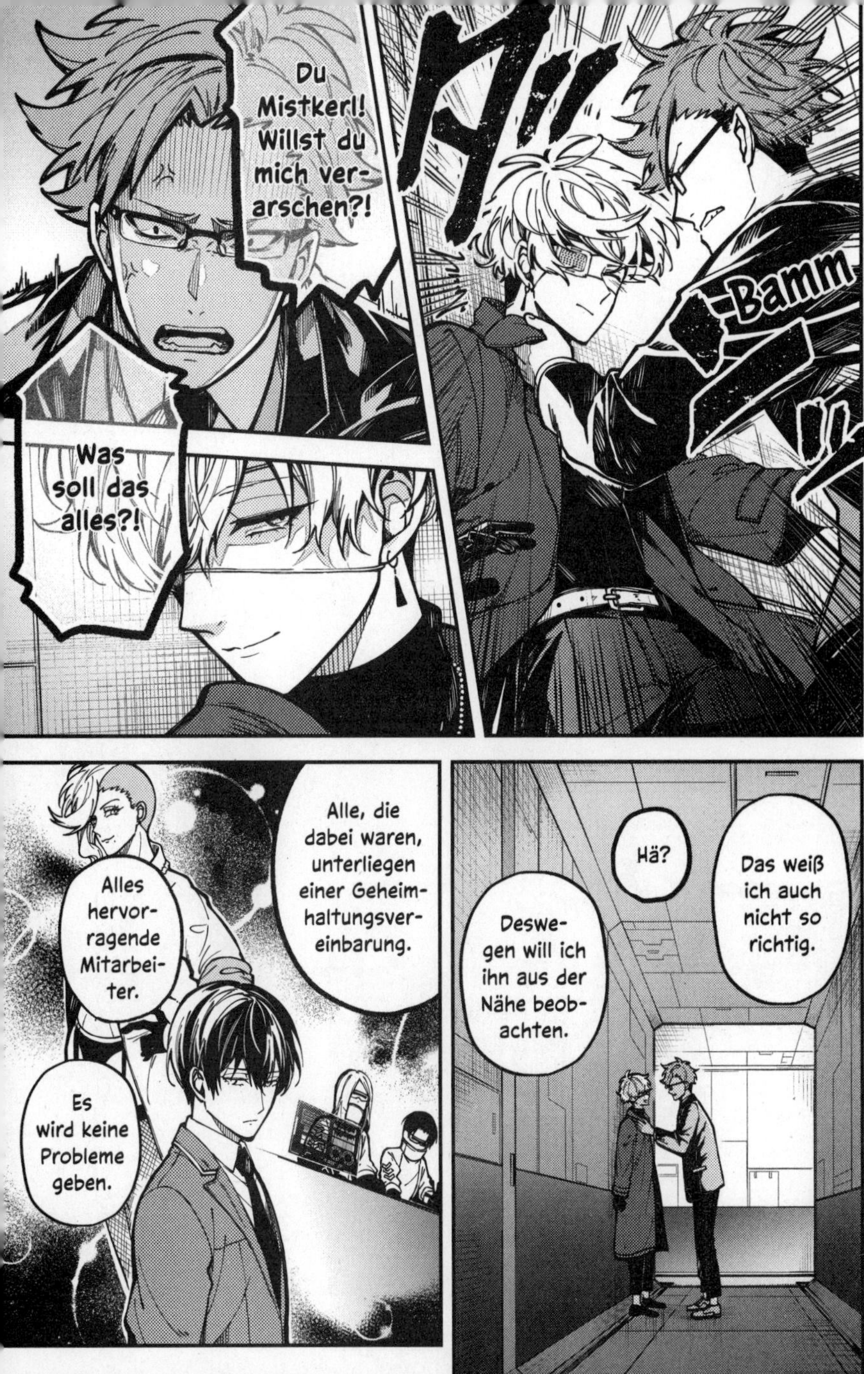
Bamm
Du Mistkerl! Willst du mich verarschen?!
Was soll das alles?!
Das weiß ich auch nicht so richtig.
Hä?
Deswegen will ich ihn aus der Nähe beobachten.
Alle, die dabei waren, unterliegen einer Geheimhaltungsvereinbarung.
Alles hervorragende Mitarbeiter.
Es wird keine Probleme geben.

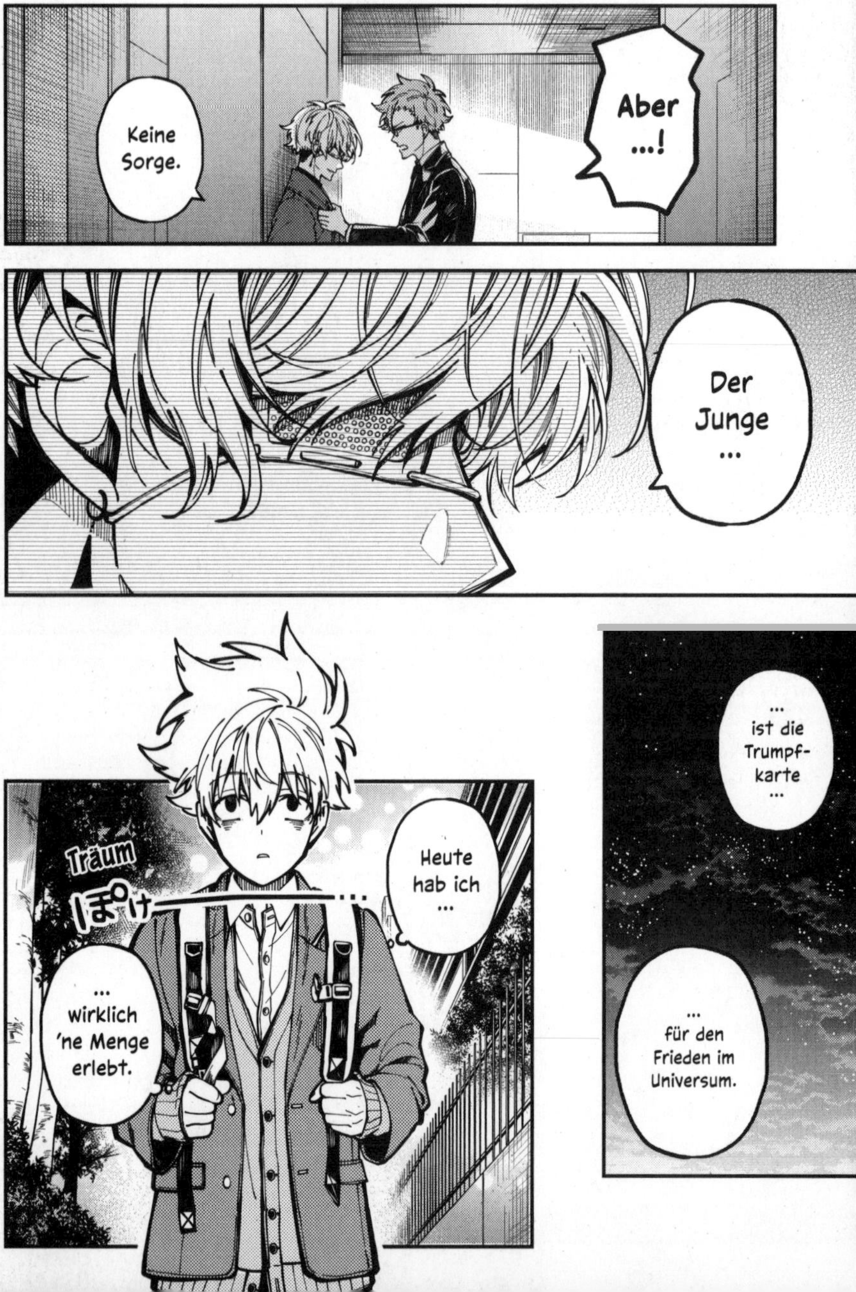
Aber ...!
Keine Sorge.
Der Junge ...
... ist die Trumpf-karte ...
... für den Frieden im Universum.
Heute hab ich ...
... wirklich 'ne Menge erlebt.
Träum
ぽけ

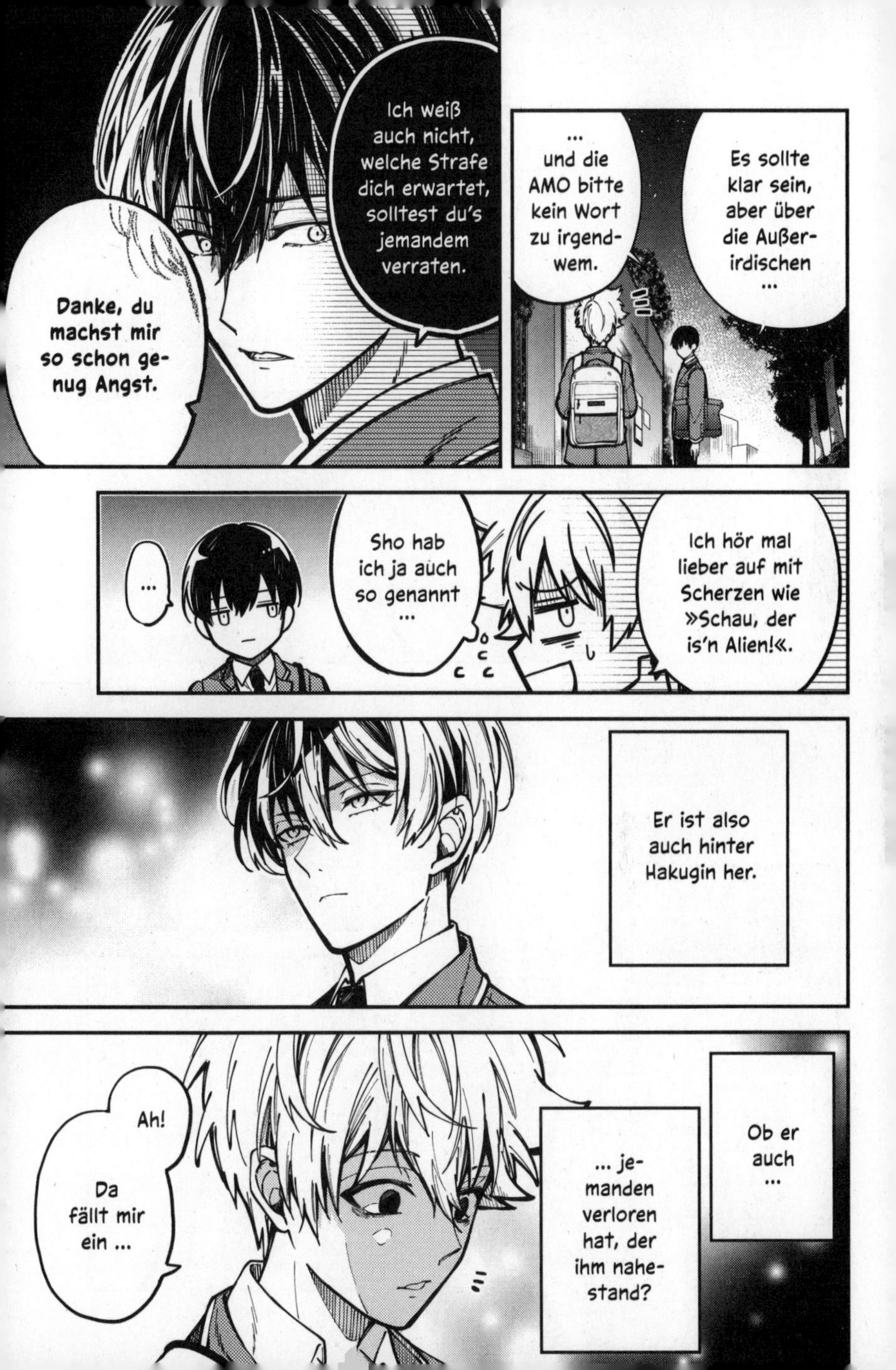
Es sollte klar sein, aber über die Außerirdischen ...
... und die AMO bitte kein Wort zu irgendwem.
Ich weiß auch nicht, welche Strafe dich erwartet, solltest du's jemandem verraten.
Danke, du machst mir so schon genug Angst.
Ich hör mal lieber auf mit Scherzen wie »Schau, der is'n Alien!«.
Sho hab ich ja auch so genannt ...
...
Er ist also auch hinter Hakugin her.
Ob er auch ...
... jemanden verloren hat, der ihm nahestand?
Ah!
Da fällt mir ein ...

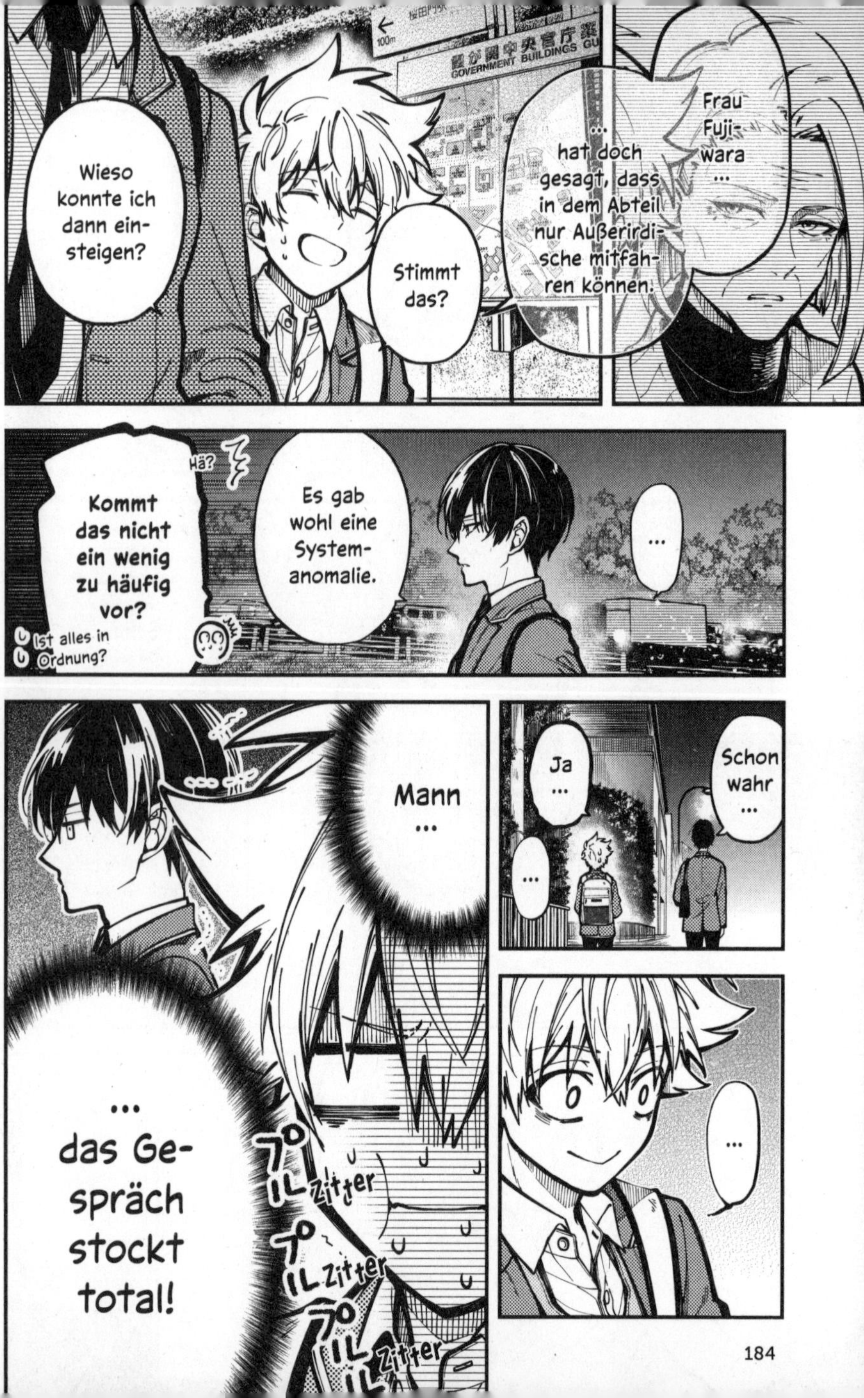
Frau Fujiwara ...
... hat doch gesagt, dass in dem Abteil nur Außerirdische mitfahren können.
Stimmt das?
Wieso konnte ich dann einsteigen?
...
Es gab wohl eine Systemanomalie.
Hä?
Kommt das nicht ein wenig zu häufig vor?
Ist alles in Ordnung?
Schon wahr ...
Ja ...
...
...
Mann ...
... das Gespräch stockt total!
Zitter
Zitter
Zitter

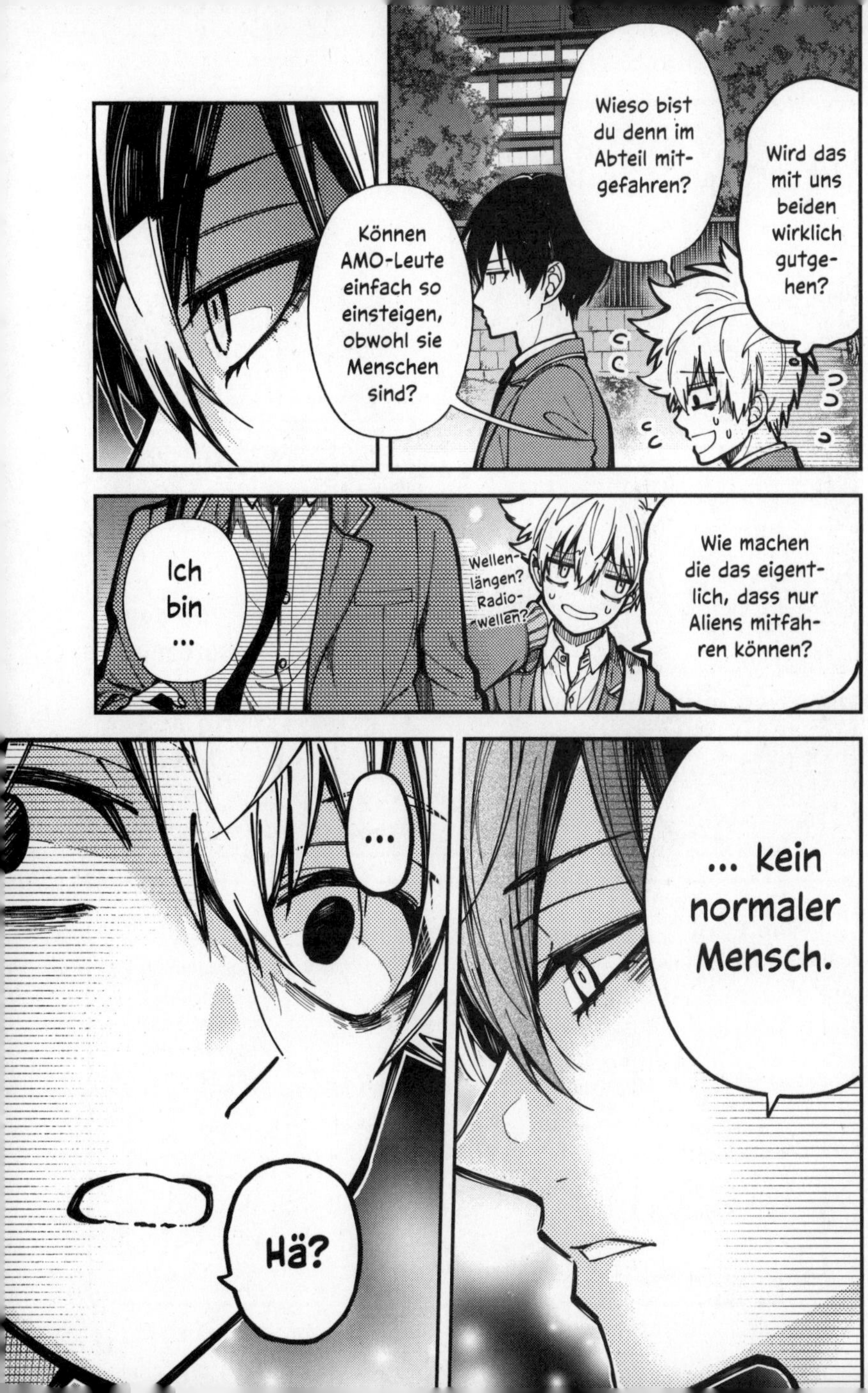
Wird das mit uns beiden wirklich gutgehen?
Wieso bist du denn im Abteil mitgefahren?
Können AMO-Leute einfach so einsteigen, obwohl sie Menschen sind?
Wie machen die das eigentlich, dass nur Aliens mitfahren können?
Wellenlängen? Radiowellen?
Ich bin ...
... kein normaler Mensch.
...
Hä?

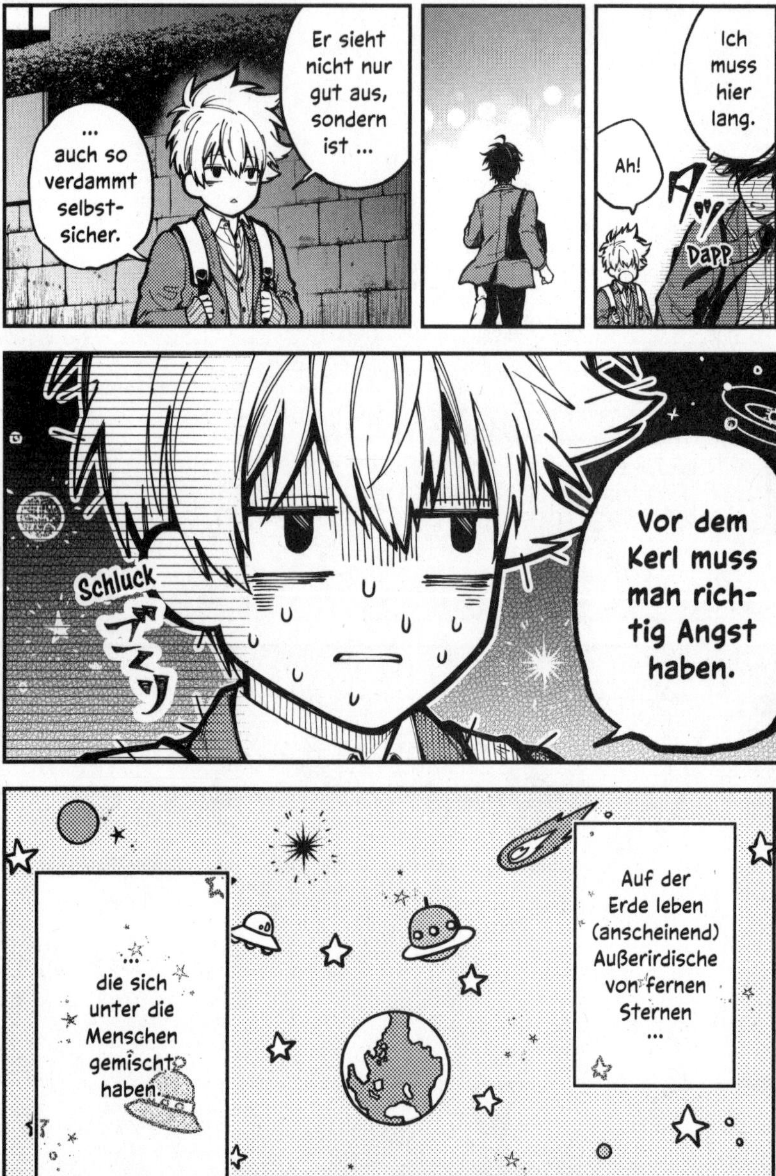
Ich muss hier lang.
Ah!
DAPP
Er sieht nicht nur gut aus, sondern ist ...
... auch so verdammt selbst-sicher.
Schluck
Vor dem Kerl muss man rich-tig Angst haben.
Auf der Erde leben (anscheinend) Außerirdische von fernen Sternen ...
... die sich unter die Menschen gemischt haben.

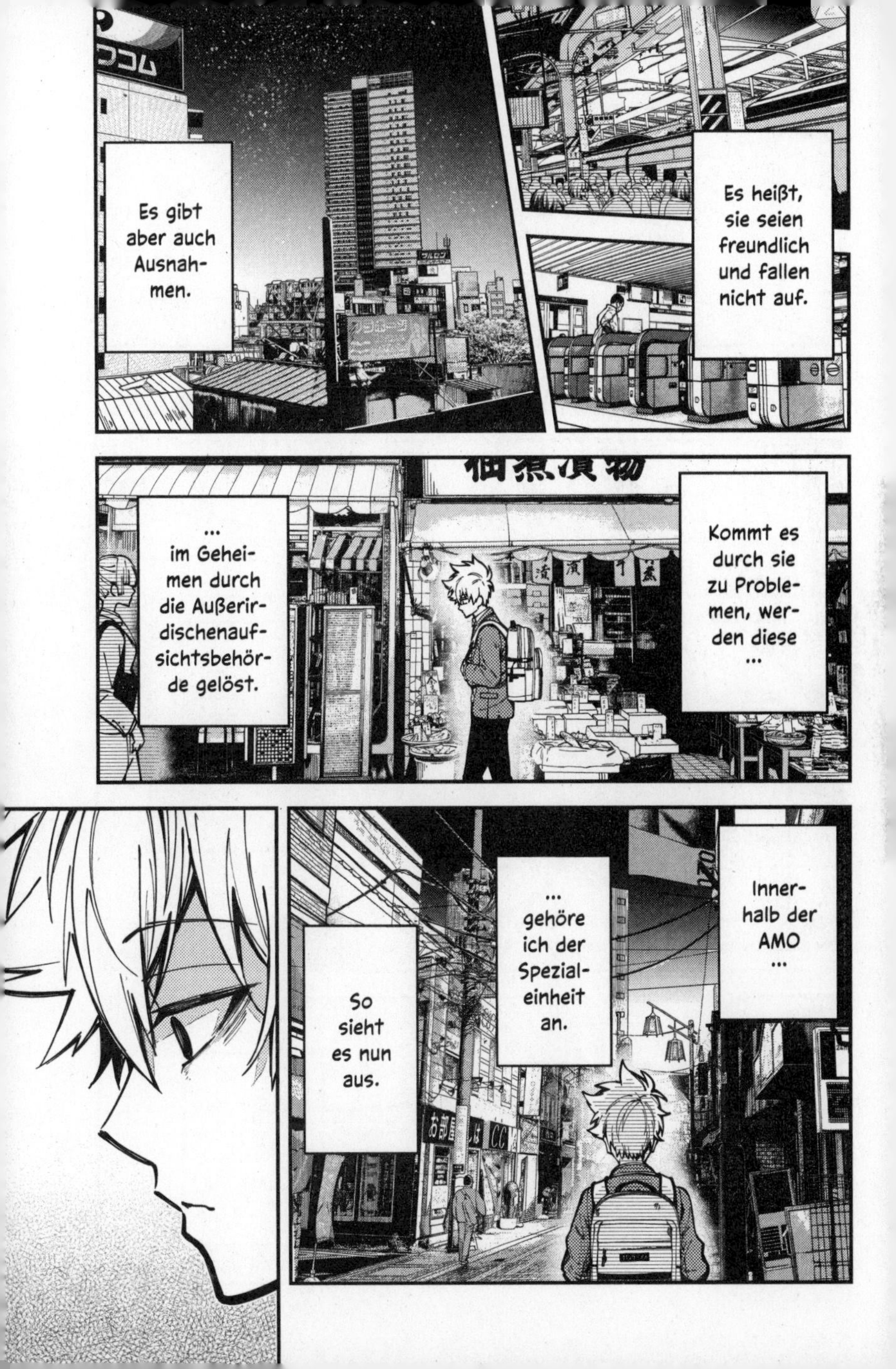

Es heißt, sie seien freundlich und fallen nicht auf.
Es gibt aber auch Ausnahmen.
佃煮漬物
Kommt es durch sie zu Problemen, werden diese ...
... im Geheimen durch die Außerirdischenaufsichtsbehörde gelöst.
Innerhalb der AMO ...
... gehöre ich der Spezialeinheit an.
So sieht es nun aus.

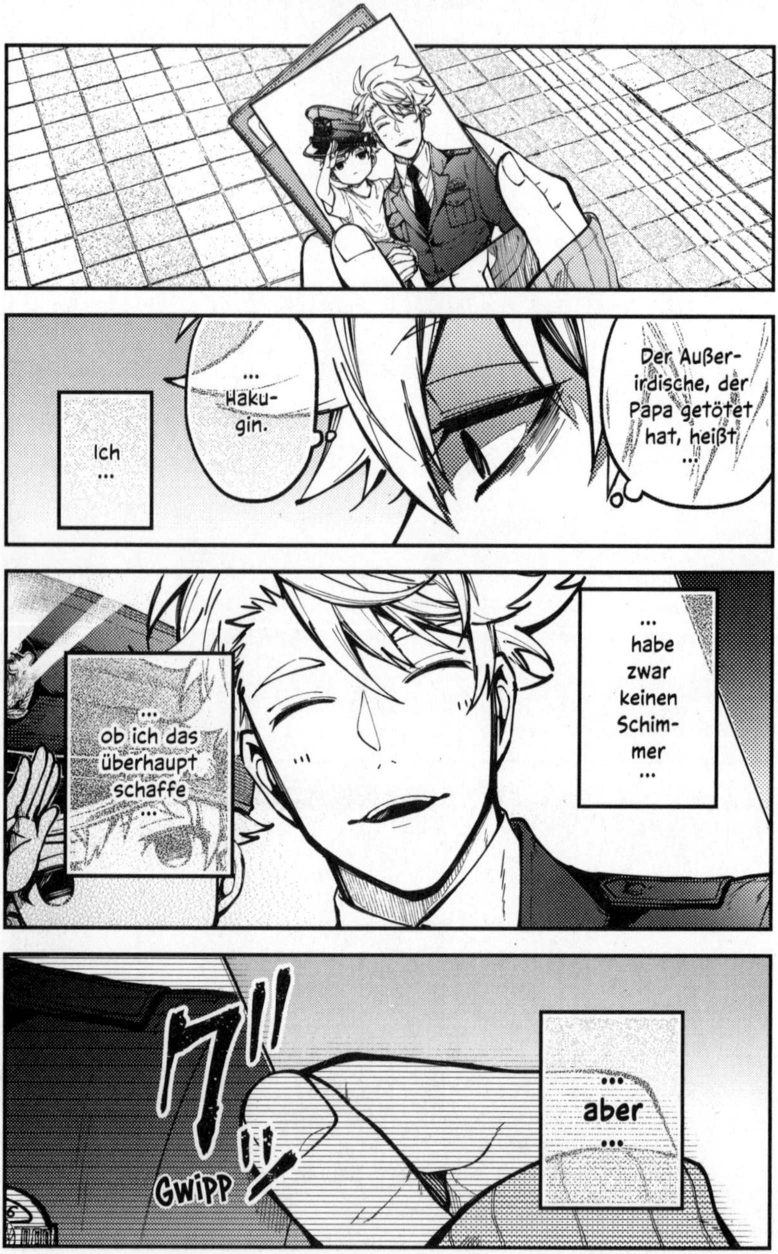
Der Außer-irdische, der Papa getötet hat, heißt ...
... Haku-gin.
Ich ...
... habe zwar keinen Schimmer ...
... ob ich das überhaupt schaffe ...
... aber ...
Gwipp

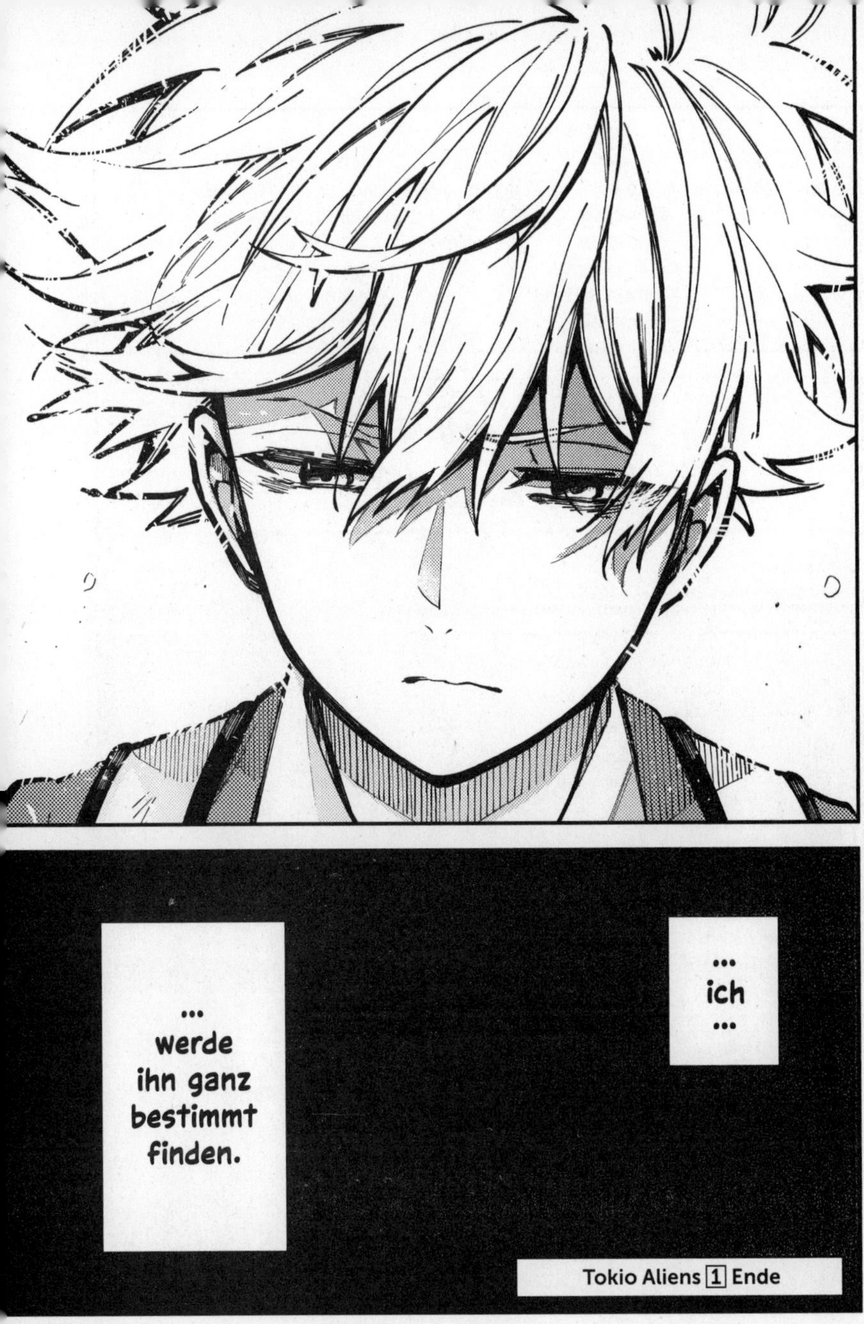
... ich ...
... werde ihn ganz bestimmt finden.
Tokio Aliens 1 Ende

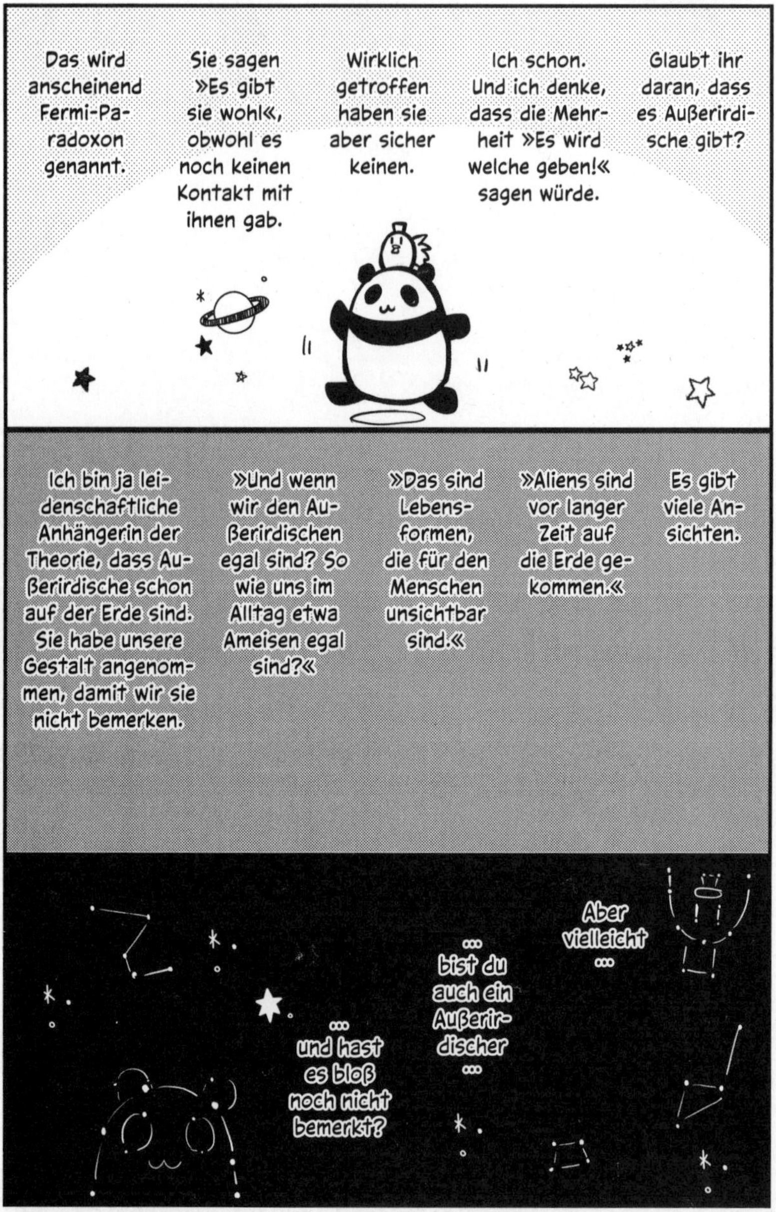
Glaubt ihr daran, dass es Außerirdische gibt?
Ich schon. Und ich denke, dass die Mehrheit »Es wird welche geben!« sagen würde.
Wirklich getroffen haben sie aber sicher keinen.
Sie sagen »Es gibt sie wohl«, obwohl es noch keinen Kontakt mit ihnen gab.
Das wird anscheinend Fermi-Paradoxon genannt.
Es gibt viele Ansichten.
»Aliens sind vor langer Zeit auf die Erde gekommen.«
»Das sind Lebensformen, die für den Menschen unsichtbar sind.«
»Und wenn wir den Außerirdischen egal sind? So wie uns im Alltag etwa Ameisen egal sind?«
Ich bin ja leidenschaftliche Anhängerin der Theorie, dass Außerirdische schon auf der Erde sind. Sie habe unsere Gestalt angenommen, damit wir sie nicht bemerken.
Aber vielleicht …
… bist du auch ein Außerirdischer …
… und hast es bloß noch nicht bemerkt?

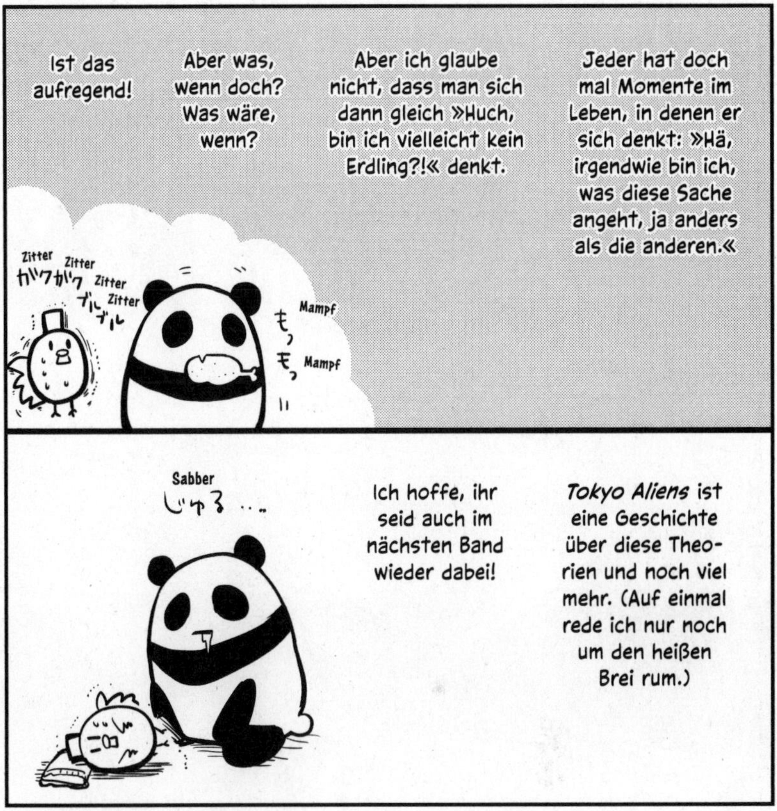

Assistenten: ———— Waka Sanada , Yumeko Sakurai, R

Gadgetdesigner: ———— Tori

AMO-Logo-Designer: ———— Taeko

An meinen zuständigen Redakteur und die ganze Redaktion des Verlags, an den Designer, an alle Freunde, die mir Feedback geben, an meine Familie und zu guter Letzt an dich, der diesen Manga gekauft hat:

Special Thanks

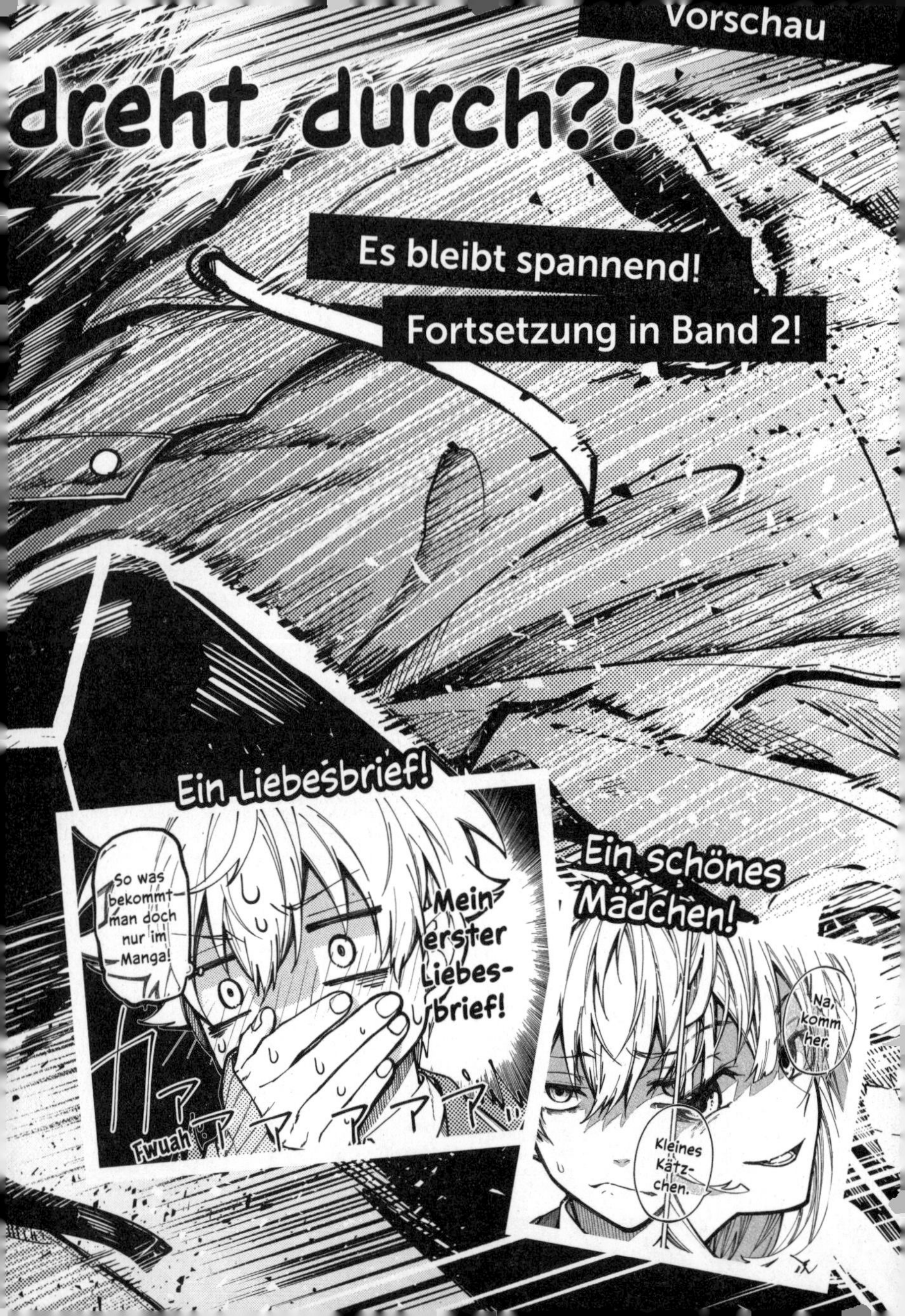
Vorschau
dreht durch?!
Es bleibt spannend!
Fortsetzung in Band 2!
Ein Liebesbrief!
Mein erster Liebes-brief!
So was bekommt man doch nur im Manga!
Fwuah
Ein schönes Mädchen!
Na, komm her.
Kleines Kätz-chen.

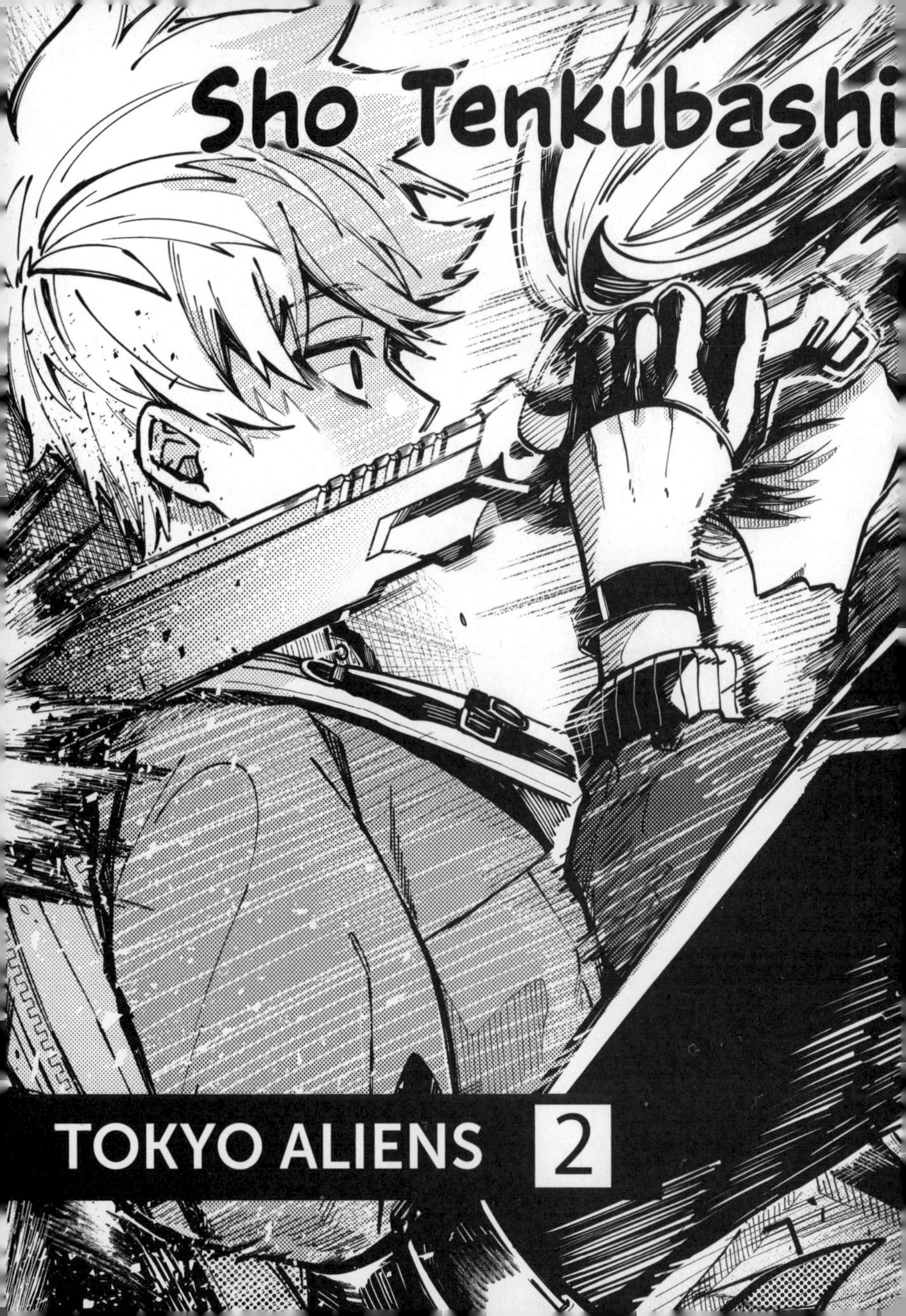
Sho Tenkubashi
TOKYO ALIENS 2

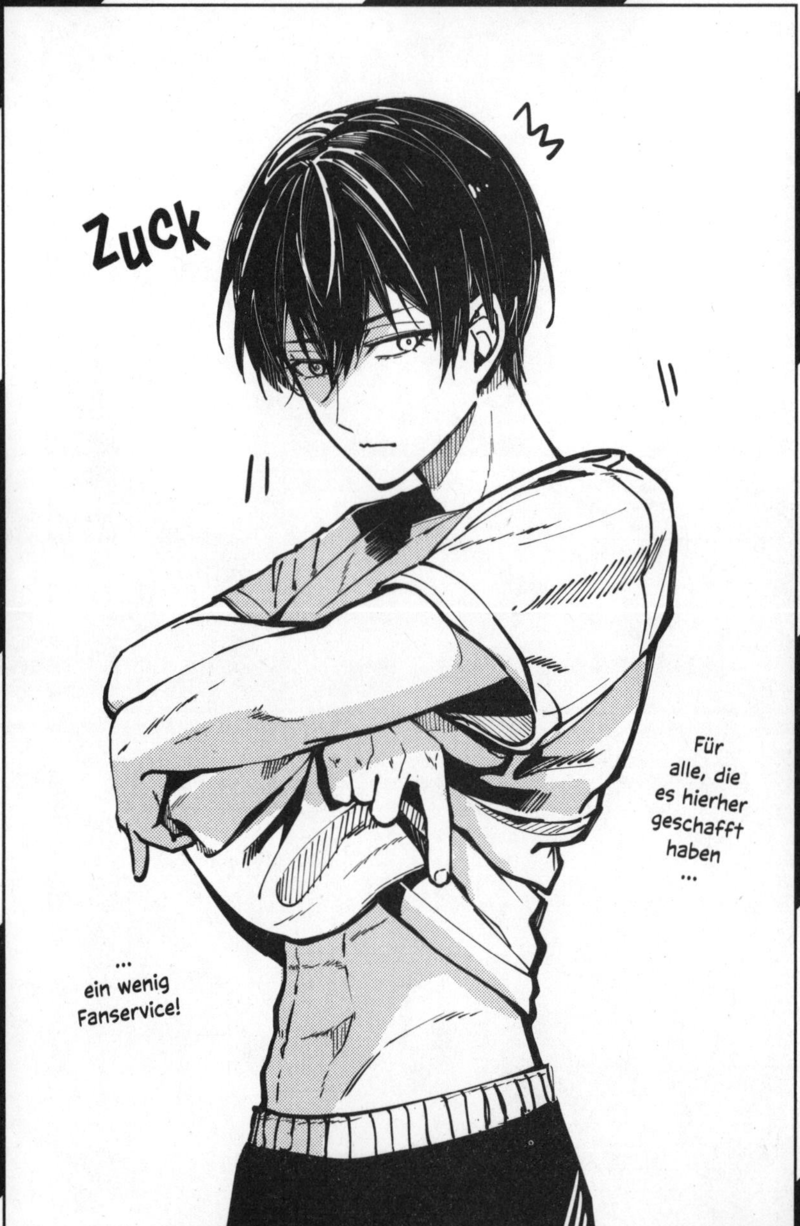
Zuck
Für alle, die es hierher geschafft haben ...
... ein wenig Fanservice!

TOKYO ALIENS 1

NAOE

TOKYO ALIENS

TOKYO ALIENS 1

NAOE

TOKY

TOKYO
ALIENS 1

TOKYO ALIENS

NAOE

TOKYO
ALIENS 1

ENS

NAOE

NAOE

OKYO ALIENS

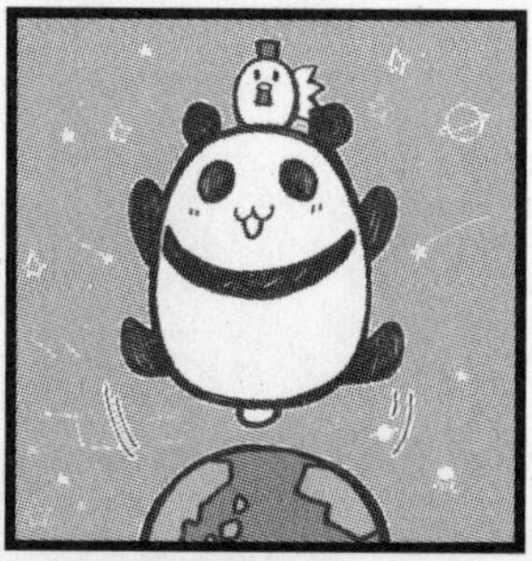

NAOE

Glaubt ihr daran, dass es Außerirdische gibt? Ich schon! *Tokyo Aliens* ist eine Geschichte über Außerirdische in Tokio. Wer hätte das gedacht?!

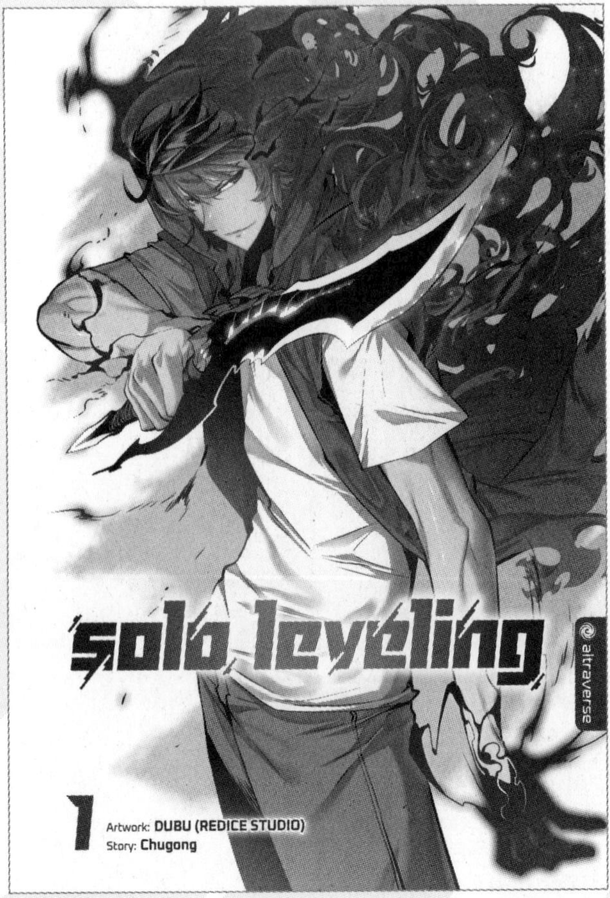

Solo Leveling
Chugong | DUBU (REDICE STUDIO)

Seitdem Portale die reale Welt mit Dungeons voll von Monstern verbinden, sind Menschen mit speziellen Fähigkeiten erwacht, die Jagd auf diese Monster machen und so ihr Geld verdienen. Kann sich Jin-Woo Sung, der von seinen Kollegen nur »der Schwächste« genannt wird, an die Spitze kämpfen?

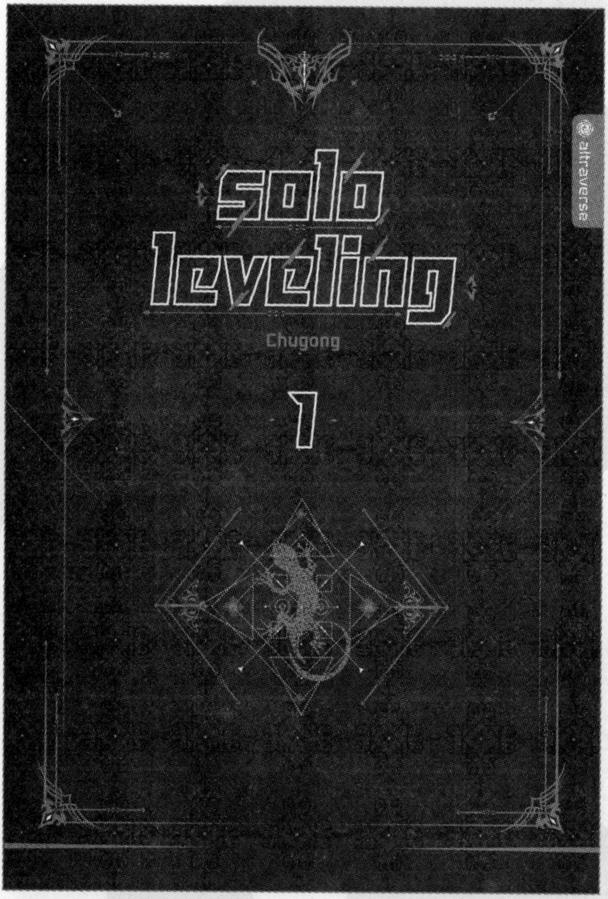

Solo Leveling – Roman

Chugong

Als Portale begannen, die Welt mit Dungeons voller Monster zu verbinden, sind Menschen mit speziellen Fähigkeiten erwacht. Sie sind als Hunter bekannt und ihre Aufgabe ist es, die Dungeons unschädlich zu machen. Jin-Woo Sung ist einer von ihnen, wird aber immer nur als Schwächling bezeichnet. Kann er sich an die Spitze kämpfen?

Fantasy 13+

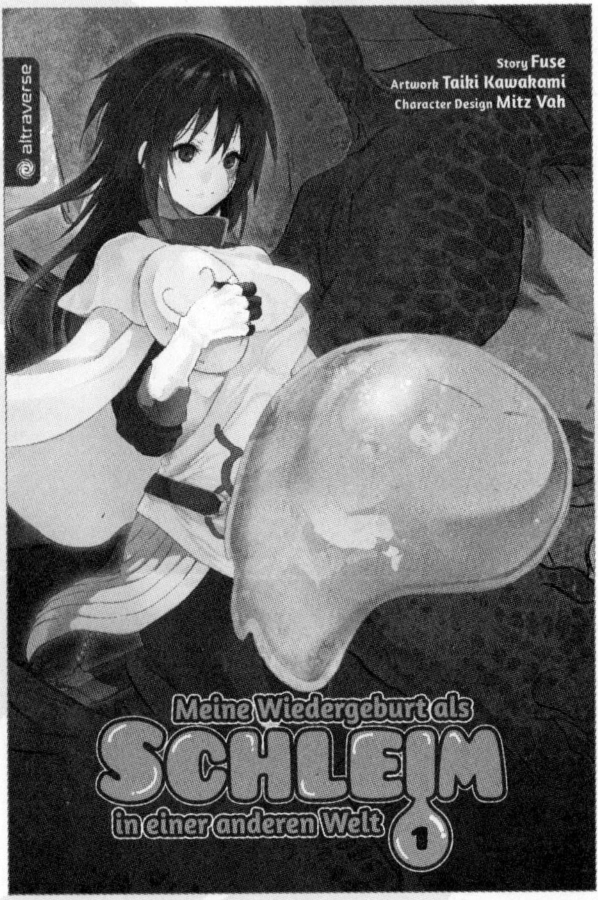

Meine Wiedergeburt als Schleim in einer anderen Welt

Fuse | Taiki Kawakami | Mitz Vah

Satoru Mikami wurde ermordet. Aber statt im Jenseits zu landen, wird er in einer anderen Welt als Schleim wiedergeboren. Verwirrt, aber mit mächtigen Skills ausgerüstet, begibt er sich auf ein wabbliges Abenteuer durch eine Welt voller Goblins, Drachen und Zwerge!

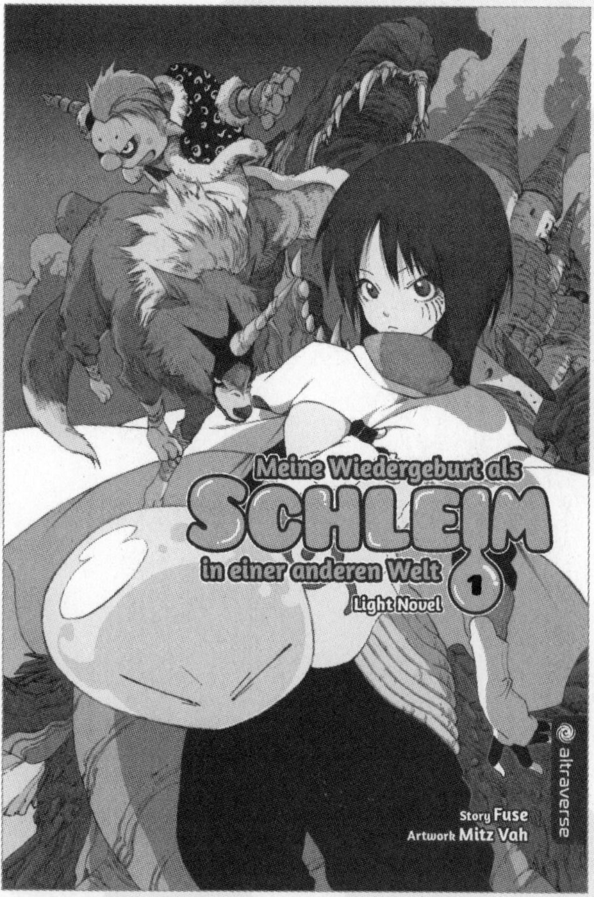

Meine Wiedergeburt als Schleim in einer anderen Welt Light Novel

Fuse | Mitz Vah

Als Satoru Mikami im Alter von 37 Jahren von einem Attentäter getötet wird, fällt der Vorhang für sein belangloses Leben – zumindest dachte er das! Plötzlich findet er sich in einer anderen Welt wieder und merkt, dass er als Schleim wiedergeboren wurde?!

Fantasy 15+

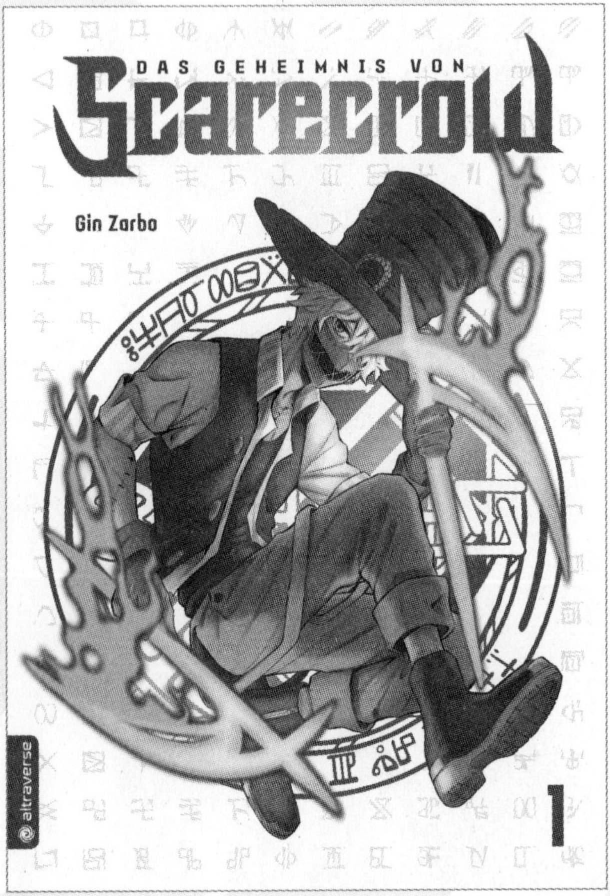

Das Geheimnis von Scarecrow

Gin Zarbo

Die Menschen stehen in einem ständigen Kampf mit den Crows, finsteren Monstern, die an riesige Krähen erinnern. Die Legende besagt, dass ihnen dabei einst die Scarecrows zur Seite standen. Engell glaubt fest daran, dass es sie gegeben hat, und macht sich auf die Suche nach ihnen. Doch als sie tatsächlich einen von ihnen findet, nimmt das eigentliche Abenteuer erst seinen Lauf ...

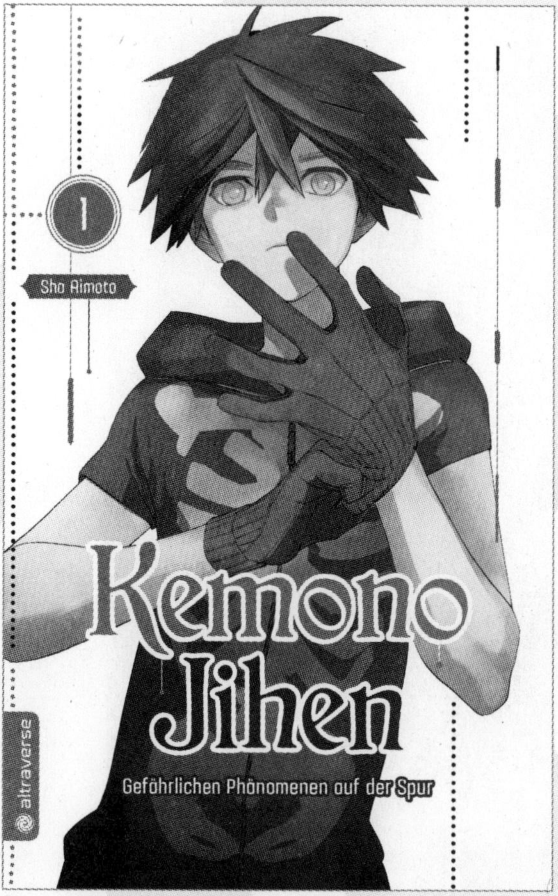

Kemono Jihen – Gefährlichen Phänomenen auf der Spur

Sho Aimoto

In einem ruhigen Dorf ereignet sich ein seltsamer Vorfall. Um diesen zu untersuchen, reist Inugami, ein Detektiv für okkulte Vorkommnisse, aus Tokio an. Im Laufe seiner Nachforschungen lernt er den jungen Dorotabo kennen und merkt schnell, dass nicht nur sein Name unmenschlich ist …

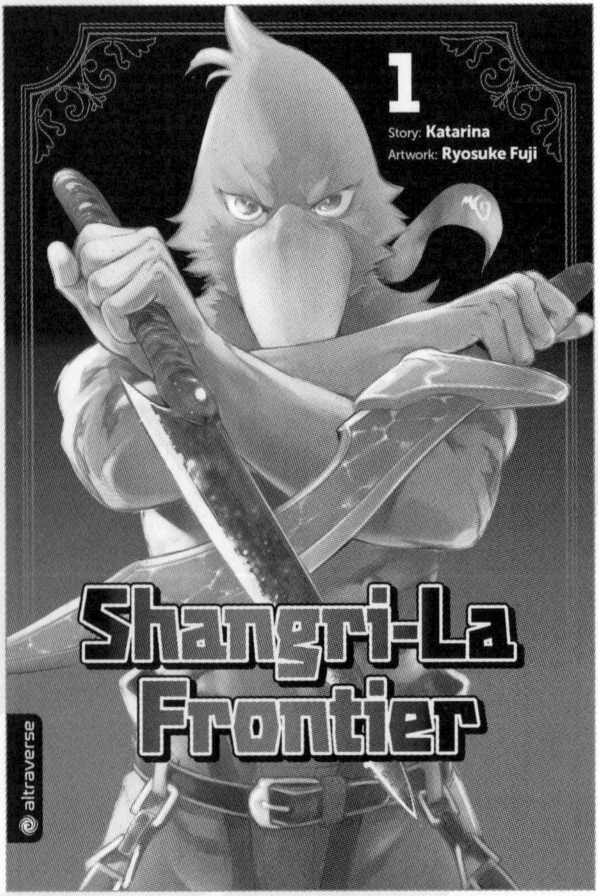

Shangri-La Frontier

Katarina | Ryosuke Fuji

Rakuro interessiert sich nur für das eine: möglichst schlechte Videospiele. Mit nichts verbringt er seine Freizeit lieber als damit, sich die Perlen schlecht produzierter Games zu schnappen und zu bezwingen. Als ihm das VR-Game *Shangri-La Frontier* nahegelegt wird, erwartet ihn in jeder Hinsicht ein episches Abenteuer.

Fantasy 13+

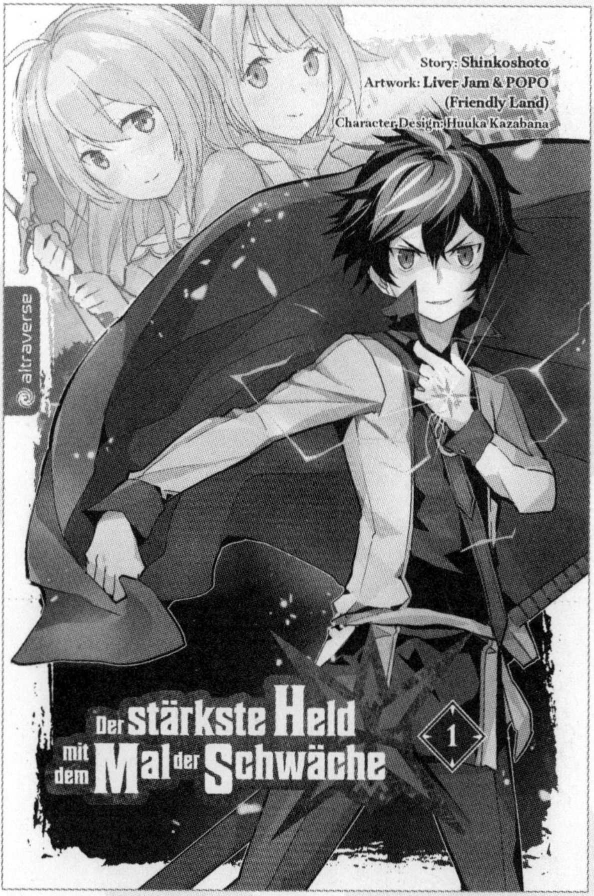

Fantasy 13+

Der stärkste Held mit dem Mal der Schwäche

Shinkoshoto | Liver Jam & POPO (Friendly Land) | Huuka Kazabana

Einst gab es einen mächtigen Weisen, der sein Leben der Magie widmete. Er kam jedoch zu der Erkenntnis, dass sein Mal nicht für den Kampf geeignet war. Da ein Mensch bei seiner Geburt eines von vier Malen erhält, entschied er sich wiedergeboren zu werden. Es glückte ihm, jedoch muss er erkennen, dass die magischen Fähigkeiten der Menschen schwächer sind, als er erwartet hatte.

Fantasy 16 +

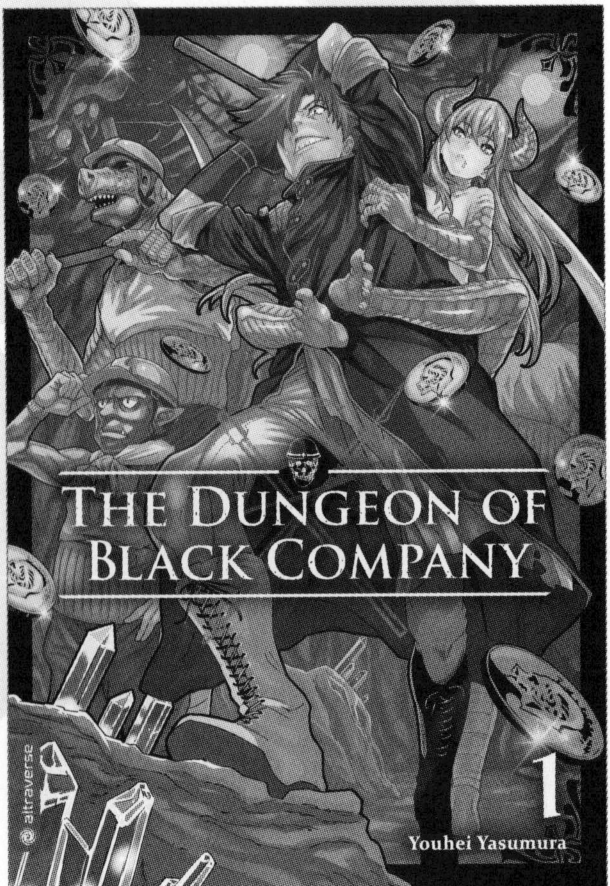

The Dungeon of Black Company

Youhei Yasumura

Kinji hat es weit gebracht: eine schicke Wohnung, ein Immobilienimperium und genug Geld, um für den Rest seines Lebens auf der faulen Haut zu liegen. Doch mit einer unvorsichtigen Bemerkung fordert er das Schicksal heraus und findet sich plötzlich in einem fantastischen Land als Arbeitssklave wieder. Nun muss er sich erneut ganz nach oben arbeiten!

Fantasy 15 +

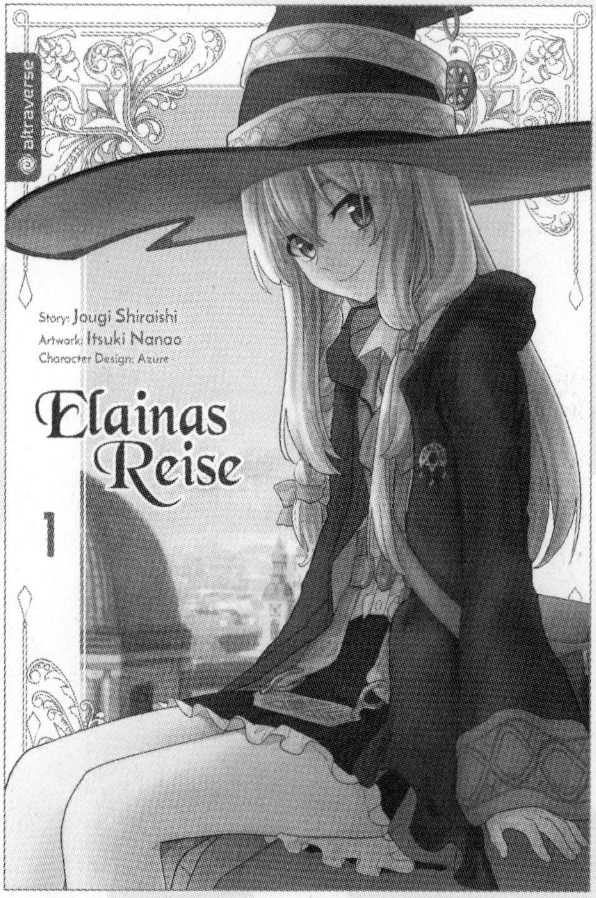

Elainas Reise

Jougi Shiraishi | Itsuki Nanao | Azure

Seit sie ein Kind war, wollte Hexe Elaina frei und ungebunden durch das Land reisen und dabei die unterschiedlichsten Menschen und Länder kennenlernen. Ohne festes Ziel vor Augen treibt sie allein die Frage vorwärts, was sie in der großen, weiten Welt wohl als Nächstes erleben wird.

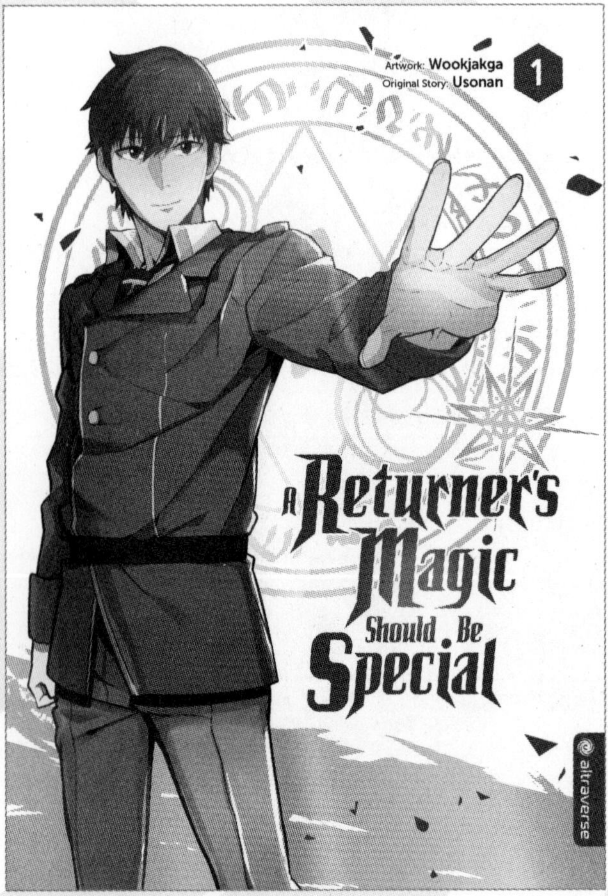

Fantasy 15 +

A Returner's Magic Should be Special

Usonan | Wookjakga

Das Schattenlabyrinth ist ein äußerst gefährlicher Ort. Seit zehn Jahren kämpfen dort die Menschen in einem brutalen Krieg gegen die Armee der Schatten. Als Letztere jedoch die Überhand gewinnt und die Menschen bezwingt, findet sich Desir Herrman in der Vergangenheit wieder. Ihm bleiben dreizehn Jahre, um das Ende der Welt zu verhindern, doch wird es ihm gelingen?

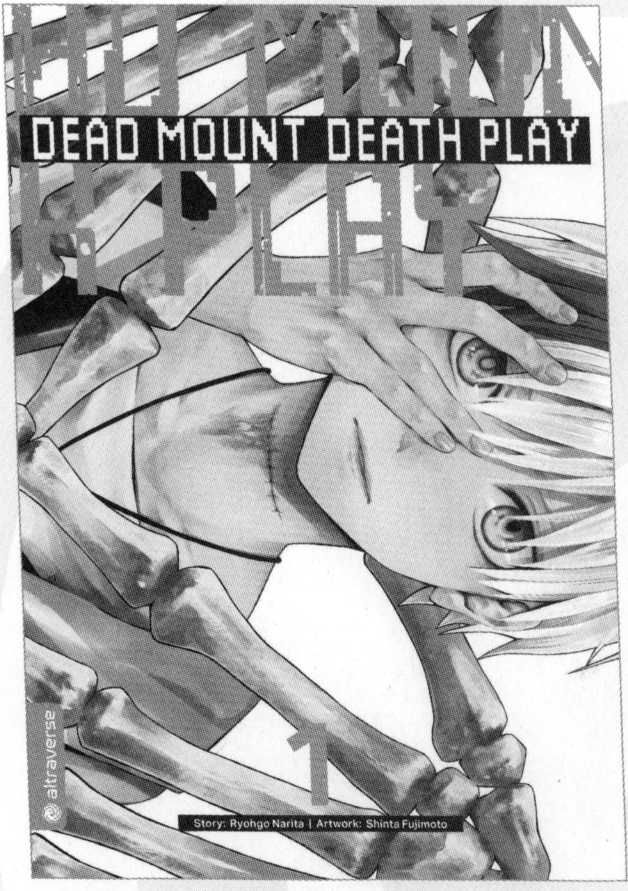

Dead Mount Death Play

Ryohgo Narita | Shinta Fujimoto

Der legendäre Unheilsbrecher und der fürchterliche Leichengott stehen sich zum finalen Duell gegenüber. Was der Unheilsbrecher aber nicht weiß: Der Leichengott hat vor, sich mit Magie aus der Affäre zu ziehen. Zu dumm nur, dass beim Wirken ebenjener etwas schiefläuft und er sich plötzlich im modernen Tokio wiederfindet ...

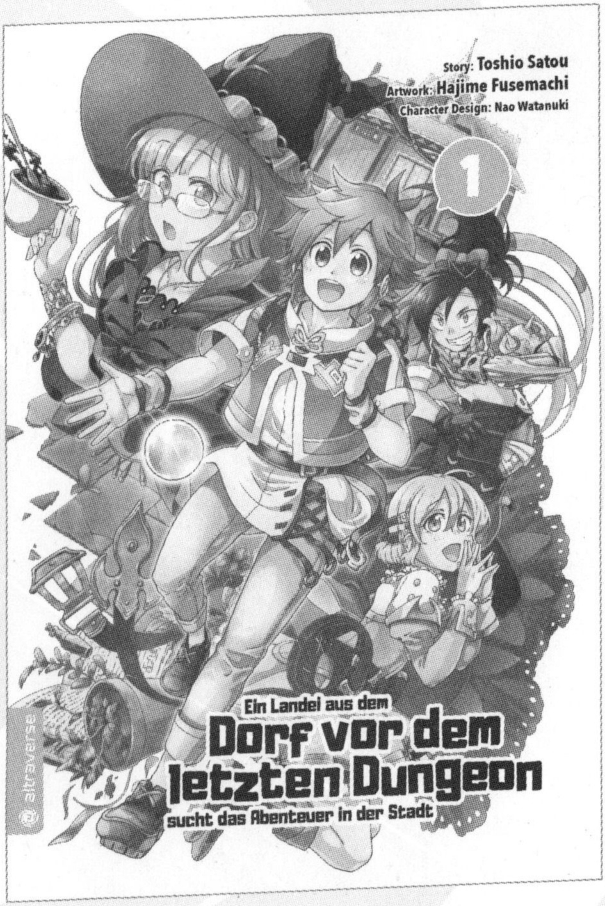

Ein Landei aus dem Dorf vor dem letzten Dungeon sucht das Abenteuer in der Stadt

Toshio Satou | Hajime Fusemachi | Nao Watanuki

Im Dorf Konlon glaubt nicht mal der gebrechlichste Opi daran, dass Lloyd das Zeug zum Soldaten hat. Trotzdem will er in der Hauptstadt einer werden. Was Lloyd dabei nicht weiß: Zu Hause hatte er nur Helden um sich, aber unter den Normalsterblichen der Stadt wird er zum tollpatschigen Übermenschen!

Fantasy 13 +

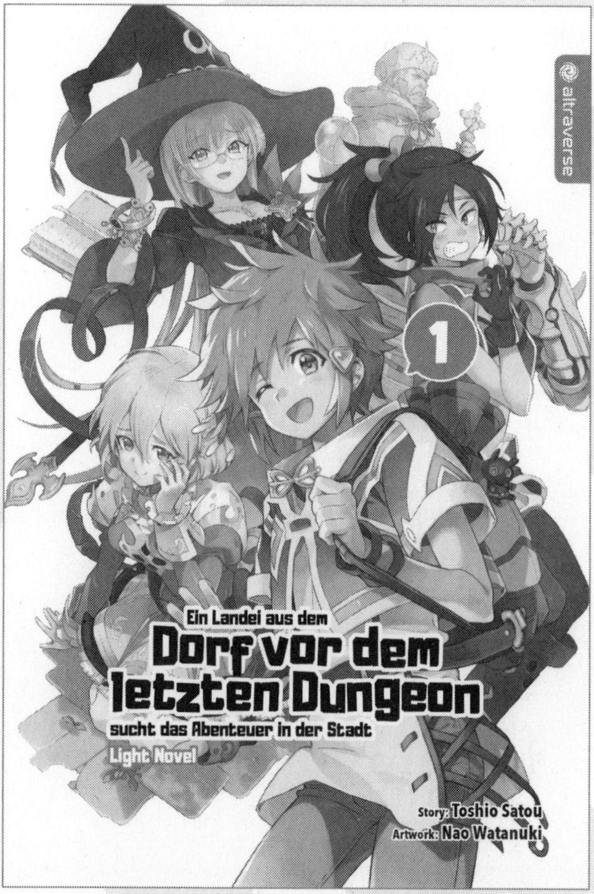

Ein Landei aus dem Dorf vor dem letzten Dungeon sucht das Abenteuer in der Stadt Light Novel

Toshio Satou | Nao Watanuki

Landei Lloyd träumt davon, Soldat zu werden, obwohl er schwach ist. Ohne Selbstbewusstsein, aber mit großen Plänen zieht er in die Hauptstadt, wo er plötzlich als heroischer Übermensch gilt – allerdings ohne es zu merken! Denn das Kaff, aus dem er stammt, ist eigentlich das legendäre Dorf der Helden und er selbst ist viel stärker, als er glaubt!

altraverse

Deutsche Ausgabe / German Edition
Altraverse GmbH – Hamburg 2024
Aus dem Japanischen von Gregor Wakounig

TOKYO ALIENS vol. 01

Redaktion: Anh Tu Nguyen
Herstellung: Stephanie Gieck, Vivien Bergau
Lettering: Vibrant Publishing Studio

Druck: Nørhaven A/S, Viborg
Printed in Denmark

FSC www.fsc.org MIX Papier aus verantwortungsvollen Quellen FSC® C104608

ISBN 978-3-7539-0085-8
4. Auflage 2024

www.altraverse.de